普通高等教育"十一五"国家级规划教材
新编高等学校公共管理专业精品教材

公共部门人力资源
管理与开发

（第三版）

李德志　张　顺
宋　艳　王怀兴　编著

科学出版社
北　京

内 容 简 介

本书是普通高等教育"十一五"国家级规划教材。本书以当代中国公共部门人力资源管理与开发的理论与实践为主线，同时借鉴和汲取了发达国家的先进理念和经验，力图使读者能够全面具体地认识和了解现阶段中国公共部门人力资源管理与开发所依据的权威的理论观点、所遵循的法律法规、所建立的规章制度、所存在的突出问题及解决这些问题的思路。

本书适用于高等院校公共管理各专业的本科教学，也可作为公共部门人力资源管理与开发专业方向的硕士研究生和博士研究生的参考教材，还可以为国家机关、事业单位和国有企业的管理者提供有益的借鉴。

图书在版编目（CIP）数据

公共部门人力资源管理与开发/李德志等编著. —3 版. —北京：科学出版社，2016

普通高等教育"十一五"国家级规划教材. 新编高等学校公共管理专业精品教材

ISBN 978-7-03-047432-2

Ⅰ. ①公… Ⅱ. ①李… Ⅲ. ①人力资源管理–高等学校–教材 Ⅳ. ①D035.2

中国版本图书馆 CIP 数据核字（2016）第 040397 号

责任编辑：陈 亮 王京苏 / 责任校对：贾娜娜
责任印制：徐晓晨 / 封面设计：蓝正设计

科 学 出 版 社 出版
北京东黄城根北街 16 号
邮政编码：100717
http://www.sciencep.com

北京中石油彩色印刷有限责任公司 印刷
科学出版社发行 各地新华书店经销

*

2004 年 6 月第 一 版 　开本：787×1092 1/16
2009 年 11 月第 二 版 　印张：19 3/4
2016 年 3 月第 三 版 　字数：468 000
2021 年 7 月第十四次印刷

定价：49.00 元
（如有印装质量问题，我社负责调换）

前言

本书是普通高等教育"十一五"国家级规划教材首批立项成果《公共部门人力资源管理与开发》的第三版。第三版的内容保留了编著者 2002 年高等教育出版社出版的面向 21 世纪课程教材《人事行政学》和 2004 年科学出版社出版的 21 世纪高等院校教材《当代中国公共部门人力资源管理与开发》的第一版、第二版（2008 年 12 月出版）的三个特点：一是具有鲜明的中国特色；二是具有鲜明的实践特色；三是具有认真借鉴发达国家相关教学与学术成果的兼收并蓄的特色。在此基础上，编著者又汲取了近七年来我国公共部门人力资源管理与开发的新理论、新思想和新实践，并结合编著者从事本科教学和科研的新感悟撰写而成。同本书前两版相比，第三版在以下几个方面有新的进展。

一是更加突出了公共部门人力资源管理与开发的实践性。有现代管理学之父之称的彼得·德鲁克早就说过：管理是一种实践，其本质不在于知，而在于行。其验证不在于逻辑，而在于结果。德鲁克还曾告诫那些读过他的书、听过他的课的美国一流的管理者：你不要说看了我的书，听了我的课受到哪些启发，你只要知道回到自己的工作岗位上，怎样实施管理。可口可乐前总裁奇奥夫在谈到德鲁克时也表述了这样的意思，"德鲁克清理了我的头脑，每次和他开完会，他都会提醒我：不要告诉我，你对这次会议有多满意。只要告诉我，下周一你会采取哪些和以往不同的行动"。从德鲁克的上述话语中不难看出，管理学同其他学科相比，最突出的特点就是其实践性。可以说管理学的所有理论都来源于实践，并随着实践的发展而不断发展。管理学不存在放之四海而皆准、百试不爽的永恒理论。而所谓优秀的管理者正是那些扎根于实践，并善于根据实践的需求来运用理论和推进理论发展的人。

公共部门人力资源管理与开发作为管理学的分支学科，也充分体现了这一特点。本书第一版和第二版在彰显公共部门人力资源管理与开发的实践性方面曾倾注了很多精力，而第三版的写作在这方面又做出了新努力。第三版的内容增加了大量典型案例，尤其是在撰写公共部门人力资源管理与开发的各项具体制度时，一般都从案例引入着笔。读者可通过手机扫描二维码，阅读案例内容，并进行相应的思考。引入大量典型案例，更便于我们直接具体地了解和把握公共部门人力资源管理与开发的鲜活实践。"理论是灰色的，实践是常青的。""真理是在实践中开辟其发展道路的。"我们在修订完善《公共部门人力资源管理与开发》的写作中会永远秉承这样的理念，永远植根于公共部门人力资源管理与开发的实践。"问渠哪得清如许？为有源头活水来。"作为管理学分支学科的一门教材，《公共部门人力资源管理与开发》只有其具有鲜活的实践性，才能适应教学与学术研究不断发展的需要。可以说实践是本书写作的根。

二是更加突出了公共部门人力资源管理与开发的法治化。中国共产党在领导中国革命和建设的漫长实践中，在总结了成功的经验和挫折教训后深刻认识到：法治化是建设社会主义国家的必由之路。中国共产党十五大政治报告中明确提出了实施依法治国的基本方略。本书第一版和第二版就贯彻依法治国的基本方略，实现公共部门人力资源管理与开发的法治化从理论和实践两方面作了认真探讨和深入阐述，第三版的写作更进一步充实了法治化方面的内容。

党的十八大以来，习近平同志围绕全面依法治国发表了一系列重要论述。其中有些论述对公共部门人力资源管理与开发具有直接的指导作用，如依法治国是坚持和发展中国特色社会主义的本质要求和重要保障；坚持中国特色社会主义法治道路，最根本的是坚持中国共产党的领导，建设中国特色社会主义法治体系、建设社会主义法治国家，坚持依法治国、依法执政、依法行政共同推进，坚持法治国家、法治政府、法治社会一体建设；要推进科学立法，完善以宪法为统帅的中国特色社会主义法律体系；要严格依法行政，加快建设法治政府；等等。第三版在法治化方面内容的充实，体现在对习近平同志上述重要论述的理解和贯彻上。这是实现公共部门人力资源管理与开发法治化的根本保障。

此外，第三版在法律法规依据方面也进行了调整充实，删除了已经废止的法规内容，增添了新生效的法律法规或经过修正的法律法规的内容。凡涉及国家机关公务员管理与开发的章节，一律以《中华人民共和国公务员法》（2006年1月1日施行）及其配套法规为基本依据；凡涉及事业单位的人力资源管理与开发的章节，一律以我国第一部系统规范事业单位人事管理的行政法规《事业单位人事管理条例》（2014年4月25日李克强总理签发，2014年7月1日起施行）为基本依据。

本书在法治化方面所做出的上述修订和充实，对实现公共部门人力资源管理与开发的现代化大有裨益。这不但会加快我国由人力资源大国向人力资源强国的转变进程，而且对实现中华民族的伟大复兴和全面建设小康社会的宏伟目标也有着难以估量的重要作用。可以说法治化是本书写作的核心。

三是更加突出组织文化在公共部门人力资源管理与开发中的凝聚作用。文化是管理的灵魂。无论是组织部门还是公司企业只有形成自己的文化才能把全体员工凝聚在一起，才能调动方方面面的力量，才能在日益激烈的竞争中保持长盛不衰。一个组织或者公司企业如果没有形成自己的文化就等于没有灵魂。而没有灵魂的组织或企业公司，无论其曾创造了怎样骄人业绩也难逃昙花一现的结局。所以本书的写作从第一版至第三版始终把组织文化的缔造作为公共部门人力资源管理与开发的重要内容。本书的概论部分除了对组织文化的内涵、特性、结构与功能等进行专门论述以外，还从价值取向、制度安排、基础理论、信仰理想等方面进行了系统阐述。所有这些阐述旨在使我国公共部门能够塑造出一流的组织文化。同第一版和第二版相比，第三版在文化方面的阐述更加突出社会主义国家公共部门文化的先进性及其十分重要的精神引领价值。可以说，组织文化是本书写作的魂。

本书的写作是数年集体劳动的结晶。第三版的写作由李德志（第四、五、六章）、张顺（第一、二、三、七章）、宋艳（第八、十、十一、十二、十五、十九章）、王怀兴（第九、十三、十四、十六、十七、十八章）完成。本书三个版本的写作虽倾注了编著者的极大努力，但受学识所限，疏漏之处仍在所难免，恳请同行和读者赐教。

本书三个版本的写作与发行均有赖于科学出版社对我们的真诚信任与大力支持，尤其得益于王京苏编辑的具体指导与无私帮助，他们的勤奋敬业精神和严谨工作态度值得我们学习，在此谨致深深的谢意。

李德志

2016 年 2 月

目录

上篇　公共部门人力资源管理与开发概论

第一章　公共部门人力资源管理与开发的内涵和历史渊源 ·················3
　　第一节　公共部门人力资源管理与开发的内涵·····················3
　　第二节　公共部门人力资源管理与开发的历史渊源···················11
第二章　公共部门人力资源管理与开发的价值取向与制度安排·············17
　　第一节　公共部门人力资源管理与开发的价值取向···················17
　　第二节　公共部门人力资源管理与开发的制度安排···················21
第三章　公共部门人力资源管理与开发的基础理论····················28
　　第一节　人力资本理论与系统理论的普适价值·····················28
　　第二节　中国建成人力资源强国的指导理论——以人为本理论与人才强国理论·····34
第四章　环境对公共部门人力资源管理与开发的制约···················44
　　第一节　与公共部门人力资源管理与开发密切相关的环境要素··············44
　　第二节　公共部门人力资源管理与开发适应环境要素的因应之道·············49
第五章　公共部门人力资源管理与开发的根本途径——全面实施法治化管理······50
　　第一节　公共部门人力资源管理与开发的法律渊源及法律体系··············51
　　第二节　实现公共部门人力资源管理与开发的法治化路径················53
第六章　公共部门人力资源管理与开发的高尚精神境界追求···············57
　　第一节　信仰、理想信念的内涵及其在公共部门人力资源管理与开发中的作用·····57
　　第二节　树立高尚精神境界追求的途径——对公共部门人力资源的行为加以严格规范····60
第七章　公共部门人力资源管理与开发的文化建设····················69
　　第一节　文化的特质及其与公共部门人力资源管理与开发的关系·············69
　　第二节　民族文化的性质及其对管理的意义······················76
　　第三节　组织文化的内涵与作用···························81
　　第四节　中国管理文化传统结构及其现代化取向····················84

中篇　公共部门人力资源管理

第八章　公共部门人力资源的规划····························93
　　第一节　公共部门人力资源规划的理论基础与概述···················93

  第二节 我国公共部门人力资源规划的实践运作……98
  第三节 我国公共部门人力资源规划的改革与完善……104

第九章 公共部门人力资源的录用……106
  第一节 公共部门人力资源录用的理论基础与概述……106
  第二节 我国公共部门人力资源录用的实践运作……113
  第三节 我国公共部门人力资源录用的改革与完善……120

第十章 公共部门人力资源的工资福利管理……125
  第一节 公共部门人力资源工资福利管理的理论基础与概述……125
  第二节 我国公共部门现行工资福利管理的实践运作……131
  第三节 我国公共部门人力资源工资福利管理的改革与完善……141

第十一章 公共部门人力资源的保障管理……147
  第一节 公共部门人力资源保障的理论基础与概述……147
  第二节 我国公共部门人力资源保障的实践运作……158
  第三节 我国公共部门人力资源保障管理的改革与完善……165

第十二章 公共部门的工会工作……170
  第一节 公共部门工会工作的理论基础与概述……170
  第二节 我国公共部门工会工作的实践运作……179
  第三节 我国公共部门工会工作的改革与完善……185

第十三章 公共部门的纪律管理……189
  第一节 公共部门纪律管理的理论基础与概述……189
  第二节 我国公共部门纪律管理的实践运作……195
  第三节 我国公共部门纪律管理的改革与完善……200

第十四章 公共部门人力资源的奖励制度……204
  第一节 公共部门人力资源奖励制度的理论基础与概述……204
  第二节 我国公共部门人力资源奖励制度的实践运作……209
  第三节 我国公共部门人力资源奖励制度的改革与完善……214

第十五章 公共部门人力资源的干部选拔任用制度……220
  第一节 公共部门人力资源干部选拔任用制度的理论基础与概述……220
  第二节 我国公共部门人力资源干部选拔任用制度的实践运作……225
  第三节 我国公共部门人力资源干部选拔任用制度的改革与完善……230

第十六章 公共部门人力资源的绩效考核……233
  第一节 公共部门人力资源绩效考核的理论基础与概述……233
  第二节 我国公共部门人力资源绩效考核的实践运作……236
  第三节 我国公共部门人力资源绩效考核制度的改革与完善……241

第十七章 公共部门人力资源能力素养评估……257
  第一节 人力资源能力素养评估的理论基础与概述……257
  第二节 我国公共部门人力资源能力素养实证分析……261

第十八章　公共部门人力资源的培训 267
　　第一节　公共部门人力资源培训的理论基础与概述 267
　　第二节　我国公共部门人力资源培训的实践运作 273
　　第三节　公共部门人力资源培训的改革与完善 278

第十九章　公共部门人力资源教育 283
　　第一节　公共部门人力资源教育的理论基础与概述 283
　　第二节　我国公共部门人力资源教育的实践运作 288
　　第三节　我国公共部门人力资源教育的改革与完善 291

参考文献 303

上篇

公共部门人力资源管理与开发概论

第一章

公共部门人力资源管理与开发的内涵和历史渊源

【案例导读】 唐代科举的"通榜"与"行卷"

第一节 公共部门人力资源管理与开发的内涵

一、公共部门人力资源管理与开发的界定

公共部门人力资源管理与开发作为现代管理学理论和管理工作实践中引申出来的一个新概念,已经被人们普遍接受和广泛采用,但人们对这一概念的理解和界定又不完全相同。其实,这一概念是包含多重具体概念限定的复合命题,其着眼点在于人力资源,其落脚点则指向人力资源的管理与开发,而其视域范围又限定于公共部门。因此,理解和把握公共部门人力资源管理与开发的内涵首先需要弄清"公共部门"、"人力资源"及"人力资源管理与开发"等具体概念的含义。

（一）公共部门的含义

公共部门也叫公共组织机构,是相对于私营部门而言的。现代社会是高度组织化的社会,人们为了更好地生存和发展,建立了各种各样的组织机构,公共部门就是整个社会组织体系中的一部分,而且是特殊的组成部分,其特殊性即公共部门与其他组织机构相互区别开来的本质特征,是界定公共部门的关键所在。

国外学者在界定公共部门时提供了许多把公共部门与其他社会组织区别开来的特殊

属性[①]，但是概括起来说，国外学者基本上是围绕着组织的行为与目的来区分各类社会组织并以此作为界定公共部门的逻辑起点的，即把组织的行为是否具有强制性和组织的目的是否具有政治性与公益性作为区分各类组织的根本标准，据此标准把社会组织分为三类：一是依靠强制性权力为社会提供公共服务的公共部门即政府；二是在国家强制性权力限度内自由自愿地谋求个人或私人利益的私营部门即竞争性工商企业；三是独立于政府和工商企业之外的中介性组织或部门即第三部门。

国内学者对公共部门的界定，大多引进或借鉴了国外学者的分析方法，并试图结合中国国情进行新的阐释。例如，李文良认为公共部门是指全部或部分履行管理公共事务职能的组织实体，既包括纯粹公共部门即政府又包括第三部门[②]，而孙柏瑛和祁光华则认为公共部门是泛指拥有公共权力，依法管理社会公共事务，以谋取社会的公共利益为目的的组织体系，以及由政府投资、开办，以国有形式运作的公营企业、学校、医院等组织体系[③]，等等。这些定义都为我们把握公共部门的内涵提供了有益的分析视角和基本的表象结构描述，但这些定义也都忽略了一个至关重要的问题，这就是社会生产关系与公共部门的联系问题。

马克思主义唯物史观的最基本观点就是认为社会生产关系是决定一切社会关系的基本的、原始的关系。公共部门的产生、存在和发展，归根到底必然是社会生产关系发展的结果。诚然作为公共部门的直观特征是它具有公共性，具体表现为它存在于社会公共领域，代表着社会公共意志，行使着公共权力，管理的是社会公共事务，并尽量去谋求社会公共利益，但是，公共部门的这种"公共"的性质及其范围，在不同的社会生产关系下必然会有不同的内涵和意义。在以私有制为主导的生产关系下，私人占有的生产及经济部门，完全属于私营部门，所谓公共部门一切管理行为的首要目的必然是谋求所有私营部门的共同利益的实现，然后才会兼顾到全体社会成员的公共利益，而且这种对社会公共利益的谋求也是以不动摇私有化的生产关系为前提的。而在以公有制为主体的生产关系下，由社会占有的生产和经济部门本身就属于公共部门，是社会公共意志和公共利益的体现者和代表者，因此只有在这样的社会里，公共部门才能真正以谋求社会公共利益为最高目的。

综上所述，我们认为公共部门就是按照特定社会生产关系的要求，通过行使管理社会公共事务的权力，以体现社会公共意志和实现公共利益为指向的各种组织实体的总和，其实质是以协调特定社会生产关系秩序下的公共利益关系为根本目的的组织体系。在中国，公共部门就是指代表全国各族人民的共同利益和意志、以维护以公有制为核心的公共利益关系格局为根本职责而协调运作的组织体系，主要包括国家机关、国有企业和事业单位及承担某些管理社会公共事务职能的中介性组织。

（二）公共部门人力资源的含义

"人力资源"是20世纪五六十年代提出、目前已经风行于全球的一个概念，尽管人们

[①] 欧文·E.休斯：《公共管理导论》（第二版），中国人民大学出版社，2001年，第301页。
[②] 李文良：《公共部门人力资源管理》，吉林人民出版社，2003年，第2页。
[③] 孙柏瑛，祁光华：《公共部门人力资源管理》，中国人民大学出版社，1999年，第6页。

对它做出了各种各样不同的解释，但概括起来说不外乎两类：第一类是狭义上的解释，即认为人力资源主要是已经投入到现实生产过程中的劳动力的总量；第二类是广义上的解释，即认为人力资源不仅是指已经投入到生产过程中的劳动力人口，而且还应该包括一切具有劳动能力但尚未投入到生产过程中的潜在劳动力人口。

着眼于人力资源的可持续管理与开发，从广义上理解人力资源的概念更为合适。因此，人力资源就是指一定时间和空间地域范围内的人口总体内所拥有的能够作为生产性要素投入到社会经济活动和社会发展事业中的全部劳动人口的总和。

从人力资源的实际分布特点来看，它首先具有民族性，即人力资源主要是一个民族国家在特定的社会经济生活和特定的民族文化中培育出来的具有特定体能、技能和智能的劳动人口，既包括已经具备劳动能力，可以直接投入社会经济活动和国家建设中的现实的人力资源，也包括正在接受教育、培训和成长中的潜在人力资源。其次是具有分层性，即一个民族国家的人力资源在不同的行业领域、不同的生产劳动部门、不同的职业群体、不同的组织机构及不同的阶层之间有着不同的分布状态与特点。同时，随着经济全球化趋势的加强，国际间的经济、政治和文化往来日益频繁，人力资源分布的国际性特点也正在显现。

从人力资源的构成特点来看，人力资源既有质的规定性，又有可计量性，是质与量的有机统一。人力资源的量有绝对量和相对量之分，绝对量主要是指一个民族国家人口总量中所蕴涵的全部劳动人口的数量，人力资源的相对量主要是指已经就业的现实劳动力的数量，二者的比率是衡量一个国家总体经济形势的重要指标。人力资源的质是指一个国家劳动人口的总体素质，是劳动者个体与人力资源整体的体能、技能、智能和职业道德水平等方面的综合体现。提高一个国家的人力资源的质量，对于国家和社会的进步与发展具有更为重要的意义。

所谓公共部门人力资源是一个民族国家人力资源整体中的一部分，是能够在公共部门中任职的全部人才的总和。公共部门人力资源除了具有一般人力资源的共性特点以外，又有自己的一些特殊性。

1. 公共部门人力资源具有政治性

公共部门的人力资源都是在特定的社会生产关系和政治关系中培育和成长起来的，在根本上要受到国家本质的制约。首先，公共部门人力资源的质与量都是由社会基本政治经济制度限定的，即公共部门的所有工作人员都必须是符合社会政治和经济制度要求的，其选拔、任用、教育、培训及所从事的一切活动，都必须以维护基本政治经济制度为前提。其次，公共部门人力资源也是公共部门实现其政治管理职能的基本保障。在公共部门所承担的管理社会公共事务的职能体系中，政治管理职能无疑是居于首位的，没有社会政治的稳定和秩序状态，公共部门的工作人员既无法有效地开展工作，也无法正常地履行其职责。

2. 公共部门人力资源具有稀缺性

由于公共部门是以管理国家和社会公共事务为基本职责的组织体系，而随着国家的发展和社会的进步，国家和社会公共事务将越来越复杂多样，这就对公共部门工作人员的素质提出了越来越高的要求，但在全部人力资源中能够始终胜任和适应这种要求的人力资源总是有限的。同时公共部门的职位也是有限的，这就更需要由具备较高素质的人员来充任，因此，在现实生活中，并不是所有的人力资源都能直接转化为公共部门人力资源，它总是带有某种稀缺性。

3. 公共部门人力资源具有社会效益性

公共部门人力资源虽然也是一种经济性资源，但更重要的是一种社会性资源，它能够保障和促进社会公共利益和公共秩序的持续稳定发展，从而实现综合的社会效益。当然，公共部门人力资源的管理与开发也需要有经常性的资本投入，但是这种投资不能简单地用经济上的回报率来衡量，而应用综合的社会效益回报率来衡量，其内在的正相关性在于：投资程度的持续增加促进公共部门人力资源质量持续提高，进而促进综合社会效益的增长。

4. 公共部门人力资源具有公共责任性

公共部门的人力资源掌握着国家和社会赋予的公共权力，执行着表现为法律的国家意志和公共意志，并权威性地配置着社会公共资源，其特殊的地位与权力只有与特定的公共责任有机统一起来，才能具有合理性和合法性。这种公共责任主要包括维护公共秩序、保障公共安全、提供公共服务、增进公共利益。

5. 公共部门人力资源具有持续性

由于人在本质上是一切社会关系的总和，随着社会关系和生存环境的不断变化与发展，人的素质和能力也是处于不断进步之中的，所以，人力资源的开发将是一个持续不断的过程。公共部门人力资源开发更是如此，必须根据公共部门的任职标准和要求，对其工作人员持续不断开发，才能使公共部门人力资源的素质和价值及公共部门的整体管理水平不断得以提升。

（三）公共部门人力资源管理与开发的含义

人力资源管理通常是指国家和各种组织通过对其人力资源进行统计规划、培养训练、评价使用、保障发展，以实现组织目标的活动与过程。它包括宏观和微观两个层面：宏观的人力资源管理与开发是国家对人力资源整体的管理与开发，主要目标是保证人力资源的整体结构与国家经济发展和社会进步的适应性。微观的人力资源管理与开发是各种组织根据国家的宏观规划与要求对其所管辖的人力资源进行的管理与开发，主要目的是保证人力资源与具体工作职位的适应性。

公共部门人力资源管理是指公共部门根据国家宪法和法律对其工作人员进行规划、任用、评价、保障等一系列的活动与过程。公共部门人力资源开发是指为充分、科学、合理和有效地发挥公共部门人力资源的积极作用而进行的资源配置、素质提高、能力利用及潜能挖掘等一系列活动与过程。公共部门人力资源的管理与开发是公共部门统一的人事工作过程中密不可分的两个环节。其中心任务主要包括两个方面：一方面是理顺关系，即在推动工作、完成组织目标的过程中，正确安排、调整协调人与事、人与人的关系；另一方面是开发潜能，即在认真研究工作人员的素质与能力特点的基础上，确定正确的发展目标，通过有效的教育、培训和激励等措施，充分发掘人力的潜能及其工作的积极性、主动性与创造性。

由公共部门人力资源的特殊性质所决定，公共部门人力资源的管理与开发也具有自己的特点。

1. 系统性

由于公共部门是一个横向部门分化、纵向层级节制的共同承担公共管理职能的庞大组织结构体系，是按照统一的组织原则建立起来的具有统一的目标和职责的整体，这就决定了公共部门人力资源管理与开发必然是一项复杂的系统工程，从人力资源的需求预测、任职使用、工资福利、安全保障，到职务晋升、激励竞争、绩效考核及教育培训等各个环节都必须按照统一和效能的原则进行整体规划和统筹安排。

2. 权威性

公共部门人力资源管理与开发的主体即公共部门，是掌握着国家或公民赋予的公共权力的特殊社会组织，它具有表面上凌驾于其他社会组织之上的特殊地位与权威，因此，它所制定的有关人力资源管理与开发的各项措施，对其他社会组织都具有一定的强制性和普遍的约束力。

3. 法治性

国家通过制定专门的法律法规，对公共部门人力资源管理与开发的组织与机构的性质、职权、宗旨和目标，以及岗位编制、行为规范、财政预算等进行限定和规制，保证公共部门依据法律规定的权限对人力资源进行合理和有效的管理与开发。

4. 公益性

由于公共部门的管理权来源于社会和人民的授予，它肩负着代表人民掌好权、用好权、谋求公共利益的政治责任，所以，公共部门对其人力资源进行管理与开发，提高人力资源的素质和价值，其目的不是为公共部门自身谋求既得利益，而是为全体人民谋求公共利益，增进全社会的福祉。

二、公共部门人力资源管理与开发的职能与原则

（一）公共部门人力资源管理与开发的职能

公共部门人力资源管理与开发的职能是指公共部门所具有的对本部门人力资源进行管理与开发的整体职责和基本功能，是公共部门开展人事工作的总方向和特有任务。公共部门人力资源管理与开发与公共部门的组织管理、专业化技术管理、机关财务管理一样，也是公共部门的专项管理工作之一，所不同的是公共部门人力资源管理与开发的职能与其他管理工作相比，具有特定的方式与内容。概括地说，公共部门人力资源管理与开发的职能主要有如下几个方面的内容。

1. 规划职能

规划职能是指公共部门所负有对自身人力资源的供求关系进行宏观预测和统筹规划的职责与功能。具体来说，就是对当前和未来一定时期公共部门人力资源的需求数量、需求质量、需求结构与社会可能提供给公共部门的人力资源的数量、质量、结构进行预测，并制订规划以确保公共部门人力资源的供求关系能够相互适应。这是公共部门开展全部人力资源管理与开发工作的前提和依据。

2. 选用职能

选用职能就是公共部门所承担的吸纳社会优秀人才充实工作人员队伍的职责与任务。其内容包括公共部门人力资源的选拔、招聘、委派、考试录用和合理配置等。选用的根据主要有：一是执政党和国家所确定的人事制度和用人标准；二是国家法律法规所规定的公共部门的组织规模与职位编制；三是备选人员的自身素质和能力条件。选用的目的是实现国家和社会的进步与人才发展需求的统一，达到事得其人、人适其位、人尽其才、才尽其用的良性发展状态。

3. 整合职能

整合职能是指公共部门所承担协调人力资源的内部与外部关系，确保全体人力资源同心同德、密切配合、行动一致的职责。通过必要的法规和纪律约束，并开展深入细致的思想政治工作和扎实有效的精神文明建设活动，使公共部门的人力资源树立正确的世界观、人生观、价值观、权力观、利益观，从思想上、感情上、心理上认同公共部门的责任与目标，进而尽心尽力、协调一致地完成各方面的工作。

4. 保障职能

保障职能是公共部门所负有的对人力资源的保护性责任。为了确保公共部门人力资源更好地履行其管理社会公共事务的职责，公共部门必须为其人力资源提供必要的工作和生活条件保障，主要包括工资、保险、福利、安全及其他等方面的基本权利。

（二）公共部门人力资源管理与开发的原则

公共部门人力资源管理与开发的原则，是公共部门人力资源管理与开发实践的基本经验的概括和总结，是公共部门人力资源管理与开发活动的规律和公共部门人力资源自身成长发展规律的综合体现，是公共部门在进行人力资源管理与开发过程中应当自觉遵循的规范和准则。虽然在不同的国家和不同的时代公共部门人力资源管理与开发的具体原则表现出了许多明显的特色差异，但也存在许多带有普遍性的一般原则，概括起来说主要有统一管理与开发原则，选贤任能原则，职、责、权、利相对应原则，激励竞争原则，整体效益原则，民主法治原则等。

1. 统一管理与开发原则

统一管理与开发是指公共部门人力资源管理与开发必须要有统一的目标、统一的意志、统一的方式方法和统一的行为规范。

坚持统一管理与开发原则，这首先是由公共部门人力资源的特殊性质所决定的。公共部门人力资源掌握着国家和人民所授予的公共权力，肩负着代表国家和人民管理社会公共事务、谋求社会公共利益的职责和使命，要完成如此重要而又神圣的使命，必须要把公共部门的人力资源培育和建设成为目标和行为等都高度一体化的工作队伍，使他们能够朝着统一的目标和方向，通力合作、协调一致地奋斗和工作。其次是公共部门人力资源的行为与工作特点所要求的。一般而言，在人类的社会生活中，人们的行为和活动都有自觉的意志和预期的目的，但这些意志和目的往往并不一致，有的甚至互相对立，这就需要加以协调与控制，以形成合力，对于公共部门人力资源的管理与开发更是如此。虽然公共部门人力资源的行为与工作也要体现个性化色彩，但更为主要的是它的共性化特征，这就更需要有统一的意志和目标，形成公共部门人力资源行为与工作方向一致的巨大合力，以便达到预期效果。如果没有统一管理与开发原则，公共部门人力资源组织系统内就会存在各自不同的指导思想，就会各行其是、各自为政，其结果只能是力量分散或互相冲突，达不到管理与开发的目的。

实现和贯彻统一管理与开发原则，在公共部门人力资源管理与开发的每一个具体环节上都要有相应的具体措施，但综合起来看，主要应妥善处理下述几种关系：第一，必须要正确处理好公共部门人力资源与执政党的关系。在资本主义社会公共部门人力资源虽然表面上具有超然或"中立"的性质，但在实质上它是无法独立于执政党的领导和控制之外的。公共部门人力资源所执行的意志从根本上来说就是执政党的意志，或者说是转化为国家意志的执政党的意志，这不仅是维护国家统一和政治稳定的需要，而且也是各级公共部门人力资源统一管理与开发的前提与保证。在我国更是如此。在社会主义现代化建设过程中，公共部门人力资源必须自觉地在思想上和政治上始终同党中央保持一致。第二，必须妥善处理公共部门人力资源内部集权与分权的关系。公共部门人力资源是共同行使社会公共事务管理权的组织，为了保证公共管理权的统一使用和良性运作，必须建立起结构合理、配置科学、程序严密、制约有效的权力运行机制，其中的关键就是正确处理好集权与分权的关系，有关全局的管理权必须集中，没有集中就没有统一；有关局部的具体管理权与执行权则又需要分工明确，否则局部工作就不能顺利展开。第三，必须正确处理统一性与灵活性的关系。公共部门人力资源管理与开发的统一原则并不是指在一切方面的绝对一致，主要是指在总的目标方向上和共同的行为规范上统一。在统一的意志、统一的目标、统一的步调之下必须伴之以各种具体工作上的灵活性和创造性，形成既有民主又有集中、既有统一意志又有个人心情舒畅的生动活泼的局面。

2. 选贤任能原则

选贤任能原则是指严格按照公共部门高效行使公共管理职能的需要和相应的职位要求考察人力资源的素质与能力，以德才兼备为标准进行择优任用。

由于公共部门人力资源是社会公共权力的执掌者，是社会公共管理职能的承担者，是公共意志的代表者，也是公共利益的维护者和实现者，公共部门人力资源的这种特殊地位与任务，要求他们既要具有为公共服务的本领，更要具有为公共服务的品德，也就是要德才兼备，所以，公共部门人力资源管理与开发必须坚持选贤任能原则。

贯彻和落实选贤任能原则的基本要求是对公共部门人力资源进行合理配置、量才使用。就是根据人员的素质、能力和专长，安排适当的岗位和任务，从事适当的工作，做到人力资源的才能与德行能够与公共部门的职位要求相适应。

3. 职、责、权、利相对应原则

公共部门人力资源的职位、责任、权力和利益的统一，是实现有效管理与开发的重要原则之一。所谓职位，是指公共部门为履行公共管理职能而设置的公共岗位及相应的工作任务；所谓责任，是指在完成特定岗位的工作任务过程中应履行的义务和应承担的后果；所谓权力，是指在岗位职责范围内所拥有的支配力量；所谓利益，是指与完成岗位职责和工作任务相适应的物质和精神的收益。坚持职、责、权、利的统一，就是要做到职位分明、责任明晰、权力明确、利益实在,保证公共部门的人力资源适得其位,使得事有人管、管事有权、权连其责、利随其绩。

4. 激励竞争原则

激励竞争原则是指通过建立合理的激励机制,营造公平有序竞争的氛围,激发人力资源的潜能和工作动力,从而保持公共部门人力资源的整体活力。

激励竞争原则是激励机制和竞争机制的有机结合,其宗旨在于通过激励和竞争把公共部门人力资源自我发展的积极性和竞相发展的主动性结合起来,促进公共部门人力资源自身价值实现需求与组织目标实现过程的统一。

激励竞争原则的应用是以满足人力资源的自身利益需求为出发点的。行为科学的研究成果表明,人的行为都具有某种动机性,而人的动机又源自人的需求欲望,可见,人的利益需求欲望是人们采取行动的内在驱动力。因此,满足人力资源的利益需求、引导人力资源的行为取向就成为实行激励竞争原则的逻辑起点。当然,人们的需要是多种多样、无穷无尽的,但概括起来说不外乎物质利益需求、精神利益需求和自我价值实现需求三种类型,因此,激励竞争机制的确立也应主要针对这三种需求的满足程度。同时,也要注意到对人力资源需求欲望的适度限制,做到激励竞争既与人的不断增长的需求欲望相适应,又与社会经济政治的实际发展状态相适应,从而保证激励竞争机制持续有效地发挥作用。

5. 整体效益原则

整体效益是衡量公共部门人力资源整体工作成效的重要指标,是公共部门人力资源所提供的公共物品和公共服务的质与量相统一的综合性指数。其具体的测量尺度主要包括整体工作效率、宏观经济效益和综合社会效果三个方面。整体工作效率是指全体公共部门人力资源工作协调的速度、节奏和成效;宏观经济效益是指公共部门人力资源在实现组织目标的过程中把人力、物力和财力的消耗减小到最低程度,并有助于促进社会经济的发展;综合社会效果则是指公共部门人力资源为社会经济、政治和文化等各方面事业提供服务的程度和公共利益的实现程度。用最小的成本消耗获取最优的整体效益,始终是公共部门人力资源管理与开发的基本目标之一。

6. 民主法治原则

民主法治原则是指公共部门人力资源的管理与开发必须在民主的基础上依法进行。由于公共部门的人力资源是国家和人民所授予的公共权力的执行者,是公共意志的代表者,也是公共利益的实现者,所以,要保证公共部门人力资源管理与开发工作的公共性质,必须要坚持民主法治原则。

坚持和贯彻民主法治原则的基础是实现公共部门人力资源管理与开发工作的民主化。其基本要求就是在公共部门人力资源管理与开发的依据、内容、规范、过程及目标实行全面公开的前提下,接受社会各界的广泛民主监督,以有力推动公共部门人力资源办事的公开性与透明度,促进公共部门与人民大众的密切联系,从而增强人们对公共部门人力资源工作的认同感和信任度,这对于促进整个社会政治稳定和经济文化事业的协调发展都具有重要意义。

坚持和贯彻民主法治原则的关键是实现公共部门人力资源管理与开发工作的法治化。

首先，要建立、健全公共部门人力资源管理与开发的法律法规体系，做到有法可依；其次，要严格依法对公共部门人力资源进行管理与开发，即真正做到有法必依、执法必严、违法必究，这既是适应现代化建设的需要，也是落实依法治国方略的具体体现。

第二节　公共部门人力资源管理与开发的历史渊源

公共部门人力资源管理与开发作为一个时尚概念产生于20世纪中期，但作为一种思想和实践则经历了长期的历史探索和发展过程。事实上，世界各国从进入文明社会开始，就有实质上属于公共部门人力资源管理与开发范畴内的公共部门人力资源管理与开发的实践活动和理论探索，并且也积淀了丰富的管理经验和思想理念，从而奠定了现代公共部门人力资源管理与开发的基础。

一、中国传统人事管理的历史演进与启示

中国是一个有着悠久历史的文明古国，与整个国家政权体系相适应的传统人事管理实践也源远流长，给世人留下了一笔十分复杂而又丰富的遗产，其中的成功经验或失败的教训，都会对当代中国包括公共部门人力资源管理与开发在内的各种人事管理制度改革提供有益的启示和参考。

（一）中国古代人事管理实践模式

中国古代社会从原始氏族社会末期到晚清，在其发展的各个历史时期，都形成了与当时的社会、政治、经济、文化环境相适的人事管理模式，其中产生深远影响的主要模式包括以下几种。

1. "任人唯贤"的原始贤能制

该制度主要实行于中国古代国家形成之前的原始氏族社会后期。据史书记载，当时还没有形成私有制和国家政权机关，氏族的公共事务由成年的氏族成员共同管理，重大事务由氏族大会讨论决定，氏族首领由氏族大会推举贤能之人担任，或由具有很高威信的人自然形成，这就是所谓的原始贤能制，在此基础上逐渐又形成禅让制，即由民主推举出的氏族首领以让贤的方式把氏族部落管理权传递给后继者。经过这种方式产生的氏族首领没有私有财产和特权，与全体氏族成员一样过着简朴的生活，并负有带领氏族成员发展生产和为氏族部落服务的责任，是原始的社会公仆。这种选贤任能的管理模式虽然是原始的和朴素的，但对后世的用人之道有着深刻的启示和深远的影响。

2. "任人唯亲"的世卿世禄制

该制度是夏、商、周三代普遍实行的并与亲贵合一的政权组织原则和血缘宗法制度相统一的人事管理模式。自夏朝建立起君主专制政体以后，国王便享有了至高无上的权力，国王之下设有不同等级的官职，按照血缘宗法关系和任人唯亲原则，王朝的官吏和诸侯由国王任命，诸侯国的官吏由诸侯任命，国王、诸侯和官员都是世袭的，同时他们也都根据各自的等级地位的不同，世袭地享受相应的经济收益，这便是世卿世禄制。到西周时，在

此基础上又发展出了分封制，即以天子为中心，以血缘亲疏为根据划分权力等级和分配封地的多寡，从而使中国奴隶制国家的职官管理体制进一步严密。

3. 文武分职的官僚制度

该制度形成于春秋战国时期，是建立在臣对君的人身依附和雇佣关系基础之上的人事管理体制，其主要内容是实行文武分途，并明确规定官员的职位、职责、职权范围及工作规程，同时对文武官员的任免选拔、等级俸禄、符节玺印、考课奖惩等方面也都确立了相应的规范。这就为之后建立的统一的中央集权的历代王朝进行人事管理奠定了基础。

4. 以"三公九卿制"和"郡县制"为主导的人事管理模式

该模式确立于秦汉时期。所谓"三公"，即丞相，辅助皇帝处理全国政务；太尉，协助皇帝总领全国军事；御史大夫，掌监察并帮助丞相处理政务。所谓"九卿"，即奉常，掌宗庙礼议文教；郎中令，掌宫廷警卫；卫尉，掌宫门屯卫；太仆，掌宫廷车马仪仗；廷尉，掌司法；典客，掌诸侯、少数民族及外交事务；宗正，掌皇族事务；治粟内史，掌国家财政；少府，掌皇帝私人财政等。在地方则实行与中央"三公"相对应的郡守、郡尉、郡监及县令、县尉、县丞等官职，均由皇帝任免，实行高度集权。与此相适应，有关推举和任用人才的察举征辟制、有关政绩考核的上计考课制、有关检察监控职官的监察制、有关官员的政治经济待遇的秩禄制及有关退休的致仕制等具体制度也逐渐完善起来。

5. 九品中正制

该制度是魏晋南北朝时期普遍推行的选拔官吏的制度，基本做法是由中央任用"贤有识鉴"的官员，担任地方各级"中正"，再由"中正"官品评划定人才为上上、上中、上下、中上、中中、中下、下上、下中、下下九个等级，并逐级上报至吏部选用。这种选人用人制度一度曾使"儒雅并进"，收到了一定的积极效果，但后来逐渐演化成为当时巩固豪强门阀政治、阻塞寒素人才入仕的工具。

6. 以三省六部制为核心，以科举制为基础，以任用、考课、监察、俸禄、致仕等制度为主要内容的人事管理模式

该制度是隋唐时期在继承和发展前代人事管理经验的基础上确立下来的，是更为完备的人事管理的基本框架。特别是科举制度作为封建官僚选拔制度，自隋形成，经唐、宋、元、明、清沿用上千年之久。

（二）中国近现代的人事管理模式

1912 年 1 月，孙中山领导下的南京临时政府成立，从此开始了以学习和引进西方的文官制度为取向的人事管理模式的变革实践，先后制定了任命令、文官考试令、文官考试委员会官职令等法规草案，积极筹建文官考试制度和官员监督制度等，初步奠定了在中国推行文官制度的基础。

1912 年 4 月，袁世凯篡权后建立的北洋政府，为加强军阀独裁统治，制定了一系列法规，强化了文官管理制度。在文官分类方面，主要包括行政官、外交官、司法官、技术官、警察等几个类别；在文官任用方面，主要采用特任、简任、荐任、委任等方式；在文

官考试制度方面，将文官考试分为文官高等考试、文官普通考试、地方文官考试三种，文官考试一般每三年举行一次；在文官惩戒方面，主要包括去职、降等、减俸和申诫四种；在文官抚恤方面，规定文官因退休、退职或因公死亡，其本人或家属可视情况享受终身恤金、一次恤金、遗族恤金等。由于当时军阀混战不断，北洋政府的许多文官管理制度并没有得到真正贯彻落实。

1927年4月，以蒋介石为代表的国民党右翼发动政变，在南京成立"国民政府"，按孙中山先生的"五权宪法"模式建立由行政院、立法院、司法院、考试院、监察院组成的中央国家机关。其中的考试院就是最高的考试机构和人事管理机构，负责对各类政府官员的考任和铨叙等工作，而其中的监察院则是专门负责对政府官员进行调查监督、审计及弹劾的机关。与此相适应，先后颁布了《公务员交代条例》《限制官员兼职案》《公务员服务法》《公务员任用法》《公务员俸给法》《公务员考绩法》《公务员退休法》《公务员抚恤法》等有关人事管理法规，虽然大多都流于形式，但也不乏警示和借鉴作用。

（三）新中国成立后的人事管理实践

1949年10月，新中国成立后，中央人民政府政务院下设人事局，协助中共中央组织部管理国家人事工作，同时，政务院下设的内务部、政治法律委员会、财政经济委员会、文化教育委员会等部门内部还各设专有人事机构；20世纪50年代初期，以上五个单位的人事机构合并成立了中央人民政府人事部，主管中央司局长、地方厅长、专员以上干部的任免和档案，统计全国政府系列干部，拟定和审议有关干部调动、单位机构编制、政府系列人员的工资标准及福利退休等方面的规程，并负责军队转业干部的安置、全国高校毕业生的分配和出国人员的政审等；20世纪50年代后期，撤销中央人事部，设国务院人事局，后改设内务部政府机关人事局，办理国务院有关干部的任免、国家机关干部的调配与统计及其福利待遇，同时办理国家机关、民主党派、人民团体的行政编制等事项，形成相关的人事管理制度，尽管还不够完善，但也取得了相当大的成绩。

1966年5月以后进入"文化大革命"时期，国家各级人事管理部门相继被撤销，有关工作移交中央组织部，在极"左"错误的喧嚣声中，人事干部队伍被打乱，一些有效的人事管理制度遭到破坏和否定。

"文化大革命"结束后，首先恢复设立民政部政府机关人事局，继而成立了国家人事局。20世纪80年代实行机构改革，成立了国家劳动人事部。1984年起草《国家工作人员法》，1985年改名为《国家行政机关工作人员条例》。1988年中央改设人事部，并开始探索建立公务员制度的实际工作，1993年10月1日，《国家公务员暂行条例》正式实施，标志着我国干部人事管理工作尤其是行政机关干部人事管理制度建设进入了一个新的历史时期。其后经过十余年的实践，经十届全国人大常委会第十五次会议审议通过了《中华人民共和国公务员法》，并于2006年月1月1日起正式实施。《中华人民共和国公务员法》是我国第一部人事管理方面的权威法律，也填补了我们国家法律体系的一个空白。该法的颁布实施标志着我国公共部门人力资源管理与开发已经全面走向法制化。

综观中国从古至今的人事管理模式的演进历程，我们至少可以得到如下启示。

第一,现代公共部门人力资源管理与开发必须立足于中国国情。中国传统人事管理实践模式之所以在不同历史时期表现出了不同的特点,主要是因为不同历史时期具有不同的社会政治、经济和文化等国情特点,同时也正是由于不断适应变化了的社会政治、经济和文化环境的需要,才促进了中国传统人事管理模式经历了由简到繁直至完备的进步和发展过程,其间所积累下来的——不论是政府机构设置的经验,还是有关人才的选拔任用、考核、监察、品级、福利待遇、回避、休假、退休等一系列制度,都成为中国当代公共部门人力资源管理与开发的历史背景和影响因素,所以也都有着重大的借鉴作用和现实意义。

第二,现代公共部门人力资源管理与开发也是一个中外管理文明的互动过程。中国传统人事管理历史表明,中国古代人事管理模式作为全人类古代文明的重要组成部分,对西方近代文官制度的形成和发展产生过深刻的作用和影响;反过来,中国近现代人事管理实践中引入公务员制度又是学习和借鉴西方管理文明的结果。可见,正是由于有了中外管理文明之间的相互作用和相互交流的互动过程,才有了全人类管理文明的共同进步与发展。所以,当代中国公共部门人力资源的管理与开发也要吸收和借鉴西方公共部门人力资源管理的成功经验和有益成分,为有中国特色社会主义现代化建设事业服务。

第三,中国现代公共部门人力资源管理与开发要努力克服传统人事管理模式的弊端。在我们认真发掘和继承中国传统人事管理模式精华的同时,必须清醒地认识到它所存在的种种弊端,如重人治轻法治、管理权限过于集中、管理方式单一、贵德贱艺、考试脱离实际、任人唯亲等,这些都直接干扰了人事管理的客观公正性,必须在现代公共部门人力资源管理与开发过程中尽力戒除。

二、西方国家公务员制度的形成及其运行机制

(一)西方国家公务员制度的形成

西方国家在前资本主义时期所形成的人事管理模式都是属于官僚型的,专制君主通过各种方式选拔和赐任的国家官吏,实际上都是对上尽忠、对下施威的为君主服务的工具。在资本主义国家前期,基本上也承袭了这种所谓"一朝君主一朝臣"式的管理方式,直到公务员制度的确立,才真正开创了人事行政管理实践的新阶段和新境界,并直接奠定了现代公共部门人力资源管理与开发的现实基础。

1. 西方国家公务员制度产生的背景

西方国家公务员制度产生于19世纪下半叶的欧美国家,是资本主义社会经济、政治和文化发展的必然产物。①公务员制度建立的直接原因是旧的人事制度的弊端暴露无遗。在西方国家资产阶级夺取政权以后相当长的时期内,实行的是个人赡徇制和政党分赃制的人事管理制度,或者把政府官职作为个人赡恩徇私、私相授受的赠品,或者把官职作为战利品在竞选获胜的政党内部进行公开分赃,给政府带来了一系列的弊端和恶劣的影响,不仅出现了结构性的贪污腐败,而且带来了周期性的政治震荡,同时这种任人唯亲和裙带恩赐的方式,使大量无能之辈充斥政府,这些人只善于搞投机钻营和拉帮结派,只关心个人或小集团的利益,行政道德日益败坏,严重损害了资产阶级整体利益和公众利益,引起资

产阶级和广大民众的强烈不满,迫切需要变革。②公务员制度确立的根本原因是适应资本主义市场经济发展的需要。随着西方国家工业革命的相继完成,资本主义市场经济的发展更趋于社会化、国际化和现代化,政府管理社会事务的职能范围也相应扩大,为了充分有效地行使越来越广泛复杂而又分工细密的政府管理职能,保证市场经济的顺利发展,客观上需要一支职业化、专业化及廉洁高效的管理人才队伍;同时,市场经济本身所具有的自由、自主、平等的原则及公平有序的竞争机制,客观上要求在政府机关内部也应具有均等的职业竞争机会和自由的职业选择的条件,这就为变革旧的人事制度并建立公务员制度提供了动力源泉。

2. 西方国家公务员制度的建立

西方国家公务员制度是在资本主义社会经济、政治和文化环境的综合作用之下,借鉴中国古代人事制度,特别是吸取科举考试制度精华的基础上,通过变革旧的人事制度而逐步确立的。1805年英国财政部首设常务次官,由此形成了政务官与事务官分类管理的先例;1853年起草了《关于建立常任公务员制度的报告》,确定了考试录用、职务常任、政治中立等若干原则;1855年英国政府设立了统一主持文官考试录用事务的机构,即文官事务委员会;1870年英国发布枢密院令,以法律形式确定公务员制度。之后美国于1871年成立了三人文官委员会,负责人事制度改革工作;1883年美国颁布《彭德尔顿法》,即《美国公务员制度法》,提出变革"政党分赃制",实行"功绩制",并规定了公开考试、择优录用、政治中立、注重实际工作能力及职位分类等原则。这一法律的实施标志着美国公务员制度的确立。到了第二次世界大战以后,法国、德国、日本等西方国家也都效仿英国、美国,在全面改革传统人事行政制度的基础上,相继建立起了现代公务员制度。

(二)西方国家公务员制度的运行机制

西方主要国家建立起公务员制度以后逐渐也确立了各具特色的运行机制,概括起来,主要有以下内容。

1. 两官分治前提下的职位分类机制

在西方公务员制度中,政务官和事务官是按照不同的方式进行分类管理的。政务官是由竞选获胜的执政党组织政府任命的,一般实行任期制并与执政党共进退;而事务官是通过公开考试、择优录用进入公职系统的,一般实行常任制,不受政党轮流执政的影响。但两官的实际工作,基本上都是以职位分类为基础的,即职位的获得及相应的考核、评价、待遇等均以任职人员的素质能力和实际履行职责的绩效为依据。由于职位分类具有分类科学、标准统一、客观公正等优点,既有利于任职人员履行职责,又有利于广泛的社会监督,所以为西方各国所普遍采用。

2. 为公服务机制

关心公共利益,努力为公众提供服务,这是支撑公务员制度得以建立和发展的基本价值理念,为了保证这一理念的实现,西方各国都对公务员的工作与行为提出了许多行政道德要求和职业操守原则,其中最主要的就是奉行"政治中立"原则,要求事务类公务员在任职期间应超然于政党政治和个人政治观念之外；在国家政治生活中保持中立的地位和立场；在执行公务的过程中，不以行政权力偏袒于某一政党、政治团体或利益集团，应以客观、公正、公平的态度和中立的能力尽忠职守，采用统一、一致的标准，推动政府的各项政策和执行法律，为社会提供公共服务。可见，"政治中立"是在资本主义国家各政党激烈竞争和轮流执政的政治环境中，使社会公共利益得以持续实现的重要保证。

3. 功绩导向机制

这是一种不以个人的身份和地位为基础，而以人的能力和工作业绩为标尺的人事管理机制，它贯穿于西方现代公务员制度的各个方面。在作用环节上，它要求政府官职不应是社会特权阶层专利，而应向社会贤能之士开放，公开选择优秀人才，任人唯贤；在公务员的权利和地位保障环节上，要求摒弃等级和特权观念，而以公平、公正的法律为基本遵循的规范标准；在考核、晋升及奖惩、待遇等环节上，更是要求根据公务员的实际工作绩效确定其成长发展路线，实行优胜劣汰，进而激发整个公务员队伍的生机和活力，实现政府工作的勤勉和高效。

4. 公务员权利和义务的法律保障机制

对公务员实行法制化管理是公务员制度与传统人事制度的根本区别。公务员法规体系是全面规定公务员的权利义务、分类、录用、考核、晋升、奖惩、培训、工资、保险、福利、交流、回避、辞职、辞退、退休等各个环节的管理规则的法律网络，其核心是确保公务员权利和义务的平衡，即一方面要赋予和保护公务员执行公务的权利，另一方面要明确公务员应尽的责任和义务，并力求使公务员享有的权利和其履行的义务保持平衡，既保证其有效地使用行政管理权力，又要通过法定义务约束防范滥用权力。

第二章

公共部门人力资源管理与开发的价值取向与制度安排

【案例导读】 扎紧铁笼子 露出"袁百万"

第一节 公共部门人力资源管理与开发的价值取向

公共部门人力资源管理与开发的价值取向,是人们对于公共部门人力资源管理与开发的应然状态的理性思索,是公共部门对其人力资源管理与开发的目的和意义的认定与追求,是支撑和引导公共部门人力资源管理与开发的全过程与方向的价值观念体系。从中国国情出发,着眼于现代公共部门人力资源管理的一般规律,当代中国公共部门人力资源管理与开发应确立和坚持以服务、效率与效益、权利与责任、公平与正义等基本的社会价值范畴为支点的价值取向体系。

一、服务取向

提供服务是公共部门存在的合理性和基本价值之所在,对公共部门人力资源进行管理与开发,必须以向社会提供优质服务的价值取向为宗旨。在当代中国,公共部门人力资源管理与开发的为社会服务的价值取向,就是指在全面贯彻和落实"三个代表"重要思想的前提下,努力为社会经济发展、政治稳定和实现最广大人民的利益做出应有贡献,其主要内容包括以下三个方面。

(一)为保护和促进先进生产力的发展提供服务

历史唯物主义认为,生产力和生产关系、经济基础和上层建筑的矛盾,构成社会的基本矛盾,这个基本矛盾运动,决定着社会性质的变化和社会经济、政治、文化的发展方向。而在社会基本矛盾运动中，生产力始终是最活跃、最革命的因素，是社会发展的最终决定力量。因此，敏锐地把握中国社会生产力的发展趋势和要求，坚持以经济建设为中心，通过制定和实施正确的路线方针政策，采取切实的步骤和措施，不断促进先进生产力的发展，始终是公共部门人力资源管理与开发的根本任务，也是检验公共部门人力资源管理与开发的价值与成效的最根本标准。一切符合先进生产力发展要求的公共部门人力资源管理与开发的制度和措施，就要毫不动摇地予以坚持；反之，不符合的就要实事求是地予以改革和纠正。

由于人是生产力中最具有决定性的力量，包括公共部门人力资源在内的全部人力资源，是推动中国社会先进生产力发展的第一资源和基本力量，而由公共部门人力资源的特殊性质和地位所决定，它对于推动生产力的发展又具有关键性的意义。所以，通过对公共部门人力资源进行有效管理与开发，不断提高他们的思想道德素质和科学文化素质，不断提高他们的工作技能和创造才能，不断提高他们的公共管理水平，充分发挥他们的积极性、主动性和创造性，始终是坚持为先进生产力服务的价值取向的基本要求。

（二）为维护和保证社会政治稳定提供服务

公共部门人力资源作为公共权力的执行者和公共事务的管理者，必然要承担起维护国家和社会政治稳定的责任。坚持为社会政治稳定服务的价值取向，最主要的就是维护基本政治格局和政治秩序的稳定，包括坚持人民民主专政、人民代表大会制度、中共领导的多党合作与政治协商制度、民族区域自治制度等一系列基本政治制度，其中的关键就是维护党的领导地位和执政地位，忠实地执行党的基本路线、方针和政策，这是党的性质和党在社会主义革命与建设中的伟大作用决定的。坚持中国共产党的领导地位，贯彻"党管干部"的原则，就能够维护基本的政治格局和政治秩序，就能够保持政策的连续性，从而实现社会政治稳定。

（三）为实现人民的意志和利益提供服务

公共部门人力资源是人民所授予的公共权力的执行者，是公共意志和公共利益的实现者，必须以为人民服务为基本价值取向。我国宪法规定：国家一切权力属于人民，人民行使国家权力的机关是全国人民代表大会和地方各级人民代表大会。人民通过人民代表大会把自己的意志上升为国家意志，并通过法律形式把国家意志表现出来，任何机关、团体、政党、个人都必须遵守。公共部门在人力资源管理与开发过程中，必须严格遵守人民代表大会制定的管理国家工作人员的有关法律，做到有法可依、有法必依。同时，人民又通过人民代表大会将管理国家事务的公共权力委托或授予公共部门行使，这就要求公共部门人力资源必须代表人民掌好权、用好权，为实现广大人民的利益而努力工作，绝不允许以权谋私，绝不允许形成既得利益集团。因此，我国公共部门的性质和地位，决定了其人力资源管理与开发必须牢固树立为实现人民意志和利益服务的价值导向，并内化为公共部门人力资源的自觉意识和自觉行动，使他们成为真正的人民公仆。

二、效率与效益统一取向

效率是指投入与产出的关系。如果投入固定，产出提高了，就意味着效率提高了；或者投入减少了，产出仍能保持不变，那也意味着效率提高了。公共部门人力资源管理与开发的效率，通常是指公共部门在管理和开发人力资源过程中所作的投入与所获得的实际回报之间的比率，如果消耗的人力、物力、财力的综合数量大，而取得的回报少，则表明效率低；反之，则效率就高。公共部门人力资源管理与开发注重效率就是要力求以最少的人力、物力、财力和时间的消耗，取得尽可能大的产出。

然而，公共部门人力资源管理与开发仅有效率是不够的，还要讲究效益。也就是说，公共部门人力资源管理与开发一定要实现其预定的目标，目标实现了才算是有效的。这主要表现在公共部门人力资源管理与开发的投入与所获得的综合社会效益的正比例关系上。公共部门人力资源的管理与开发所需要的投入及所耗费的资源，归根到底都来源于社会，即其成本都由社会来承担，从这个意义上来说，社会投入的资源与所获得的综合效益之间的比率，必然是衡量公共部门人力资源管理与开发效率的根本标准。这就要求公共部门人力资源管理与开发，必须是利国、利民的高效服务性活动，必须体现国家、社会和人民的需要。如果忽视这种质的规定性，单纯地追求速度和数量，不仅对社会无益或给社会带来损害，而且还会直接危及公共部门人力资源管理与开发的价值及其合理性。因此，公共部门人力资源管理与开发，应该始终坚持效率与效益统一的价值取向。

三、权利与责任统一取向

公共部门人力资源管理与开发不是单纯地对公共部门人力资源进行监管、控制和约束进而要求其履行责任与义务的过程，而应该是维护和实现公共部门人力资源的基本权利的过程。按照权利与责任相对应的原则，实现权利和责任的有机统一，是公共部门人力资源管理与开发的基本价值取向之一。

公共部门人力资源管理与开发的权利与责任统一价值取向的前提和基础，是实现公民权利与公民责任的统一。公共部门人力资源管理与开发的对象是公共部门的工作人员，而在我们国家，由国家本质所决定，公共部门的工作人员既来源于公民，同时又是公民中的一部分，国家宪法和法律所赋予的公民的基本权利和义务，在公共部门人力资源管理与开发过程中，必须得到切实的维护和实现。在社会主义国家，国家的一切权力属于人民，公共部门所享用的公共管理权力在根本上来源于人民，是人民赋予的，这里实际上体现了一种委托与接受委托的关系，即人民把管理国家和社会公共事务的权力委托给公共部门，而公共部门接受人民委托并代表人民进行管理，但同时这种管理又不能独立于人民的权利和意志之外，它又必须受到人民群众的管理与监督。对此，《中华人民共和国宪法》进行了明确规定。《中华人民共和国宪法》第2条规定，"中华人民共和国的一切权力属于人民"，"人民有权依据法律规定通过各种途径和形式，管理国家事务，管理经济和文化事业，管理社会事务"。这既赋予了人民管理公共部门的权利，又赋予了公民进入公共部门成为国家公共部门人力资源的权利。因此，公共部门在进行人力资源管理与开发过程中，必须要尊重和体现公民权利，无论是公共部门人力资源的考试、录用，还是公共部门人力资源的考核、晋升、工资保险福利待遇、奖惩、培训、交流、退休等各个环节，都不能因种族、性别、财产等的不同而受到不合理的限制，每一个符合公共部门任职条件的公民，都应得到均等的机会和平等对待。与此同时，作为公民，在享有基本权利的基础上，也要对自己的行为承担相应的责任。即当广大人民群众把公共权力委托或授予公共部门及其工作人员以后，只要公共部门及其工作人员按照人民意愿行使公共管理权，人民群众就有责任、有义务服从这种权力和这种管理。

公共部门人力资源管理与开发的权利与责任统一价值取向的核心，是实现公务权利与公务责任的统一。公务权利是指公共部门人力资源所承担的公共职务及其执行公务时所享有的权利。当公民通过一定途径进入公共部门后，其角色身份也随之发生了变化，即由潜在的公共部门人力资源转化为现实的公共部门人力资源，不仅是公民，而且又是公共部门人力资源，在享有公民权利的同时又享有了公共部门人力资源的权利。我国宪法和《中华人民共和国公务员法》对国家公共部门人力资源的权利都作了明确规定。作为公共部门人力资源，除了享有上述基本的公务权利以外，也必须履行相应的公务责任。我国宪法和法律对公共部门人力资源必须履行的责任也都作了明确规定。

四、公平与正义取向

公平与正义一直是人们从事社会生活和政治生活所共同追求的基本价值取向。公共部门人力资源管理与开发，作为依法进行的整个国家政治管理工作的一个重要组成部分，也必须要贯彻公平与正义原则，其基本要求就是力求公正。

在公共部门人力资源管理与开发过程中坚持公正的价值取向，就是要在公共部门人力资源的选拔、任用、考核、奖惩、晋升、工资、保险福利待遇、培训直至退休等各个环节上都做到公平、无偏私，从我国的实际出发，当前最主要的是要做好如下几方面的工作。

第一，保证立法上的公正。也就是要建立健全体现公平与正义精神的公共部门人力资源管理与开发的法律法规体系。严格依法进行公共部门人力资源管理与开发，是实施依法治国方略、建设社会主义法治国家的重要内容和基本要求，因此，要实现公共部门人力资源管理与开发的公正，必须要基于法律的公正，如果没有相应的法律内容规定上的公正，就不可能有执法和守法上的公正。通过完备的法律法规体系公正地限定公共部门及其工作人员的权利和义务，是实现公共部门人力资源管理与开发的公正价值的首要条件。由于公共部门人力资源在实际工作中也有分工的不同和职务、地位上的差别，特别是管理与开发主体和管理与开发对象实际上处于不平等地位上，所以，为了实现公平或正义的要求，法律应针对他们不同的地位和角色差别分配他们的权利和义务。只有这样，才能构筑起公共部门人力资源全部管理与开发工作的平台。

第二，保证程序上的公正。也就是要进一步完善公共部门人力资源管理与开发的程序，进而实现程序公正和结果公正的有机统一。程序公正是在公共部门人力资源管理与开发的各个环节上贯彻公正原则的必然要求和具体表现，结果公正是公共部门人力资源管理与开发实现公正价值的主要标志，程序公正是结果公正的必要前提和保证，结果公正则是程序公正追求的目标。现代公共部门人力资源管理与开发的公正性价值不仅要求在结果上做到公正，而且也要求在程序上实现公正，虽然程序公正并不一定必然地导致结果公正，但它也是不可或缺的，如果违背了公正的程序，即便有了公正的结果，同样也是违背公正原则的。因此，我们不能简单地以结果的公正或程序的公正来判断公共部门人力资源管理与开发的过程与行为是否符合公正的要求，而应从结果公正与程序公正相统一的角度进行全面考察和评价。

第三，保证任职机会上的公正。也就是要建立健全公共部门人力资源的选拔任用制度，做到公共职位向社会公开，保证公民都享有担任公职的均等机会。在公共部门人力资源管理与开发的全过程中，选拔任用制度是关键环节。要实现公共部门人力资源管理与开发的公正价值，首要的要实现选拔任用上的公正，而其核心则在于任职机会上的公正。公共部门人力资源任职机会上的公正，主要包括人们谋取公共职位的机会均等和接受教育培训的机会均等两方面内容。人们谋取公共职位的机会均等，就是指公共部门的职位应该向每个人开放，任何符合公共职位所需资格条件的人，不受性别、身份、民族、财产等的限制，都有平等的权利通过合法方式来谋求这些职位。接受教育培训的机会均等，就是指每个人都应该享有均等的接受教育与培训以达到公共职位任职资格条件的权利。具体地说，公共部门应通过大力推进义务教育和高等教育及任职培训等措施，提高公民的受教育水平和职业技能，使那些想谋求公共职位的人，都能有机会使自身的素质达到公共职位所需要的资格条件要求。只有实现人们谋取公共职位的机会均等和接受教育培训的机会均等的有机统一，才能真正实现公共部门人力资源选拔任用上的公正。因为如果只有公共职位的开放，而不为谋求这些职位的人提供必要的教育与培训措施，那么，这种职位的开放就失去真实公正的意义。同样，如果只为公民提供教育与培训的机会，而不把公共职位向社会开放，即便公民具备了任职的资格条件，也会与公共职位无缘。

第四，保证公民对公正的认同。也就是要通过切实有效的思想政治工作和宣传工作，使公平正义的理念深入人心，确保公共部门人力资源管理与开发的公正价值取向得到人们心理上的认同。这种心理上的公正主要包含两个方面：一方面是公共部门人力资源管理与开发要出于公心，要处事公道，要伸张正义；另一方面要取信于民，即给人民以公正的信赖。这就要求公共部门人力资源管理与开发活动及其全过程，不仅要在实际上做到公正，而且还要通过必要的形式与途径得到人民大众的认同，不能让民众怀疑为可能不公正。也就是说，只有公共部门自身公正的实现是不够的，公正还必须在公开的、在毫无疑问地被公共部门人力资源及人民大众所能看到或感知到的情况下实现，才是完全意义上的公正，否则人民就会心存疑义，公共部门人力资源管理与开发的公正价值的基础地位就会动摇、受到削弱，甚至会导致对公共部门人力资源管理与开发工作的信任危机。因此，任何有可能会引起人们怀疑有偏私、不公平的管理与开发活动与措施都应该被禁止，确保公共部门人力资源管理与开发工作的公正合理性与合法性。

第二节 公共部门人力资源管理与开发的制度安排

一、公共部门人力资源管理与开发制度的内涵与意义

（一）公共部门人力资源管理与开发制度的内涵

公共部门人力资源管理与开发制度就是由国家性质所决定的关于公共部门人力资源

管理与开发的规则与规范体系,其核心是关于公共部门人力资源管理与开发权利的配置关系及其运行模式。正确认识和理解公共部门人力资源管理与开发制度的内涵,应把握如下几个方面。

1. 公共部门人力资源管理与开发制度的性质取决于国家的性质

公共部门人力资源管理与开发是一个国家公共管理活动和政治管理活动的重要方面,势必要贯彻统一的国家意志,受国家的总政治任务支配。因此,公共部门人力资源管理与开发制度在根本上来说,不过是一个国家选择和任用对维护政治关系秩序有用之才的标准和原则的固定化形态,它作为一个国家政治制度体系中不可缺少的重要组成部分,体现着国家的本质,执行着国家的职能。这就决定了不同性质的国家,必然会有不同性质的人事管理制度,虽然不同国家的人事管理制度也会因反映人事管理的一般规律而表现出某些共同性和相互之间的参照借鉴性,但是这种共同性与借鉴性都是以不背离由国家本质所决定的政治发展道路和方向为前提的。

2. 公共部门人力资源管理与开发制度的核心是人事管理权的配置关系

人事管理权最主要是指人事的任用权和使用权。具体来说,人事任用权主要包括人事提名权、审查权和任命权等;人事使用权主要包括人事职位变更的考核权和决定权等。人事管理权的配置关系就是关于上述这些权力的归属与分配及其主体之间的相互作用与相互影响的关系。在现代社会,随着民主政治的发展,可以分享人事管理权的主体也表现出了多样性,主要有政党(特别是执政党)、国家权力机关、国家行政机关、其他政治组织或利益集团等,如何确认和安排这些主体在人事管理中的地位、权力分配、权限范围及其行使权力的方式,构成公共部门人力资源管理与开发制度的核心问题。

3. 公共部门人力资源管理与开发制度的基本内容是公共部门人力资源管理与开发的原则与价值的具体化

如前文所述,公共部门人力资源管理与开发过程既要遵循一些基本原则,又要贯彻一些基本的价值取向,但这些基本的原则与价值并不仅仅是理念的抽象概括或简单的精神追求,它们都会通过公共部门人力资源管理与开发的各种制度具体地表现出来。换句话说,公共部门人力资源管理与开发的原则与价值,支撑起了公共部门人力资源管理与开发制度的内容体系,同时,公共部门人力资源管理与开发制度又为公共部门人力资源管理与开发原则和价值的实现提供了具体保证。我们既可以透过各种公共部门人力资源管理与开发制度追寻到它们的原则定位和价值基础,又可以按照公共部门人力资源管理与开发的原则要求和价值取向去构设其制度创新的途径。

4. 公共部门人力资源管理与开发制度的精髓是法治与德治的有机结合

在公共部门人力资源管理与开发制度中贯彻法治精神,是现代社会的基本要求,是实现依法治国的具体体现。事实上,公共部门人力资源管理与开发制度本身就是规定公共部门人力资源之间关系及约束他们行为的各种规则、规章的总和,而这些一般意义上的规章、规则,在公共部门人力资源管理与开发过程中,其实都具有一定的法律意义。也就是说,围绕公共部门人力资源管理与开发形成的法律、法规和规章,是公共部门人力资源管理与开发制度的主要表现形式。因此,在公共部门人力资源管理与开发过程中,其工作人员应该奉行法治主义精神,严格依法办事,不能掺杂个人私人情感,这是公共部门人力资源管理与开发制度的基本要求。同时，公共部门人力资源管理与开发工作归根到底又要以人为本，要在充分尊重公共部门人力资源的人格的基础上，体现对公共部门人力资源的情感、情绪及需求的关注，这样才能发挥他们的积极性、主动性和创造性，这就要求在公共部门人力资源管理与开发的制度层面上也要贯彻德治主义精神，确保对公共部门人力资源的人文关怀和法规约束的有机统一。

（二）建立健全公共部门人力资源管理与开发制度的意义

邓小平在谈到领导制度和组织制度的重要性时曾经指出，"领导制度、组织制度问题更带有根本性、全局性、稳定性和长期性"，"制度好可以使坏人无法任意横行，制度不好可以使好人无法充分做好事，甚至会走向反面"[①]。这一思想对于我们认识和分析公共部门人力资源管理与开发制度的意义同样具有指导作用。在经济全球化和建设有中国特色社会主义市场经济的新的历史时期，建立健全公共部门人力资源管理与开发的制度，对于促进公共部门人力资源队伍的结构和功能的优化，坚持和贯彻党的路线、方针和政策，保证物质文明、政治文明和精神文明的协调发展都具有重要意义。

1. 有利于促进公共部门人力资源整体结构的优化和整体功能的充分发挥

众所周知，公共部门整体功能发挥得如何，归根到底取决于工作人员素质及其整体结构状况。公共部门人力资源管理与开发制度正是从选人、用人、培养人等几个方面实现公共部门人力资源整体素质和结构的优化。如果制度不健全、不完善，必然会使公共部门人力资源既得不到科学地获取，又无法有效地配置，造成人才的流失和浪费，从而降低公共部门的管理水平与功效。

2. 有助于从源头上遏制腐败

公共部门人力资源是代表人民行使公共权力的主体，为社会提供廉洁高效的服务是其基本的责任。但是，公共权力作为配置社会资源的权威力量，始终存在着被异化而产生腐败的可能性。腐败的实质在于公共部门人力资源利用公共权力谋取私人利益。反腐倡廉，不仅靠自律，更要靠制度。只有实现公共部门人力资源管理与开发的制度化，才有助于从源头上防范腐败。通过制度把那些坚持四项基本原则、能够实践党的全心全意为人民服务宗旨的人选拔到公共部门任职，为反腐倡廉提供组织保障；通过制度加强公共部门人力资源的教育与培训，使公共部门人力资源不断提高为公共利益服务的政治思想觉悟和技能，为反腐倡廉提供思想上的保障；通过制度对公共部门人力资源的工作与行为进行考核与监督，为反腐倡廉提供制约机制保障。

3. 有利于推动政治文明建设，促进物质文明、政治文明和精神文明的协调发展

公共部门人力资源管理与开发制度作为国家政治制度与政治体制的重要组成部分，主要从组织人事方面推动政治文明的发展。健全的公共部门人力资源管理与开发制度，可以合理地配置国家人事管理权力，确定和安排各种政治组织和政治主体在国家人事工作中的地位与作用，调动各种政治主体的积极性，理顺公共部门与各种政治组织的关系，从而有利于社会政治稳定和政治关系文明的发展。同时，完善的公共部门人力资源管理与开发制

---

① 《邓小平文选》（第2卷），人民出版社，1994年，第333页。

度，既可以约束规范公共部门人力资源的管理行为，提高公共部门人力资源自我约束和自我管理的程度，又可以使公共部门人力资源的权利和地位得到保障，从而有利于公共部门管理主体文明和政治行为文明程度的提高。

二、当代中国公共部门人力资源管理与开发的制度安排

党的十一届三中全会以来，伴随着中国改革开放的历史进程，在邓小平理论和党的基本路线的指引下，公共部门人力资源管理与开发制度改革逐步展开，并取得了一系列制度化建设的重大成果。

（一）废除了干部领导职务终身制，建立健全了领导干部的选任、考核、任期及离、退休等制度

在中华人民共和国成立以后相当长的时期内，实际地存在着干部领导职务终身制问题，影响了党和国家干部队伍的生机和活力。邓小平同志果断地提出要废除干部领导职务终身制，"关键是要健全干部的选举、招考、任免、考核、弹劾、轮换制度，对各级各类干部（包括选举产生、委任和聘用的）职位的任期以及离休、退休，要按照不同情况，作出适当的、明确的规定"[①]。在邓小平的指示和党中央的领导、部署下，采取了一系列妥善解决干部领导职务终身制问题的制度化建设措施，主要有以下内容。

1. 建立了干部选举任用制

干部选举任用制是指党政主要领导干部要通过群众无记名投票选举产生之后，才能任用的制度。这是变革过去的干部委任制并充分体现和保障人民当家做主权利的一项制度。这项制度不仅在党内得以确立，即从中央到基层党支部的重要领导人全部实行了选举任用制，而且在公共部门也得以推行。在政府机关，从国务院到地方乡（镇）基层组织的重要领导人，已经实行了选举任用制；在部分事业单位的主要领导人也实行了选举任用制；在国有企业，部分中小企业直接选举厂长（经理），大型股份制企业由董事会选聘总经理等。这项制度的确立，对于克服干部领导职务终身制发挥了重要作用。

2. 实行了领导职务任期制和任内考评制

任期制即规定任何领导干部的任职都有一定期限的制度。从 20 世纪 80 年代开始，党和国家对党政机关主要领导干部的任职都做出了明确的任期限制，规定每一届任期若干年，连任不得超过两届。事业单位的重要领导人也参照党政机关的规定，实行了任期制。同时实行领导干部任期内的考核制度，开展民主评议和民主测评活动，并根据考评结果对不称职的领导干部解除职务。干部领导职务任期制和任内考评制的建立和实施，从根本上解决了干部领导职务终身制问题。

3. 建立了离、退休制度

离休是退休的一种特殊形式，是指中华人民共和国成立前即 1949 年 9 月 30 日前参

[①] 《邓小平文选》（第 2 卷），人民出版社，1994 年，第 331 页。

加革命工作的干部达到国家规定的退休年龄后,按优待条件脱离原来工作职位,休息疗养,安度晚年。退休是指中华人民共和国成立之后参加工作的国家工作人员,达到一定年龄后,即实行退职休养。干部离、退休制度的建立和实施,对于真正解决干部领导职务终身制,实现干部队伍的新陈代谢,增强公共部门人力资源的生机和活力,具有关键性意义。

(二)改革人事权过分集中的干部人事管理体制,实行公共人事的分级管理体制

在中华人民共和国成立后相当长的时期里,我国实行的是权力过分集中的干部人事管理体制,1984年党中央决定实行改革,采取了以下放干部管理权限为核心的分级管理、层层负责的管理体制,包括以下主要内容。

1. 干部管理权限适当下放,达到管少、管好、管活的目的

管少就是由过去上级对下管二至三级改为原则上下管一级,缩小上级管理干部的范围,扩大下级的干部管理权限;管好就是在下放干部管理权力的同时,明确各级党委的管理职责,各司其职,把干部管理好;管活就是指各级党委在有了较多的干部管理自主权的基础上,根据社会主义现代化事业的需要灵活地使用干部,提高干部队伍的生机和活力。

2. 正确处理统一管理与分别管理的关系

中央一级实行了分别管理制度,分别管理干部的组织有中央组织部、宣传部、统战部。中央组织部负有统一管理的责任。正确处理统一管理与分别管理关系的原则是:党委管理干部的各部,都是党委在干部工作上的助手,在干部管理上应相互联系、紧密联合,在党委统一领导下,认真负责地做好分管干部的考察、了解、培养、教育、选拔、使用、审查、奖惩等方面的工作。党委组织部负有统一管理的责任,主要包括:会同分管干部的各部检查执行党的干部路线、方针和政策,研究干部制度改革,修订党委管理的干部职务名称表;综合调查研究各级领导班子和干部队伍的状况;统一拟订大批调配干部的方案;统一制定培养教育干部的规定;统一管理干部的统计和党委管理干部的档案;统一办理上级党委任免干部的事宜。

3. 明确中央在地方的干部管理权限

主要是把中央在地方的干部分为三类,分别实行三种管理体制。第一类是实行以上级部门管理为主的双重领导体制,即分布于地方的上级机关的直属单位的党委(党组)、行政领导班子的调整、配备及领导干部的任免、调动、考核、审查、培训、晋级、奖惩等,由上级主管部门负主要责任,地方党委协助管理;而对于干部的政治理论学习、轮训、思想政治工作、纪检工作及党员管理等,由地方负主要责任,上级主管部门党组予以协助。第二类是以地方为主的双重管理体制,即地方党委应当把干部管理的各项工作做好,上级主管部门则应积极协助地方党委管好干部。第三类是实行地方自行管理体制,指那些既不是由上级各部直接领导,也不是双重领导,而是地方人民政府的组成机构和地方企事业单位的干部,除上级党委管理的以外,统一由地方党委分级管理或由本单位党委、党组自行管理。

(三) 建立了国家公务员制度

经过多年探索和试点工作,1993年8月《国家公务员暂行条例》颁布并于10月在全国实施,它标志着中国公务员制度的正式建立。其后经过十余年的实践,十届全国人大常委会第十五次会议审议通过了《中华人民共和国公务员法》,并于2006年1月1日起实施。它标志着我国公务员制度已日臻完善。中国的公务员制度除了具有一般公务员制度所共有的科学分类机制、激励竞争机制、新陈代谢机制、勤政廉政的约束机制、法律保障机制等特征外,还具有明显的中国特色,主要表现在以下几个方面。

1. 中国公务员制度坚持党管干部的原则

由中国近代以来社会历史发展的必然性所决定,中国共产党成为中国社会主义事业的领导核心和执政党。坚持党管干部原则是党的领导地位和执政地位在公共人事管理领域中的具体表现。建立国家公务员制度的目的就是要从组织上保证党的基本路线、方针、政策得以贯彻执行,使公共人事管理工作更好地为经济建设这个中心服务。因此,国家公务员制度的各项具体内容,都要按照党的干部路线、方针和政策来制定,各级人民政府的组成人员,都要由各级党委组织部门考察,党委讨论决定,依法由各级人民代表大会选举产生或政府任命。

2. 中国公务员制度坚持为人民服务的宗旨

我国宪法规定,国家一切权力属于人民。国家公务员要代表人民掌好权、用好权,就必须要坚持全心全意为人民服务的宗旨,廉洁奉公、不贪污受贿、不谋私利、不搞特权、时刻接受群众监督。

3. 中国公务员制度坚持德才兼备的用人标准

公务员的录用、考核、晋升及奖惩等,既要注重工作能力和工作实绩,又要注重马克思主义的理论素养和政治思想表现。

4. 中国公务员制度实行独特的公务员分类机制

中国公务员队伍不存在像西方那样的"政务官"与"事务官"的划分。在政府机关中,无论是政府组成人员,还是非政府组成人员,也无论是领导职务序列,还是非领导职务序列,虽然在产生方式和管理方式上都有所不同,但他们都是人民公仆。

(四) 进一步完善了党政领导干部选拔任用制度

1995年年初,中共中央制定并颁发了《党政领导干部选拔任用工作暂行条例》,在认真总结实践经验的基础上,于2002年正式颁发了《党政领导干部选拔任用工作条例》,2014年1月又对此条例做出重大修订,使党政领导干部选拔任用制度更趋完善。修订后的《党政领导干部选拔任用工作条例》,体现了中央对干部工作的新精神、新要求,吸收了干部人事制度改革的新经验、新成果,根据新形势、新任务对干部选拔任用制度进行了改进完善,是做好党政领导干部选拔任用工作的基本遵循,也是从源头上预防和治理选人用人不正之风的有力武器。它的颁布实施,对于贯彻落实党的十八大、十八届三中全会精神和全国组织工作会议精神,把信念坚定、为民服务、勤政务实、敢于担当、清正廉洁的好干部标准落实到干部选拔任用工作中去，建立健全科学的干部选拔任用机制和监督管理机制，解决干部工作中的突出问题，建设高素质的党政领导干部队伍，保证党的理论、路线、方针、政策全面贯彻执行和中国特色社会主义事业顺利发展，具有十分重要的意义。

（五）确立了进一步深化干部人事制度改革的基本目标

（1）建立起能上能下、能进能出、有效激励、严格监督、竞争择优、充满活力的用人机制。

（2）完善干部人事工作统一领导、分级管理、有效调控的宏观管理体系。

（3）形成符合党政机关、国有企业和事业单位不同特点的、科学的分类管理体制，建立各具特色的管理制度。

（4）健全干部人事管理法规体系，努力实现干部人事工作的依法管理，有效遏制用人上的不正之风和腐败现象。

（5）创造尊重知识，尊重人才，有利于优秀人才脱颖而出、健康成长的社会环境，实现人才资源的整体开发与合理配置。

综上所述，经过多年来的改革和建设，中国已经建立起来了以人事权合理配置为核心的、以公务员制度为基础的、以党政领导干部选拔任用制度为关键的公共部门人力资源管理与开发的制度体系框架，并且也明确了进一步健全和完善公共部门人力资源管理与开发制度的基本目标和方向。可以相信，中国公共部门人力资源管理与开发的制度化进程必定会与时俱进，相关制度也会不断地得以健全和完善。

第三章

公共部门人力资源管理与开发的基础理论

【案例导读】 老李的烦恼

第一节 人力资本理论与系统理论的普适价值

一、人力资本理论

(一)人力资本理论的形成过程

人力资本理论是经过许多学者的探索和研究,逐渐形成的。早在 1644 年,古典经济学的代表人物之一威廉·配弟(William Petty,1623—1687)就提出教育的经济价值的观点。通常人们把这一观点视为人力资本理论的萌芽。其后,古典哲学家、经济学家亚当·斯密(Adam Smith,1723—1790)、阿尔弗雷德·马歇尔(Alfred Marshall,1842—1924)和约翰·斯图尔特·密尔(John Stuart Mill,1806—1873)等都先后在他们的著作中更明确地提出了把教育作为一种国家投资的重要性的观点,并探讨了如何来资助教育事业、培养人才。亚当·斯密还提出学到有用的知识就是一种财富,应把这种财富列入固定资本范围之内。

最终将人力资本理论系统化和体系化是在 20 世纪中叶。最先明确提出人力资本概念并做出解释的是美国经济学家沃尔什(J. R. Walsh),他在其发表的《人力资本论》中,将人力资本解释为一种内含于人自身的资本——各种生产知识与技能的存量总和,并明确阐释了人力资本的作用,他认为:人力资本不仅是经济发展的外在因素,更是经济发展的内在因素。沃尔什的这一理论观点强调人作为生产者,其有效的生产能力主要不是取决于数量的多寡，而是取决于人口或劳动者的内在质量的高低。这就是说如果人口素质低下，即使有庞大的人口数量也不能保证人力资源的有效供给。

之后，一些经济学家还在人力资本的经济价值量的分析上作了深刻研究。但是对人力资本研究贡献最大的当属西奥多·W. 舒尔茨（Theodore W. Schultz）。1960年，舒尔茨在美国经济学会年会上发表的《人力资本投资》报告中，对这一理论作了系统阐述，震惊了整个西方学术界。舒尔茨的《人力资本投资》《教育的经济价值》等一系列论著，使人力资本理论系统化、体系化，舒尔茨本人由此成为人力资本理论的代表人物，并于1979年获诺贝尔经济学奖。

（二）人力资本理论的主要观点

经几代学者长期研究而最终形成的人力资本理论涵盖了丰富的内容。其主要观点包括以下四个方面。

第一，人力资源是一切资源中最主要的资源，人力资本理论是经济学的核心问题。现代经济学将资本分成物质资本和人力资本两种形式。人力资本是为提高人的能力而投入的一种资本。人力资本就是体现在劳动者身上、以劳动者的数量和质量表示出来的资本，它对经济发展起着重要的生产性作用，能促使国民经济的发展和劳动者收入的增加。

第二，在经济增长中，人力资本的作用大于物质资本的作用。舒尔茨认为："空间、能源和耕地并不能决定人类的前途。人类的前途将由人类的才智的进化来决定。"当代降低人口数量而提高人口质量的趋势表明，"质量和数量是可以互相替代的。降低对数量的要求就是赞成少生育和优育儿童。这种要求提高质量的运动有利于解决人口问题"。舒尔茨认为，在现代化生产条件下，当代劳动生产率的提高，正是人力资本大幅度增长的结果。第二次世界大战结束后的日本、德国在一片废墟上，重新迅速崛起而跻身于世界经济强国的主要原因，就是这两个国家重视人力资本的投资。在发达国家，人力资本以比物质资本快得多的速度在增长，因而国民收入比物质资源增长的速度快得多，劳动者的实际收入明显增加，这正反映了人力资本投资的效益。舒尔茨指出，"没有对人的大量投资，就不能享受现代化农业的硕果，也不能拥有现代化工业的富裕，我们经济中最突出的特征就是人力资本的形成问题"。

第三，人力资本的核心是提高人口质量，教育投资是人力资本投资的主要部分。舒尔茨认为，人力资本包括人口数量和质量，而提高人口质量更为重要。由于教育是提高人力资本最基本的主要手段，所以也可以把人力投资视为教育投资问题。国外许多著名经济学家和教育学家对人力资本理论的研究表明，各个国家的经济发展与其在教育方面的投资成正比。西方经济学界已承认了影响经济发展的资本、人力和土地三大因素中，资本是由物质资本和人力资本组成的。这种三要素理论是20世纪20年代西方著名的库柏-道格拉斯产出函数理论。产出函数理论的基本公式是 $Y=K\alpha A\beta L\gamma$。其中，Y 代表产出总值（如国民生产总值），K 代表资本，A 代表土地，L 代表人力，α、β 和 γ 是与 K、A、L 有关的指数。

第四，教育投资应以市场供求关系为依据，以人力价格的浮动为衡量符号。舒尔茨认为，我们正处在一个复杂多变的动态世界，一个国家企图制订一个一劳永逸的人才规划，然后按计划去办，这是脱离现实的。办法只有一个，"有需求就有供应"，那就是说对教育的投资应根据市场需求进行调节。换句话说，对各类学校的教育投资也要根据市场的需求来决定。

总之，人力资本理论是把人视为管理的核心和最宝贵的资源，而要有效地开发和利用人这种最宝贵的资源，就需要进行必要的投资。人力资本理论就是运用经济学的投入成本与产出收益相比较的方法来分析对人本身进行投资的理论，它认为人力资本就是指花费在人力资源教育、培训、保障等方面的开支而凝结成的并能带来价值增值的体能、技能和智能的总和。人力资本理论的形成与发展，对西方发达国家的发展产生了极为深刻的影响，对公共部门人力资源管理与开发也具有直接的理论和实践的指导价值，对我国的管理与开发活动同样具有重要的借鉴意义。

（三）人力资本理论对公共部门人力资源管理与开发的指导价值

人力资本理论的上述四个主要观点对公共部门人力资源管理与开发具有十分重要的指导意义。舒尔茨正是凭借其所取得的这些理论研究成果而获得了1979年的诺贝尔经济学奖。那么人力资本理论的核心价值到底是什么？这从舒尔茨在获得诺贝尔经济奖演讲时的一段话中可以找到答案："世界上大多数人是贫穷的，因而如果我们懂得穷人的经济学，我们也就懂得了许多真正重要的经济学原理；世界上大多数穷人依靠农业为生，因而如果我们懂得农业经济学，我们也就懂得许多穷人的经济学。"[①]由此可见，人力资本的理论核心价值在于提高千千万万穷人的素质，尤其是农民的素质。西方国家政府正是基于这一理论，把加强人力资源能力的建设，即通过教育和培训提升人力资源的质量，尤其是提升穷人、提升农民的质量，把他们从体能型人力资源提升为技能型人力资源，再从技能型人力资源提升为智能型人力资源放在了首要地位，才取得了突飞猛进的发展。美、英、德、日等国家之所以成为发达国家，有了今日的辉煌，正是由于它们切实实践了人力资本的理论，首先成为人力资源的强国。任何一个国家，如果不努力发展教育和培训，不全面提升人力资源的质量，就不可能跻身于世界强国之列。

改革开放以来，邓小平、江泽民、胡锦涛和习近平同志对加强我国人力资源的能力建设，全面提升我国人力资源的能力和素质给予了前所未有的关注。他们的许多精辟论述是中国化的人力资本理论，也是指导我国公共部门人力资源管理与开发的指针和纲领。认真学习和研究他们的有关论述，是我们实现公共部门人力资源管理与开发的民主化、科学化和法治化的理论保障。下面我们仅就其有关加强人力资源能力建设方面的核心的观点，做一概略阐述。

在邓小平建设有中国特色社会主义理论中有许多关于加强教育提高国民素质的论述。尤其他所提出的教育是一个民族根本事业的理论观点，对我国公共部门人力资源管理与开发更是具有直接的指导价值。邓小平说："我国的经济，到建国100周年时，可能接近发达国家的水平……这段时间，我们完全有能力把教育搞上去，提高我国的科学技术水平，培养出数以亿计的各级各类人才……一个10亿人口的大国，教育搞上去了，人才资源的

---

① 转引自吴敬琏：《中国经济学杰出贡献奖答辞》，载《经济理论与经济管理》，2005年第4期，第79页。

巨大优势是任何国家比不了的。""教育是一个民族最根本的事业。四化建设的实现要靠知识、靠人才，政策上的失误是很容易纠正过来的，而知识不是立即就能得到的，人才也不是一天两天就能培养出来的；这就要抓教育，要从娃娃抓起。"

在江泽民同志"三个代表"重要思想中对加强我国人力资源能力建设也有深刻的阐述，他在 2001 年亚太经济合作组织（Asia-Pacific Economic Cooperation，APEC）会议上有关加强人力资源能力建设的讲话，更是为提升我国人力资源整体水平指明了方向。他说："中国政府……把开发人力资源作为推动经济社会持续发展的重要途径。我们坚持优先发展科学教育事业，推动整体性人才资源开发，改革人事制度和劳动就业制度，努力为各类人才发挥作用创造条件和环境，不断提高全民族的思想道德素质和科学文化素质，提高劳动者的知识和技能水平。"[①] 此外，中央所确定的"科教兴国"和"人才强国"的战略，也都包括了丰富的理论内涵，是我们在进行人力资源管理与开发实践中必须遵循的。

胡锦涛同志对提升我国人力资源的总体水平同样给予了全面的关注。中共十七大政治报告中明确提出了"优先发展教育，建设人力资源强国"的目标，这在我们党的历史上是首次把人力资源建设置于如此突出的地位。

党的十八大以来，以习近平同志为总书记的党中央高度重视人力资源的管理与开发问题，提出了"在全社会大兴识才、爱才、敬才、用才之风"，"择天下英才而用之"，"让人才事业兴旺起来"等重要论述，极大地丰富了中国特色社会主义人力资源管理理论内涵。

上面我们虽然仅仅是简明扼要地列举了邓小平、江泽民、胡锦涛和习近平同志关于加强我国人力资源能力建设方面的核心观点，但从中也不难看出，我国几代领导人对于加强我国人力资源能力建设的极端关注，他们的这一思想完全是一脉相承的。因此，我们在进行公共部门人力资源管理与开发的一切活动中只有以这一核心思想为指针，才能把握住正确的方向，才能解决中国的问题。这一核心思想实际上是向我们指明：公共部门人力资源管理与开发的终极目的就是为了提升公共部门人力资源的能力或素质的。所以我国公共部门人力资源管理与开发的制度设计、方式方法，都不能偏离这一目的。唯有如此，才能把我国公共部门人力资源管理与开发做好，才能把中国由人力资源大国变成人力资源强国。

二、系统理论

管理学中的系统理论对公共部门人力资源管理与开发也具有直接的指导作用，加深对系统理论的研究有助于我们更好地认识和把握公共部门人力资源管理与开发所面临的错综复杂的环境，这有助于我们在进行管理与开发的各种活动时能够因时因地制宜，顺利地达到预期目标。

（一）系统理论的含义

系统理论在 20 世纪 60 年代趋于成熟，并得到人们较为普遍的认同。系统是指若干相

[①] 江泽民：《加强人力资源能力建设 共促亚太地区发展繁荣》，2001 年 5 月 15 日江泽民同志在 APEC 人力资源能力建设高峰会议上的讲话。

互联系、相互制约的要素按一定方式组成的整体。从这个意义上说，社会是一个系统，人体是一个系统，动物也是一个系统……生理学家用系统理论来解释动物是怎样通过自身的新陈代谢的循环系统来保持一种平衡状态。

系统可分为两种：一是封闭系统；二是开放系统。封闭系统是指不受周边环境影响，也不与周边环境发生联系的系统。科学管理理论所涉及的人或组织基本上就属于封闭系统。开放系统是指与周边环境不断处于相互作用、相互影响的系统。系统理论的观点就是将一个组织或部门看成是由相互依存的多种因素，包括个人、群体、态度、动机、正式结构、相互作用、目标和职权所组成的。而管理者的任务就是将多种因素很好地加以协调，以实现共同的目标。以往，人类在科学方面的研究多侧重于发现新的事物，或进行实验，并取得了诸多的成就。但这些研究还仅仅局限于孤立个体事物的本体，还没能建立起普遍联系的理论框架。系统理论的研究致力于知识的综合、调和与整合上，使之能为多方面所用。

（二）系统理论的性能

如果说科学管理理论是"正"，行为科学理论是"反"，系统理论就是"合"。具体而言，系统理论的精髓在于其综合性、全盘性和生态性。这里所说的生态性是把国家机关、事业单位或企业组织看成是一个有机体，它受到社会各种因素及环境的影响，因而它是开放的而非封闭的。其具体特点包括下述四个方面。

1. 中合的适应性

系统理论的观点既不同于科学管理理论（通常称其为 X 理论），也不同于行为科学的理论（通常称其为 Y 理论）。系统理论认为，任何社会组织都不是完全封闭或者是完全开放的，而应根据其内部的结构来确定。社会组织内部的各个构成单位，因其性质的差异，其开放性或封闭性的程度也不同，而且这种不同是相互比较的结果，并不是永远固定不变的。

这样在进行管理的时候应特别注意保持灵活性。因为人与人之间存在着差异，他们的愿望不尽相同，他们的行为也各有特点，所以管理者绝不能采用千篇一律的管理方法。单纯地依重于"制裁"，或者单纯地依重于"激励"，都是片面的。原因是，人们所说的人性的善恶，常常随着环境的变化而变化。作为管理者，应该因时、因地、因事、因人采取不同的管理方法。这也就是麦格里（J. E. Megley）所称的 Z 理论。这种理论是一种中合性的管理学说，它既不片面强调 X 理论的强制性，也不片面强调 Y 理论的放任性，而是根据具体情况将二者有机地结合在一起。这有些类似于孔孟学说的"中庸之道"。

2. 灵活的弧弹性

对于社会组织的管理，既然不能采取单一的、绝对的管理方法，就需要有一种更富有灵活性和弹性的管理理论来指导管理的实践。权变理论就是适应这种需要而产生的一种理论。

权变理论的要点有四个：一是就组织形式而言，世界上不存在一套百试不爽的组织原则。所以组织的设计一定要避免千篇一律，切忌原封不动地照搬照抄。二是就操作方法而言，在专业分工日趋细密的时代，昔日行之有效的方法是否在今日仍能普遍适用，应视其社会环境及工作技术发展的情况而定。三是就领导方式而言，专断式、放任式和民主式三种领导方式，不存在最佳与最差之分。在一个社会组织中，究竟采用哪种领导方式更适宜，应根据被领导者的素质确定，根据被领导者的教育程度、文化水准和工作性质来选择领导方式。哪种领导方式更有效，就应该采用哪种领导方式。四是就环境而言，采用何种领导方式还应考虑到时代背景和社会的大环境。在和平安定的环境下与处于紧急状态的环境下，所采取的管理方式显然不能一样。

3. 效率与效益的并重性

管理的好坏最终反映在效率与效益之间的关系上。效率是指投入与产出。如果投入固定，产出提高了，就意味着效率提高了。或者投入减少了，产出仍能保持不变，那也意味着效率提高了。这里所说的投入是指在进行管理时，投入的资金、人力和设备等。然而，仅有效率是不够的，管理还讲究活动的效益。也就是说，管理者的管理活动只有达到其预定的目标，才算是有效益的。可见，效率涉及的是活动的方式，效益涉及的是活动的结果。或者说，效率是手段，效益是结果。效率追求的是在资源利用时的低耗费；效益追求的是目标实现时的高成就。因此，只问目的、不择手段的管理观念已经过时。系统理论所倡导的最佳的管理应该是效率与效益的并重，只讲效率，不讲效益，或者只讲效益，不讲效率都有失偏颇。

4. 效率的层次性

科学管理的理论讲求机械的效率观；行为科学理论讲求社会的效率观；系统理论则讲求层次的效率观，或者说讲求效率的层次性。系统理论将效率分为三个层次。

一是技术层次（technical level）或称运作层次（operation level）。在这个层次上工作的一般是初级员工，他们与社会环境无直接密切的联系，处于封闭系统。他们所关注的只是所要达到的生产目标。

二是管理层次（managerial level），也称行政层次（administrative level）或协调层次（coordinative level）。处于这个层次上的员工，属于中级人员。他们的任务是协调企业或机关内部各单位的工作，以使整个企业或机关成为和谐的、统一的工作整体。他们也负责企业或机关与外部环境的接触、联系。总之，作为企业或机关的中级人员主要致力于人事的协调、单位之间的相互配合及上下左右的沟通。他们的所作所为属于半开放式行为。

三是策略层次（strategic level），也称高等层次（height level）。企业的董事会、行政机关的行政首长都属于此层次。高等层次的人士同客观的社会环境经常发生直接的关系，他们必须考虑政治问题、社会关系、国家政策及企业或机关的使命等一系列全局性的问题。因此，他们的行为基本属于开放式的。

（三）系统理论对公共部门人力资源管理与开发的指导价值

上述系统理论的基本观点对公共部门人力资源管理与开发具有十分重要的指导价值。这主要体现在以下三个方面。

1. 在管理与开发的各项活动中对组织机构的认识应该更加深刻明确

以往的管理学理论只注重对本机构内部的研究，而忽略了外在环境的诸多因素。系统理论则把组织机构内部的确定因素与组织机构外部的不确定因素联系在一起加以分析,对组织机构本身的认识无疑更加深刻明确。

2. 进行管理学理论研究的方法要更加完整统一

科学管理理论,即 X 理论的研究方法偏重于机械性方面;行为科学理论的研究方法侧重于人的需要方面;系统理论的研究方法则注重于整体的分析与研究。不仅研究组织与外部环境之间的关系及其相互间的影响,而且还研究组织机构内部的各层级系统,并将这些内容加以分析综合,可以得出比较全面的、完整的结论。

3. 实施管理的方式和方法一定要更富有灵活性

系统理论不崇尚万变不离其宗的原则。一个组织机构遵循何种原则、何种方式进行管理,应该根据具体情况进行具体分析。例如,被许多人推崇备至的民主式、参与式的管理方法,在一个知识程度较低的群体内,面临着错综复杂的形势,未必就能取得好的效果。所以,一个企业或机关,应该因时、因地、因人,实行灵活的管理方法。

第二节 中国建成人力资源强国的指导理论——以人为本理论与人才强国理论

一、以人为本理论

以人为本的理论源远流长,古今中外有关这方面的论述比比皆是。但是对当代中国公共部门人力资源管理与开发具有直接指导价值的,是科学发展观中所提出的以人为本的理论。科学发展观中的以人为本继承了古今中外有关以人为本各种理论内涵的精华,去其糟粕,而且还体现了当代社会的特点。

(一)科学发展观中的"以人为本"与文艺复兴时期的"人本主义"的区别

早在文艺复兴时期,资产阶级思想家就提出了"人本主义"的观点。人本主义是新兴资产阶级为冲破封建僧侣主义的束缚而树起的一面人性觉醒的理论旗帜。封建僧侣主义主张:人的肉体和欲望都是邪恶的,现世是充满罪恶的。因此,人性应该服从神性,人权应该服从神权,理性服从信仰,情欲服从精神。封建僧侣主义提出这套主张的目的在于把人的注意力从现实的人生引向虚无缥缈的来世,从坟墓的这一边引向坟墓的另一边,以让世人安于封建贵族阶级的统治,忍受现世所存在的种种不平。

人本主义则是资产阶级为了对抗封建僧侣主义世界观,进而推翻封建贵族的统治而树立起来的一面人性觉醒的理论旗帜。它主张:人的肉体是健美的,欲望是合理的,世俗生活是美好的。因此,应该用人性取代神性,用人权取代神权。正是在这面理论旗帜的指引下,文艺复兴时代的理论家和艺术家创造出大量的以人本主义为主旋律的作品。这些作品通过各种艺术形式歌颂现实,赞美人生。应该说,资产阶级的人本主义在欧洲中世纪历史上曾产生了巨大的进步作用,因为它催生了一个社会——资本主义社会。

但是文艺复兴时期提出的人本主义,最终并没有把人放在根本的地位上,而是把人类的创造者和世界的创造者依然交还给了上帝。这实际上最终还是回归了神本主义。

科学发展观中的"以人为本"的理论则来自马克思主义的历史唯物论的观点，即"历史是人民群众自己创造的"，人民是国家和社会的主人。可见，科学发展观所强调的"以人为本"，不是为了用人权取代神权，用人性取代神性，而是充分肯定了人民群众的伟大作用和历史地位，"从来就没有什么救世主，也不靠神仙皇帝"国际歌中的这句歌词就是最形象的概括。可见科学发展观中的"以人为本"是彻底的"以人为本"，在任何问题上都把人放在了根本地位上。而资产阶级的人本主义，虽然肯定了人性，肯定了人权，也肯定了人的世俗生活，但是到头来，新兴的资产阶级，还是把人类的命运交还给了上帝，还是承认神创论。所谓神创论，实际是人脑的产物，但它反过来却又支配了人类本身。在这一点上，新兴资产阶级同封建贵族阶级实质上是一样的，所不同的是资产阶级是在神创论的前提下，肯定了现实的人生。

（二）科学发展观中的"以人为本"与企业经营中的"以人为本"的区别

企业经营中的人本管理思想是随着哲学人性观的日益演进和管理理论的不断发展而逐步产生和发展起来的，它形成于20世纪六七十年代，并带来了现代管理理念的革命。

近年来，在资本主义企业经营中一直在倡导以人为本的经营理念。改革开放后，进入我国的外资企业也宣传这一经营理念。企业经营理念的以人为本，就是主张：企业的经营管理活动，要以企业的全体员工为根本；企业在面对市场时，要以顾客为根本，有的商家甚至提出了"以顾客为上帝"的口号。应该说，在层出不穷的各种经营理念中，"以人为本"的经营理念，是对企业员工和顾客最重视的符合时代发展需要的经营理念。但是，就企业经营而言，与其相关的任何一种理念归根结底都是为了使企业获取最大的利润。现在企业中所广泛倡导的"以人为本"的理念也不例外。无论企业老板所说的"以员工为本"，还是企业中所流行的"以顾客为本"，甚至是"以顾客为上帝"，其最终目的都是为了能够谋取最大利润。说到底，企业中所倡导的"以人为本"，只是一种手段，而不是目的。企业经营的最终目的还是"以钱为本"。这实质上不过是货币拜物教的一种更直接的说法而已。货币拜物教是人手的产物，即用人们劳动的结晶——货币，反过来支配人。

科学发展观中的"以人为本"，则真正是强调以人为根本，它不是一种手段而是以人的全面自由发展为目的。这正如温家宝同志所指出的："以人为本，就是要把人民的利益作为一切工作的出发点和落脚点，不断满足人们的多方面需求和促进人的全面发展。具体地说，就是在经济发展的基础上，不断提高人民群众物质文化生活水平和健康水平；就是要尊重和保障人权，包括公民的政治、经济、文化权利；就是要不断提高人们的思想道德素质、科学文化素质和健康素质；就是要创造人们平等发展、充分发挥聪明才智的社会环境。"

（三）科学发展观中的"以人为本"与个人主义者的"以人为本"的区别

个人主义者也主张"以人为本"的理念，但它主张的以人为本说到底就是以"个人"为本，以"我"为本。

科学发展观中的"以人为本"同个人主义者的"以人为本"之间存在着泾渭分明的界限。两者所出现的这种本质性的区别，主要产生于对"人"的不同理解上。

科学发展观中的"以人为本"的"人"，就其范畴而言，十分广泛。它实际包括了两个层面：一个是社会的层面；另一个是自然的层面。就社会层面而言，这里所说的"以人为本"的"人"，同通常所说的"以民为本"的"民"是一致的，即指"人民"。而当今我国人民的范畴已经相当广泛。

就自然的层面而言，科学发展观中的"以人为本"的"人"是相对于物、相对于环境的。这里的"人"已超过了以往我们所说的"以民为本"的范畴，或者说超过了人民的范畴。它包括了所有的人，也就是全人类。而人民的范畴，尽管随着人类社会的进步在不断扩大，但它毕竟还不能包括所有的人。科学发展观所说的统筹人与自然的和谐发展中的"人"，正是从整个人类利益的角度、从造福子孙后代的角度来处理人与自然的关系，来追求天人和谐的关系。

个人主义者总是把"以人为本"的"人"理解为"自己"。也就是说，个人主义者考虑问题、处理问题的出发点是看是否适合自己的需要，符合自己的就做，不符合的就不做。说到底，个人主义者的以人为本，实质上就是自我中心主义。

其实在任何一个社会中，自我中心主义都是行不通的。尤其在现代社会，每一项发展和进步，都离不开人与人之间的相互理解与支持，都需要团队精神，需要人与人之间关系的和谐。如若不然，每个人都各行其是，甚至是肆意妄为，那么整个社会、整个国家就会陷入一片混乱，个人主义者所追求的个人利益也难以实现。

二、人才强国理论

人才强国理论是马克思主义人才观与中国具体人才工作实践相结合的产物，是中国共产党领导中国人民不断响应时代潮流和国内外形势发展要求开展人才工作而形成的经验总结，集中反映了中国共产党关于人才工作的基本思想和基本理论，对当代中国人力资源管理与开发具有直接指导意义。

（一）人才强国理论的基石

人才强国理论的基石就是马克思主义人才观，是马克思主义人才观在中国的应用和发展。马克思主义认为，人才是指与社会生产力发展和社会进步要求相适应的具有一定思想道德品质、科学文化素养和创新才能或能力的现实的人。具体而言，马克思主义的人才观主要包括如下含义。

第一，人才是阶级性与人民性的统一。人才是道德品质与行为能力的有机统一，是"德"与"才"的统一。人才虽然具有鲜明的个性特征，但也必然带着特定阶级和广大人民群众所共同具有的一般性特征。既反映和代表着特定阶级的利益和要求，为特定阶级服务，又作为广大人民群众的一员，共同发挥创造历史的主体作用。

第二，人才是实践性与先进性的统一。人才是实践的产物，任何一个人才的品质与才干的养成和提升，从根本上来说，都离不开特定的社会实践活动。尽管人的遗传因素和先天素质存在着一定的差异，但这些不是人能否成才的决定性因素。人之所以能够成为人才，归根到底，是在后天的社会实践活动中培育和造就的。每个人成才的机会、成才的动力、成才的目的、成才的条件，都是在社会实践中产生的，人才的品质与能力及其贡献度，只有在社会实践中才能得以验证，如果离开社会实践，那么人也就没有成为人才的基础和环境。同时，人才是最活跃的先进生产力。马克思主义唯物史观认为，人是生产力中最积极、最活跃的因素，人一旦拥有了特定品质和才干而成为人才，也就成为人力资源中的先进部分，是科学技术创新的主要承担者，不仅会推动社会进步和发展，而且会促进人类文明程度的不断提高。人才对社会经济、文化发展的创造性贡献，决定了人才是先进生产力，具有先进性的品质和特征。

第三，人才是历史性与时代性的统一。历史唯物主义认为，人才是人民群众在创造历史的实践过程中孕育和造就的，因此，人才必然受到特定社会历史条件的制约，必须要顺应社会历史潮流，承载着特定的社会历史使命，成就特定的社会历史事业；同时，人才的历史性也表明，人才是特定历史阶段即特定时代的产物，具有鲜明的时代烙印和时代特征。只有那些能够满足时代任务和时代要求的人，才能成为人才。正如马克思曾指出："每一个社会历史时代都需要有自己的伟大人物，如果没有这样的人物，它就要创造出这样的人物来。"[①]这深刻地揭示了人才与社会历史时代之间的内在关系。社会历史时代孕育和造就了人才，社会历史时代的品质内化为人才的品质，社会历史时代的使命和需要赋予了人才为之奋斗的才干和力量。任何一个社会历史阶段和历史时期，都会培育出属于自己的人才，同样，任何一个人才，也都必然会不断适应属于自己的历史时期。

第四，人才是广泛性与层次性的统一。马克思主义群众史观认为，社会的进步和发展对人才的需求总是广泛而多样的，因而社会实践造就出来的人才必然也是多种多样的。随着人类社会的演进，人类社会生活越来越复杂多样，各行各业均需要大量人才脱颖而出，不管任何时代、任何历史时期，都会涌现出大量的适应社会发展需要的人才，也就是说，人才是广泛存在的。同时，由于人类的社会生活领域和社会实践活动都具有层次性的特点，所以人才同样具有层次性特征。尽管在任何一个社会历史时期，人才都是大量和广泛的，但这些人才的内在品质与能力结构及其在社会分工结构中的分布状况又都具有一定的差别和层次。因此，任何时代的人才内涵、能力水平和成就都不可能是单一的和等量齐观的，而应该是有所区分、合理配置的。

（二）人才强国理论的形成

中国共产党在领导中国人民实现国家富强、人民幸福、民族复兴伟大中国梦的征程中，一直进行着人才强国理论的探索与实践。早在革命战争年代，毛泽东就提出了"政治路线确定之后，干部就是决定的因素"[②]的著名论断。中华人民共和国成立后，百业待兴，各行各业急需人才，毛泽东又进一步指出："决定一切的是要有干部，要有数量足够的、优秀的科学技术专家。"[③]因此，在新中国成立后，党和国家制定了一系列吸纳人才的方针政

[①]《马克思恩格斯选集》（第1卷），人民出版社，1995年，第450页。
[②]《毛泽东选集》（第2卷），人民出版社，1991年，第526页。
[③]《毛泽东文集》（第7卷），人民出版社，1999年，第2页。

策,成立了培养专门人才的科研机构和大学,极大地改善了新中国成立初期人才严重匮乏的局面。1978年党中央召开全国科学大会,解放思想、拨乱反正,落实了知识分子政策,提升了知识分子地位,为人才强国理论的形成创造了条件。

党的十一届三中全会以后,党和国家的人才理论和人才工作的开展进入了一个新的历史阶段,邓小平提出了"尊重知识、尊重人才"[1],"科学技术是第一生产力"等重要论断,提出了必须打破常规去发现选拔人才、大胆使用人才等重要思想;十三届四中全会以后,江泽民又进一步提出了"人才资源是第一资源"[2],"尊重劳动、尊重知识、尊重人才、尊重创造","实施科教兴国战略,关键是人才"[3]等重要思想,为人才强国理论的形成奠定了基础。

2002年,中共中央颁布《2002—2005年全国人才队伍建设纲要》,明确提出实施人才强国战略,并在中共十六大上做出了大力实施人才强国战略的部署。2003年,中共中央召开全国人才工作会议,做出《关于进一步加强人才工作的决定》,深刻阐述了实施人才强国战略的重要性和紧迫性,并把实施人才强国战略作为党和国家的一项重大而紧迫的任务,这是党和国家在新世纪新阶段实施人才强国战略的纲领性文件,标志着中国特色人才强国理论正式形成。

中共十七大报告提出要更好地实施人才强国战略,并将其写入党章。中共中央先后制定和实施了国家科学技术、教育、人才等方面的中长期发展规划纲要,对科学技术、教育、人才等项事业的发展进行了顶层设计和系统规划,并分别召开全国科学技术、人才、教育工作会议,对加快实施人才强国战略、建设创新型国家进行了全面部署。在此基础上,形成了科学发展人才观,进一步丰富和发展了人才强国理论。

党的十八大以来,习近平总书记对人才工作做出一系列重要指示,强调要"坚持党管人才原则","择天下英才而用之","在全社会大兴识才、爱才、敬才、用才之风","让人才事业兴旺起来"等。这些重要论述涉及人才培养、引进、使用、激励等各个方面,极大地丰富了中国特色社会主义人才强国理论的内涵,对于全面加强党和国家的人才工作,造就一支宏大的高素质人才队伍,具有十分重要的意义。

(三) 人才强国理论的基本内容

中国特色人才强国理论的核心就是通过充分发挥我国人力资源丰富的潜在优势,大力培养、选拔和使用高素质人才,走人才强国之路,实现中华民族伟大复兴的中国梦。其主要包括以下内容。

1. 坚持党管人才原则

党和国家历来高度重视人才工作。进入新世纪新阶段,中共中央做出实施人才强国战略的重大决策,确立了党管人才原则。坚持党管人才原则,就是通过充分发挥执政党的领导核心作用,加强党对人才工作的集中统一领导,统筹、组织、开发、使用好社会各类人

---

[1] 《邓小平文选》(第2卷),人民出版社,1994年,第40页。
[2] 《江泽民文选》(第3卷),人民出版社,2006年,第319页。
[3] 《江泽民文选》(第1卷),人民出版社,2006年,第435页。

才资源，为实现"四个全面"战略布局提供智力支持和人才保证。坚持党管人才原则，是党管干部原则在新世纪、新形势和新阶段的深化和发展，体现了新的历史条件下中国共产党对自身的任务、使命和执政规律的正确认识及对人才资源的重要价值和管理规律的科学把握，是实施人才强国战略的重要保证。习近平总书记指出："择天下英才而用之，关键是要坚持党管人才原则。"

坚持党管人才原则的基本内涵从总体上来看主要是"管宏观、管政策、管协调、管服务"。"管宏观"主要是坚持人才发展的正确方向，加强科学理论指导，制订人才发展规划，始终把实施人才强国战略作为根本任务加以推进；"管政策"是指统筹重大人才政策制定，有针对性地解决人才发展中的重大问题，改革人才工作体制机制，营造有利于人才辈出、人尽其才、才尽其用的制度环境；"管协调"是指通过加强各方面的统筹协调，形成推进人才工作和人才队伍建设的整体合力；"管服务"是指关心爱护人才，为各类人才干事创业、实现价值提供良好服务。

坚持贯彻党管人才原则的总体要求。着眼于培养造就宏大的高素质人才队伍，统筹兼顾，突出重点，改革创新，分类指导，强化服务，注重实效，正确处理党管人才与尊重人才成长规律、发挥市场在人才资源配置中基础性作用的关系，充分调动社会各方面力量参与人才工作的积极性。通过进一步加强党管人才工作，使党对人才工作的领导更加有力，全社会重视人才工作、支持人才发展的氛围更加浓厚，努力形成人才辈出、人尽其才、才尽其用的生动局面。

2. 德才兼备的人才标准

人才标准就是衡量人才属性和人才类别的依据与尺度。"德"指的是人才的思想政治素质和道德品质，"才"指的是人才的才干、能力、本领和水平等。在"德"与"才"的关系上，德是做人的本质和灵魂，是安身立命的前提和基础，才是人生价值实现的条件和根据，是建功立业的关键与保障，二者相辅相成，统一而不可分割。坚持德才兼备的人才标准，是实现人才强国的根本保证。

由于人类社会发展的每一个历史时代所面临的历史条件和历史任务都会有所不同，所以对人才的要求往往有所不同，每一个社会时代都有其特定的人才标准。也就是说，人才标准不是绝对的、抽象的、永恒的，而是历史的、具体的、相对的、发展的。中国共产党在领导中国人民进行新民主主义革命和社会主义革命与建设过程中，应始终坚持德才兼备的人才标准，并与时俱进地不断地赋予其新的时代内涵。

在新民主主义革命和社会主义革命时期，衡量人才的"德"，主要看人才的革命性品质，即是否具有远大的革命理想、信念和坚定的革命立场，是否具有坚决的斗争精神和牺牲精神，是否忠于党、忠于人民等；衡量人才的"才"，主要看在各种艰苦条件下从事革命斗争的本领与才干。在社会主义建设时期，随着时代的发展，随着社会主义建设的新形势和新任务的需要，德才兼备的内涵有了新的变化和发展。正如毛泽东指出："过去我们有本领，会打仗，会搞土改，现在仅仅有这些本领就不够了，要学新本领，要真正懂得业务，懂得科学和技术，不然就不可能领导好。"[①]这一时期人才的"德"主要是指坚定的无

---

① 《建国以来毛泽东文稿》（第7册），中央文献出版社，1992年，第52页。

产阶级立场和社会主义政治方向、理想和信念,为党和国家努力工作及为人民多作贡献的奉献精神等;"才"则集中表现为建设社会主义的本领,即具有建设社会主义祖国的高超技术和精深的业务水平,掌握为人民服务的本事,具备为社会主义建设作贡献的才能。

在改革开放和社会主义现代化建设时期,德才兼备的人才标准具体化为"四化"标准。邓小平指出:"要按照'革命化、年轻化、知识化、专业化'的标准,选拔德才兼备的人进班子"[①],"提出年轻化、知识化、专业化这三个条件,当然首先是要革命化"[②],"我们今后配备领导班子的时候,要选用什么人呢?要选那些认真学习马列主义、毛泽东思想,在斗争中经得起考验的人;要选那些党性强,能团结人,不信邪的人;要选那些艰苦朴素,实事求是,说老实话,办老实事,做老实人,作风正派的人;要选那些努力工作,联系群众,关心群众疾苦,有魄力,有实际经验,能够办事的人"[③],"要选人民公认是坚持改革开放路线并有政绩的人"[④],这进一步明确了我国进入改革开放时期的人才标准。

进入21世纪以后,德才兼备的人才标准又有了新的发展。2003年12月,胡锦涛在全国人才会议上强调指出:要做好人才工作,要不唯学历,不唯职称,不唯资历,不唯身份,努力形成谁勤于学习、勇于投身时代创业的伟大实践,谁就能获得发挥聪明才智的机遇,就能成为对国家、对人民、对民族有用之才的社会氛围,创造人才辈出的生动局面。这表明:德才兼备的人才标准被赋予了新的内涵,即突出人才的能力和业绩,重视人才的综合素质和全面发展,强调人才评价标准上的科学化、社会化导向,从而营造了"人人都可以成才"良好氛围的政策基础。

中共十八大以来,习近平总书记和党中央在贯彻落实党长期坚持的"德才兼备,以德为先"的人才标准的基础上,进一步发展和细化了其时代内容。2013年6月习近平同志在全国组织工作会议上指出:"我们党历来高度重视选贤任能,始终把选人用人作为关系党和人民事业的关键性、根本性问题来抓。好干部要做到信念坚定、为民服务、勤政务实、敢于担当、清正廉洁。"这就提出了衡量"好干部"的五条标准。2015年7月,习近平同志在向全国青年联合会十二届全委会和全国学生联合会二十六大发来的贺信中对青年人提出了"志存高远、德才并重、情理兼修、勇于开拓"四条要求,为青年人成才指明了方向。这些都进一步丰富和深化了党和国家人才标准的内涵。

3. 教育与实践相结合的育才模式

育才模式即人才培养模式,是按照特定的培养目标和规格、以人才资源能力建设为核心对人才进行培育、塑造和锻炼的原则、途径、方式方法的综合。科学合理的人才培养模式是造就和获得人才的前提和保证,更是选拔和用好人才必不可少的环节,因而是实现人才强国的首要条件。

中国共产党向来十分重视人才培养模式的建设,并逐步形成了教育与实践相结合的人才培养模式。从毛泽东时代开始,就不仅高度重视学校教育在人才培养中的基础作用,而且更加注重社会实践在人才培养中的关键作用。强调通过学校教育习得科学文化知识、获

---

① 《邓小平文选》(第3卷),人民出版社,1993年,第380页。
② 《邓小平文选》(第2卷),人民出版社,1994年,第361页。
③ 《邓小平文选》(第2卷),人民出版社,1994年,第75页。
④ 《邓小平文选》(第3卷),人民出版社,1993年,第380~381页。

取间接经验和改造世界观,通过参加社会实践和在实际工作中进行锻炼,获得直接经验和真知灼见,并在实践中增强能力和检验才干,只有经过长期社会实践的磨炼和实际工作斗争的洗礼,才能培养出能够成就革命事业的真正的栋梁之才。在教育与实践相结合的人才培养模式中,毛泽东尤为看重实践的重要性,认为想要使仅有书本知识的人成为名副其实的知识分子,"唯一的办法就是使他们参加到实际工作中去,变为实际工作者,使从事理论工作的人去研究重要的实际问题"[①]。可见,毛泽东把参加社会实践作为一个人成才的关键环节和根本途径。

在全面改革开放和社会主义现代化时期,党和国家更加重视教育的地位和作用,把教育摆在国家发展战略的重要位置。邓小平指出,"我们要实现现代化,关键是科学技术要能上去。发展科学技术,不抓教育不行"[②],"一个十亿人口的大国,教育搞上去了,人才资源的巨大优势是任何国家比不了的。有了人才优势,再加上先进的社会主义制度,我们的目标就有把握达到"[③]。从而奠定了"百年大计,教育为本"的认识论基础,指明了提高国民素质、促进人的全面发展、把人口大国变为人才资源的强国的根本途径。

党的十八大以后,习近平总书记更是把教育培养作为人才队伍建设的先导性、基础性和战略性工程,并多次强调要以提高党的执政能力为重点,通过教育培养尽快把我们各级干部、各方面管理者的思想政治素质、科学文化素质、工作本领都提高起来。同时,也明确提出了抓好理想信念教育、补好精神之"钙"、坚定"三个自信"、加强马克思主义群众观点和党的群众路线教育、坚决反对"四风"、奉行"三严三实"等教育培养干部的任务与途径,引导各级领导干部加强学习和实践,提高把握和运用市场经济规律、自然规律、社会发展规律能力,提高科学决策、民主决策、依法决策能力,提高思想政治能力、动员组织能力、驾驭复杂矛盾能力,为实现人才强国战略提供了坚实的保证。

4. 实行人才分类管理

人才分类管理就是指按照人才的素质与能力的差别将人才区分为不同类别并适用不同方法进行管理的规范统称。实行人才分类管理是党和国家人才强国理论的基本内容与要求。

2003年12月,中共中央国务院颁布的《关于进一步加强人才工作的决定》中指出:"党政人才、企业经营管理人才和专业技术人才是我国人才队伍的主体,必须坚持分类指导,整体推进。着重培养造就大批适应改革开放和社会主义现代化建设的高层次和高技能人才,带动整个人才队伍建设。"2010年4月,中共中央国务院颁布的《国家中长期人才发展规划纲要(2010—2020年)》又进一步指出:"统筹抓好党政人才、企业经营管理人才、专业技术人才、高技能人才、农村实用人才以及社会工作人才等人才队伍建设,培养造就数以亿计的各类人才,数以千万计的专门人才和一大批拔尖创新人才。"这就明确了我国人才分类管理的基本框架。

党政人才是指在各级党政、群团、人大、政协、法院、检察院、人民团体等组织机构中任职的公务员。对这类人才的管理重心,主要就是通过理论教育、知识教育、党性教育

---

① 《毛泽东选集》(第3卷),人民出版社,1991年,第816页。
② 《邓小平文选》(第2卷),人民出版社,1994年,第105页。
③ 《邓小平文选》(第3卷),人民出版社,1993年,第120页。

和实践锻炼"四位一体"的干部培养教育体系，按照加强党的执政能力建设和先进性建设的要求，以提高领导水平和执政能力为核心，造就一批善于治国理政的领导人才，建设一支政治坚定、勇于创新、勤政廉洁、求真务实、奋发有为、善于推动科学发展的高素质的人才队伍。

企业经营管理人才是指在各类企业经营管理岗位上工作的人员。一般指在车间、科室以上工作的管理人员。对这类人才的管理重点是通过加强教育培训、组织选拔与市场化选聘相结合等途径和方式，以提高现代经营管理水平和企业国际竞争力为核心，以战略企业家和职业经理人为重点，加快推进企业经营管理人才职业化、市场化、专业化和国际化，培养造就一大批具有全球战略眼光、市场开拓精神、管理创新能力和社会责任感的优秀企业家和一支高水平的企业经营管理人才队伍。

专业技术人才是指在专业技术工作岗位上工作或具有专业技术职务、在管理岗位上工作的人员。对这类人才的管理重点是通过构建分层分类的专业技术人才继续教育体系，以提高专业水平和创新能力为核心，以高层次人才和紧缺人才为重点，打造一支宏大的高素质专业技术人才队伍。

高技能人才是指在生产劳动第一线、熟练掌握专门知识和技术、具备精湛的操作技能的工作人员，主要包括技术技能劳动者中取得高级技工、技师和高级技师职业资格及相应水平的人员。对这类人才的管理重点是通过完善以企业为主体、职业院校为基础，学校教育与企业培养紧密联系、政府推动与社会支持相结合的高技能人才培养培训体系，以提升职业素质和职业技能为核心，以技师和高级技师为重点，形成一支门类齐全、技艺精湛的高技能人才队伍。

农村实用人才是指具有一定知识或技能，能够为农民、农业和农村经济发展做出贡献并起到示范带动作用、得到群众认可的乡村劳动者。对这类人才管理的重点是通过充分发挥农村现代各类教育培训网络的作用，围绕社会主义新农村建设，以提高科技素质、职业技能和经营能力为核心，以农村实用人才带头人和农村生产经营型人才为重点，着力打造服务农村经济社会发展、数量充足的农村实用人才队伍。

社会工作人才是指在社会福利、社会救助、社会慈善、残障康复、优抚安置、医疗卫生、青少年服务、司法矫治等社会服务机构中，从事专门性社会服务工作的专业技术人员。对这类人才的管理重点是通过建立不同学历层次教育协调配套、专业培训和知识普及有机结合的社会工作人才培养体系，以人才培养和岗位开发为基础，以中高级社会工作人才为重点，培养造就一支职业化、专业化的社会工作人才队伍。

5. 选贤任能的用才导向

选贤任能的用才导向是人才使用的基本路线与价值取向，是选拔任用人才、发挥人才优势、实现人才价值的基本依据，贯穿于开发人才、选拔人才、重用人才、留住人才、发展人才等各环节。选贤任能的用才导向任用人才的过程，也是人才的再培养、再提高的过程。人才开发和任用得好，能做到人尽其才、才尽其用，人才的价值和效能就会得到充分发挥；反之，不仅会造成现有人才的浪费，而且还会对未来培养人才和吸引人才带来不利影响。

选贤任能的用才导向历来是中国共产党人才工作的核心内容。早在1938年毛泽东就指出，在"使用干部的问题上，我们民族历史中从来就有两个对立的路线：一个是'任人唯贤'的路线，一个是'任人唯亲'的路线。前者是正派的路线，后者是不正派的路线","共产党的干部政策，应是以能否坚决地执行党的路线，服从党的纪律，和群众有密切的联系，有独立的工作能力，积极肯干，不谋私利为标准，这就是'任人唯贤'的路线"[1]。可见，毛泽东是坚决倡导和坚持任人唯贤、选贤任能的用人路线的。

在改革开放和社会主义现代化建设时期，邓小平在坚持贯彻选贤任能的用才导向的同时，反复强调大胆使用人才的必要性。一方面，要求对知识分子政治上要信任并大胆启用，强调只要是人才，"即使有某些弱点缺点，也要放手用"[2]；另一方面，又指出在人才使用方面存在"用非所学、用非所长"[3]的现象，要求认真解决好这一问题，实现人才合理使用。

中共十八大以来，习近平总书记高度重视人才使用问题，提出"择天下英才而用之"，"要用好用活人才，建立更为灵活的人才管理机制，打通人才流动、使用、发挥作用中的体制机制障碍"，"开创人人皆可成才、人人尽展其才的生动局面"。同时，习近平总书记强调要做到用人得当，首先要知人，知人不深、识人不准，往往会出现用人不当、用人失误；对干部的认识不能停留在感觉和印象上，必须健全考察机制和办法，多渠道、多层次、多侧面深入了解；要近距离接触干部，通过"四个观察"看干部的见识见解、品质情怀、境界格局和能力水平；要多到基层干部群众中、多在乡语口碑中了解干部，考察识别干部工夫要下在平时，并注意重大关头、关键时刻；既要在"大事"上看德，又要在"小节"中察德，要坚持全面、历史、辩证看干部，注重一贯表现和全部工作；要科学合理使用干部，从工作需要出发，以事择人、人岗相适、用当其时、用其所长。这些论述都为我国新时期的人才选拔和任用工作提供了指针。

---

[1]《毛泽东选集》（第2卷），人民出版社，1991年，第527页。
[2]《邓小平文选》（第3卷），人民出版社，1993年，第369页。
[3]《邓小平文选》（第3卷），人民出版社，1993年，第17页。

第四章

环境对公共部门人力资源管理与开发的制约

【案例导读】 中纪委开通"随手拍"接受举报

我们所面临的各种环境要素对公共部门人力资源管理与开发的影响至关重要。因为任何一项公共管理活动都不是孤立封闭的,而是与周边的各种环境要素不断处于相互作用、相互影响的状态之中。实践一再证明:公共部门人力资源管理与开发活动唯其符合与之相关的各种环境要素的要求,并能根据各种环境要素的变化适时地加以调整,才能顺利实现预期目标,才能达到管理与开发的最高效率和最佳效益。正如毛泽东同志所说:"不论做什么事,不懂得那件事的情形,它的性质,它和它以外的事情的关联,就不知道那件事的规律,就不知道如何去做,就不能做好那件事。"① 因此,认真分析和研究环境要素,努力把握和适应环境要素,争取或拓展环境要素,是公共管理成败的关键。

第一节 与公共部门人力资源管理与开发密切相关的环境要素

环境是一个十分宽泛的概念,构成环境的各种要素更是错综复杂。从最广义的角度而言,我们说某个人或某个组织所面临的环境,就是指从整个宇宙中减去这个人或这个组织后,所剩下的一切。这"一切"就是这个人或这个组织所面临的所有环境要素。当然就某一具体的公共管理活动而言,能够对其产生明显制约作用的环境要素并没有达到如此宽泛的地步,真正对公共部门人力资源管理与开发活动产生重要影响的,主要是基础环境要素、

---

① 《毛泽东选集》(第1卷),人民出版社,1991年,第163~164页。

社会环境要素、人口与生态环境要素及国际环境要素。

一、基础环境要素

基础环境要素是指对实现公共部门人力资源管理与开发的目标起到基础作用的各种要素，主要包括以下四种。

（一）资源投入要素

资源投入要素是指为实现公共部门人力资源管理与开发的目标所需要投入的各种资源。从事公共部门人力资源管理与开发的各项活动都需要有充足的资源投入。没有资源投入，好比"巧妇难为无米之炊"；或者有资源投入，但资源投入不足，也难以完全实现其预期的目标。

我国在计划经济体制下，各项公共管理活动所需要的资源投入无外乎三种：一是资金；二是设备；三是人力。各个公共部门内部之所以都设立强有力的财务、采购和人事管理机构，就是为了确保管理中所需要的这三种资源的投入。

在市场经济体制下，尤其在世界步入知识经济时代的今天，各项公共管理活动所需要的资源投入要素已不仅限于资金、设备和人力三种，还需要投入知识、组织、关系三种新的资源要素。知识是指在从事某项公共管理活动时，要求管理者与被管理者所应具备的先进的专业知识；组织是指在从事某项公共管理活动时，所需形成的团队力量；关系是指从事某项公共管理活动时，所应建立的各个方面的和谐关系。

无论国家机关，还是事业单位或国有企业，没有或缺乏这六种资源要素的投入，就不可能实现或者不能完全实现其公共部门人力资源管理与开发的目标。

（二）市场需求要素

市场需求要素是指市场对公共部门所提供的服务或产品的需求状况。市场需求要素也是十分重要的基础环境要素。脱离市场需求，任何公共管理活动势必成为毫无意义的闭门造车。所以成功的公共管理，是那些能够适应市场需求要素，并善于根据市场需求要素的变化及时调整公共管理的目标与策略的管理。以我国大学培养学生为例，在计划经济时代，市场广泛需求的是理工类的大学毕业生。当年社会中有一个流行的说法，"学会数理化，走遍天下"，因此每年报考数理化专业的考生可以说是趋之若鹜。正是市场需求要素产生的作用，才使大学的数理化专业办得红红火火。相反，当时市场对经济、法律类的毕业生需求量甚少，考生自然不愿报考这些专业，经济法律专业的规模也就十分狭小。改革开放后，市场对经济、法律专业的人才的需求量剧增，而对数理化专业的毕业生的需求却有所减少，这又形成了经济、法律专业生源充足，数理化专业生源缺少的局面。因此，公共部门人力资源管理与开发必须适应市场需求要素的变化，不断调整其计划和目标，否则就会陷入困境。

（三）管理对象要素

管理对象要素指公共部门人力资源管理与开发所面对的员工的综合素质状况。公共部门的员工的素养如何，对整个公共管理活动影响至深。一般而言，公共部门的员工按能力划分可分为体能、技能和智能三种类型。公共管理的方式方法应该根据员工的不同类型而有所区别，不同类型的员工需实施不同的管理方式方法。在公共部门人力资源管理与开发中不存在百试不爽的方式方法。通常所说的专断式、放任式和民主式三种管理方式，实际上并没有最佳与最差之分。在公共部门人力资源管理与开发活动中，究竟采用哪种方式更适宜，完全取决于管理对象要素的状况，即根据管理对象的能力素养来定。例如，被许多人推崇备至的民主式、参与式的管理方法，如果面对的是一个知识程度较低的体能型的员工群体，未必就能取得好的效果。所以，管理对象要素对公共部门人力资源管理与开发的成败具有十分重要的制约作用。

（四）竞争对象要素

竞争对象要素是指在公共部门人力资源管理与开发中每个公共部门所面临的来自各方面的竞争对手的状况。竞争是大自然和人类社会发展所蕴涵的一个基本规律。达尔文所说的物竞天择，适者生存；马克思恩格斯所论述的阶级斗争学说，就是竞争规律在自然界和人类社会的具体体现。

在公共部门人力资源管理与开发领域也是一样。任何一项管理开发活动要想取得巨大成就，都要经受住竞争对象的挑战。当今称雄于世的企业、公司或行业，都是战胜了竞争对象，才赢得了今日的辉煌。由此可见，在公共部门人力资源管理与开发中，管理者必须付出很大精力去分析竞争对象要素的状况，积极主动地迎接来自方方面面的挑战，才能确保其自身长期稳定的发展。而稍有懈怠，就可能酿成被动。

竞争是永恒的，但竞争的方式随着社会的发展和人类文明的进步却在发生变化。当今社会各个领域的竞争虽更加激烈，但无论何种竞争都更强调按规则进行，即提倡公平竞争、正当竞争。也就是说，现代社会各个领域的竞争，尤其是经济领域的竞争，已经不像自由资本主义时代那种大鱼吃小鱼似的你死我活的竞争，而是按着既定的规则展开竞争。如果在竞争中，竞争的双方发生对抗，那就要通过对话来解决，对话双方要本着互惠的原则，争取最终达到双赢的目的。

二、社会环境要素

社会环境要素是指与实现公共部门人力资源管理与开发目标相关的各种社会要素。其主要包括政治要素、经济要素、时尚要素、技术要素和突发事件要素。

（一）政治要素

政治要素主要指一个国家政治的稳定性，具体体现在该国的政治制度、法律法规和方针政策的稳定性上。一个国家的政治稳定，对公共部门人力资源管理与开发来说是最起码的条件。如果社会经常发生政治动荡，政治制度、法律法规和方针政策总是变幻不定，就不可能做好公共部门人力资源管理与开发的各项活动。稳定是压倒一切的。我国经过60

余年的发展,作为我国根本政治制度的人民代表大会制度和共产党领导的多党合作与政治协商制度、民族区域自治制度等基本政治制度已经日益巩固。这为公共部门人力资源管理与开发提供了可靠的政治保障。我们应倍加珍惜,以使公共部门人力资源管理与开发和各项活动都能在政治稳定的社会环境中圆满地发展。

(二)经济要素

经济要素主要指银行利率、通货膨胀率、证券市场指数及商业周期的变化等状况。经济要素的变化对公共部门人力资源管理与开发也有影响。公共部门人力资源管理与开发的各项活动,应该根据这些经济的要素变化适当加以调整。如果不顾经济要素的变化,一味地按着既定的计划去操作,就会因脱离社会经济的可行性而遭受挫折。

(三)时尚要素

时尚要素主要指社会价值观、风俗习惯等方面的状况。社会时尚要素的变化对公共部门人力资源管理与开发活动也有很大影响。这就是说,公共部门人力资源管理与开发的各项活动必须适应社会价值观和风俗习惯的变化,对管理的理念和管理的方式方法加以调整,否则就会因脱离社会的时尚而陷入困境。

(四)技术要素

技术要素主要指社会所达到的技术水平的状况。技术要素对公共部门人力资源管理与开发的影响也不可低估。尤其在世界步入知识经济时代的今天更是如此。当今社会科学技术的发展可以说是突飞猛进。仅以办公为例,技术的发展已使办公室成为交流的中心。计算机、互联网、电话、文字处理器、复印机、传真机、文字库与其他办公活动形成了一体化。公共部门人力资源管理与开发活动只有拥有这些先进的技术设备,掌握先进的技术,才能达到高效率。相反,如果不具备或不掌握先进的技术要素,还停留在传统的办公条件上,就不可能实现公共部门人力资源管理与开发的现代化。

(五)突发事件要素

突发事件要素主要指在公共部门人力资源管理与开发中所遇到的意想不到的、超出常规的突发事件。在日益复杂的大千世界,发生一些难以预料的事件是正常的。而这些突发事件会对公共部门人力资源管理与开发构成特殊影响,甚至是干扰。它迫使人们改变预期计划,打乱正常的管理秩序和按部就班的管理步骤。因此,在制订公共部门人力资源管理与开发目标和计划时,一定要充分考虑到有可能出现的各种突发要素,制订的目标和计划要留有余地,以达到未雨绸缪的目的。在公共部门人力资源管理与开发的实践中,一旦发生了突发事件,需要冷静分析,认真对待,按着全局的统一部署,及时而妥善地调整原来的计划,沉着寻找应对突发事件的各种对策。当突发事件得到解决或趋于平缓时,还要不失时机地转入正常状态,恢复原来的秩序和步骤,尽其所能地把因突发事件所带来的损失降至最低程度，并千方百计为达到既定的目标和计划而努力。

三、人口与生态环境要素

人口与生态环境要素是指对公共部门人力资源管理与开发有着重大影响的人口与生态的基本状况。我国是世界上人口最多的国家，生态环境的恶化也很严峻。因此，我国的公共部门人力资源管理与开发，一定要充分考虑所面临的人口与生态环境要素，严格按照中央确定的重大方针政策来执行。

1. 人口环境要素

我国是人力资源大国。人口总量高峰、就业人口高峰、老龄人口高峰等一系列问题对公共部门人力资源管理与开发有着十分直接的影响。除此而外，就我国人口受教育的水平而言，在世界上也处于较低层次。我国的公共部门人力资源管理与开发必须从这一基本国情出发，不断提高我国人口的文化教育素质，合理妥善地进行工资、福利、社会保障、就业、退休及培训教育等各项管理活动，逐步解决现存的突出问题。

2. 生态环境要素

生态环境的严重恶化，已成为全球极为关注的问题。任何一项管理活动，都不能不顾生态环境的状况随意为之。现在我国生态危机的局面依然十分严峻。据2013年《第一次全国水利普查公报》显示，全国水土流失面积已达294.91万平方千米，占国土总面积的30.72%；截至2014年全国荒漠化面积达到261.16万平方千米，占国土总面积的27.2%。荒漠化所造成的直接经济损失每年约为65亿美元。我国的环境污染问题同样令人触目惊心，水资源污染，尤其是河流的污染严重，据统计，1984年受污染的河流长度占21.8%，1995年上升到46.5%。大气污染也已成为我国严重的社会公害，1997年世界银行环境经济专家的一份报告指出：全球空气污染最严重的20个大城市，有10个在中国。

早在1992年我国就正式提出保护环境、实施可持续发展的战略。近年来，我国在治理生态环境方面更是投入了大量的人力、物力和财力。应该说经过这些努力，我国的生态环境已有了很大改变，但还不能说上述我国人口和生态环境所存在的突出问题，在短时间内就可以彻底消除，还需要经过长期的，甚至是几代人的奋斗，才可能解决。我国公共部门人力资源管理与开发一定要遵循中央有关保护环境和保护资源的基本国策，实施任何一项公共部门人力资源管理与开发活动都要首先考虑到资源的节约和环境的保护，并始终立足于促进经济全面发展、社会全面进步、资源永续利用、环境不断改善和生态良性循环。

四、国际环境要素

随着社会的发展，科学技术的突飞猛进，国际环境的复杂要素对公共部门人力资源管理与开发的影响也在日益增强。正确认识和了解国际环境要素的特点，密切关注其变化，也是公共部门人力资源管理与开发得以顺利进行的一个重要方面。

当今国际环境要素所呈现出的特点，概括来说就是：经济全球化、一体化；政治多极化；文化多元化。

经济全球化、一体化是指世界各国、各地区通过密切的经济交往和协调，在经济上已经形成了相互联系、相互依存、相互竞争、相互制约的格局。任何一个国家的经济发展都不可能完全脱离世界经济的格局而孤立独行。我国的公共部门人力资源管理与开发只有充分认识世界经济全球化、一体化的态势，才能有更加广阔的发展空间。特别是我国加入世界贸易组织（WTO）后，公共部门人力资源管理与开发更需要遵循国际所认可的规则进行，否则就会因故步自封而落后于时代。

政治多极化是指在世界政治舞台上，各种政治理念、政治制度或政治模式都有其一席之地，并将长期保持下去。这就要求我国的公共部门人力资源管理与开发，坚持自身的政治优势，以马列主义、毛泽东思想、邓小平理论和"三个代表"的重要思想为指导，落实科学发展观，全面贯彻习近平关于治国理政方面的一系列论述，把我国公共部门人力资源管理与开发推向更高的、新的发展阶段。

文化多元化是指在世界文化舞台上，各民族的文化都在竞相发展，不可能出现只有一种民族文化或一花独放的局面。文化多元化的特点要求我国的公共部门人力资源管理与开发，在塑造公共部门管理文化的时候，要以中华民族文化的精华为底蕴，并博采一切外来文化之所长，以使我国的公共管理文化更加丰富多彩。

第二节 公共部门人力资源管理与开发适应环境要素的因应之道

上述四大环境要素对公共部门人力资源管理与开发有着深刻影响。我们必须根据所面对的各种环境要素的复杂状况，因人、因时、因地、因事，确定适宜的公共部门人力资源管理与开发的原则、目标和方式方法。

一是就公共部门人力资源管理与开发的原则而言，世界上不存在一套百试不爽的原则。任何原则只有符合各种环境要素的要求，才具有指导价值，否则原则就变成了教条，用教条去指导管理与开发的实践，势必失败。显而易见，公共部门人力资源管理与开发的原则在不同的公共行业、公共部门或单位都应各有其特点，切不可不顾自身的特点千篇一律地去套用对别人行之有效的原则。

二是就公共部门人力资源管理与开发的目标而言，不同的公共行业、公共部门或单位应根据其所面临的上述环境要素的具体状况，确定切实可行的目标。不顾自身环境要素的制约，盲目地确定高目标，或没能充分利用环境要素提供的可能，保守地确定低目标，都不会取得最佳效果。

三是就公共部门人力资源管理与开发的方式方法而言，更要与所面临的环境要素相适应。公共部门人力资源管理与开发的方式方法一定要灵活可行，尤其在专业分工日趋细密的市场经济体制下，昔日行之有效的方式方法是否在今日仍能普遍适用，应视其所面对的环境要素而定。比如，在正常的环境下与处于危机状态的环境下，所采取的方式方法就大不一样。

总之，公共部门人力资源管理与开发活动如果能够在其原则、目标和方式方法几个方面都与其所处的各种环境要素相适应、适合，符合其要求，就会取得成功，否则将招致失败。

第五章

公共部门人力资源管理与开发的根本途径——全面实施法治化管理

【案例导读】 党外非法外 触法终自毁
——贵州省住建厅原副厅长陈万达受贿案剖析

现代社会是法治的社会。如果把国家和社会看成是一个宏伟大厦的话，那么支撑这座大厦的基础和结构正是这些宪法、法律和法规。所以当今世界，无论哪一个国家，要巩固、要稳定、要发展，必须不折不扣地依照本国的宪法、法律和法规实施管理，真正走上法治化的轨道。

中国共产党在领导中国革命和建设的漫长实践中，在总结了成功的经验和挫折的教训后，深刻认识到：法治化是建设社会主义国家的必由之路。因此，中共十五大政治报告中提出了实施"依法治国"的基本方略。1999年3月15日九届全国人大二次会议通过的《中华人民共和国宪法修正案》明确规定"中华人民共和国实行依法治国，建设社会主义法治国家"，从而使依法治国的基本方略得到了我国根本大法的保障。

党的十八大以来，习近平总书记围绕全面依法治国发表了一系列重要论述。例如，依法治国是坚持和发展中国特色社会主义的本质要求和重要保障；坚持中国特色社会主义法治道路，最根本的是坚持中国共产党的领导，建设中国特色社会主义法治体系、建设社会主义法治国家，坚持依法治国、依法执政、依法行政共同推进，坚持法治国家、法治政府、法治社会一体建设；要推进科学立法，完善以宪法为统帅的中国特色社会主义法律体系；要严格依法行政，加快建设法治政府等。习近平上述重要论述对于全面推进依法治国方略的落实具有重要的理论和实践价值，也是实现公共部门人力资源管理与开发法治化的根本保障。我国公共部门人力资源管理与开发只有真正贯彻这些理论观点，才能真正实现法治化管理，才能逐步使我国由人力资源大国，变成人力资源强国。法治化是公共部门人力资源管理与开发的基本规律，也是实现人力资源管理与开发现代化的根本途径。

第一节 公共部门人力资源管理与开发的法律渊源及法律体系

公共部门人力资源管理与开发的活动涉及方方面面，管理与开发的具体行为更是千差万别，但是无论从事什么样的管理与开发首要的是要有相应的法律或法规可资遵循。伴随着中国特色社会主义的法律体系的形成和发展，我国在公共部门人力资源管理与开发方面已经颁布了一系列法律法规，公共部门人力资源管理与开发的法律体系初步形成。

一、公共部门人力资源管理与开发的法律渊源

（一）宪法

宪法是国家的根本大法，是公共部门人力资源管理与开发的基本法源。我国宪法的一些条款直接涉及公共部门人力资源管理与开发的内容，这是我们必须遵循的。

众所周知，中国共产党是全中国人民的领导核心，我国的公共部门人力资源管理与开发活动都是在党的领导下进行的，如党管干部原则就是我国公共部门人力资源管理与开发的一条最基本原则。但是中国共产党有关公共部门人力资源管理与开发的一切方针政策和领导活动，都必须通过国家权力机关，经过法定程序上升为国家的法律才能实现。《中国共产党党章》明确规定，"党必须在宪法和法律的范围内活动"，"并且负有维护宪法尊严、保证宪法实施的职责"。《中华人民共和国宪法》第5条也明确指出："一切国家机关和武装力量，各政党和各社会团体、各企业事业组织都必须遵守宪法和法律。一切违反宪法和法律的行为必须予以追究。"也就是说，中国共产党的有关公共部门人力资源管理与开发方面的政治领导、思想领导和组织领导，都应该通过国家权力机关上升为国家意志，形成为国家的法律，才能付诸实施。否则就违背了依法治国的基本方略，也不利于社会主义民主和法制的建设。

（二）基本法和一般法律

基本法和一般法律是指针对宪法有关公共部门人力资源管理与开发的原则条款所作的具体解释或规定。其中包括由全国人民代表大会制定的相关基本法和全国人民代表大会制定的一般法律，如《国务院组织法》《地方各级人民代表大会和地方各级人民政府组织法》《中华人民共和国公务员法》等。

（三）基本法规、决定、命令、指示和规章

基本法规、决定、命令、指示和规章包括由中共中央、国务院为实施我国一些重大方针政策所颁布的条例、决定一类的基本法规，如《党政领导干部选拔任用工作条例》《中共中央、国务院关于进一步加强人才工作的决定》等；也包括国务院依据宪法和法律的规定所制定的行政法规、发布的决定和命令等；还包括国务院各部委根据法律和国务院

的行政法规、决定和命令，在本部门的权限内，所发的布命令、指示和规章。现在有关公共部门人力资源管理与开发方面的行政法规和规章为数甚多，需要在实践中准确把握，认真实行。

（四）地方性法规和规章

地方性法规和规章是指规范地方各种管理活动的规章和制度。我国宪法规定，省、自治区、直辖市的人大及其常委会，在不同宪法、法律、行政法规相抵触的前提下，可以制定地方性法规，报全国人大常委会备案。省、自治区、直辖市及省、自治区的人民政府所在地的市人民政府，还可以根据法律和国务院的行政法规制定规章。现在，在一些省和直辖市已经颁布了一些事关本地公共部门人力资源管理与开发方面的地方性法规和规章，这些在当地是需要认真遵守的。

（五）自治条例和单行条例

根据我国宪法规定，民族自治地方的人大有权依照本地的情况，制定自治条例和单行条例，上报全国人大常委会批准后生效。我国民族自治地方所颁布自治条例和单行条例，凡与当地公共部门人力资源管理与开发相关的，都应该认真遵守。

总之我国公共部门人力资源管理与开发的法制建设将依据上述法律渊源，逐步完善，直至形成严密的法律法规体系。

二、公共部门人力资源管理与开发的法律体系

应该说，现阶段我国公共部门人力资源管理与开发的法律法规体系，不仅没有达到完备周密的程度，而且操作性也不够。国家有关部门应依据上述法律渊源大力加强公共部门人力资源管理与开发的法律法规体系建设，使我国公共部门人力资源管理与开发的法律法规体系尽快完善起来，并且还要具有很强的操作性。这是保证公共部门人力资源管理与开发的基本前提。完善的、操作性强的公共部门人力资源管理与开发的法律法规体系应由以下三个部分构成。

（一）公共部门人力资源管理与开发基本法

公共部门人力资源管理与开发基本法是根据《中华人民共和国宪法》所确定的相关原则，将公共部门人力资源管理与开发的内容在法制上加以体系化的法律。2006年1月1日正式实施的《中华人民共和国公务员法》是我国公共部门人力资源管理与开发的基本法。它总共有18章107条，内容所及包括从公务员入口到出口的各个管理环节。这些环节除总则和附则之外，还有义务与权利、职务与级别、录用、考核、职务任免、职务升降、奖励、惩戒、培训、交流与回避、工资福利保险、辞职辞退、退休、申诉控告、职位聘任、法律责任等环节。

2014年7月1日起施行的《事业单位人事管理条例》是全国事业单位实施人力资源

管理与开发的基本法规依据;国有企业人力资源管理与开发的基本法律依据是《中华人民共和国劳动法》和《中华人民共和国全民所有制工业企业法》等。

(二)公共部门人力资源管理与开发单项法规

公共部门人力资源管理与开发的各个单项法规是对其基本法规各个构成环节的进一步具体化,是将基本法规付诸实践的切实保障。国家机关、事业单位和国有企业根据上述各自的有关人力资源管理与开发的基本法律法规依据的现在根据已经出台了一些单项法规。

(三)公共部门人力资源管理与开发实施细则

公共部门人力资源管理与开发的实施细则又是对各个单项法规的进一步具体化。一般来说,不同的地区、不同的行业、不同的部门都有其自身的某些特殊性。国家有关部门在制定各单项法规的实施细则时都要考虑到这些特殊性,以使单项法规在全国各地的推行更有针对性、更具操作性。

综上可见,完善的公共部门人力资源管理与开发的法律法规体系是由基本法、单项法规和实施细则三个部分构成的。现在我国公共部门人力资源管理与开发已经颁布了一些法律法规,但还没有形成完善的体系,今后应加强这方面的工作。

第二节 实现公共部门人力资源管理与开发的法治化路径

公共部门人力资源管理与开发的一切行为都要严格依据上文所述及的法律法规来运行,如果有了法律法规,却将其束之高阁,那么再好的法律法规也形同废纸一张。在公共部门人力资源管理与开发的实际运作中,确实存在着大量有法不依的情况。解决这类问题,除大力加强对各级领导者和管理者的法制教育,使其认真了解和把握我国公共部门人力资源管理与开发的法律法规体系外,重点还要做好以下工作。

一、树立宪法法律至上的观念

在国家治理和公共部门人力资源管理与开发的活动中,要真正做到有法必依、执法必严、违法必究,其首要的条件是,人人都要树立起宪法法律至上的观念。这需要从以下两个方面努力。

(一)掌握与维护宪法的根本法则

宪法的根本法则是由以人为本和民主自由为核心的价值法则、弘扬人民主权的政治法则和体现程序理性的程序法则构成的。而法治化就是把宪法的价值法则通过政治法则和程序法则在公共领域里付诸实践。

公共部门人力资源管理与开发就是将宪法的这些基本法则,在不同的公共部门、不同的公共组织中具体化、规范化和制度化。任何领导不能凌驾于法律法规和规章制度之上。在这方面现存的突出问题是，有的领导者和管理者没有认识到宪法的价值法则。在领导和管理活动中对公民或员工所应享有的人本和自由方面的权利漠然视之。有的领导者和管理者没有认识到宪法的政治法则，表现出人权意识的淡薄。也就是说，有些管理者不要说给下属员工全面落实所应享有的权利，甚至连员工的基本人权都不能充分保障。更有些地方官员，以推进改革、加快发展的旗号，以整体利益、长远利益的名义，公然以行政暴力强行拆迁城市民宅、强行占用农民土地、强行集取百姓钱财，以普通民众自由、尊严和权利的牺牲为代价，去亮化政绩，去填空口号，去塑造自己的改革形象，成就自己事业的追求，其初衷可能是好的，但从人民主权的政治法则去衡量，显然是渐行渐远的。

更为普遍的是在一些领导者和管理者中权大于法的思维根深蒂固。掌权者都想自己说了算，口头虽也强调法治化管理，也都建立法制机构和规章制度，但他们认为这些都是为平民百姓和普通员工准备的，自己并不想受其束缚。腐败之所以屡禁不止，在很大程度上正是来源于权力对法律的凌驾、干预和扭曲，对规章制度的凌驾、干预和扭曲。

要解决这些问题，就必须树立宪法法律至上的观念，树立一切管理活动按规章制度办事的观念。马克思曾说：法官除了法律就没有别的上司。一个国家只有上至国家首脑下至平民百姓都能做到在宪法法律和规章制度的范围内行事，凡违者都会受到制裁，才能说法治化实现了。

（二）让宪法法律深入民心

宪法法律的权威在于它的普及，或者说为广大民众所认知、所掌握。如果宪法法律和规章制度真正深入了民心，就具有了对全社会的普遍的感召力、征服力。正如一学者所说，一切重大的法律"不是刻在大理石上或铜版上，而是铭记在公民们的心中"。因此，必须努力去把握宪法蕴涵的深层价值、文化，并使之凝结、流淌于民心、民意的自觉之中。而公共部门人力资源管理与开发所制定的所有规章制度，只有在员工心目中得到铭记，才能真正实现法治化。

二、加强和完善程序法制建设

长期以来，我国在公共部门人力资源的管理与开发方面颁布了若干法律法规或规章办法，但是在实行过程中，并没有得到切实的贯彻实施，究其原因，主要是相关的程序法制建设还存在缺欠。众所周知，程序法制是实体法制实现的基本保障，没有程序规则，实体规则难以实现。有的学者指出，程序规则对实体规则的保障体现在三个方面：一是程序规则先于实体规则而存在；二是程序规则可以补充实体规则的不足；三是程序规则可以纠正实体规则的偏失。不仅如此，程序规则还具有其独立价值，可以脱离实体规则而存在。甚至可以说，没有实体法制，如果有良好的程序法制，也可以达到预期的公正。

但是从我国公共部门人力资源管理与开发的法制建设来看，同其他领域一样，一直存在着重实体轻程序的观念。如前文所述，我国公共部门人力资源管理与开发的法律法规体系已初步建立起来，而其中程序的法制建设，却没有得到充分的重视。虽然有关公共部门人力资源管理与开发的各个环节，也都规定了相应的程序，但由于其仅仅作为实体规则的附属而存在，在实行过程中，往往被忽略。例如，奖励的程序、职务晋升的程序、考核的程序、辞职辞退的程序等，虽有规定，但很少得到认真执行。其结果，必然导致实体规则的落空。

因此，在公共部门人力资源管理与开发的法制建设中，一定要大力加强和完善程序法制建设。一是在有关公共部门人力资源管理与开发的各项实体法律法规或规章的制定中，要充分考虑所应设立的程序规则。现所颁行的相关法律法规或规章，主体内容都是实体规则，程序规则仅占很小比例。这样实体规则就难以操作和实施。二是程序的设定要确保公共部门人力资源管理与开发的行为的公正性。三是程序的设定要确保实体规则的操作性。四是程序的设定要全面起到监控作用，这种监控包括对行使公共部门人力资源管理与开发的权力者的监控，也包括权力行使的事后监控。总之，通过大力加强公共部门人力资源管理与开发的程序法制建设，确保各项相关实体法律法规的落实，促进公共部门人力资源管理与开发法治化的实现。

三、强化法律责任追究

要解决我国公共部门人力资源管理与开发实践中存在的大量有法不依、执法不严的问题，还需要大力强化法律责任追究的力度，使那些超出法律权限、违反法律规定实施公共部门人力资源管理与开发的行为责任人受到追究。我国现行公共部门人力资源管理与开发方面的基本法《中华人民共和国公务员法》和2014年修订的《党政领导干部选拔任用工作条例》都做出了有关法律和纪律的规定，这对于实现有法必依是大有裨益的。

（一）《中华人民共和国公务员法》有关法律责任追究的规定

《中华人民共和国公务员法》第101条规定，对有下列违反本法规定情形的，由县级以上领导机关或者公务员主管部门按照管理权限，区别不同情况，分别予以责令纠正或者宣布无效；对负有责任的领导人员和直接责任人员，根据情节严重，给予批评教育或者处分；构成犯罪的，依法追究刑事责任。①不按编制限额、职数或者任职资格条件进行公务员录用、调任、转任聘任和晋升的；②不按规定条件条件进行公务员奖惩、回避和办理退休的；③不按规定程序进行公务员录用、调任、转任、聘任、晋升、竞争上岗、公开选拔以及考核奖惩的；④违反国家规定，更改公务员工资、福利、保险待遇标准的；⑤在录用、竞争上岗、公开选拔中发生泄露试题、违反考场纪律以及其他严重影响公开、公正的；⑥不按规定受理和处理公务员申诉、控告的；⑦违反本法规定的其他情形的[①]。

（二）《党政领导干部选拔任用工作条例》有关纪律、监督和责任追究的规定

2014年修订的《党政领导干部选拔任用工作条例》的第61条规定了选拔任用党政领导干部必须严格遵守的10条纪律：①不准超职数配备、超机构规格提拔领导干部，或者违反规定擅自设置职务名称、提高干部职级待遇；②不准采取不正当手段为本人或者他人

---

① 《中华人民共和国公务员法》第101条。

谋取职位；③不准违反规定程序推荐、考察、酝酿、讨论决定任免干部；④不准私自泄露动议、民主推荐、民主测评、考察、酝酿、讨论决定干部等有关情况；⑤不准在干部考察工作中隐瞒或者歪曲事实真相；⑥不准在民主推荐、民主测评、组织考察和选举中搞拉票等非组织活动；⑦不准利用职务便利私自干预下级或者原任职地区、单位干部选拔任用工作；⑧不准在工作调动、机构变动时，突击提拔、调整干部；⑨不准在干部选拔任用工作中封官许愿，任人唯亲，营私舞弊；⑩不准涂改干部档案，或者在干部身份、年龄、工龄、党龄、学历、经历等方面弄虚作假。

《党政领导干部选拔任用工作条例》第62条就加强干部选拔任用工作全程监督做出具体规定："严肃查处违反组织人事纪律的行为。对违反本条例规定的事项，按照有关规定对党委（党组）主要领导成员和有关领导成员、组织（人事）部门有关领导成员以及其他直接责任人作出组织处理或者纪律处分。对无正当理由拒不服从组织调动或者交流决定的，依照法律及有关规定予以免职或者降职使用。"

《党政领导干部选拔任用工作条例》第63条对党政领导干部选拔任用工作责任追究制度做出严格规定："凡用人失察失误造成严重后果的，本地区本部门用人上的不正之风严重、干部群众反映强烈以及对违反组织人事纪律的行为查处不力的，应当根据具体情况，追究党委（党组）主要领导成员、有关领导成员、组织（人事）部门和纪检监察机关有关领导成员以及其他直接责任人的责任。"

第六章

公共部门人力资源管理与开发的高尚精神境界追求

【案例导读】 有限的生命　无尽的忠诚
　　　　　　——追记山东省烟台市福山区纪委原副书记陈军

公共部门人力资源管理与开发要取得成功，必须树立起高尚的精神境界的追求。高尚精神境界的追求主要包括两个方面：一是信仰与理想信念；二是文化。对一个国家或民族的公共部门人力资源管理与开发来说，就是要用一种信仰或理想信念来凝聚人心；对一个组织来说，就是要用一种文化或一种风格来凝聚员工。树立高尚的精神境界的追求，是成功进行公共部门人力资源管理与开发必须遵循的一个基本规律。背离这一规律，一个国家就难以立足于世，一个民族就会成为一盘散沙；一个组织就会在激烈的市场竞争中落伍，甚至会分崩离析，失去其存在的价值。本章重点围绕信仰、理想信念在公共部门人力资源管理与开发中的作用及其实现途径加以论述。

第一节　信仰、理想信念的内涵及其在公共部门人力资源管理与开发中的作用

一、信仰、理想信念的概念

（一）信仰

一般说来，信仰是对于世界和人生的总体看法，通常称之为真理或主义。它是人们的一种精神寄托或是人们的一种景仰和崇拜。具体说来，信仰是"主体超越现实、超越自我追求最高价值的自我意识，是对具有最高价值的对象高度信服、景仰、向往、追求，并以

之统摄自己的精神生活,作为自己精神寄托的思想倾向,是主体对终极价值的追求"①。例如,那些穿着黑袍的基督教的修女、教父,那些信奉佛教的和尚、尼姑,那些信奉伊斯兰教的阿訇,那些信奉马克思主义的共产党员,他们都是虔诚的信仰者。他们为自己的信仰可以献出一切,甚至可以献出自己的生命。一个国家必须靠虔诚的信仰者来引导民众的精神追求,凝聚人心,巩固其所确立起来的制度。

(二) 理想信念

理想信念是有关社会和人生的基本信条或奋斗目标,是人们行动的纲领或奋斗目标。具体说来,理想是"人们超越现实、超越自我、追求未来远大价值目标的高度自觉的自我意识,是对经过预测而设计的人们为之奋斗的未来最完美的远大价值目标体系"①。

(三) 信仰与理想信念之间的关系

信仰与理想信念之间的关系是:信仰是理想信念的最高表现形式,"统帅和影响着不同层次的理想信念,形成一个完整的精神导向"。理想信念以信仰为基础,有什么样的信仰,就有什么样的理想信念。理想信念又是信仰的具体体现,并且丰富和发展着信仰②。

由此可见,信仰与理想信念是针对整个国家人力资源管理的,那些修女、教父、和尚、尼姑和共产党员正是传播、实践各自信仰与理想信念的人。

二、树立信仰、理想信念在公共部门人力资源管理与开发中的重要作用

高尚精神境界追求是人类社会的先进文化与民族精神的集中体现。它以科学的信仰和理想信念为核心,以良好的道德风尚为行为准则,形成指导人们行动的精神支柱和内在动力。因而,其在公共部门人力资源管理与开发过程中具有极其重要的作用。树立高尚精神境界追求,既要加强教育和引导,又要对公共部门人力资源的行为加以严格规范,从而为整个公共部门人力资源管理与开发奠定坚实的思想基础。

(一) 树立起信仰、理想信念的追求,才能建立和巩固国家制度

当今世界各个国家都十分注重对信仰和理想信念的追求,美国前总统尼克松曾对当时美国人的"物质上富有,精神上贫穷"问题深表忧虑。对整个国家公共部门人力资源的管理与开发而言,所说的精神贫穷主要是指信仰危机。所以信仰对于一个国家公共部门的人力资源管理与开发来说,就是在这个国家的民族中树立起对崇高的信仰与理想信念的追求,以形成一种民族的精神。古今中外的历史也一再证明,一个国家、一个民族如果没有崇高的信仰的追求,这个国家、这个民族就会成为一盘散沙,整个社会大厦、整个社会制度就会坍塌。正如拿破仑所说:信仰是构筑社会大厦的水泥。因此,各个国家都十分注重

---

① 王玉樑:《理想、信念、信仰在价值观中的地位及其意义》,《光明日报》,2000 年 9 月 19 日。
② 任仲平:《开创思想政治工作新局面》,《人民日报》,2000 年 6 月 21 日。

用一种信仰,并通过对这一崇高的信仰和理想信念的追求来凝聚其整个民族。

1. 资本主义国家借助于宗教的信仰建立和巩固资本主义制度

资本主义制度为什么能够建立,首先是用宗教的口号引导了民众。英国是清教,美国是基督教。现代资本主义制度的相对和平稳定发展也有赖于信仰的力量。从管理的角度来说:一是因为资本主义国家实行了法治化的管理,建立起规范的制度,力图实现社会的公平与正义;二是几乎所有资本主义国家都有国教,用宗教引导人的精神追求,凝聚人心。

所以尽管资本主义国家人与人之间一直存在着激烈的竞争,但是宗教的信仰和理想信念把人们的精神凝聚在一起。这正是资产阶级政权得以巩固、资本主义经济得以发展的精神动力。在许多资本主义国家从事宗教活动的人士之所以数量可观,就是认识到信仰和理想信念的追求,在治理国家、管理社会方面具有十分重要的作用。

2. 社会主义国家用共产主义的信仰巩固社会主义制度

在中国,共产党为什么能打败国民党,正是因为有千千万万的共产党人忠于马克思主义的信仰。当年在青年人中广泛流传的革命烈士诗抄,"砍头不要紧,只要主义真……","为了免除下一代的苦难我们愿把这牢底坐穿……"。正是因为有这种高尚的信仰和理想信念的追求,共产党人才把千百万劳苦大众凝聚在一起,才建立起了新中国,才建立和巩固了社会主义制度。

我们要成功地进行公共部门人力资源管理与开发同样要坚持马克思主义的信仰和理想信念。"马克思主义是将科学的世界观方法论、彻底的唯物主义、无产阶级的党性原则、全心全意为人民服务的精神融为一体的崇高信仰。有真理,有正义,有科学,有人格;符合客观规律和人类良知。马克思主义能够给人以睿智和坚毅,高尚和文明,使之成为脱离了低级趣味的人,顶天立地的人。"[1]

马克思主义与中国革命和建设的实际相结合产生的理论成果——毛泽东思想、邓小平理论、"三个代表"重要思想、科学发展观和习近平的治国理政的理念——"虽然形成于不同的历史时期,面对着不同的历史任务,但都贯穿了辩证唯物主义和历史唯物主义的世界观和方法论,都代表着最广大人民的根本利益,是一脉相承的科学思想体系"[2]。

所以我国的公共部门人力资源管理与开发在信仰和理想信念的追求上,一定要"引导人们树立中国特色社会主义共同理想,树立正确的世界观、人生观和价值观"[3]。用马克思主义与中国革命和建设的实际相结合产生的上述理论成果统帅公共部门人力资源管理与开发的各项活动,将公共部门人力资源的才能和智慧充分开发出来,凝聚成强大的力量,以实现中华民族的伟大复兴。

(二)树立起高尚的信仰和理想信念的追求才能形成良好的社会风气

1. 资本主义国家用宗教的真善美净化人的灵魂,力图形成博爱的社会风气

人性存有恶的一面,因为人是从动物进化来的,在一定程度上还残留着动物的那种贪

---

[1] 任仲平:《开创思想政治工作新局面》,《人民日报》,2000年6月21日。
[2] 中共中央宣传部:《"三个代表"重要思想学习纲要》,学习出版社,2003年,第5页。
[3] 郑治:《十六大报告辅导读本》,人民出版社,2002年,第35页。

婪、残忍的本性。人类文明的进步正是体现在人性善的方面的不断弘扬，恶的方面的不断减少。各种信仰之伟大，就是用美好的理想信念引导人们惩恶扬善，升华灵魂。资本主义国家或用基督教，或用佛教，或用伊斯兰教，其目的都是为了在社会上弘扬真善美的思想，以形成良好的社会风气。

宗教的教义总是教导人们，把自己融入到更伟大的追求中去，正如佛教所说：当个人的私欲不再主宰一个人的灵魂时，当第一人称代词——我，从个人的欲念中消失时，就可达到崇高的境界——涅槃（佛教）、入天堂（基督教、伊斯兰教）。资本主义国家正是通过宗教信仰来净化人的灵魂，用真善美的信念来引导人们的精神追求。这就是为什么资本从头到脚都流着血和肮脏的东西，而一些大资本家却孜孜不倦地办教育、做善事，从而也形成一种良好的社会风气的重要原因。

2. 社会主义国家用全心全意为人民服务的理想信念升华人的灵魂，净化社会风气

共产主义的信仰主要是面对劳动大众的。而构成劳动大众的个体，在社会所处的地位一般是软弱的。因此，在社会主义社会，提倡全心全意为人民服务，一方有难、八方支援的社会风气。雷锋的精神就是这种社会风气的典型代表，雷锋那种"把有限的生命投入到无限的为人民服务中去"的精神，引导了一代又一代的青年。这正是我们能够战胜一切艰难险阻，并在社会上形成"我为人人，人人为我"良好社会风气的根源。

在全面建设小康社会的新的历史时期，在建立社会主义市场经济体制的整个过程中，我们仍然需要倡导全心全意为人民服务的精神来净化社会风气。当然随着经济的发展和社会物质财富的增加，人们的价值观念和精神追求也有很大变化，但是无论怎样变，为人民服务的宗旨不能变，社会主义的良好道德风尚不能变。所以在新的历史时期，我们的各项管理活动一定要贯彻中央提出的"以德治国"的方略，在全社会树立胡锦涛提出的"八荣八耻"荣辱观和习近平在党的十八大报告提出的"富强、民主、文明、和谐、自由、平等、公正、法治、爱国、敬业、诚信、友善"的社会主义核心价值观。

总之，无论资本主义国家，还是社会主义国家，都需要通过树立一种信仰和理想信念来引导人们的精神面貌追求，只有这样才能形成良好的社会风气，否则任何制度都难以巩固。

第二节　树立高尚精神境界追求的途径——对公共部门人力资源的行为加以严格规范

在市场经济体制下，每个行业都应该有其特定的行为规范。每个行业的从业人员也应该自觉地遵循本行业的行为规范。唯其如此，我们这个存在着细密分工的、纷纭复杂的社会才能和谐、有序地向前发展。

公共部门人力资源是依法行使国家公共权力、执行国家公务的人员。他们承担着管理国家、管理社会的重任。如上文所述，他们必须树立高尚精神境界的追求，才能管理好国家、管理好社会。而要树立高尚精神境界追求，其最有效的途径，就是对公共部门人力资

源的行为加以严格规范。公共部门人力资源的行为需要从以下四个方面加以规范：政治行为、职业道德行为、语言行为、仪表举止行为。通过法制性的规范对国家公共部门人力资源的这四种行为做出约束，已成为当今大多数国家的共同做法。

一、公共部门人力资源的政治行为规范与职业道德行为规范

（一）公共部门人力资源政治行为规范与职业道德行为规范的特点

与其他行业人员相比，国家公共部门人力资源的政治行为规范与职业道德行为规范有其自身的特殊性。最突出的表现在下述三个方面。

第一，公共部门人力资源的政治行为规范与职业道德行为规范是国家意志的具体体现。与其他行业人员不同，国家公共部门工作人员大多是代表国家、代表政府执行公务或履行职责的，无论其职位高低，他们的政治行为与职业道德行为都与国家的性质、国家的利益和公众的利益紧密联系在一起。因而，不管是社会主义国家，还是资本主义国家，也不管公共部门人力资源的政治行为规范与职业道德行为规范包括多少内容，它们的一个共同的特点就是直接体现出自己国家的意志。

在资本主义国家，公共部门工作人员的政治行为规范与职业道德行为规范，完全是围绕着维护资本主义制度、保护资产阶级利益而制定的。同样，在我们社会主义国家，规范公共部门工作人员的政治行为与职业道德行为，首要的考虑也是看其是否符合中国共产党的基本路线、方针和政策，是否能够贯彻全心全意为人民服务的根本宗旨。

第二，公共部门人力资源的政治行为规范一经确定，就保持基本稳定，而职业道德行为规范的有些内容会随着时代的变化而有所变化。公共部门人力资源的政治行为规范，主要体现的是一个国家的政治方向和政治信仰方面的内容。这些内容，除非国家性质发生改变，否则是不会改变的。例如，在资本主义国家，公共部门人力资源在政治方面，必须永远恪守所谓的自由、平等、博爱原则，必须维护私有财产神圣不可侵犯的原则。如果公共部门人力资源的政治行为背离了这些原则，就不能称其为资本主义国家的公共部门人力资源了。在我们国家，诸如坚持以马克思列宁主义、毛泽东思想、邓小平理论、江泽民"三个代表"重要思想、胡锦涛科学发展观和习近平治国理政的理念为指导，坚持共产党的领导，坚持社会主义道路等，也是公共部门人力资源的政治行为规范中不可更易的内容。

而公共部门人力资源的职业道德行为规范则表现出动态的性质。其中有些内容甚至会随着时代的发展，随着人们价值观念的变化而发生变化。例如，资本主义国家在自由竞争时代对国家公共部门人力资源的职业道德行为的要求，到现在有些就不适用了；我国在计划经济体制下对国家公务员职业道德行为方面所要求的内容，在市场经济体制下，有些也发生了变化。可见国家公务员的职业道德行为规范与政治行为规范不同，它不是一成不变的，而是可以发展变化的。我们只有把握住国家公共部门人力资源的政治行为规范和职业道德行为规范的这一特点，才能在实践中更好地规范公共部门人力资源的行为。

第三，国家公共部门人力资源的政治行为和职业道德行为必须采取多种形式加以规范。对一般行业的从业人员而言，诸多行为，特别是职业道德方面的行为，主要依靠社会舆论

和个人的自律来调整。而公共部门人力资源的行为除了依靠社会舆论和个人自律来调整之外，还需要依靠法纪和政纪来约束。特别是对那些执掌公共权力的人员来说，单纯依靠社会舆论和个人自律并不能完全解决问题。例如，在我国封建社会就有一些"笑骂由他笑骂，好官我自为之"的无耻官吏。因此，对执掌一定权力的人员的行为，还需要通过法纪、政纪的强制来规范。

在资本主义国家，将公共部门人力资源的行为规范法制化已成为一种普遍的发展趋势。即使对公共部门人力资源的职业道德行为也通过法律、法规的形式来加以确认和规范。1978年美国国会通过的《道德法案》就是其中的一例。我们国家有关公共部门人力资源的各项法规和党中央、国务院发布的各种纪律也包括对公共部门人力资源政治行为和职业道德行为进行规范的内容。对此公共部门人力资源必须无条件遵守，否则将到受相应的处罚。

总之，规范公共部门人力资源的政治行为和职业道德行为，不能单靠社会舆论和个人自律，而必须把法律、舆论、自律三者结合在一起，才能对公共部门人力资源的政治行为和职业道德行为做出切实可行的约束。

（二）公共部门人力资源的政治行为规范与职业道德行为规范的基本内容

1. 公共部门人力资源政治行为规范的基本内容

公共部门人力资源的政治行为规范是指国家所规定的公共部门人力资源在履行公共职责或执行国家公务的过程中必须遵循的政治方向、政治原则和政治纪律。

由于国家的阶级性质不同，各国公共部门人力资源的政治行为规范的基本内容存在着本质的区别。在资本主义国家，要求公共部门人力资源必须依照资产阶级民主政治的原则来行事，维护私有制，维护资本主义政治制度。在政府部门供职的事务类公务员一般还要实行所谓的政治中立。在阿拉伯国家，要求国家公共部门人力资源必须将《古兰经》的伊斯兰精神贯穿于全部工作和生活中。恪守《古兰经》就是阿拉伯国家公共部门人力资源的政治方向、政治原则和政治纪律。

我国是社会主义国家，对国家公共部门人力资源的政治行为规范一直十分重视。毛泽东同志早就说过：没有正确的政治观点，就等于没有灵魂。邓小平同志也曾一再告诫我们：应该永远把坚定正确的政治方向放在第一位。因此，我们应该明确规范我国公共部门人力资源政治行为规范的基本内容，唯其如此，公共部门人力资源才能在错综复杂复杂的国际环境中，把握住正确的政治方向，坚持政治原则，遵守政治纪律，更好地为国家、为人民服务。习近平2015年1月13日在十八届中央纪委五次全会上的讲话中也明确指出："党的纪律是刚性约束，政治纪律更是全党在政治方向、政治立场、政治言论、政治行动方面必须遵守的刚性约束。"

公共部门人力资源的政治行为规范究竟应该包含哪些具体内容，各国不尽一致，就我国而言，他们的政治行为规范主要包括三个方面。

第一，遵守宪法、法律、法规，依法履行职责、执行公务。现代社会是法制的社会，公共部门人力资源遵守宪法、法律，依法履行职责、执行公务，这是公共部门人力资源政治行为规范中最重要的,也是最基本的要求。我国公共部门人力资源无论其职位高低,都必须在宪法和法律的范围内活动,不能同国家的宪法和法律相抵触。正如我国宪法所指出的:"一切国家机关和武装力量、各政党和各社会团体、各企业事业组织,都必须遵守宪法和法律。一切违反宪法和法律的行为,必须予以追究。任何组织和个人都不得有超越宪法和法律的特权。"公共部门人力资源应该牢固树立起法制观念,在履行职责、执行国家公务过程中,真正做到有法可依、有法必依、执法必严、违法必究。坚决摒弃某些国家公共部门人力资源头脑中存在的权大于法的错误思想,自觉地同以人代法、以言代法等各种违反和破坏宪法和法律的行为作斗争。

第二,忠于国家,全心全意为人民服务。中华人民共和国是以工人阶级为领导的、以工农联盟为基础的人民民主专政的社会主义国家。在我国,只有人民才是国家和社会的主人。正如我国宪法所明确规定的:"中华人民共和国的一切权力属于人民。"这也是我国政治制度的核心内容和根本准则。国家公务员必须无条件地忠于我们的国家,全心全意为人民服务。

其实,在资本主义国家,也把忠于国家和为国民服务作为公共部门人力资源政治行为规范的基本内容。但是从根本上说,由于资本主义国家的权力掌握在少数垄断资产阶级手中,广大劳动人民处于被统治、被剥削地位,公共部门人力资源即使能够做到忠于国家,也不可能真正做到为全体国民服务。只有在人民当家做主的社会主义国家,公共部门人力资源才能把忠于国家和为人民服务统一起来。然而现在,我们国家的一些公共部门人力资源并没有认识到这一点,他们往往因为自己掌握了一定的权力,就习惯于高高在上,当官做老爷。这种主仆颠倒的行为,完全背离了社会主义国家公共部门人力资源的政治行为规范,也使忠于国家沦为一句空话。这应该引起每一位公共部门人力资源的高度重视。社会主义国家的公共部门人力资源,无论在何种情景下,都不能忘记忠于国家、为人民服务这条最基本的政治行为规范。国家公共部门人力资源只有把自己有限的生命投入到社会主义国家的宏伟大业和无限的为人民服务中去,才能真正赢得人民群众的充分信赖和大力支持。

第三,坚持四项基本原则,不搞"政治中立"。"政治中立"是资本主义国家事务类公务员政治行为规范的基本内容之一。"政治中立"是指资本主义国家事务类公务员不得参与政党竞选等政治活动,在两党或多党竞争中,尽量保持超然地位。资本主义国家之所以对其事务类公务员做出这样的政治行为规范,主要是由其政党制度决定的。资本主义国家大多实行两党或多党轮流执政的制度。为了保证国家机关和社会不因执政党的更换而出现动荡和混乱,资本主义国家要求其事务类公务员脱离党争,保持职务常任。这样一来,不管各政党之间的竞争如何激烈,也不会影响到国家或政府的常务工作,国家既定的方针政策也不会因执政党的变化而失去其连续性。如若不然,事务类公务员也介入政党之间的竞争,那么,资本主义国家的两党或多党轮流执政的制度便难以长期维系。可见,在资本主义国家,对事务类公务员实行政治中立是何等重要。

同资本主义国家政党制度不同,我国实行的是中国共产党领导的多党合作与政治协商制度。在我们国家不存在政党轮流执政的问题,也不存在政党竞选之类的政治活动。公共部门人力资源无论其是各级政府组成人员,还是一般公务员,无论是事业单位的工作人员,还是国有企业的董事长、经理，都必须在中国共产党的统一领导下开展工作。我国公共部门人力资源可以自由地参加共产党，也可以参加各民主党，还可以成为无党派人士。凡是加入党派的公共部门人力资源，都可以自由地参加本党的一切活动。因而，坚持四项基本原则，不实行所谓的"政治中立"是我国公共部门人力资源所必须遵守的政治行为规范的重要内容。

2. 公共部门人力资源职业道德行为规范的基本内容

所谓道德，通常认为是在一定的社会阶段，制约、调整人们相互之间关系的行为准则和行为规范。它主要依靠人们认可的传统习惯来维系，有的也列文成典。而职业道德，则是指人们在其所从事的职业中，必须遵守的职业道德行为规范的总和。职业道德的核心是忠于职守。公共部门人力资源的职业道德行为规范，是指公共部门人力资源在其履行公共职责、执行国家公务的过程中，必须遵循的所有的道德价值观念和道德行为准则。

无论国家的阶级性质如何，对公共部门人力资源的职业道德行为规范要求得都十分严格，即使在实行专制统治的剥削阶级国家也不例外。在剥削阶级国家，大大小小的官吏在平民百姓面前，颐指气使、称王称霸，但他们的行为也要受到某些道德方面的约束。例如，在我国封建社会就常以清、慎、勤三个字作为为官的道德行为准则。此外，还倡导所谓惜民命、省刑罚等道德行为规范。把所谓视民如子、泽及枯骨的行为看成是理想的道德行为。资本主义国家对公共部门人力资源的职业道德行为也进行了严格的规范，其目的是使公共部门人力资源具有良好的职业道德行为，进而推动整个社会道德水准的提高。

社会主义公共部门人力资源担负着管理国家、治理社会的重任。但他们首先是人民的公仆和勤务员，他们的职业道德行为理应成为各行各业的表率。因此，他们应该严格按照职业道德行为规范来行事。

公共部门人力资源的职业道德行为规范究竟包括哪些内容，在不同的社会、不同的时期会有所变化。但就其基本内容而言，还是比较固定的。我们国家的公共部门人力资源的职业道德行为规范主要包括以下三个方面的具体内容。

第一，公共部门人力资源必须忠于职守。也就是说，公共部门人力资源在自己的工作岗位上必须尽职尽责，一丝不苟地完成本职工作的各项任务。这是公共部门人力资源职业道德行为规范的核心内容。公共部门人力资源是依法行使管理国家和社会的权力、执行国家公务的人员。他们能否恪尽职守是关系到国家机关和各个公共部门的工作能否正常运行的关键。如果公共部门人力资源敷衍拖沓，整个国家机关和各个公共部门的工作效率就会低下。如果公共部门人力资源玩忽职守，就会给国家和社会造成很大危害。因此，作为国家机关和公共部门的工作人员一定要在自己的工作岗位上勤奋敬业，一心专注于本职工作，争取在工作中有所发明、有所创造、有所前进。

第二，公共部门人力资源必须清正廉洁。清正廉洁是古今中外为官的最基本的职业道德行为规范，也是一个政权能够长治久安的必不可少的条件。在我国封建社会，一直提倡为官要"一片冰心，两袖清风"。中国封建社会盛世的一个共同的突出特点就是官员的职业道德行为清正廉洁。资本主义国家早年实行的"政党分赃制"之所以走上了穷途末路，就是由官员的职业道德败坏、贪污腐败行为普遍所造成的。资本主义国家建立公务员制度，其主要目的之一，正是为了使公务员的职业道德能够保持清正廉洁。

社会主义国家的公共部门人力资源在职业道德方面，更应该做到清正廉洁，否则就背离了全心全意为人民服务的根本宗旨，堕落成为鱼肉百姓的贪官污吏。事实上，在各级国家机关和各个公共部门中确有少数国家公共部门人力资源陷入了贪污腐败的泥沼。这些人大搞权钱交易、权色交易、权权交易，大搞行业不正之风，严重危害了国家和群众的利益。群众对此积怨日深，如果任其发展下去，危害无穷。因此，各级国家机关和各个公共部门的工作人员，理应自觉地遵守清正廉洁的职业道德规范，同各种不法行为做斗争。每一位公共部门人力资源，都要严格按照《中华人民共和国宪法》与相关法律法规的规定及《中国共产党党章》与党纪的规定来约束自己的行为，做到公正廉洁，克己奉公。

第三，公共部门人力资源必须模范遵守社会公德。社会公德，一般是指公民在社会关系、社会活动和社会交往中，所应当遵循，并由国家提倡、得到公众认可的道德准则和道德规范。既然普通公民都要遵守社会公德，公共部门人力资源更不能例外，甚至应该成为遵守社会公德的典范。所以，公共部门人力资源应该时时、处处严格地规范其社会公德行为，真正做到：爱国守法、明礼诚信、团结友善、勤俭自强、敬业奉献。还要自觉履行赡养父母、抚养教育子女的义务，模范遵守社会秩序，倡导健康文明的生活风尚等。

综上所述，加强公共部门人力资源政治行为规范和职业道德行为规范的建设至关重要，我们必须持之以恒地在理论和实践两个方面做出努力，同时还要不断汲取别国的有益经验，才能使我国公共部门人力资源的政治行为规范和职业道德行为规范逐步完善起来，也有利于"依法治国"和"以德治国"方略的实现。

二、公共部门人力资源的语言行为规范与仪表举止行为规范

（一）公共部门人力资源语言行为规范

1. 规范公共部门人力资源语言行为的重要性

语言行为规范是指公共部门人力资源在履行公共职责、执行国家公务过程中，使用语言所应该遵循的基本原则和基本要求。

对公共部门人力资源的语言行为做出规范至为必要。因为他们是国家、政府和公共部门的代表，他们的语言行为在许多场合，已不仅仅是个人的行为，而是事关国家、政府或公共部门的公务活动。恰当地规范公共部门人力资源的语言行为具有十分重要的意义。

第一，公共部门人力资源大多握有一定的公共权力。这些人所言，其分量非比寻常。特别是那些承担着重要领导责任的公共部门人力资源，其语言行为更具有重要的影响。古人所云"一言可以兴邦，一言也可误国"，说的就是这个道理。当然，作为公共部门人力资源的大多数，其语言行为虽不能达到如此举足轻重的地位，但由于每一位公共部门人力资源都是代表国家、政府或公共部门来执行公务的，其语言行为的影响比起其他行业的人来说，毕竟要广泛得多。所以，恰当地规范公共部门人力资源的语言行为，乃是公务人员正常履行其职责的必不可少的前提条件之一。

第二，规范公共部门人力资源的语言行为有助于他们更好地去为人民服务。俗话说，"言为心声"。每个人所说的每句话都是其内心感情的真实反映。社会主义国家的公共部

门人力资源是人民的公仆和勤务员，他们的言论理应充满服务于人民群众的真情实感，使群众从他们的话语中就可以感受到我们的国家是人民的国家，我们的政府是人民的政府，我们的公共部门是人民的公共部门。如果公共部门人力资源不懂得规范其语言行为，以为只要自己是在执行公务，就可以不加斟酌地使用语言，甚至对人民群众指手画脚、发号施令，那么势必引起群众的反感，也必然损害国家、政府和公共部门在人民心目中的威信。

第三，规范公共部门人力资源的语言行为，有利于他们顺利地执行公务。国家机关的每一项公务，都是与一定的场合、一定的程序联系在一起的。公共部门人力资源的语言行为只有符合不同场合、不同程序的要求，才能出色而顺利地完成其公务活动。如果公共部门人力资源不分场合，不讲究程序，随意讲话，很可能把事情办糟。

总之，公共部门人力资源的语言行为，事关重大，每一位公共部门人力资源不论其职务高低、责任大小，都要时时处处注意规范自己，切不可信口开河、随意乱说、贻误工作。

2. 公共部门人力资源语言行为规范的基本内容

公共部门人力资源的语言行为规范包括哪些具体内容，不同职类的公共部门人力资源是有所区别的。但是就其基本内容而言，对所有的公共部门人力资源都是适用的，每一位公共部门人力资源都应该自觉地遵守，并严格依此来规范自己的语言行为。

第一，讲真话、说实话是公共部门人力资源必须遵守的最基本的语言行为规范。讲真话、说实话是中华民族的传统美德，也是我国自古以来有作为的政治家一贯恪守的语言行为准则。古人云："言而无信，则民不附。"北宋政治家王安石曾写下"自古驱民在信诚，一言为重百金轻"的诗句来说明言而有信的重要性。可见，公共部门人力资源讲真话、说实话，言而有信是事关政令畅通、国家安危的大事。然而在现实生活中，要真正做到讲真话、说实话也并非是件易事。古今中外，凡是搞阴谋诡计的人都推崇"言不必信，行不必果"。他们中也确实有些人由于讲假话、说空话而得逞于一时。这样在某些人心目中，便形成了所谓讲真话、说实话吃亏，做老实人吃亏的糊涂观念。尤其当今社会，有些人利用经济转轨时期法制还不完备的空隙大搞坑蒙拐骗，使人更加感到讲真话、说实话之难。

所以，规范公共部门人力资源的语言行为首要的是约束公务员时时处处都能够讲真话、说实话；绝不讲假话、说空话。如果公共部门人力资源的语言行为真正做到这一点，那么我们各级国家机关和各类公共部门的工作作风就会大有转变，整个社会的文明程度也会显著提高。

第二，讲文明话，不说粗话、脏话是公共部门人力资源语言行为的起码要求。文明的语言行为是社会发展进步和人们素质提高的具体表现。同一种语意可以通过几种语言来表达。有的人讲话文明、彬彬有礼；有的人却出言不逊、令人生厌。这种语言行为上的差别，实质上是人的内在气质、品格修养和知识多寡的直接反映。气质高雅、修养良好、知识渊博的人，其语言行为必然洋溢着真、善、美，说起话来，让人感到亲切悦耳；相反，气质卑琐、修养粗俗、知识贫乏的人，说起话来难免是污言秽语，让人反感。

因此，公共部门人力资源只有不断加强修养、充实自己，时时处处讲文明话，不说粗话、脏话，才能在与人民群众的交往中，树立起公共部门人力资源的良好形象，也才无愧于国家公务人员的称号。

(二) 公共部门人力资源仪表举止行为规范

1. 规范公共部门人力资源仪表举止行为的重要性

仪表举止行为规范,是指公共部门人力资源在执行公务或在公众场合中所必须遵守的有关仪表举止方面的基本准则。

规范公共部门人力资源的仪表举止行为具有十分重要的意义。因为公共部门人力资源的装束和举止是国家、政府和公共部门形象的一种直接、具体体现。它可以影响到公共部门人力资源与人民群众之间、公共部门人力资源之间乃至于人民群众与国家机关和公共部门之间的关系。

第一,公共部门人力资源的举止行为是对国家机关和各类公共部门形象的直接展示。一切政府行为,实际上都是通过每一位公共部门人力资源的具体行为来体现的。如果公共部门人力资源的仪表举止行为端庄得体,就会反映出他所代表的机关和部门的工作井然有序;如果公共部门人力资源的仪表举止行为放任自流,就会给人造成他所代表的机关和部门的运转必然是杂乱无章的印象。显而易见,公共部门人力资源的仪表举止行为事关人民群众对国家机关和公共部门的尊重与信任。

第二,公共部门人力资源的良好的仪表举止行为可以促进其内在素质的提高。仪表举止往往是一个人内在素质的外在体现。一个品德高尚、气质高雅的人,其仪表举止也一定会为人所称羡;而一个猥琐不堪的人,其仪表举止也难能光明磊落。可见,公共部门人力资源的良好的素质应该是其内在美和外在美的高度统一。恰如其分地规范公共部门人力资源的仪表举止行为,不仅会给人以美好的外表,而且也会促进其内在素质的提高。

第三,公共部门人力资源的良好的仪表举止行为,还会带动整个社会的精神文明建设。因为公共部门人力资源的公务活动,必然涉及社会的各个阶层,影响到方方面面的人。若是公共部门人力资源的仪表举止行为能够成为人之表率,那么对整个社会必将产生强大的影响力和感染力,社会的风气也将得到改观,精神文明程度也必然会得到相应提高。所以公共部门人力资源无论在何种场合,也无论同什么样的人接触,其仪表举止行为都应该保持礼貌坦诚、端庄得体的风范。

2. 公共部门人力资源仪表举止行为规范的基本内容

公共部门人力资源的仪表举止行为规范就其内容而言比较广泛,在这里我们仅就其中两点主要内容加以阐述。

第一,公共部门人力资源的仪表举止行为必须体现出对他人的尊重。尊重他人对公共部门人力资源来说显得格外重要。因为作为一名公共部门人力资源无论其职位高低,或执掌一定的公共权力,或承担着一项具体的公务,而权力的行使或公务的执行往往需要他人的服从。公共部门人力资源职业上的这种特征,容易使其中的某些人不自觉地形成一种居高临下、颐指气使的举止。群众通常所说的,到政府机关"门难进,脸难看,话难听,事难办",实际上就是对这种行为举止的批评。因此,规范公共部门人力资源的仪表举止行为,首要的就是要求他们,无论职务高低、权力大小,都能在自己的仪表举止方面体现出对群众的尊重，要讲究礼节、以礼待人。

第二，公共部门人力资源在非公务场合也应该保持良好的仪表举止行为。公共部门人力资源在非公务场合，虽然不再行使公共权力、执行公务，但他们的身份并没有改变，他们作为国家机关和公共部门形象代表的作用也没有改变。所以公共部门人力资源在各种非公务场合也不能忘却自己的身份，仍然需要注意规范自己的仪表举止行为，尤其是在公共场所或在同各类人员的交往聚会中，要作模范遵守社会公德的表率，不赌博、不酗酒、不吸毒、不打架，仪表要整洁，穿着要质朴大方，从而为提高整个社会的公共道德水准、为净化社会风气做出贡献。

综上所述，如果把社会比喻为一座大厦的话，那么宪法、法律和法规是构筑这座大厦的基础和框架；信仰、理想信念和道德是黏合这座大厦的水泥。因此，我国公共部门人力资源管理与开发必须使国家公共部门人力资源具备良好的法律素养和高尚的精神素养。中共十五大提出"依法治国"的基本方略之后，又提出"以德治国"的方略，其深刻道理就在于此。国家公共部门人力资源应该时刻牢记，认真践行，严格规范自己的政治行为和职业道德行为、语言行为和仪表举止行为，以取信于民，实现中华民族的伟大复兴。

第七章

公共部门人力资源管理与开发的文化建设

【案例导读】 漳州市行政服务中心的组织文化建设

第一节 文化的特质及其与公共部门人力资源管理与开发的关系

每个人都具有心理学家所说的个性，一个人的个性是由已经形成的相对稳定的性格特征所组成的。我们说此人热情奔放、富有创造精神、轻松活泼正是说的这个人的个性。一个国家、一个民族或一个单位同样都有自己的个性。在人力资源管理中一个国家、一个民族的个性称为民族文化，一个组织的个性通常称为组织文化。

一、文化的内涵

（一）文化的界定

文化是一个复杂的概念，不同的学者对文化有不同的解释。概括起来说，国内外学者对文化的界定大体上可以划分为三类。

第一类属于广义的界定，即把文化解释为人类在社会生活中所创造的一切，包括物质生产和精神生产的全部内容。例如，《简明社会科学词典》把文化定义为："人类在社会发展过程中所创造的物质财富与精神财富的总和。"《当代百科知识大词典》把文化解释为："一般而言，指在社会发展过程中人类创造物的总称，它包括物质技术文化、社会制度文化和观念精神文化。"美国的著名文化人类学家怀特在《文化科学》一书中，认为每种人类文化都可以分成经济和技术、社会结构、意识形态三个部分。

第二类属于狭义的界定，即文化特指人类的精神文化。例如，英国的人类学家泰勒

(Frederick W. Taylor)认为文化"是包括知识、信仰、道德、法律、风俗和任何人作为一名社会成员而获得的能力和习惯在内的复杂整体"①。毛泽东在论述新民主主义文化时说:"一定的文化是一定社会的政治和经济在观念形态上的反映。"②

第三类属于广义与狭义之间的界定,主要是把文化解释为人们认识世界的方式和群体的生活方式。例如,美国学者罗伯特·摩森等在《文化协调》一书中认为:"文化是一种生活方式,它产生了人类群体,并被有意识或无意识地传给下一代。确切地说,在一种不断满足需求的试图的过程中,观念、习惯、态度、习俗或传统在一群体中被确立并在一定程度上规范化。"另一位美国学者罗斯·韦勒在《文化与管理》一书中认为:"文化是某一群体的生活方式和定型了的模式的结构,这些行为以语言和模仿为载体传给下一代。"

其实,在对文化概念的各种各样的解释中,有一点认识基本上是一致的,就是都把人类群体共有的观念形态视为文化的基本内核,所不同的则主要表现在对其外延范围及其表现形式的界定上。固然,作为观念形态的文化,既需要通过特定的意识形态来表达,又需要通过一定的物质形式来表现,但那些表现文化的物质形式或物质载体与文化本身还是有着根本区别的。例如,人类的经济、政治和军事等活动及其成果,都体现或承载着特定的文化理念,但不能因此把文化等同于经济、政治和军事等。由于文化与经济、政治及军事等各自都具有相对独立并且丰富复杂的属性和特点,所以,我们所理解的文化并不是指人类在社会生活中所创造的一切,而是指社会多数成员所共有的并对他们的生活和行为具有指导和支配意义的思想意识及其定型化形式,其内容包括哲学信仰、理想理念、价值观念、行为取向、法律意识、道德规范、审美情趣、心理习惯等方面的观念形态及由此而积淀成的思维方式、行为方式和生活方式。理解文化的概念应把握如下几方面含义。

第一,文化是社会历史发展的产物,是社会经济和政治的反映,又反作用于社会经济和政治。历史唯物主义认为:社会物质生产方式制约着社会精神生产。从事精神生产的人,总是生活在一定的社会形态中,他们不可能越出自己社会许可的范围之外创造自己的文化,他们总是在特定的社会经济条件和政治条件下开展精神文化的创造活动。恩格斯说过:"每一历史时期的观念和思想同样可以极其简单地由这一时期的生活的经济条件以及由这些条件决定的社会关系和政治关系来说明。"③可见,文化是与社会经济、政治紧密联系,又相对独立的社会力量。毛泽东在论述文化与经济、政治的关系时指出:"一定的文化(当作观念形态的文化)是一定社会的政治和经济的反映,又给予伟大影响和作用于一定社会的政治和经济,而经济是基础,政治则是经济的集中的表现。这就是我们对于文化和政治、经济的关系以及政治和经济的关系的基本观点。"④这种观点说明了文化的本质属性。

第二,文化是人类的精神活动成果和精神活动方式的统一,是一个不断创新的过程。马克思主义认为,文化既是作为人类在自然的基础上、在社会生活中创造和保存的精神成果而存在,又是作为一种活生生的创造活动而发展。当我们把文化放在人类社会发展的整个历史过程中来看时,就会发现:文化实际上是人类在处理人与自然、人与社会及人与人

---

① 泰勒:《原始文化》,浙江人民出版社,1988年,第1页。
② 《毛泽东选集》(第2卷),人民出版社,1991年,第655页。
③ 《马克思恩格斯选集》(第3卷),人民出版社,1995年,第633页。
④ 《毛泽东选集》(第2卷),人民出版社,1991年,第663~664页。

之间的关系过程中,所采取的精神活动与实践活动的方式及其所创造出来的各种精神成果的总和,也就是说,作为文化的基本内容,应该是人类精神活动的既得成果与人类精神活动的持续方式的辩证统一。这就要求我们在理解和把握文化的基本内容时,既要看到文化的已成形态,又不能把已成形态看成是僵死的、凝固的、不变的东西,而应该把文化理解成一种以生命或生活为本位的思维活动样态,在对文化的已成形态的深刻理解中,把握文化的活的灵魂和演变规律。马克思指出:"辩证法对每一种既成的形式都是从不断的运动中,因而也是它的暂时性方面去理解。"[①]这一思想方法对于我们分析文化的基本内容同样具有指导意义。精神活动的成果与精神活动的方式作为文化内容的两个方面,是相互依存、相互制约并在相互作用中共同演进的。

第三,文化具有很强的渗透性,人类与动物的根本区别就在于人的一切活动都是有意识、有目的性的。文化作为人类的精神创造活动,它代表着人类的思想精神境界和价值意义世界,据此也就获得了对人类一切行为和活动的指导与支配机制,因而,它会广泛地渗透到政治、经济等社会生活的各个领域。一方面促进社会物质生产条件和物质生活环境的改善;另一方面使得文化获得各种各样的物质载体,形成各种各样的表现文化内容的独特的文化形式和文化现象。正是这种强烈的渗透性,使得文化的价值得以体现,文化的内容得以丰富,文化的形式得以繁荣,文化的基因得以传承和繁衍。

第四,文化具有历史继承性。文化是人们在特定的时间和空间中创造的。随着时空的流变和人们生存环境的改变,文化也是不断发展变化的。不同的历史时期、不同的民族或人群、不同的生存条件,创造出不同的文化。而每一历史时期所形成的文化成果,都会作为人们进行新的文化创造活动的前提和基础而不断地得以传承,从而形成世代相袭、生生不息的文化发展历程。一个民族、一个国家或一种社会组织,它的历史越悠久,文化的传统也就越深厚。当然这种传承也不是简单的重复或沿袭,而是一个辩证的否定过程,通过取其精华、弃其糟粕而不断实现文化传统的创新性转换。

(二)文化的特性

文化作为一个包含多层次、多方面内容的统一体系,其产生和发展也具有各种复杂的特性。

1. 主观性和客观性

马克思主义在阐述自己的文化观时,既把文化视为人们的精神创造活动,是人们发挥主观能动性的过程与成果,又把文化的产生和发展看成是由客观物质条件和客观规律所制约和决定的结果。文化创造过程是主观与客观相结合并逐步达到统一的过程。文化本身的主观性是指文化的表现过程和表达形式是主观的,即由能动的人在一定意志和目的驱使下,在一定的思想指导下创造出来,并通过哲学、道德、政治思想、法律思想、宗教、艺术等社会意识形态表达出来。但文化的主观性是相对的,无论任何时候,人们都不能不顾客观的物质对象和物质条件而随意地创造文化。正如马克思所说:"历史的每一阶段都遇到有一定的物质成果、一定数量的生产力总和,人和自然以及人与人之间在历史上形成的

[①] 《马克思恩格斯选集》(第2卷),人民出版社,1995年,第112页。

关系，都遇到有前一代传给后一代的大量生产力、资金和环境，尽管一方面这些生产力、资金和环境为新的一代所改变，但另一方面，它们也预先规定新的一代的生活条件，使它得到一定的发展和具有特殊的性质。"[①]这就表明，包括文化在内的人类一切创造活动及其成果，都受到历史上的已有客观条件的规定，而不是纯粹的主观意志的结果。恩格斯也指出："现代社会主义……和任何新的学说一样，它必须首先从已有的思想材料出发，虽然它的根源深藏在物质的经济的事实中。"[②]这就明确说明，文化创造不仅受已积累起来的思想材料的规定，还受客观的经济政治的事实规定，文化的根源及文化所反映的内容都是客观的。主观的形式与客观的内容的统一，正是文化的基本特性。

2. 人本性和民族性

文化是人类在创造自然、改造社会和改造自身的实践过程中创造出来精神成果，它支撑起了人类生存和发展的目的与意义世界。人创造了文化，文化又成为人生存和发展的一种环境而塑造人，人在文化中处于中心地位。文化创造体现了人类根本不同于动物的对自己生活图景的自觉安排和能动追寻，其终极目的也是以人类利益为本位的。文化评价必须坚持人的标准，看其是否有利于人的生存和发展。"一种文化，不管其自我评说和外部表现多么繁荣灿烂，它的最终目的还是为了人，具体来说，就是为了人的存在和发展。如果一种文化在这一点上迷失了自己，导致的直接结果是这种文化中的人萎缩了，最终的结果则是这种文化自身走向衰落，甚至灭亡。"[③]

文化除了具有人本性以外，还有民族性。任何文化总是依附在一定的民族基础上而存在和发展的。每一个民族在共同的地域、共同的经济生活、共同的语言和共同的心理素质基础上所形成的文化，代表着本民族的价值和意义世界，集中表达了本民族的目的和利益追求，从而使得民族文化成了世界上各个民族相互区别开来的一个重要标志性特征。

文化的人本性和民族性问题，实质上是一个一般与特殊的关系问题。不同民族的文化都会体现一般的人性关怀，都会包含对人类的目的和意义的一般理性思考，都会追寻人类的理想生活状态，同时不同民族的文化又都带有着各自的特点，表达着各自的独特思索和特殊追求，文化的人本性总是寓于民族性之中并通过民族性而表现出来。

3. 时代性和资源性

文化的时代性是指任何文化都带有时代特征，这可以从两个方面来理解：一方面从历时性角度来看，不同时代的文化具有不同的性质、内容和特点，如与人类社会发展的历史时代相适应，分别有原始文化、奴隶制文化、封建主义文化、资本主义文化和社会主义文化等。另一方面从共时性角度来看，处于同一时代的各民族所创造的文化，也会具有反映时代特征的某些共同性，具体地说，各民族文化虽各有特点，可以根据这样那样的特点区分为不同的类型或文化圈，但它们异中有同，即都体现同一时代的特点并按历史发展的时代顺序演化。文化的时代性是文化领域中存在相对不变的"形式"和具有变化发展的客观规律性的突出表现。

任何时代的文化，都是人类在改造自然、改造社会和改造自身的过程中所创造出来的

---

① 张新：《再塑人文》，中国经济出版社，1998年，第27页。
② 《马克思恩格斯选集》（第3卷），人民出版社，1995年，第719页。
③ 《马克思恩格斯选集》（第1卷），人民出版社，1995年，第43页。

智力成果和精神财富，人创造了文化，但反过来文化也塑造了人，文化与人相结合赋予了人以特殊的能量和力量，从这个意义上说，文化对于人就是一种资源，它不仅可以为同一时代的人们所共同利用和分享，而且可以为人类世世代代所开发和利用，民族文化的历史越悠久，文化资源也就越深厚，可资开发和利用的成分也就越丰富。

文化资源与自然资源相比较，具有更为特殊的意义。自然资源是既定的、客观的，是一个常量，而文化资源则是一个变量，它可以被重复使用，它可以激发甚至创造人的潜能，进而转化为客观的物质力量。当然文化资源的开发与利用，也受文化的时代性的制约，即文化资源的开发与利用，必须立足于时代所能提供的历史条件，并且也必须服从于时代的需要，人们既不能超越时代特点，也不能背离时代的要求而随心所欲地开发和利用文化资源。

二、文化与管理的关系

美国著名管理学家彼得·德鲁克在《管理：任务、责任、实践》一书中，把管理与文化明确联系起来，他认为管理不仅是一门学科，又是一种文化，有它自己的价值观、信仰、工具和语言。管理是一种社会职能，隐藏在价值、习俗、信念的传统里，以及政府的政治制度中。管理是受文化所制约的，管理也是文化，它不是无价值的科学。这种把管理与文化等同起来的观点是值得商榷的，但其中的从文化视角分析管理活动，进而揭示文化与管理的相互关系的研究方法则是可以肯定的。

（一）文化与管理的共生互动效应

文化与管理的共生互动效应是指文化与管理都是人类的共同生产劳动过程中产生的，并在相互作用和相互促进的关系中共同发展的。这可以从两个方面来理解。

（1）文化与管理具有同源共生性，即它们都根源于人类的生产劳动实践和生产力水平而相伴产生和发展的。

第一，文化与管理都形成于人类的生产劳动实践过程。马克思主义认为，劳动创造了人本身，劳动使人的身体健康、大脑发达、思维敏捷；劳动创造了语言文字和艺术；劳动创造了人类一切物质文明成果和精神文化成果。同时，只要有人类的共同劳动，有社会分工协作，就需要有管理。正如马克思所指出的："一切规模较大的直接劳动或共同劳动，都或多或少的需要指挥，以协调个人的活动，并执行生产总体的运动——不同于这一总体的独立器官的运动——所产生的各种一般职能。"[①] 马克思这里所说的"指挥"、"协调"及"各种一般职能"实际上就是指管理，而这种管理是人类共同生产劳动实践的自然需要。这就说明，自从有了人类的生产劳动实践，就不仅创造了文化，而且也产生了管理。

第二，文化与管理都是在一定的社会生产力基础上发展的。根据辩证唯物主义和历史唯物主义的基本观点，社会生产力是人类社会发展的最终决定力量。文化作为人类精神生产的过程与成果，管理作为人类的共同劳动和社会生活的组织与协调过程，它们的产生和

[①]《马克思恩格斯全集》（第23卷），人民出版社，1972年，第367页。

发展在根本上都是由社会生产力的发展水平所决定的。这是因为：首先，社会生产力发展的客观规律及其基本要求，规定和制约着精神文化活动与管理活动的内容、方式和发展方向；其次，人类从事物质生活的生产力水平体现了人们改造自然和组织社会生活的能力，决定着人们对自然和社会总体认知水平及对社会生产和生活的管理水平；再次，物质生活水平和社会生产力水平及其变化构成了人们开展精神文化生活和管理活动的物质条件，它决定着人们的物质文化需求水平的实现状况与程度；最后，社会生产力水平总是与作为文化活动和管理活动对象的一定社会资源与社会关系紧密相连，社会生产力的发展变化，也会因推动文化反映对象和管理对象的变化而最终导致文化与管理的发展。

（2）文化与管理具有互动性，即文化与管理是相互联系、相互作用、相互促进、共同发展的。

第一，文化与管理互为对象。一方面，管理活动与过程是文化的反映对象。文化作为人们的精神生活主观认识活动的过程，其对象涉及自然界、人类社会和人本身等各个方面，当然也包括人类社会的管理活动。一个民族、社会、文化圈的特定文化对管理过程的渗透和反映，就形成了所谓的"管理文化"，即关于管理的指导思想、价值标准、行为准则、道德规范、风俗习惯等。另一方面，人类的文化生活又是管理的对象之一。精神文化生活作为人类的共同生产和社会生活的重要领域，必然需要进行有效的管理，以保证其健康发展。

第二，文化与管理互为手段。一方面，文化是管理的一种手段，它既可以为管理提供一般的指导思想和价值原则，又可以通过培养和塑造人们的精神境界与行为方式而达到管理的目的。另一方面，管理也是促进文化健康发展的重要手段。文化作为人类的精神生产活动，需要通过管理，营造良好的氛围与环境，保证其正确的发展方向；文化作为复杂的思想观念体系，需要通过管理扬善抑弊，充分发挥其对社会发展和人的行为的正导向作用；文化传统作为一种精神资源，也需要通过有效管理和梳理，进行科学开发和利用，做到去粗取精，去伪存真，促进精神文明建设与发展。

（二）文化的管理功能

文化作为人们开展管理活动的背景与手段，在管理活动的全过程中发挥其功能。文化的管理功能就是指文化对管理具有何种作用与影响的问题。对此，可以从以下几方面加以说明。

1. *培育和塑造人力资源的素质*

一个社会、一个国家的人力资源既是管理的对象与客体，又是管理主体的来源，因此，人力资源的整体素质如何，直接制约着管理关系状况和管理水平，而文化对于培育和提高人力资源的素质进而达到管理目的具有重要作用。对此，中国古人已有论及。西汉刘向说："凡武之兴，为不服也，文化不改，然后加诛。"（《说苑·指武》）晋束皙说："文化内辑，武功外悠。"（《文选·补亡诗·由仪》）这里实际上说明了"以文教化"对于管理的特殊意义，即通过"文治与教化"争得人心是管理的首要手段和理想境界。这一思想对现代管理实践也具有重要启示。文化对人的教化和培育功能，主要是通过塑造人的内心世界和内在素质实现的。首先，文化教育可以把社会共同的价值标准内化为人们的价值取向，统一人们的思想，增强社会凝聚力，从而把社会管理目标与人们的自我控制和自我管理统一起来。其次，文化教育可以增进人们之间的相互理解与沟通，有利于改善社会关系和人际关系，从而增强管理工作的协同力和协调性。最后，文化教育可以增强人们认识和改造自然的素质与能力，有利于激励人们奋发进取和努力创新的意志，有助于提高人们与客观环境的适应性。

2. 维系或变革管理模式

管理模式是各种管理要素之间相对稳定的结构关系，是管理方式、方法和规则的总和。管理模式的形成取决于多种因素，其中最主要的当然是社会的生产方式和经济政治的性质与发展水平，但文化在管理模式的形成和发展过程中也发挥着重要作用。首先，一定的文化价值理念可以孕育和生成特定的管理基因，成为特定管理模式的基本标志和特征。借用生物学的语言来说，基因是生物体的基本组成单位，它决定着生物体的基本特征和性质，不同生物之所以具有不同特点和不同的遗传功能，根本原因就在于各种生物体具有不同的遗传基因。同样，管理模式内在地也包含着某种管理基因，这种管理基因也就是指凝结于管理模式中的文化因子和文化特质，据此不仅可以说明为什么处在大体相同的生产力发展水平的民族和国家所确立的管理模式会存在差异，而且也可以解释同一民族或国家的某种管理模式，在生产力不断发展的过程中而长期得以维系和延续的根本原因。相应地，如果管理的文化基因发生变异，也会引起管理模式的变革。其次，文化的熏陶与传递可以培育社会成员对某种管理模式的认同意识。管理模式的维持和延续，需要有社会成员对它的心理认同和理性支持，有了这种认同和支持，社会成员才能在社会生活中自觉自愿地为管理模式的正常运转提供配合和依归，才能保证管理关系的和谐与稳定；反之，管理模式也会发生变革。

3. 引导和制约管理过程

社会管理过程的主题是对社会关系的协调和对人的行为的组织与引导，虽然人类的社会关系及人们的行为都取决于与其相联系的社会生产方式和特定的利益，但又无时无刻不受一定的文化的影响与制约。因为无论是人类群体还是个体，他们的一切行动都是受思想意识支配的，所以，管理活动的全过程始终都受着文化的制约和影响。社会文化规定了人们的行为倾向，也可以内化为人们的行为规范，影响着人们对管理的接受程度和争取自身权益的行为力度，支配着人们对管理方式的选择，更直接地影响着管理目标的实现。当然，由于文化的性质和内容的差异，其管理功能的性质也会有所不同，它既可以引导出推动社会进步和促进人的全面发展的管理过程，也可以引导出阻碍社会进步和妨碍人的自由发展管理过程。

4. 影响管理成效

管理成效是指管理活动的成果与效率及管理目标的实现程度。管理实践成功与否，管理工作的效果与效率如何，除了取决于社会生产力水平和生产关系状况以外，也依赖于诸如社会价值系统和管理理念等文化变量。日本、美国等国家企业管理的成功经验都能很好地说明这一问题。日本在20世纪60年代以后所创造的经济奇迹，首先引起了美国企业界和管理学界的关注，他们通过深入的比较研究，发现日本和美国企业管理的根本差别在于对管理中的文化因素的认识和运用程度有所不同。美国过分强调诸如技术、设备、方法、规章、组织机构、财务分析等这些"硬"的因素,而日本则比较注重诸如目标、宗旨、信念、人和、价值准则等这些"软"的因素,而这些"软"的因素与整个社会文化密切相关。美国管理学者在发现这些差别之后,又回过头研究美国经营成功的企业,发现美国成功的企业管理也同样注重这些"软"因素[①]。因此,人们得出结论:文化因素是管理的核心因素,是管理成败的根本和关键。

第二节　民族文化的性质及其对管理的意义

一、民族文化的概念及其基本性质

(一)民族文化的概念

民族文化就是由特定的民族在改造自然、改造社会和改造自身的过程中积淀下来的精神财富与智力成果的总和,包括一个民族的思想意识、价值观、宗教信仰、风俗习惯及思维方式等。民族文化体现在日常生活的方方面面,必须通过日积月累的体验才能逐渐感悟出来。例如,追求稳妥、平稳,提倡中庸,看重等级地位等是一种文化的体现,而富有竞争性和进取心、自立利己、不拘礼节也是一种文化的体现。

(二)民族文化的基本性质

民族文化作为社会文化体系中的次级系统,除了具有社会文化体系的一般属性和特征以外,还在许多方面表现出了自身的特殊性质。

1. 民族文化是同质性与异质性的统一体

民族文化是一个民族存在的标志,是一个民族与其他民族相互区别的特征,因此,民族文化首先具有异质性。民族文化的异质性主要是指不同民族所特有的精神文化理念都具有基本性质上和表现形式上的独特特性与差异性。从民族形成和发展的历史长河来看,每一个民族都曾有其生息、繁衍的特定空间与环境,都曾有其特定的生产劳动实践和开展社会生活与经济生活的独特方式,这就决定了不同民族的文化必然形成在语言文字、风俗习惯、心理素质、民族性格、民族精神及价值取向等方面的异质性特征。当然,民族文化的异质性特征也不是绝对的,也就是说,民族文化的异质性绝不意味着不同民族文化在所有方面都是根本对立和相互排斥的。相反,不同的民族文化也会具有某些同质性。这是因为民族文化作为人类文化的一种表现形式,也要遵循人类社会生产、生活和思维发展的一般规律,也会反映人类共同的利益要求和心理追求,这样,民族文化也就有了人类文化的共性,正是这种共性,使得民族文化之间的沟通与交流成为可能。并且随着社会生产力的发展和各民族之间的接触与交往的增多,民族文化之间的渗透与交流也会日益频繁,各民族都会相互借鉴各自的优秀文明成果和文化因素,从而就增加了民族文化之间的同

---

① 威廉·大内:《Z理论——美国企业如何对付日本的挑战》,中国社会科学出版社,1984年。

质性因素。

任何民族文化都是同质性与异质性的统一体。民族文化的同质性因素是推动各民族间的交流与合作的思想基础,是促进民族关系和谐直至民族自觉融合的精神动力;民族文化的异质性因素是各个民族独特的精神创造和保持个性化存在的基本标志,它既是对世界文化的重要贡献,又是整个世界文化生活丰富性的基本表现。因此,那些无视民族文化同质性与异质性的辩证关系及其意义的观点,如片面夸大其异质性而认为民族文化的冲突是不可调和的,或者片面追求文化的同质性而主张采用强制力推行民族文化同化等,都是极端错误的。

2. 民族文化是现实性与传统性的统一体

民族文化是一个民族在其形成和发展过程中创造的,是民族与自然和社会相互作用的实践中形成的集体智慧的结晶,也是经长期积累下来的,因此,它必然是现实性与传统性的辩证统一。民族文化的现实性是说每一个民族的文化创造都是立足于这个民族所生活的那一时代的现实社会条件,都根源于实际的民族社会生产方式和生活方式的状况与水平,都要反映每一时代的现实的经济、政治和社会关系的发展要求,完全脱离现实的民族文化是不存在的。民族文化的传统性也就是指民族文化发展的历史继承性,是民族文化形成和发展的相对独立性的重要表现。民族文化一经形成,就会通过反复的社会化过程内化为民族成员的思想和心理素质,凝结成民族性格、民族精神和民族的基本价值取向,并由此使得民族文化获得了相对稳定的自我遗传机制和生命力,只要这个民族还存在,民族文化的自我遗传就不会中断,就会世世代代传承下去和延续下去。

民族文化的现实性与传统性是辩证统一的。民族文化传统是其现实性创造和发展的根基,它既可以为现实的文化建设提供逻辑起点和历史借鉴,也可以适应民族生存和发展的心理基础,利用其积极因素为现实的文化创造与发展提供思想材料和民族心理支持。而民族文化的现实性需求,又是民族文化传统获得现实依据和新的生机与活力的基本根据。也就是说,传统文化的生命力延续是以其能够满足现实需要为基本前提的。现实的需求一方面可以保证传统文化中可资利用的有益因素的进一步强化和丰富;另一方面可以推动传统文化因素的内在创造性转化而增强其生存与发展的价值和对环境变化的适应性。民族文化的现实性与传统性的辩证统一的性质表明了民族文化内在发展的一般规律,它向人们展示了这样一个道理:一个民族只有善于开发利用传统文化资源,并使之为现实和未来的发展服务,才能恒久地立足于世界民族之林。

3. 民族文化具有一体多元性

民族文化的多元性是指因其创造主体的民族本身构成的复杂性而造成的民族文化的内容与表达形式的多样性。在每一个民族内部,由于民族成员的实际社会地位和经济地位的差异,特别是由于他们对生产资料的占有关系不同,也就划分出了不同的阶级、阶层或集团,所以必然会产生反映各自利益要求的不同的思想文化观念。例如,列宁运用阶级分析方法指出:"每一个现代民族中,都有两个民族。每一个民族文化中,都有两种民族文化。"[1]一般文化研究者也都区分出了同一文化中的主文化与亚文化、精英文化与大众文化、

---

[1] 《关于民族问题的批评意见》,《列宁全集》(第20卷),人民出版社,1986年,第120页。

雅文化与俗文化，等等。这就表明了民族的多元性质。民族文化虽然结构复杂、成分多样，但也有其内在的整合机理，民族文化必然有一些为全民族成员共同接受和遵循的、在深层的民族心理上起支配作用的基本因素贯穿于其中，并因此把民族文化联结成一个有机的统一整体。民族只要是一个共同体，就有其统一性，相应地，民族文化作为民族共同体的创造成果，也就有其整体性。

民族文化的多元性与整体性也是一种辩证统一的关系。民族文化的整体性是多元文化相互渗透与相互交融的前提、基础和保证。多元文化并存是民族文化整体繁荣的重要表现，同时多元文化创造及其竞相发展，又是民族文化整体内容不断丰富和发展的内在动力。因此，一个民族只有既善于保持文化创造上的繁荣多样，又善于运用统一的民族精神和价值取向以增强民族凝聚力和文化亲和力，才能始终具有旺盛的生命力和远大的发展前途。

总之，民族文化的上述性质从不同的侧面表现了它存在和发展的基本规律和基本方向。具体来说，同质性与异质性的矛盾统一，是从民族文化的外部关系方面表明民族文化之间的互动规律，既以同质性因素为基础加强相互交谈与合作，谋求共同繁荣与发展，又以凸显异质性因素为主导保持其在世界民族文化之林中的独立地位；现实性与传统性的矛盾统一，是从民族文化的内部关系的历时性方面表明其发展规律，既以传统性因素为根基维系民族文化体脉，又以现实性因素为主导永葆其生命力和价值；整体性与多元性的矛盾统一，则是从民族文化内部关系的共时性方面表明其发展规律，既以多元性的形式保持其繁荣局面和创造活力，又以整体性为主导保持其主体结构和主流方向。正确地认识和利用这些规律，是任何一个民族国家加强思想文化建设和开展各项事业的管理工作的前提与基础。

（三）民族文化在管理领域的主要体现

民族文化除具有上述共性之外，也还具有各自的特殊性。在公共部门人力资源管理与开发的各项活动中必须适应民族文化的特殊性，才能取得成功。如果脱离本民族文化的特点，完全套用其他国家民族的管理方式或方法，都是行不通的。所以，在公共部门人力资源管理与开发中应该认真研究不同民族的文化特点。从现有的研究成果来看，民族文化的特殊性主要体现在四个方面。

1. 个人主义与集体主义的区分

有的民族崇尚个人主义，有的民族崇尚集体主义。强调自由的国家一般个人主义盛行，强调平等的国家集体主义盛行；资本主义国家多强调自由，社会主义国家多强调平等；富裕的国家多强调自由，贫穷的国家多强调平等。但这并不是不变的。当贫穷的社会主义国家开始富裕起来时，自由的倾向、个人主义的倾向就会发展起来。例如，我国现在的年轻人同以前的年轻人相比，有了非常大的变化。

2. 权力等级观念的区分

有的民族崇尚权威，把官衔、社会地位看得过重，对掌权者前呼后拥，一旦失去权力，门前冷落车马稀。有的民族则不太看重这些，如瑞典首相被刺是在上班路上，外交大臣被刺是在商场。下级服从上级是共同的，但崇尚权力等级的民族，对掌权者都有一种敬畏感。

3. 对外来文化的宽容态度的区分

有的民族对外来文化抱着宽容态度，允许其存在，不加排斥；有的民族对外来的非传统文化缺乏容忍。这样的民族经常表现出高度的神经紧张，不愿意频繁地变换工作。针对这一特点，在人力资源管理中，应该让员工有安定感，长期雇佣是一种有效的管理政策。

4. 注重生活质量与生活数量的区分

注重生活质量的特点是：讲究享受人生，能和谐地融入社会、融入群体之中，对金钱的消费比较合理。注重生活数量的特点是：注意积累，不太讲究生活，愿意积攒钱财。所以，收入高不等于生活水平高，生活水平高不等于生活质量高。

我们只有根据上述四个方面的区分，认真把握民族文化的特点，才能在公共部门人力管理与开发活动中因地制宜地实行可行的方式和方法，才能取得预期的成效。

二、民族文化对管理的意义

民族文化是在民族形成和发展的历史过程中同步地形成和发展起来的，它不仅是民族的外在标识，而且构成了维系民族生存与发展的精神纽带和内在动力。它对于民族社会的共同生产生活的组织与管理，以及对于民族国家的全部人力资源的管理与开发，都具有重要意义。

（一）凝聚民族精神，营造管理活动的社会心理环境

任何一个民族国家的管理活动顺利开展，都需要有民族精神的支撑和民族社会心理的支持，民族文化可以在这方面发挥积极作用。

首先，民族文化能够凝聚民族精神。民族文化在民族生存、繁衍、发展的过程中，不断地经受历史的锤炼、过滤、选择和内外各种力量的冲击碰撞，其中的最本质的精华逐渐地积淀下来，凝聚成宝贵的民族精神。民族精神是民族的灵魂，是民族文化的异质性、传统性、整体性及其稳定性的主脉，同时也通过民族文化的现实性和多样性的形式表现出来。它贯穿于民族发展的各个时代，并随时代的发展而发展，各个时代也都会有珍贵的东西沉积到民族精神的主脉中来，使其生生不息，成为民族团结和民族发展的凝聚力量。因此，它既是一个民族从事管理活动的历史条件，又是这个民族开展管理工作的现实根据。民族精神形成民族特有的人生态度和生存方式，又成为民族凝聚力的根源，它无所不在地灌注于人们的日常生活之中，影响着民族的生产生活方式及其管理方式的方方面面，一个民族的管理活动只有善于体现和利用民族精神，才能达到管理目标。

其次，民族文化及其所凝聚的民族精神，提供了一个民族主流的心理与认知模式。它既制约着民族共同体对公共管理方式的体认和选择，又制约着民族成员个体对管理方式的认同与依归程度。行为主义管理理论的研究成果表明，管理活动的开展和管理方式的确立，

应以满足人们的心理需要为根据。而人们的心理需要总是受制于民族文化所提供的心理认知模式。民族文化一方面依靠其内在的自我遗传机制而潜移默化地作用于人们的内心世界；另一方面又通过民族社会管理主体的自觉灌输、宣传与教育等方式，内化为人们的思想观念和心理素质，从深层次上塑造人们的符合管理目标要求的理想人格，以协调人们与管理环境的关系，引导人们在遵循民族管理文化传统的基础上去表现、创造，在获得民族社会认可的同时，获得心理需求的满足。

（二）提供管理活动的价值导向，规范管理行为过程

社会管理活动是基于对人类的共同生产和生活进行组织、协调和控制的需要而产生的自觉行为，需要有明确的规范与目标，而民族文化所内具的价值观念、政治法律意识及道德观念等，构成了规范民族社会管理活动的价值取向和行为方式的基本因素。民族社会的管理活动及其过程，只能也必须从民族文化中获取合法性和合理性的来源。

首先，民族文化的价值取向和价值规范，规定和制约着民族社会管理活动的进程和方向。民族文化的价值取向，是一个民族在长期的认识和改造主、客观世界的过程中逐步形成的对待自然和人类社会的基本态度，代表着民族整体对于人生的基本目的和意义的共同认识，因而它一经形成就具有对民族成员的规约作用，并成为民族共同体衡量与评价人们行为的基本价值尺度。民族社会的管理主体只有代表民族整体确认的价值取向，符合共同遵循的价值规范，其管理行为才能得到民族成员的认同与支持，才能达到管理目的。否则，就会导致管理失败或失效。

其次，民族文化的价值取向和价值规范，可以作为管理行为的先导，推动管理活动的发展。也就是说，民族文化的价值取向和价值规范不仅是管理活动的制约和约束力量，而且也是管理活动发展的牵引力量和推动力量。因为民族共同体在长期的共同生产和生活中形成的共同价值取向和价值规范，本身就是协调民族共同体内部管理关系、凝聚管理合力的强大精神力量。因此，善于把握和利用民族文化的价值取向和价值规范，借以化解管理阻力、增强管理工作的合力与动力，是成功的管理者应具备的最基本素质，也是成功的管理过程必备的基本条件。

（三）培育组织观念，塑造管理模式

组织观念是组织管理的思想基础和智力资源，是管理模式得以形成和正常运转的精神纽带与心理依托，而组织观念是特定民族成员在民族文化的哺育之下而逐渐培养起来的。从民族文化到组织观念，再到管理模式，是一个内在统一的过程。

首先，组织观念是一个民族在改造自然和改造社会的过程中进行文化创造的产物。一个民族征服自然和改造自然的实践过程，不断地加深着人们对人与自然关系的认识和理解。在强大的自然力面前，迫使人们只能以有组织的群体劳动的方式去与自然相适应和沟通，这是组织观念形成的自然基础。同时，在民族群体共同面对自然挑战的生产和生活过程中，又加深和强化了人们对相互之间关系的认识和理解，感知到了相互依存与相互协作的重要性，这是组织观念形成的社会基础。一个民族正是在认识和改造自然与社会的文化

创造过程中形成了特定的组织观念,反过来,又依靠特定的组织观念去进行认识和改造自然与社会的活动。

其次,特定民族的组织观念造就了特定的组织管理模式。在一个民族共同体中,组织观念提供了一种整体生存和行为样式及整体价值观,规范着民族成员个体的思维和行为取向,发挥着民族共同体内部的认同、凝聚、整合、同化等功能。而对于外来民族成员来说,这种组织观念一方面对他们具有一种排拒作用;另一方面他们也可以通过对组织文化的认同而融入民族社会。一个民族组织观念的内容、性质、特点及其作用方式,构成了民族内部关系运行的基础环境,其长期持续状态就会固定为民族共同体的组织制度和社会秩序,决定着民族社会管理关系模式。

总之,民族文化和组织观念与管理模式有着密切的关系。民族文化及其组织观念的形成、发展、演化的方式及规律,制约和影响着管理模式的状态及其发展方向,民族文化和组织观念的多样性决定了管理模式的多样性。每个民族都有自己发展的历史进程、文化传统、价值观念、组织观念,这些是管理模式形成和发展的基础条件,而管理模式的形成与发展又会维系和固化民族文化和组织观念。民族文化和组织观念与管理模式的这种内在统一关系,也贯穿于公共部门人力资源管理与开发的全过程。

第三节　组织文化的内涵与作用

在一般文化和民族文化的背景下存在和发展的各种组织,也会形成特定的组织文化。组织文化代表着组织的价值体系和行为方式,通过培育和塑造组织文化,可以影响组织成员的工作态度,影响组织目标的实现,因而是各种组织进行人力资源管理与开发的有效途径与载体。

一、组织文化的内涵

(一)组织文化的概念

组织是按照一定目的和形式建构起来的社会共同体,它的正常运作既需要有相应的物质基础和组织机构与制度的保障,又需要有特定的精神文化纽带的维系,这种维系组织协调运作的精神文化纽带就是组织文化。一个组织或一个企业的文化是一个组织或企业经过几十年甚至几百年的管理或经营行为形成的。行为一旦积淀成文化,形成固定的价值观念或信条就会产生巨大的影响力,一个组织或企业的全体或大多数员工就会按着这样的价值观念或信条来看待周围世界及指导其行为方式。例如,美国通用汽车公司长期形成了冷静、正规、不愿冒风险的特性;而休利特-帕卡德公司则具有自由、松散、富有人情味的文化特点。

虽然每一个组织的具体精神文化观念各有所异,但大体上也有共同的视域和任务。因此,从一般的意义上来说,组织文化就是指组织在长期的社会实践和社会化过程中形成的、组织成员共同具有的心理特征和精神风貌,是体现组织特色的价值观念、团队意识、心理倾向、工作作风、行为规范和思维方式的总和。

（二）组织文化的内容

由于组织的性质和特点不同,组织文化的具体内容各有差异,但也有着共同的表现形式或表达方式。一般来说,每一种组织文化都包含如下内容。

1. 组织的价值观

组织的价值观是人的生存价值在组织中的体现,是指导组织行为取向的一般看法或基本观点。它包括组织存在和发展的目的与意义、组织中各项规章制度的必要性与作用、组织成员在组织中的地位与作用及他们的行为与组织利益的关系等。它一般由组织内部领导层所倡导,并被组织成员所接受、认同和一体遵行。每一个组织的价值观都会有不同的层次和内容,成功的组织总是会不断地创造和更新组织的理想与信念,不断地追求新的、更高的目标。

2. 组织精神

组织精神是民族精神在组织中的具体化,是民族传统与组织实践相结合的产物,是组织经过长期的社会化过程和共同的奋斗实践所逐步形成的,认识和看待事物的共同心理趋向、价值取向和主导意识。组织精神是一个组织的精神支柱,是组织文化的灵魂,它反映了组织成员对组织的性质、特征、形象、地位等的理解和认同,也包含了对组织未来发展前途和命运所抱有的向往和期望。组织精神反映了一个组织的内在素养和风格,是组织成员同心同德、团结奋斗的精神纽带和组织发展的精神动力。

3. 组织素养

组织素养是组织精神文明建设的成果,是组织成员的综合素质和品格修养的统一,也是组织成员的智能、技能、体能状况与水平的综合体现。它包括组织成员的基本思想素养、科学技术和文化教育水平、工作能力、精力及身体状况等。其中,基本思想素养占据着主导地位,它规定着组织素养发展的方向,是组织素养不断得以提高的保证。一个组织的素养水平越高,组织中的管理哲学、敬业精神、价值观念、道德修养的基础就越深厚,组织文化的内容也就越充实丰富。因此,成功的组织管理都注重加强组织素养建设。

4. 组织伦理规范

在特定社会中存在和发展的组织,既要遵循由社会提出的、通过社会公众舆论发挥作用的社会公德规范,又要遵循由特定组织的性质所规定的职业道德规范。组织文化内容中的伦理规范,既体现组织环境中的社会文化的一般要求,又体现着本组织各项管理的特殊要求,它通过公众和组织成员的舆论监督规范组织行为,是组织进行管理的基本手段之一。

（三）组织文化的特征

1. 民族性

组织文化并非自然生成的,而是组织所属的民族的社会经济、政治、文化长期影响和作用的结果。组织文化根植于民族文化之中,直接反映民族文化特征。民族传统文化是孕育组织文化的土壤,民族文化传统直接影响着组织成员的思想与言行,并随着时代的发展而发扬光大;民族的心理习俗与价值取向影响着组织成员的好恶取舍,引起人们的感情交融，加强着组织的内聚力和发展动力。组织只有在全民族共同认可的风俗习惯范围内选择培养组织文化，才能最大限度地调动组织成员的积极性、创造性及工作热情。同时，富有创新意识和崭新风貌的成功的组织文化又会丰富民族文化，为传统民族文化增强生命力，添加光彩。

2. 多样性

组织文化是一种组织内的共同性文化或团体文化，它需要经过组织成员在特定的社会环境下长期沟通、融合，建立共同的价值观，才能塑造形成。而由于社会组织的多样性，每一个组织所赖以生存的社会历史条件和时代背景互有差异，它们经历着不同的产生和发展道路，形成不同的性质与特点，也需要采用不同的管理方法与手段，这就决定了每个组织都会形成各具特色的组织文化，从而形成整个社会的组织文化异彩纷呈的多样性特征。

3. 传承性

组织文化是组织成员共同拥有的精神财富，也是组织所有成员的行为规范与规则。每个成员要想在组织中求得生存和发展，就要不断地适应所在组织的文化。这种学习包括组织成员在日常生活中不断实践和探索，积累新的经验，在更高层次上加深对组织文化的认识。这种对组织文化的由适应、遵守到为其发展做出贡献的过程，带来的是组织成员自身素质的提高和组织文化的持续进步。同时，组织也需要通过教育、训练的途径培养和提高整个组织成员的文化素质，并在此基础上推动组织的整体文化不断成长。而无论是组织成员对组织文化的主动接受与学习，还是组织对组织文化的自觉教育与传播，都会使组织文化获得内在的遗传机制，不断地得以延续和发展。

4. 创新性

一般来说，组织文化一经形成，就会具有一定的稳定性，但这种稳定性是相对的。它也要随着历史的积累、社会的进步、环境的变迁及组织的变革而不断演进和发展。及时地适应外部环境的变化，不断实现组织文化的创新，是组织成功的重要保证。

二、组织文化对人力资源管理与开发的作用

组织文化既是一般文化与民族文化在组织中的内化与体现，又是组织精神与价值观在组织成员中的贯彻与传承的载体，因而它在人力资源管理与开发过程中发挥着重要作用。通过或利用组织文化进行人力资源管理与开发，是现代组织发展的必然要求。

（一）可以引导组织发展的方向，培育组织成员的理想和信念

组织文化是组织的精神支柱和灵魂，尤其是组织的价值观，指示和规定着组织活动的目的、目标及组织的一切行为的方向和规范，因此，它是组织的导向系统，具有明显的导向功能。一方面，它指示、决定和规范着组织人力资源管理与开发的方向、目标、行为准则；另一方面，组织以自己的价值观和崇高目标，指引组织成员奋斗和进步的历程。组织文化的这种导向性或指引性，既可以形成组织内部合力，又可以培育组织成员自我发展的理想与信念，促进组织整体与组织成员个体的同步发展。

(二) 可以激发组织人力资源追求卓越的成就意识

组织文化的培育与塑造过程,实际上是组织追求卓越与组织成员自我价值实现意识的内在统一过程。一方面,努力将组织的价值观内化为组织成员的个人价值追求;另一方面,又力求将组织成员的个人期望转化为实现组织共同利益的一体化行为。培育和塑造组织文化的基本目的和归宿,就是使组织成员得到激励和发展,在组织目标的实现过程中找到实现自我价值的机会和舞台。由此可见,组织文化既是组织生存和发展的必不可少的条件,也是组织人力资源管理与开发的一种重要方法和手段。

(三) 可以凝聚组织成员的集体观念,增强荣辱与共的生存与发展意识

组织文化所倡导的组织价值观与团队精神,对组织成员有着一种凝聚作用,它可以把组织成员个体的理想和价值追求融入到组织整体的价值体系之中,从而产生组织成员个体与组织整体共同奋斗的强大精神动力和协调一致的行动。这一过程也就是组织目标与个人目标的相互协调与融合的过程,通过这一过程可以不断增强组织与其成员之间的相互吸引力,激发组织成员的强烈的集体归属感和自豪感,引导组织成员形成与组织集体共命运的利益观和发展观。

(四) 可以规范组织人力资源的行为,增强组织成员努力奋斗的自觉性

组织文化一经形成,就会对组织成员的行为起到规范协调作用。组织文化所提供的规范的行为模式,既可作为外在的强制性力量约束组织成员的行为,减少工作中的冲突与摩擦,增强组织内部工作的秩序和高效,又可以通过长期的教育与训练转化为组织成员的组织纪律观念和自律意识,增强人们工作的自觉性和主动性,达到自我管理的境界。在增进组织管理的科学性和激发人们的积极性相结合的过程中,保证组织绩效和人的价值的充分与持久地实现,这是组织文化所能起到的独特作用。

第四节 中国管理文化传统结构及其现代化取向

中国管理文化是中华民族在长期管理实践中形成和发展起来的管理思想、管理价值观念、管理心理和管理方式的总和。它是中华民族文化体系中的重要组成部分。在马克思主义指导下,继承和发扬优秀的管理文明成果,实现中国管理文化的现代化,对于公共部门人力资源管理与开发,具有重要指导意义。正如2014年2月24日习近平在中央政治局第十三次集体学习时的讲话中所指出的:"中华文化源远流长,积淀着中华民族最深层的精神追求,代表着中华民族独特的精神标识,为中华民族生生不息、发展壮大提供了丰厚滋养。中华传统美德是中华文化精髓,蕴含着丰富的思想道德资源。不忘本来才能开辟未来,善于继承才能更好创新。对历史文化特别是先人传承下来的价值理念和道德规范,要坚持古为今用、推陈出新,有鉴别地加以对待,有扬弃地予以继承,努力用中华民族创造的一切精神财富来以文化人、以文育人。

要讲清楚中华优秀传统文化的历史渊源、发展脉络、基本走向，讲清楚中华文化的独特创造、价值理念、鲜明特色，增强文化自信和价值观自信。要认真汲取中华优秀传统文化的思想精华和道德精髓，大力弘扬以爱国主义为核心的民族精神和以改革创新为核心的时代精神，深入挖掘和阐发中华优秀传统文化讲仁爱、重民本、守诚信、崇正义、尚和合、求大同的时代价值，使中华优秀传统文化成为涵养社会主义核心价值观的重要源泉。要处理好继承和创造性发展的关系，重点做好创造性转化和创新性发展。"

一、中国管理文化传统结构

中国管理文化传统指的是中国所特有的，在历史上产生、经历了长期的社会文化过程，至今仍在管理实践中有影响的东西，是积淀在人们观念层面上的管理价值取向与管理心理倾向，是中国管理模式运作的精神依托。中国管理文化传统是一个复杂的思想体系，概括地说，其基本结构主要包含如下因素。

（一）刚健有为的管理精神

刚健有为的思想渊源于孔子，到战国时代的《周易大传》已见成熟。《周易大传·象传》中说："天行健，君子以自强不息；地势坤，君子以厚德载物。"这说明刚健有为包含着自强不息和厚德载物两个方面。立于天地之间的人，应效法天地的运行规律，既要积极进取、自强不息，又要胸怀宽广，包容各方面的人和各种不同意见。同时，还应做到"刚健而文明""刚健中正"，即刚健而不过刚，不妄行，不走极端，以"中正"的态度立身行事。这是人应该具备的立己和立人的一种最重要的品质。

刚健有为的思想，激励了一代又一代的中国人和大批的仁人志士不断开拓进取、发奋图强，在铸造中国文化精神方面起到了决定性的作用。作为中华民族精神的象征，它构成了中国管理文化的灵魂。在当代中国公共部门人力资源管理与开发过程中，它仍然是激励公共部门人力资源锐意进取、改革创新、发奋工作的强大精神动力。

（二）以人为本的管理理念

自古以来，中国的思想家和政治管理者都非常重视人的因素，认为人是考虑一切问题的根本，社会的安定和国家的强盛都有赖于人。《管子·霸言》中指出："以人为本，本治则国固，本乱则国危。"这里就明确提出了治理国家必须"以人为本"的管理理念。孟子则从民众的角度对此做出了较为系统的论述。首先，孟子提出了以民为贵的管理思想，在《孟子·尽心上》中指出："民以贵，社稷次之，君为轻。"这就要求政治管理者要把民众放在首要的位置上。一切管理工作都要以民众为中心而展开。其次，孟子从关注民众的精神生活方面提出了赢得民心的管理之道，在《孟子·离娄上》中指出："得其心有道：所欲与之聚之，所恶勿施，尔也。"在《孟子·梁惠王上》中更明确指出："乐民之乐者，民亦乐其乐；忧民之忧者，民亦忧其忧。"这就是要求管理者要始终从民众的实际利益需要出发，与人民同忧乐，以取得民众的支持。最后，孟子还从关注民众的物质生活的角度，提出了保证民众安居乐业的管理主张,在《孟子·梁惠王上》中指出:"是故明君制民之产,必使仰足以事父母,俯足以畜妻子,乐岁终身饱,凶年免于死亡。"这就是说,英明的君主或政治管理者,应该为民众提供必要的生产和生活资料,使每个人都能得到相应的生存和发展的保障。这些思想都是相当深刻的。纵观古今中外,以人为本的管理理论,无论就其提出的时间性而言,还是就其达到的认识高度而论,都只有中国管理文化居先。这种管理文化理念,对于当代中国公共部门人力资源管理与开发仍然具有重要启示价值。

(三)以义导利的管理价值取向

认识和处理义利关系,是中国管理文化中的一项重要内容。义,是指合理、适宜的思想和行为,是一项基本的道德规范和道德准则;利,是指物质利益和功利,是人们的物质生活需要。义利关系实际上也就是道德行为与物质利益的关系问题。在中国管理文化传统中,虽然对于义利关系有着众多的说法和选择,有的甚至判然而异,但"以义导利"的价值取向,不可置疑地占据着主流和支配地位。

以义导利的管理价值取向的理论前提是承认义与利的并存性。在《荀子·君道》中说:"义与利者,人之所两有也","有社稷者而不能爱民,不能利民,而求民之亲爱己,不可得也"。这就是说,义与利是人们正常生活所必然和必须具备的,同时也是国家和社会管理生活所必需的。政治统治者和管理者要争取民心,得到百姓的认同和爱戴,不仅要"爱民",即对民有仁有义,而且还要靠"利民",即如孔子在《论语·阳货》中所说,"因民之所利而利之",包括"富民""足民""惠民"等,"惠则足以使人"。只有义利并举,道德教化与物质利益相结合,才能维持和谐的管理关系和管理秩序。

以义导利的管理价值取向的核心,是要求人们在义与利的双重价值选择面前,应先取义后取利,并用义去规约、引导和克制徇私逐利的思想与行为,即做到"君子爱财,取之有道"。在中华民族长期管理实践过程中,以义导利的管理价值取向,已经积淀成了中国管理文化的重要组成部分。在当代中国公共部门人力资源管理与开发过程中,摒弃其中的某些"重义轻利"的片面取向,利用其中义利并举的要求,对于实现人们的物质利益要求和道德觉悟的协调发展及整个社会的物质文明与精神文明的共同进步,都具有积极的作用。

(四)选贤任能的管理原则

中国管理文化中有悠久的选贤任能的传统。早在原始氏族社会后期,就有了由氏族大会推举贤能之人担任氏族首领及氏族首领"禅让"、让贤的观念,直至现代其内涵又获得了充分发展,并逐步形成人事管理的基本原则。

坚持选贤任能原则的基本前提是树立尊重人才的观念。《荀子·君道》中说:"尊圣者王,尊贤者霸,敬贤者存,慢贤者亡,古今一也。"这就是把尊重人才与否看成是决定国家兴衰存亡的关键。事实也证明,中国历史上出现的所谓"太平盛世",都与统治者和管理者实行的开明政策密切相关,而尊重人才、礼贤下士是其中的重要内容。落实选贤任能原则的核心是知人善任、量才使用。孔子在《论语·微子》中指出:用人要"无求备于一人",即是说,人无完人,不能求全责备。《墨子·尚贤》中特别强调:"官无常贵,民无终贱，有能则奉之，无能则下之。"这就是把才能作为国家用人的根本标准和依据。而刘邦对张良、萧何、韩信三人给予正确使用的成功经验，更是说明了知人善任、量才使用、发挥人才的互补效应对于成就伟大事业的重要意义。中国管理文化中关于"尚贤""奉贤""用贤"等重视人才的思想非常丰富，其中的许多合理成分，都可以经过改造而成为现代公共部门人力资源管理与开发的理论基础。

（五）整体和谐的管理方式

注重整体，强调从和谐与统一的角度观察和处理人与自然、人与人的关系，是中国管理文化的重要特征。

首先，重视人与自然的整体和谐。老子在《道德经》中提出了"人法地，地法天，天法道，道法自然"的要求，就是说人应崇尚自然，按照天地常道安排自己的行为和生活，以实现天地人的关系和谐。庄子则进一步提出了"太和生物"的论断，认为在天地万物之间本来存在着最大的和谐关系，因此，要求人们应该顺应这种天然的和谐关系，而不能人为地破坏它，否则，就会引起天怒人怨，受到应有的报复。

其次，强调人际关系的整体和谐。《尚书·尧典》中指出："克明俊德，以亲九族。九族既睦，平章百姓，百姓昭明，协和万邦。"讲的是家庭和睦、百官族性和谐相处及国际关系和平协调的道理。在《孟子·公孙丑下》中提出了"天时不如地利，地利不如人和"的著名论断，其中所谓的"人和"，是指人与人之间团结一致及管理者与民众之间的协调关系，并把"得道者多助，失道者寡助"，即人心向背看成是管理者和统治者是否具备"人和"进而决定事业成败的基本条件。

最后，提出实现整体和谐的基本方式是"执中致和"，即走中庸之道。《论语·雍也》中说："中庸之为德也，其至矣乎！"这就是把中庸视为一种最高的道德。所谓中庸之道就是要求人们在对待和处理各种人与事的关系时，能够把握中度，中正不偏，掌握最佳状态，恰到好处，反对过与不及。《中庸》中指出："致中和，天地位焉，万物育焉。"这就是说，通过走中庸之道，就可以达到人及天地万物和谐发展的理想境界。

总之，中国管理文化中的整体和谐思想，提供了一种人们处理内部与外部关系的基本准则，体现了中国传统的集体伦理观，构成了中国传统管理方式的重要思想基础。

（六）崇德自律的管理方法

中华民族是一个重德向善的民族，倡导德治一直是中国管理文化延绵不断的主题，其内容十分丰富，概而言之，主要包括两个方面：其一，在治国之道方面，提出了以仁义道德治理国家的理论。《论语·为政》中指出："为政以德，譬如北辰居其所而众星共之。"这就明确了道德在政治管理活动中的核心地位，并以为："道之以政，齐之以刑，民免而无耻；道之以德，齐之以礼，有耻且格。"这则进一步把道德教化视为首要的管理方法。其二，就个体而言，提出了重视自身道德修养、加强自律的自我管理方法。《大学》中提出，"自天子以至于庶人，壹是皆以修身为本"，把修身作为治国平天下的关键环节，这成为中国传统管理文化对人们的普遍要求。为此提出了"三省""九思""卑以自救"的修身之道，倡导自省、慎独、责己、反己、克己与求诸己，讲究自观、自照、自重、自治、自警、自励、自强、自信，并进而推己及人、由内而外，把修身的工夫转化为治国平天下的业绩。中国传统管理文化所提供的通过加强道德建设而达到治国治人目的的管理方法，造就了许多具有高尚品质和坚定节操的崇高人格。在当代公共部门人力资源管理与开发过程中，努力实现法治和德治的有机结合是管理现代化的必然要求。

二、中国管理文化现代化取向

管理文化作为社会文化和民族文化的重要组成部分，它的存在和发展必须与社会经济政治的发展进程相适应。建设有中国特色社会主义的伟大实践，必然要实现满足现代化管理实践需要的创造性转化。

（一）中国管理文化现代化的基本途径

从中国的现实国情出发，中国管理文化现代化的基本途径和方向必然是：在马克思主义指导下和社会主义原则的基础上，辩证地综合古今中外一切优秀管理文明成果，创造出既富有民族特色又充分体现时代精神的先进管理文化。其基本点主要包括以下内容。

1. 坚持以马克思主义为指导

任何管理文化建设都需要有一定的指导思想，这是因为任何管理文化系统都有其思想核心，以不同的理论为指导，就会形成不同的内核，况且对各种管理文化要素的分析、评价、取舍及对新的管理文化体系的建构，也都需要有一定的思想武器。中国管理文化的现代化建设，必须坚持以马克思主义为指导，这首先是由马克思主义的本质特征所决定的。马克思主义既是工人阶级和广大人民群众认识世界、改造世界的强大精神武器，又是引领人类文明发展大道的先进文化体系，它本身就是革命性与科学性的辩证统一。其次这也是由马克思主义中国化的历史成就所决定的。马克思主义与中国实际相结合，不仅孕育出了中共几代领袖的重大理论成果，而且指导了中国革命和社会主义建设实践取得了一个又一个伟大胜利。因此，当代中国管理文化建设，只有以马克思主义为指导，才能始终保持它的先进性和正确发展方向。

2. 坚持社会主义方向

经过近代以来长期的艰苦探索和艰苦奋斗，中国人民已经找到了中国社会发展的历史方向，就是走建设有中国特色社会主义的发展道路。这就要求中国管理文化的现代化历程，必须始终坚持社会主义原则和方向。社会主义的基本原则与方向，在经济上就是坚持以公有制为主体、坚持走共同富裕的发展之路，在政治上就是坚持人民当家做主，在人际关系上就是实现人与人之间真正的平等协作、相互尊重、相互友爱。在管理文化建设过程中坚持社会主义方向，就要确保管理文化能够充分体现社会主义经济和政治发展的要求，能够始终为社会主义社会管理实践和生产力发展服务，能够始终保持科学性、民主性和大众性。

3. 坚持中华民族主体性

民族主体性是一个民族在其存在和发展过程中一以贯之的本质属性，是一个民族以独立身份立足于世界民族之林的各种特征的综合，在精神文化方面主要包括民族的独立意识、自我能动意识和自觉创造性。一个民族只有形成了民族主体性意识，才能具有内在的凝聚力，才能产生推动民族发展的内在精神动力。因此，当代中国的管理文化建设，必须要立足于当代中国国情，走自己的路，而不能游离于本国、本民族的主体立场之外。无论是对传统管理文化的继承扬弃，还是对西方管理文化的引进、吸收与消化，坚持中华民族的主体独立意识、自我能动意识和自觉创造意识，都是至关重要的。

4. 坚持古为今用、洋为中用的原则

在全球化联系越来越密切的当今世界，任何一个民族的生存与发展都不可能孤立于整个世界之外。同时，为了在日益激烈的国际竞争中实现自立自强，各民族也都十分注重保持自己的民族主体性。这就要求当代中国的管理文化建设与发展，必须要兼顾全球化与民族化两个方面，在学习世界先进管理文化的同时保持并发扬民族管理文化的优秀传统，其基本原则就是坚持古为今用、洋为中用，即根据社会主义市场经济与民主政治发展的内在要求及管理实践的现实需要，通过对民族管理文化优秀传统的保持和弘扬，通过对外来管理文化的吸收和创造性转化，实现中西管理文化汇通、综合并进而创造出既体现时代精神又具有中国特色的更加繁荣先进的管理文化。

（二）中国管理文化现代化的重要取向

当代中国管理文化建设，面临着众多的内容和具体任务，从面向现代化、面向世界和面向未来的客观需要出发，主要应确立如下发展取向。

1. 法治精神与德治精神相结合

法治精神是市场经济建设和发展的基本要求，是建设现代化社会的基本条件；崇高的道德境界也是维持社会关系和谐的必要条件，是人类在社会生活中所追求的永恒主题。对于一个民族国家的管理实践来说，法治与德治是能够相辅相成、相互促进的。法治主要以法律的权威性和强制性规范社会成员的行为；德治则可以靠道德的说服力和感召力提高社会成员的思想认识和道德觉悟，引导出理性和高尚的社会行为。因此，在建设有中国特色社会主义和发展社会主义市场经济的伟大实践中，我们党和国家已经确立了依法治国与以德治国相结合的治国方略。与此相适应，当代中国管理文化建设必须要坚持把法治精神与德治精神有机统一起来的发展取向。

2. 人本管理与制度管理相结合

人本管理理念强调管理要以人为核心，重视人、关心人，充分调动人的主动性、积极性、创造性，在促进人的全面自由发展的同时，保证组织管理目标的实现。制度管理理念强调组织职权和组织制度在管理中的重要性，主张依靠组织职权进行制度化、规范化、逻辑化和程式化管理。两种管理理念各有自己的突出特点：人本管理是以张扬人的自觉性和自律性为主，带有明显的柔性管理特征；制度管理则以强调对人的外在约束和他律性为主，具有强烈的刚性或硬性管理特征，二者具有极强的互补性。因此，当代中国管理文化建设要努力把二者有机统一起来，在保证广大人民群众充分自由与全面发展的同时，踏踏实实地搞好民主管理制度。

3. 集体主义与追求卓越相结合

集体主义重视集体价值和公共利益的实现，强调个体对集体的义务和贡献，它有利于形成推动组织管理目标得以实现的群体合力；追求卓越精神重视个体的独立和个性奋斗的价值，有助于激发人们的潜能和创造力。实现这两方面的有机结合，就可以形成集体与个体相互关心、相互促进的局面，一方面着眼于整体的发展和整体利益的实现，保证个体的奋斗和利益追求必须服从于集体公共利益；另一方面又努力营造有利于个体价值充分实现的整体环境与氛围，培育能力主义，在集体中形成有利于优秀人才脱颖而出的管理机制，从而形成集体造就和凝聚能人贤才、能人贤才团结和率领群体、共同为实现管理目标而奋斗的良性发展状态。

4. 功利与道义相结合

发展社会主义市场经济的根本目的是要实现国家强盛、民族振兴和人民富裕，因而它带有鲜明的整体功利取向，这种功利取向是符合社会主义原则的；同时，众所周知，诚实守信、公平与正义也是社会主义市场经济健康发展的根基。可见，社会主义市场经济所要求的恰是功利与道义相互统一起来的价值观，任何把功利与道义对立起来的倾向都是不可取的。因此，当代中国管理文化建设，必须大力倡导社会主义、集体主义的功利主义，以为国家、民族和人民的建功立业的精神，去振兴弘扬道义，以社会主义道义去保证和促进国家富强、民族昌盛、人民富裕和社会进步，引导人们树立正确的义利观，形成功利与道义相互促进，物质文明与精神文明、政治文明协调发展的良好局面。

5. 和谐与竞争相结合

现代市场经济既是竞争经济也是协作经济，它要求人们既要有竞争意识又要有协作精神。近年来，人们经常提到的所谓"双赢"模式实际上讲的就是在竞争中求协作、在协作中存竞争的辩证统一关系。因此，当代中国管理文化建设也应确立和谐与竞争相结合的发展取向，通过培育竞争意识，形成优者上、庸者下的用人机制和奖优罚劣的分配机制，增强人们的创新意识、进取意识，保持组织的生机和活力；通过倡导整体和谐精神，形成内部关系的协调运作机制，增强人们的全局观念、服务意识和合作精神，保证组织整体目标的实现。实现和谐与竞争的有机统一，以内部关系的和谐作为有序竞争的基础和条件，以有序竞争促进整体结构关系的优化，是现代管理所应达到的基本目标。

中篇
公共部门人力资源管理

第八章

公共部门人力资源的规划

【案例导读】 天津引进人才"绿卡"制度

事预则立,不预则废,这是亘古不变的道理。一个组织要维持生存和发展,要拥有合格、高效的人力资源,就必须进行人力资源的规划。人力资源规划作为现代人力资源管理的一项重要职能,从公共部门的组织目标和发展战略出发,对人力资源的需求与供给进行科学预测,并以此为基础为组织提供人力支持,促进组织适应社会经济发展和市场化的内在要求。

第一节 公共部门人力资源规划的理论基础与概述

一、公共部门人力资源规划的理论基础

(一) 马克思主义及党的政策中的有关论述

1. 马克思、恩格斯的观点

马克思、恩格斯虽未就人力资源规划做出过具体的论述,但应该说,他们关于人的自由全面发展的观点中包含着对人力资源进行规划的要求。所谓人的自由全面发展,"只有到了外部世界对个人才能的实际发展所起的推动作用为个人本身所驾驭的时候,才不再是理想、职责等等"[①]。这里的人的自由全面发展包含两方面的内容:人的素质的全面提升和人的解放。无论是人的素质的全面提升,还是人的解放,只有当人不再受制于自然,不再受制于技术和物质财富,人可以掌握自己的发展时才有可能。所以,组织在追求自己目标的同时,应该对其成员的自由全面发展进行规划,为其创造发展的条件和空间,这不仅

---

① 《马克思恩格斯全集》(第3卷),人民出版社,1960年,第330页。

是对员工的一种培养和提高，也是对社会的一种贡献。

2. 毛泽东关于干部队伍建设与革命事业发展相适应的观点

毛泽东是中国共产党中最早认识到根据革命事业发展的规律和趋势进行干部队伍建设的领导人。第一次国内革命战争时期，毛泽东除支持黄埔军校的创办外，还先后在广州和武昌主持了农民运动讲习所的工作，为大革命高潮的兴起和土地革命战争的开展，培养了大批的干部。九一八事件之后，毛泽东预见到全民族抗日战争的局面即将到来，及时做出了培养千万计的干部队伍的主张。他指出，"政治路线确定之后，干部就是决定性因素"，"但是现有的骨干还不足以支撑斗争的大厦，还必须广大地培养人才"[1]，"因此，有计划地培养大批新干部，就是我们的战斗任务"[2]。1948年9月，解放战争的形势发展迅猛，中国民主革命已经胜利在望，针对这种形势，毛泽东在中央政治局会议中指出，"夺取全国政权的任务，要求我党迅速地有计划地训练大批能够管理军事、政治、经济、党务和文化教育等项工作的干部"[3]。同年10月28日党中央做出了《关于准备夺取全国政权所需要的全部干部的决议》。新中国成立之后，特别是大规模的经济建设开始之后，毛泽东在发出"向自然界开战"的号召同时，又提出为了迅速改变我国的经济和科学文化状况，达到世界先进水平，决定一切的是要有干部，他说，"为了建成社会主义，工人阶级必须有自己的技术干部队伍"[4]。毛泽东的这种有计划地培养干部的思想，极大地推动了干部队伍的发展壮大，为中国的革命和建设事业的发展提供了人力保障。

3. 邓小平关于干部队伍建设与经济和社会发展相适应的观点

邓小平同志十分重视干部队伍建设的计划性，他提出干部队伍建设要与国家的经济和社会发展相适应的原则，"我们的国民经济是有计划按比例发展的，我们培养训练专门家和劳动后备军，也应该有与之相适应的周密的计划……不仅要依据生产建设发展的要求，而且必须充分估计到现代科学技术的发展趋势"[5]。十一届三中全会后，他根据我国现代化建设的新形势，提出了干部队伍建设要"四化"的方针，即"要在坚持社会主义道路的前提下，使我们的干部队伍革命化、年轻化、知识化、专业化"[6]。为了解决好干部队伍的交接班问题，培养一支年龄上形成梯次结构的队伍，他把培养接班人的计划提上了全党工作的重要日程。他指出，"现在我们国家面临的一个严重问题，不是四个现代化的路线、方针对不对，而是缺少一大批实现这个路线、方针的人才"[7]，"这是一个新课题，也是对老同志和高级干部提出的一个责任，就是要认真选好接班人"[8]，"我们一定要认识到，认真选好接班人，这是一个战略问题，是一个关系到我们党和国家长远利益的大问题"[9]。

---

[1]《毛泽东选集》(第2卷)，人民出版社，1977年，第526页。
[2]《毛泽东选集》(第2卷)，人民出版社，1977年，第526页。
[3]《毛泽东选集》(第4卷)，人民出版社，1977年，第405页。
[4]《毛泽东选集》(第5卷)，人民出版社，1977年，第462页。
[5]《邓小平文选》(第2卷)，人民出版社，1993年，第108页。
[6]《邓小平文选》(第2卷)，人民出版社，1993年，第361页。
[7]《邓小平文选》(第2卷)，人民出版社，1993年，第220页。
[8]《邓小平文选》(第2卷)，人民出版社，1993年，第221页。
[9]《邓小平文选》(第2卷)，人民出版社，1993年，第222页。

正是在邓小平的这一思想指导下，大批的年轻干部走上了领导岗位，这使得各级领导班子的年龄普遍降低，文化程度明显提高，专业知识结构有了很大的改善，干部队伍素质的提高加快了现代化建设和改革开放的步伐。

4. 胡锦涛关于人才资源是第一资源的观点及党和国家确定的关于人力资源规划的决策

近年来，随着人力资源管理与开发理念的深入人心，国家越来越重视人力资源的规划工作，基本确立了根据社会经济发展计划、现有人力资源状况等因素制订人力资源规划的原则，并对人力资源规划工作做出了一系列重要的部署：2010年5月25日至26日，中共中央、国务院在北京召开全国人才工作会议，胡锦涛在讲话中指出，人才资源是第一资源，人才问题是关系党和国家事业发展的关键问题，人才工作在党和国家工作全局中具有十分重要的地位。尽管如此，当前我国人才发展总体水平与世界先进水平相比还有较大差距，与我国经济社会发展需要相比还有很多不适应的地方，特别是高层次创新型人才匮乏，人才创新创业能力不强，人才资源开发投入不足。根据新形势新任务和人才工作面临的新情况新问题，中共中央、国务院根据党的十七大提出的更好实施人才强国战略的总体要求，着眼于为实现全面建设小康社会奋斗目标提供人才保证的现实需要，颁布实施了《国家中长期人才发展规划纲要（2010—2020年）》，将我国人才发展的总体目标设定为：到2020年，培养和造就规模宏大、结构优化、布局合理、素质优良的人才队伍，确立国家人才竞争比较优势，进入世界人才强国行列，为在本世纪中叶基本实现社会主义现代化奠定人才基础。同时确立了"服务发展、人才优先、以用为本、创新机制、高端引领、整体开发"的人才发展指导方针。《国家中长期人才发展规划纲要（2010—2020年）》是我国改革发展进入关键阶段人才工作的行动纲领，它科学确定了当前和今后一段时期我国人才发展的战略目标、指导方针、重大举措，为我国的人才规划工作指明了方向。

5. 习近平关于人才工作的重要论述及其对做好人才规划的指导价值

十八大以来，习近平总书记在不同场合、不同会议上强调了人才工作的重要性。2013年3月5日下午，在参加十二届全国人大一次会议上海代表团审议时，习近平强调要坚持自主创新、重点跨越、支撑发展、引领未来的方针，以全球视野谋划和推动创新，改善人才发展环境，努力实现优势领域、关键技术的重大突破，尽快形成一批带动产业发展的核心技术。2013年6月28日至29日，在全国组织工作会议上，习近平指出，要树立强烈的人才意识，寻觅人才求贤若渴，发现人才如获至宝，举荐人才不拘一格，使用人才各尽其能。2013年9月30日，在中共中央政治局第九次集体学习中，习近平强调着力完善人才发展机制。要用好用活人才，建立更为灵活的人才管理机制，打通人才流动、使用、发挥作用中的体制机制障碍，最大限度支持和帮助科技人员创新创业。要深化教育改革，推进素质教育，创新教育方法，提高人才培养质量，努力形成有利于创新人才成长的育人环境。要积极引进海外优秀人才，制订更加积极的国际人才引进计划，吸引更多海外创新人才到我国工作。2014年5月22日，在出席亚洲相互协作与信任措施会议上海峰会期间，习近平指出，我们比历史上任何时期都更需要广开进贤之路、广纳天下英才。要实行更加开放的人才政策，不唯地域引进人才，不求所有开发人才，不拘一格用好人才，在大力培养国内创新人才的同时，更加积极主动地引进国外人才特别是高层次人才,热忱欢迎外国专家和优秀人才以各种方式参与中国现代化建设。要积极营造尊重、关心、支持外国人才创新创业的良好氛围,对他们充分信任、放手使用,让各类人才各得其所,让各路高贤大展其长。2014年6月23日,在全国职业教育工作会议上,习近平强调要树立正确人才观,培育和践行社会主义核心价值观,着力提高人才培养质量,弘扬劳动光荣、技能宝贵、创造伟大的时代风尚,营造人人皆可成才、人人尽展其才的良好环境,努力培养数以亿计的高素质劳动者和技术技能人才。2014年8月18日,习近平主持召开中央财经领导小组第七次会议强调,创新驱动实质上是人才驱动。为了加快形成一支规模宏大、富有创新精神、敢于承担风险的创新型人才队伍,要重点在用好、吸引、培养上下工夫。要用好科学家、科技人员、企业家,激发他们的创新激情。要学会招商引资、招人聚才并举,择天下英才而用之,广泛吸引各类创新人才特别是最缺的人才。人是科技创新最关键的因素,创新的事业呼唤创新的人才;创新驱动实质上是人才驱动。这些重要论断,进一步阐释了做好人才工作的战略思维和科学理念,是进一步做好人才规划工作的重要遵循。

(二)西方人力资源规划理论的发展

人力资源规划从本质上说是一种针对人力资源的计划过程。它经历了几十年的发展,其含义也从一个仅仅针对人员配置需求的狭义过程发展成为一个阐明比较广泛的与人有关的问题的过程。

20世纪初,"人力规划"的关注点主要在实行计件工资的工人身上,其目的是力图通过改进工作过程和运用早期工业心理学的方法改进工作效率。这一时期,由于企业对生产效率的重视和熟练工人的缺乏,企业中有关人力资源规划的一些职能开始产生,如进行人力资源供给和需求的预测,以及根据人力资源供给和需求的差距制定人力资源政策等。但是人力资源规划尚未形成一套完整的理论,人力资源规划的重点只是在于如何从市场上获得熟练工人和通过各种人力资源管理措施,提高工人的工作效率。

20世纪六七十年代,人们将目光转移到人才的供需平衡上。科学技术的迅速发展和企业规模的迅速扩大导致了社会对高级人才的更大需求。在这一时期,由于人口中中青年劳动力和科学技术人才的严重短缺,人力资源规划开始在企业人力资源管理中占据一个非常重要的位置。企业人力资源规划的重点开始放在人才的供需平衡,尤其是管理人员、专业技术人员的供需平衡上。人力资源规划被定义为管理人员的一种工作,即根据企业理想的人力资源状态与目前的实际状况的比较,通过制订规划,努力让"适当数量和适当种类的人,在适当的时间和适当的地点,从事使组织和个人双方获得最大利益的工作"[①]。在这个过程中,过去是规划未来的基础。

自20世纪80年代始,人力资源规划在内涵上扩大了范围,不再仅限于供需平衡和数量预测,而是扩展为上与企业战略相联系,下与人力资源管理方案相结合的更为广泛的过程。由于企业面对的经营环境变化得越来越快,企业战略在企业经营中的重要性越来越凸显,所以人力资源规划与企业战略的联系也越来越紧密。在以前,人力资源规划仅仅作为

---

① 赵曙明:《人力资源战略与规划》,中国人民大学出版社,2002年,第75页。

企业人力资源管理的一项独立的职能活动，因此它在运行过程中有可能与企业经营的外部环境不匹配，或者与企业人力资源管理的其他职能活动（如招聘、薪酬管理等）发生冲突。在企业将人力资源规划与企业战略联系起来以后，企业就能够根据企业的经营环境制订人力资源规划，并在统一的人力资源规划下，确定人力资源的其他管理职能，实现人力资源管理通常所说的两个一致性：外部一致性和内部一致性。

上述企业人力资源规划理论在公共部门的人力资源规划中得到了广泛应用。加强公共部门人力资源规划，具有与私营组织同样的重要性。一方面，现代社会发展的前景预示着，在公众对公共服务要求不断提高的今天和未来，公共部门人力资源的构成状况，对于公共部门能否适应社会的需要极为关键。另一方面，公共部门自身的组织结构特点和行政改革的趋势也要求其必须对其人力资源做出规划，以使改革给个人和组织带来的负面影响降至最低，保证公共部门职能的有效实施。

人力资源规划理念的发展，不仅是现代管理技术方法的进步，更意味着人力资源管理理念与价值的更新，即标志着现代人力资源管理由重视员工数量转向重视员工的能力与素质；由注重组织人力资源管理的短期利益转向注重组织长期的发展与战略。

二、公共部门人力资源规划的内涵及意义

（一）公共部门人力资源规划的内涵

公共部门人力资源规划，就是指公共部门根据组织未来的任务和环境对组织提出的要求，运用科学的方法和技术，对其人力资源进行预测、合理配置与计划，进而满足组织所需人力资源的过程。

从这个定义我们可以看出以下内容。

（1）公共部门人力资源规划可以预见未来的人力资源需求。组织的外部环境在未来处于不断变化之中，这将使组织的战略目标也处于不断变化和调整之中。公共部门人力资源规划就是在未来环境和组织目标可能发生变化的前提下进行预测分析，对组织的需要进行识别和回答，把握环境和战略目标对组织的要求，以确保组织长期、中期和短期的人力资源需求，使组织尽快地对环境做出反应，从而增加竞争优势。

（2）公共部门人力资源规划是以公共部门的战略目标为基础的，当公共部门的战略目标发生变化时，人力资源规划也应做出相应的调整。

（3）一个组织需要通过人力资源规划来指导人力资源管理的政策与实践，以保证人力资源的各个管理环节在变化的环境中仍能保持有效与一致。

（二）公共部门人力资源规划的意义

公共部门人力资源规划是国家社会经济发展总体规划的重要组成部分，是公共部门发展战略和重大决策的基础，它对一个国家和地区人力资源的合理开发和利用、对经济社会的可持续发展、对实现充分就业都起着积极的推动作用。

1. 人力资源规划为公共部门发展目标和任务的实现提供了人力支持

由于组织所处的内外环境是不断变化的，组织的战略目标也需要不断地调整。为了适应组织未来发展战略的要求，人力资源管理必须采取相应的措施。管理系统引入人力资源规划，就是对组织发展做出的回应。人力资源规划能够在明确组织目标的基础上，通过预测得知人力资源的供需缺口，进而采取相应的对策平衡人力资源的供给与需求，确保组织目标实现所需要的人力供给。另外，人力资源规划还可以使组织成员看到未来组织各个层面的人力资源需求，从而参照组织人力资源的供给状况设计自身的发展道路。组织整体规划与个人职业发展相结合不仅可以为公共部门判断人才来源和人才培养方式提供重要的依据，也可以为个人提供更多的发展机会，提高个人的工作生活质量。

2. 人力资源规划是公共部门其他各项人力资源管理职能的基础

人力资源规划的这种基础性作用体现在它与其他管理活动的关系上：从规划与培训的关系来看，根据人力资源规划确定的目标，公共部门可以有计划、有步骤地培训公共部门人力资源，使其在知识、技能、职业素养等方面适应组织发展的需要。比较各种人力资源的使用途径，在同等资源条件下，有计划地教育、培训内部人员和更新他们的知识、能力结构，发挥其潜质，实现人事相宜，是一条最为经济和有效的道路。所以说，人力资源规划建立了组织的未来发展与现实的人力资源的有效开发之间的桥梁。从规划与选拔、录用、晋升、转任、退休间的关系来看，公共部门人力资源规划描述了一定时期内，适应组织工作性质所需的公共部门人力资源的总体数量、专业技术种类和能力水平层次等方面的要求。而要将规划的目标付诸实施，组织必须控制公共部门人力资源的"入口"管理、"出口"管理和内部流动管理等重要环节。这意味着组织在发现现有人力资源状况缺陷与不足的条件下，会有目的地调整公共部门人力资源的总体结构，通过有意识地选拔、录用、重用某类人才，或安排某些公共部门人力资源转任、离职、退休，实现公共部门人力资源结构的整体完善，这在客观上也促成了公共部门人力资源个人的不断发展。

3. 人力资源规划促进了公共部门人力资源的开发和利用

任何国家和地区的人力资源的发展都面临着两项基本任务：一是不断提高人力资源的内在质量；二是努力改善人力资源的利用效率。前者属于人力资源的合理开发，后者属于人力资源的有效利用，二者不可偏废。然而，在不同的历史时期和社会条件下，有关人力资源的发展重点却有所不同。特别是当经济和社会运行出现非均衡状态时，选择一个适宜的人力资源规划对于促进人力资源的健康发展就显得尤为重要。当前，我国公共部门的人力资源在开发和利用两个方面不均衡，利用效率很低。因此，在制订人力资源规划时，应以有效利用为重点，坚持合理开发和有效利用并举的思路。即注重改善和提高现有人力资源的使用效率，通过深化体制改革和实施各项政策，促进现有人力资源的结构调整和优化重组，尽可能地释放其潜在的能量。同时，在保证效率的前提下，根据社会经济长期发展的需要和可能，积极稳步地推进人力资源的开发步伐。

第二节 我国公共部门人力资源规划的实践运作

我国的公共部门人力资源规划工作尚处于起步阶段，还没有制订出明确的有关人力资源规划的法律法规。目前人力资源的规划工作主要是依据《国家中长期人才发展规划纲要（2010—2020年）》确定的原则进行的。

我国公共部门人力资源的规划过程包括四个阶段：第一，分析组织内外环境的变化对组织发展与人力资源需要提出了什么要求；第二，分析现有人力资源的状况；第三，对组织未来的人力资源需求进行预测；第四，组织人力资源规划的实施，并通过一定的指标，对人力资源规划的成果予以评估。

一、国家机关人力资源规划的实践运作

由于我国其他国家机关的人力资源规划在实际操作中大多是参照行政机关进行的，所以，我们在这里介绍的主要是国家行政机关人力资源规划的情况。

（一）国家机关组织环境分析

在进行国家机关的组织环境分析时，要尽可能了解和评价那些重要的环境因素，把握组织发展的基本趋势。这些因素包括以下内容。

1. 政治生态环境

它涉及政府与代议机构、政党组织等政治组织的关系构成，其主要是通过对政府行政管理权限的范围及权力的行使方式的影响来作用于人力资源规划的。例如，我国人民代表大会对政府重要人事任免的权力就可以影响到一级政府的人员构成。

2. 经济发展状况

一方面，经济发展速度影响政府的人力资源需求。一般来说，经济发展速度与人力资源的需求成正比；另一方面，不同的经济体制下，政府对人力资源的需求类型不同。计划经济体制下，政府需要的是服从型、执行型人才；而在市场经济体制下，政府则需要复合型、创新型人才。

3. 社会发展趋势

社会环境影响和制约着公共部门目标的形成和组织机构的设置，进而影响到人力资源的状况。一方面，社会发展与公众需要决定着政府的职能定位，职能定位决定了政府的组织结构，也决定了政府人员的数量与类型；另一方面，社会的发展带来了不断更新的技术手段，特别是知识经济时代的到来，势必会使政府的工作方式和工作手段发生变化，这时政府选择和使用的人才就要能够适应这些变化。例如，社会的发展要求公共部门在经济、法律、金融、高新技术等方面提供更加专业、更加高效的服务，政府就应该吸纳这些方面的专门人才，于是政府中的高级雇员便出现了。

（二）国家机关现有人力资源状况分析

虽然国家机关人力资源规划的主旨是对组织未来的人力资源构成进行预测，但做出科学预测的前提是信息。这里的信息是指国家机关现有的人力资源状况，它包含两方面的内容。

一是国家机关内部的人力状况,即国家机关在过去一定发展时期内和现有的人力资源数量、质量,以及年龄、学历、性别和职称结构等。

二是国家机关外部的人力资源状况,即国家的总体经济发展状况、全国人力资源总体构成和全国人才市场情况等因素。

通过对这两方面内容的分析,逐步掌握国家机关工作性质、工作发展趋势与人力资源结构之间关系的规律,以及国家机关外部人力供给状况,从中获得经验性资料,为未来的人力资源需求预测提供依据。

(三)国家机关人力资源需求预测

人力资源需求预测是人力资源规划的中心内容。它是在掌握了组织人力资源存量状况的基础上,对组织未来所需的人力资源的数量、质量和结构进行的预测活动。一般而言,人力资源需求预测根据其时间的长短可以分为短期预测和长期预测。短期预测以当年度的预算比例和工作任务为标准,因此准确性较高,通常可以采用历史比较、工作项目分析、组织预算计划等方法;而长期预测由于时间跨度大、组织目标调整及环境的不确定性等因素,预测难度较大。为保证其准确性,人们探索了许多长期预测的方法。我们在本节中介绍的主要是不同部门应用的长期预测的方法。国家机关的人力资源需求预测可以采取干部岗位定员法、单位含量推算法和部门意见法。

(1)干部岗位定员法。这是一种偏于经验的预测方法,即直接向所预测的部门或单位征询人员需求意见的方法。通过在第一线研究和确定各个岗位上所需要的人员数量及这些人员所应该具备的知识和技术水平,预测该部门未来的人才需求状况。

(2)单位含量推算法。这里的"单位"是指计量职能部门工作量的标准,如在交通部门中"单位"就是指公路里程、营运车辆、航运船只等。使用单位计量的基本出发点是为了确定一定数量的单位需要多少相关的人才,然后根据目标年度所要完成的工作量,我们就可以预测出目标年度的所需的人才数量。

(3)部门意见法。即向掌握政策、熟悉现状和规划未来发展的部门,如业务部门、技术部门、人事部门和计划部门等征求意见,这些部门了解本组织系统的特点,包括发展速度、发展规模、工作量变化情况和组织机构的变动情况等,因此能够提出比较切合实际的意见,对各部门提出的意见进行整理、汇总后,就可以从中获得所需的信息资料。

二、事业单位人力资源规划的实践运作

(一)事业单位组织环境分析

事业单位人力资源规划不仅要对自身的人力资源前景进行描述,更重要的是将自身的未来发展与现实管理联系起来。因此,事业单位在编制人力资源规划时,首先必须明确自己的战略目标。这是事业单位编制人力资源规划的前提。事业单位既具有政府的某些特征,与政治密切联系,又具有工商企业的某些特征,与市场息息相关。为此,事业单位在确定组织目标时,既要考虑政府总任务、总目标的要求,以服务于我国社会主义建设发展战略

为主导，又要结合自己的实际情况，紧紧把握市场规律这一主线。

制订事业单位人力资源规划时应该考虑的组织环境有以下几个方面。

1. 经济环境的影响

随着我国产业结构的调整，人力资源的总体走向发生了变化，这必然会影响到事业单位对人力资源的规划。另外，经济体制的不同也对事业单位人力资源规划的实现产生了影响。在计划经济体制下，事业单位所需的人力资源完全由政府劳动部门或人事部门配备，主要凭借行政命令实现人力资源的规划；而在市场经济体制下，事业单位除少数领导人员由政府主管部门配置外，其他人员将完全由市场配置，人力资源规划主要通过人才市场来实现。

2. 政治环境的影响

目前影响事业单位的政治环境主要是国家关于加快事业单位人事制度改革的政策。这将影响到事业单位对各类高素质、社会化的专业技术人员的需求。

3. 社会环境的影响

社会的进步程度将直接影响到事业单位人力资源的数量和质量。这是因为社会的快速发展会对社会服务和公共产品的供给提出更高的要求，事业单位作为这些服务和产品的提供者之一，其人力资源的建设必然会受到这种发展的影响。

（二）事业单位现有人力资源状况分析

收集与事业单位内外人力资源状况有关的信息，并加以分析，是制订人力资源规划的基础性工作。

首先，事业单位要通过对现有人力资源的年龄分布、岗位结构、离职和离退休年限，以及提升、转职等情况的分析，明确自己组织内部人力资源的数量、质量、类型、结构、分布与流动率等。没有这些基础性信息，人力资源规划就失去了内在的根基。

其次，事业单位还要对外部的人力资源状况做出科学的分析，如国家的人口政策，教育水平和教育政策，国家有关人力资源管理的法律、政策等，从中预测出经济、社会和科技发展对事业单位人才构成提出的新要求。

（三）事业单位人力资源需求预测

事业单位人力资源需求预测的方法有趋势分析法、经验比例法等。

1. 趋势分析法

首先，确定适当的与人力资源需求数量相关的组织因素。这种相关性主要体现在：一是所选的因素与组织的基本特征直接相关，以便根据这一因素来制订组织计划；二是所选因素的变化与事业单位所需人力资源数量变化成比例。例如，与医院的人力资源数量变化成比例的应该是其患者数量。

其次，找出历史上所选因素与人力资源变化之间的数量关系。根据这种数量关系预测未来人力资源的需求量。目前，趋势分析法中最常用的相关因素是人才人均 GDP 或人才人均工业增加值，即通过分析人才人均 GDP 近几年的变化趋势，推算出其在目标年度的发展水平，然后根据人才需求=目标年度预期的 GDP（或工业增加值）/目标年度的人才人均 GDP（或人才人均工业增加值），计算出目标年度的人才需求。

2. 经验比例法

经验比例法就是根据事业单位各类工作人员与其服务对象之间的习惯比例来预测所需的人力资源数量。在某些事业单位，如高等院校和医院的教师和护士人员等，他们与其服务对象之间总是存在一定的比例。那么，在这个比例不变的情况下，我们就可以根据高等院校的拟招生人数推断出未来学校所需教师的数量。

三、国有企业人力资源规划的实践运作

（一）国有企业组织环境分析

国有企业组织环境分析包括企业的内部环境和企业的外部环境。

1. 内部环境

（1）企业的经营战略，即企业的目标、产品组合、市场组合、经营范围、生产技术水平、竞争、财务及利润目标等，它是企业的整体计划，指明了企业人力资源规划的方向。

（2）企业的组织环境，即企业现有的组织结构、管理体系、薪酬设计、企业文化等，了解企业现有的组织结构可以预测未来的组织结构，从而预测未来对人力资源的需求。

2. 外部环境

外部环境是指企业开展经营活动所处的人口环境、政策环境、法制环境、文化氛围、社会发展环境及国家的经济支持能力和教育能力等。其中最重要的是劳动力市场、劳动力择业意向及政府有关的政策等因素，如劳动力市场的缩小将直接影响企业人力资源预测的方向，而劳动力的择业意向也将直接影响到企业能否获得所需的人力资源。

（二）国有企业现有人力资源状况分析

企业内部人力资源状况分析包括对企业现有的人力资源的数量、所具备的能力与素质、年龄结构、流动状况、员工的培训和教育情况、员工价值观和员工潜力等的分析。只有对现有人力资源充分了解，才能使制订的人力资源规划有意义、有价值。

企业可以通过考察国家的总体经济状况、政府出台的一些政策及职业市场状况等来了解外部的人力资源状况。一般而言，国家经济低迷，失业率上升，企业的外部人力供给就相对充足。而政府出台的某些政策则会影响到地方劳动力市场的状况，如广州放开居民户口限制，会吸引大量外省人力资源流入广州，进而为广州企业的外部人力资源选择提供便利。另外，企业还可以通过订阅职业市场的一些专业期刊或定期参加人才交流会来对外部人力资源状况进行了解和分析。

（三）国有企业人力资源需求预测

企业的人力资源需求预测除了可以采取国家机关和事业单位的预测方法外，还可以运用德尔菲法、多元回归预测法、工作负荷法等。

1. 德尔菲法

使用德菲尔法，首先应成立一个研究小组，概括出若干与需要进行的预测有关的问题，然后邀请20～30位专家，将问题表寄给他们，请他们回答。参与的专家是匿名的，参与者处于互不知晓的状态。当小组收到专家寄回的问卷答案后，进行统计、分析和归纳，将第一次回答的结果归纳成新的问题表，反馈给专家。一般经过两三轮的反馈后，意见趋于一致。根据专家提出的最后意见，总结前几轮的反馈结果，进行最后预测。使用德尔菲法进行预测，应该注意以下原则：在预测过程中，人力资源部门应该为专家们提供充分的信息，包括已经收集的历史资料和有关的统计分析结果，目的是使专家们能够做出比较准确的预测；另外，所提出的问题应该尽可能简单，以保证所有专家能够从相同的角度理解相关的概念；在必要时，可以不问人力需求的总体绝对数量，而只问变动的百分比或某些专业人员的预计变动数量；对专家的预测结果也不要求精确，但是要专家们说明对所做预测的肯定程度。

2. 多元回归预测法

人力资源需求的变化总是与某个或某几个因素有关。多元回归预测就是通过考察这些因素来预测人力资源的需求情况。首先，找出与人力资源需求量有关的因素作为变量，如销售量、生产水平、人力资源流动比率等。其次，找出历史资料中的有关数据及历史上的人力资源需求量，要求起码有20个样本，以保证由此建立的关系的有效性。再次，对这些因素利用 Excel、SPSS 等统计工具中的多元回归计算来拟合方程。最后，利用方程进行预测。（Excel、SPSS 等统计工具都提供了一种多元回归方程，如 $Y=AX_1+BX_2+CX_3+\cdots+NX_N$，其中 Y 为人力资源需求量，A，B，C，$\cdots$，N 为回归系数，X_1，X_2，X_3，$\cdots$，X_N 为与 Y 有关的因素，利用我们得到的历史资料，就可以求出 A，B，C 等回归系数，然后利用方程预测出未来的人力资源需求量。）

3. 工作负荷法

工作负荷法的考察对象是企业目标和达成目标所需人力资源数量间的关系，考虑的是每个人的工作负荷和企业目标间的比率。企业的目标一般是指生产量或销售量等容易量化的指标。每个人的工作负荷则是指某一特定时间内每人的工作量。预测未来一段时间内企业要达到的目标，如要完成的产量或由销售量折算出工作量，再结合每个人的工作负荷就可以确定企业未来所需的人员数量。

四、公共部门人力资源规划的实施与评估

公共部门在完成了对组织环境、现有人力状况的分析及对未来人力资源的需求预测之后，就会进入到公共部门人力资源规划的实施与评估阶段。

人力资源规划不仅要对组织人力资源的前景进行描述，更重要的是在组织运行中实施已制订的规划，即根据人力资源规划进行组织人力资源管理的各项具体活动，制订公共部门人力资源选拔、录用、晋升、培训等方面的规划，真正发挥人力资源规划对组织的管理实践和未来发展的指导作用。

公共部门人力资源评估是人力资源规划过程的最后一个阶段，它是通过一系列科学的

方法,对人力资源规划取得的结果和影响进行综合、系统的分析与判断。它在公共部门人力资源规划过程中意义重大。只有通过有效评估,才能及时发现人力资源规划中的缺陷与不足,不断地改进和发展规划,调整由环境变迁带来的不适应,保持组织对规划的满意程度。在公共部门人力资源评估中,最关键的问题就是评估标准的确立,即组织应选择什么样的标准或指标体系,才能客观、有效地对规划做出评价。我们认为,公共部门人力资源规划的评估标准应包括规划的充分性、规划的可行性、规划的效率、规划的效能等。据此,可以对公共部门的人力资源规划进行评估。标准包括以下内容。

第一,公共部门人力资源规划是否符合公共部门发展目标的总体要求,即在人力资源的总体构成上是否与公共部门的工作性质、工作岗位的需求相一致。

第二,公共部门人力资源规划是否改善了组织为公众提供的服务的质量,是否促进了组织生产力水平的提高。

第三,公共部门人力资源规划是否解决了人力资源发展中存在的问题,是否弥补了现有人力资源状况的缺陷和不足。

第四,在现有的既定的职位编制和预算额度下,公共部门人力资源规划是否能够被推行和落实,它赖以运行的动力是什么。

第五,公共部门人力资源规划提供的各种人才发展途径在经济上是否合算,是否能节约录用、培训等环节的成本。

第六,公共部门人力资源规划给社会带来了哪些影响或效益,是否有利于形成优秀人才健康成长的机制。

第三节 我国公共部门人力资源规划的改革与完善

我国对公共部门人力资源规划的研究只有20多年的时间。过去,人们通常认为,人力资源规划,尤其是长期性规划是无关紧要的。因为,无论是对企业而言,还是对政府来说,它们都面对着一个来源极为丰富的劳动力(人力资源)市场。因此,组织并不关心人力资源的规划问题。近年来,随着人力资源管理与开发理念的深入人心及人才竞争的激烈,国家越来越重视人力资源的规划工作,但由于我们起步很晚,所以还有许多需要发展和完善的地方。

一、人力资源规划要与社会和组织发展相适应

一方面,人力资源规划应该本着促进人力资源与经济社会发展相协调的原则,紧紧围绕国家提出的改革、发展的战略目标和部署,配合国家重大发展战略的实施,开发和配置人力资源。目前,人事部门应该围绕科教兴国、可持续发展、西部大开发和振兴东北老工业基地等战略的实施,制订人力资源规划,有针对性地吸引、调配和补充紧缺人才和重点人才。

另一方面,人力资源规划要与组织的发展战略相一致。只有这样,人力资源规划才具有现实意义。不明确组织发展的总任务、总目标,这种条件下进行的规划将是盲目的,自

然也就不可能为组织的发展提供人力和智力上的支持。

二、加强人力资源规划的法制化建设

在一个民主、法治的国家中，对一项制度最好的保障方式就是对其进行立法。要保证公共部门人力资源规划良性、健康地发展，就必须将这项工作纳入法制化的轨道。有关公共部门人力资源规划的法规要成为一个完整的体系，应该包括三个层面。

第一个层面是公共部门人力资源管理的法规，其中包含着对规划的基本原则、基本任务和发展方向的规定，这一层面作为人力资源规划的基本法律依据。

第二个层面是公共部门人力资源规划的具体规定，这一规定应该对规划的种类、内容、方法及保障措施等做出明确描述。

第三个层面是公共部门人力资源规划的实施细则，它应该对规划实施过程中遇到的所有问题进行规定，使规划的各个环节都真正做到有法可依。

三、加强人力资源预测工作的制度化建设

预测是规划的前提和基础，所以要发展和完善规划工作，就必须先做好预测工作的制度化建设。

首先，我们要逐步建立起覆盖全国的人才统计制度和人才信息系统，建立与经济发展相配套的人才供求动态模型，做好日常的人力资源供需数据的统计、整理与分析工作。

其次，要建立人才信息定期发布制度。根据已经建立的模型，分析人力资源供需现状并对其发展趋势做出科学预测，及时发布紧缺和过剩人才信息，定期出版人才需求预测白皮书，建立起人才供需平衡的市场导向机制，充分发挥人力资源规划在公共部门人力资源管理中的指导作用。

有些省市在人才预测方面取得的成功经验值得推广和借鉴。上海市2001年就建立了人才指数体系，定期公布人才需求目录；广州市则于2003年9月公布了《2003—2004年广州市优先引进人才专业目录》中，规定了18类紧缺人才可以适当放宽条件限制，而对10类需求量已经饱和的专业人才要提高引进的条件。这种人才预测动态体系的建立，标志着人力资源管理和开发工作走向了定量化的阶段。

第九章

公共部门人力资源的录用

【案例导读】 反思公共部门录用中的"萝卜招聘"

第一节 公共部门人力资源录用的理论基础与概述

一、公共部门人力资源录用的理论基础

(一) 马克思主义关于公共部门人力资源录用的基本观点

1. 通过考试公平竞争

公平竞争是公共部门人力资源录用制度的基本原则之一,是社会主义民主政治在干部人事管理制度中的具体体现,它贯穿于公共部门人力资源录用的各个环节之中,其根本目的在于促进优秀人才脱颖而出,做到人尽其才,各得其所,最大限度地调动公共部门人力资源的积极性。

按照马克思主义观点,公共部门人力资源录用应体现公平、竞争的原则。在马克思、恩格斯、列宁、毛泽东等的著作中都有关于这方面的论述。其中列宁、邓小平更明确提出通过考试竞争来录用的见解。列宁在领导苏维埃政权的实践中,最早认识到通过考试录用公共部门人力资源的重要性,他在自己的最后一篇论文《宁肯少些,但要好些》中提到,要选拔具有现代化水平的人才,就必须永远废除一般的编制标准,经过极严格的考试来挑选。在谈到工农检察院干部的录用条件时,列宁非常明确地指出干部录用"必须通过国家机关知识的考试;必须通过国家机关基本理论、行政管理和公文处理等基本知识的考试"①。并且,列宁已经开始着手规划创立行政人员考试录用制度。

建立一套具有中国特色的公共部门人力资源考试录用制度是党和国家在干部人事制

---

① 《宁肯少些,但要好些》:《列宁选集》(第4卷),人民出版社,1972年,第702页。

度上不懈探索、锐意创新的一项重大举措。1980年8月18日，邓小平同志在题为"关于党和国家领导制度的改革"的讲话中，就干部选拔录用问题指出："将来很多职务、职称，只要考试合格，就应当录用或者授予。"①

2. 考试录用要坚持任人唯贤、德才兼备的标准

德才兼备原则是我国公共部门人力资源配置的根本原则。公共部门人力资源的选拔和任用，既要重视政治条件，又要重视才能条件，坚持德才并重，两者不能偏废，这是由我国公共部门的特殊性质决定的。

毛泽东在长期的革命斗争实践中，总结了干部队伍建设的经验，提出了"德才兼备"的标准和"任人唯贤"的干部理论。他说"共产党的干部政策，应是以能否坚决地执行党的路线，服从党的纪律，和群众有密切的联系，有独立的工作能力，积极肯干，不谋私利为标准，这就是'任人唯贤'的路线"②。新中国成立后，毛泽东针对建设社会主义的艰巨任务，要求全党干部学习不懂的东西，要"努力精通技术和业务，使自己成为内行，又红又专"③，并提出了德才兼备又红又专的干部标准。党的十一届三中全会以来，邓小平丰富和发展了毛泽东的干部理论，具体提出了干部"四化"方针，即实现干部队伍革命化、年轻化、知识化、专业化。

习近平在2013年的全国组织工作会议上更具体地指出：我们党历来高度重视选贤任能，始终把选人用人作为关系党和人民事业的关键性、根本性问题来抓。好干部要做到信念坚定、为民服务、勤政务实、敢于担当、清正廉洁。党的干部必须坚定共产主义远大理想、真诚信仰马克思主义、矢志不渝为中国特色社会主义而奋斗，全心全意为人民服务，求真务实、真抓实干，坚持原则、认真负责，敬畏权力、慎用权力，保持拒腐蚀、永不沾的政治本色，创造出经得起实践、人民、历史检验的实绩。习近平还指出，用一贤人则群贤毕至，见贤思齐就蔚然成风。选什么人就是风向标，就有什么样的干部作风，乃至就有什么样的党风。各级党委及组织部门要坚持党管干部原则，坚持正确用人导向，坚持德才兼备、以德为先，努力做到选贤任能、用当其时，知人善任、人尽其才，把好干部及时发现出来、合理使用起来④。

上述马克思主义的观点，是我国公共部门人力资源录用必须遵循的基本理论依据。

（二）西方关于公共部门人力资源录用的基本观点

1. 强调摆脱出身和党派限制

西方学者普遍认为，公共部门人力资源录用理论的发展在很大程度上是依存于人事行政实践的。依据"功绩"原则的现代人事行政，"基础在于以一个开放的、竞争性的考试作为选择公共部门雇员的工具"⑤。其根本目的就是要摆脱强调身份的"个人赡徇制"和强调党派的"政党分赃制"在人员选拔上的束缚，并且有效改变在上述两种人事制度下，行政

---

① 《关于党和国家领导制度的改革》：《邓小平文选》（第2卷），人民出版社，1994年，第324页。
② 《毛泽东选集》（一卷本），人民出版社，1964年，第493页。
③ 《毛泽东选集》（第5卷），人民出版社，1977年，第471页。
④ 习近平强调：建设一支宏大高素质干部队伍，http://news.xinhuanet.com/2013-06/29/c_116339948.htm。
⑤ 戴维·H. 罗森布鲁姆，罗伯特·S. 克拉夫丘克：《公共行政学：管理、政治和法律的途径》（第五版），中国人民大学出版社，2002年，第228页。

道德败坏、行政效率低下的状况。文官制度改革"相当程度是为了将我们的政党以及我们对政治事务的管理，从那些管理手段低俗的政客手中拯救出来"[①]。西方国家公务员录用制度正是在这种人事行政发展的基础上得以确立的，并被西方学者称为政府人事管理的支柱。

2. 强调贯彻科学公开的录用原则

科学管理之父泰勒在《科学管理原理》一书中谈到，采用科学的方法选拔员工是科学管理理论四个重要方面之一。随后的马克思·韦伯（Max Weber）也在描述其称之为官僚行政组织的理性组织模式时，将公开选拔作为这种组织模式的六大主要特点之一。应该说，科学、公开的录用原则在科学管理时期就得以确立。

3. 强调实现由"成本"到"资源"的转变

1676 年，配第将作战中军人、武器和其他军械损失与人的生命作了比较，被认为是首次严肃地运用了人力资本概念。亚当·斯密则在其《国民财富的性质和原因的研究》一书中写道："一种费去许多工夫和时间才学会的需要特殊技巧和熟练的职业，可以说等于一台高价机器。"[②]诺贝尔奖获得者、被公认为"人力资本理论"之父的美国经济学家西奥多·W. 舒尔茨在他的著作《由教育形成的资本》和《人力资本投资》中，比较全面、系统地提出了人力资源发展的理论和人力资源对经济增长和社会丰裕具有的重大意义。

人力资源理论对于人力资源录用的最大影响在于，它不再将人员作为组织的一种成本，而是看成组织未来发展的关键性资源。从而实现了由以"事"为核心的传统人事管理到以"人"为核心的现代人力资源管理的转变。正因如此，人力资源录用的成功与否将直接决定组织的未来命运，这也就要求在选用人员时要做到最大限度地择优录取。

二、公共部门人力资源录用的基本目标与功能及其作用

公共部门人力资源的录用是人力资源"入口"管理的重要环节，是公共部门人力资源管理的基本职能之一，它不仅直接影响着公共部门人力资源构成的质量，而且关系到公共部门工作绩效水平的高低。

（一）公共部门人力资源录用的基本目标与功能

公共部门人力资源录用的目标是由它所服务的公共部门自身的性质和任务决定的，在社会发展的不同时期有着不同的内容。公共部门人力资源录用管理的基本目标是获取公共部门所需要的各类、各层次人才，满足社会经济、政治发展对公共部门提出的要求，提高公共部门管理社会的公共服务的能力，提高公共部门人力资源为人民服务的本领，推进社会全面进步，同时，为公共部门人力资源个人成长和发展提供良好的环境，促进公共部门人力资源与公共部门协调发展。

公共部门人力资源录用的功能是：通过多种渠道，获得适合公共部门职位需要、拥有开发潜力的优秀人才。因此，一方面要求不断扩展人才来源的社会基础，运用公开考试、公平

[①] 戴维·H. 罗森布鲁姆，罗伯特·S. 克拉夫丘克：《公共行政学：管理、政治和法律的途径》（第五版），中国人民大学出版社，2002 年，第 229 页。

[②] 亚当·斯密：《国民财富的性质和原因的研究》（上卷），商务印书馆，1972 年，第 93 页。

竞争、择优录用的方式甄别、遴选人才；另一方面，通过绩效考核等方式，不断开发公共部门现有的人才资源，提高公共部门人力资源的质量，做到人适其位、事得其人、人尽其才。

（二）公共部门人力资源录用的作用

录用作为公共部门人力资源管理的入口环节，对整个公共部门人力资源管理具有重要作用。

一是可以及时有效地满足公共部门发展的需求。公共部门在发展的不同时期需要不同类型、不同数量的人才，这是公共部门持续发展的保证。而录用正是经过层层选拔，把那些文化水平、工作能力比较优秀的人员选拔到公共部门，使公共部门人力资源的基本素质达到较高水平，从而及时有效地保证了公共部门不同发展时期对人力资源的需求。

二是有助于提升公共部门的工作效率。有效的录用可以保证每一个职位都能拥有合适的人选，做到人尽其才，才尽其用，这必然促使整个部门工作效率的提高。

三是可以促进社会公平正义的实现。公平合理的录用制度可以有效防止用人上的不正之风，使社会上符合从事公共部门工作资格条件的所有人员，都有平等的机会通过竞争进入公共部门实现自身价值。这些年来我国公共部门在人员录用方面通过完善法律法规和相关政策，坚持正确舆论导向，坚持公平考录，净化了考录环境，促进了社会公平正义的实现，对构建和谐社会也产生了不可低估的积极作用。

三、我国公共部门人力资源录用的基本内容

公共部门人力资源录用的基本内容，是指国家机关、事业单位及国有企业在人力资源录用过程中所采纳和使用的招聘、甄选、评估和保障的基本方式或方法。

（一）公共部门人力资源的招聘方式

我国公共部门人力资源招聘的方式主要有以下八种。

1. 广告招聘

广告招聘是指通过报纸、广播、电视和行业出版物等媒介向公众传送组织的就业信息，吸引符合工作要求的人员的一种外部招聘办法。广告招聘由于其信息发布广泛迅速、操作方便、成本可控等优点，成为当前公共部门人力资源录用中最常使用的方法之一。利用广告招聘的缺点在于广告存留时间短、成本较高、信息容量少。

2. 校园招聘

校园招聘是指经由学校的学生工作处或毕业生分配办公室进行人员招聘的方式。这种方式的优点是，应聘者的素质有一定保证，应聘人数较多，可以有计划按程序集中进行招聘。缺点是招聘被限制在固定的时间范围内，缺乏灵活性。同时，由于学校毕业生供需双方选择，会出现被选中的同学拒绝聘约使招聘工作前功尽弃的情况。

3. 经职业介绍机构和人才交流中心进行的招聘

随着我国市场经济体制的建立和政府职能的转变，职业介绍机构和人才交流中心等社

会中介性组织蓬勃发展。目前,全国各地的职业介绍所和人才市场正在人才招聘和交流中起着越来越重要的作用。一般来说,组织在急需个别职位人才时,通过职业介绍所和人才市场招募是一种相当简便的办法。

4. 网络招聘

网络招聘是指通过互联网进行的招聘。这种招聘已经逐渐成为人员招募最为重要的方式之一。数以万计的专门的求职招聘网站、大型门户网站的招聘频道和网上人才信息数据库等成为新兴的"人才市场"。网络招聘的兴起不仅是因为其成本低廉,更重要的是因为网络招聘是现存各种招聘方式中最符合未来社会人才高速流转要求的。而且随着网络音频、视频技术的飞速革新,网络招聘缺乏立体感的死结也将打开,应该说网络招聘的前景十分广阔。不过,网络招聘要警惕和排除虚假信息的干扰,以免影响组织招聘的效益和效率。

5. 主管人员代理招聘机构

主管人员代理招聘机构即通常所说的"猎头公司",这类公司主要是为企业搜寻高层管理人才。在美国,"此类机构所接受的企业填补空缺职位至少是年薪40 000美金以上的"[1]。在我国,猎头公司尽管出现时间较短,但其发展势头已不容小觑。从目前情况看,我国公共部门人力资源录用一般并不通过猎头公司;相反,由于我国公共部门待遇相对较低,已经在公共部门工作的大量专业技术人才和中高级管理人才却成了猎头公司的猎取对象。如何在现有条件下避免中高级人才的流失,将是我国公共部门人力资源管理未来需要面对的一个难题。

6. 转业军人的安置招聘

在我国,转业军人的安置是公共部门的一项政治任务。迄今为止,从转业军人中招聘所需人员,仍然是公共部门招聘人员的重要方式之一。

7. 现职人员介绍的招聘

现职人员介绍的招聘是指通过现职人员介绍来填补职位空缺的招聘。这种方式的优点是推荐人清楚组织的运作及职位要求,组织也清楚被推荐人的个人信息和背景。因此,多数情况下,内部推荐的候选人大部分能符合组织的要求,可以减少招聘的程序和费用。缺点是可能碍于推荐人的情面,影响招聘的公平性。如果这样的情况增多,还会因为组织内部复杂的裙带关系给管理工作带来难度。

8. 内部招聘

内部招聘是指当职位出现空缺,在组织内部选用胜任人员的招聘。内部招聘的形式一般包括提升、调动、工作轮岗和返聘等。其中,以提升和调动比较常见,工作轮岗也已经被人们看成是培养人才、提高组织效能的重要手段。

总之,在现实的招聘中,有多种招聘渠道和方式可供选择。而具体选择哪一种或几种在很大程度上取决于组织的传统和过去的经验及招聘岗位的现实需要。组织所选择的招聘渠道和方式应该能够保证组织以合理的成本吸引足够数量的高质量的工作申请人为原则。

---

[1] 《最新人力资源精要词典》,中国经济出版社,2002年,第137页。

（二）公共部门人力资源录用的甄选方法

甄选作为人员录用过程中最关键的环节，直接决定录用的结果。因此，在录用过程中采用适当的甄选方法显得尤为重要。国际上比较普遍采用的甄选方法有笔试、面试和心理测试，我国公共部门人力资源录用的甄选一般以笔试和面试为主。

1. 笔试

作为最古老、最基本的人员甄选方法，笔试具有测评效率高、内容涵盖广、成绩评定客观的突出优点。因此，直到今天仍被广泛采用。但是，笔试也有其自身难以逾越的缺点：一是笔试在内容设计上往往不能有效满足职位的需要；二是笔试不能全面地考察应试者的工作态度、品德修养及组织管理能力、口头表达能力和操作技能。故笔试通常同其他甄选方法配合使用。

2. 面试

面试是指应聘者直接面对考官，通过语言表达或现场实际操作的方式获得评价的考试方法。面试的最大优点在于可以直观地判断出应聘者运用知识分析问题的熟练程度、思维的稳定性、语言的表达能力，了解到应聘者的外表、气质、风度、情绪的稳定性。

面试根据其方式不同，可以划分为以下几种类型：一是非定向式面试，即面试人员根据需要，随意向应聘者提出问题。这种面试方式要求面试人员具有相当的工作经验和理论水平。二是定向式面试，即面试人员依据预先设计好的问题向应聘者发问。三是结构式面试。结构面试中，面试人员所提的问题都是与工作有关的问题，且事先已确定应聘者可能有的答案。面试人员根据应聘者的答复，当场做出评价。四是系列式面试，即由组织不同层次的人员先后同应聘者进行面谈的面试方法。五是小组式面试，即由多个面试人员组成面试委员会，同时对应聘者进行测试。我国在公务员录用的面试中就采用这种模式。面试委员会一般由具有丰富工作经验的行政官员和专家组成。六是压力式面试，即专业人员根据工作的重要特征，向应聘人员施加压力，以测试应聘者如何应对的面试方式。七是模式化行为描述方式，即通过应聘者描述其在规定的特定情景下的行为方式，归纳应聘者的行为模式，并与职位预期的行为模式对比，得出评价结果。

3. 心理测试

心理测试主要是通过对应聘者的一组可供观察的样本行为进行系统测量来推论应聘者的心理特点。目前在人员录用的甄选过程中主要有能力测试和个性测试两种。

值得注意的是，在心理测试中通常会存在测验分析条件不能充分满足、测验效果的可靠性难以把握、受测者的测验表现易受环境因素及内在因素影响、测验技术性较强不易实施等不足。特别是不少测试方法是西方的，不一定完全符合我国的民族文化习惯和民族心理，所以迄今为止，在我国公共部门人力资源录用过程中很少应用这种方法。

4. 其他测试方法

前面讲的三种测试方法和技术较难发现一个人如何分析复杂问题、如何做出正确决策、如何忍受压力或是否善于与人共事等，同时仅仅采用上述这些方法也很难测试出一个人真正的工作能力，因此又发展出以下几种测试方法和技术。

（1）情景测试法是指把被测试者置于一个特定的模拟的工作情景之中，采用多种评价技术，观察和评价被测试者在模拟工作情境下的心理和能力，以判断应聘者是否适应空缺职位的一种测试方法。通常采用的情景模拟方法有公文测验、分析模拟和面谈模拟。

（2）工作抽样法是指将空缺岗位工作的几个关键环节抽样出来，让应聘者在无主持的情况下进行操作，以考察其实际工作能力和绩效。科学的工作抽样比其他甄选方法更有效，因为这种方法所得到的信息更直接、真实，评价结果也更客观、更公正。

（3）评价中心法是指将应聘者（若应聘者较多，可经过粗略筛选）集中起来，采用多种评价方法进行集体评价，然后从中甄选出合格人员的过程。评价中心法有很多优点，但费用也较高，比较适合规模较大的组织。

（4）系统仿真测评是把计算机技术应用于招聘中，利用计算机技术来测评应聘者"工作"行为及其"实绩"进而预测应聘者的各种潜能。目前这种方法在企业招聘中有所运用，随着计算机技术的普及，我国公共部门也必将在更大范围和更高层次上应用计算机测评系统。

总之，招聘甄选方法多种多样，每种方法并非完美无缺，可以把一种或几种方法结合起来使用会更加科学有效，但是无论选择何种方法，都要依据组织的具体情况而定，包括组织的目标、招聘的规模、时间、预算等，同时测试的信度和效度也是甄选方法使用的关键。

（三）公共部门人力资源录用的评估办法

录用公共部门人力资源评估是指根据招聘计划对录用公共部门人力资源的质量和数量进行评价的过程。一般来说可以依据以下几个数据表示。

（1）录用比：录用比=录用人数/应聘人数×100%。

（2）招聘完成比：招聘完成比=录用人数/计划招聘人数×100%。

（3）应聘比：应聘比=应聘人数/计划招聘人数×100%。

一般来说，录用比越小，录用者的素质相对越高；反之则可能较低。招聘完成比等于或大于100%，说明在数量上全面或超额完成了招聘计划。而应聘比越大，则说明招聘信息发布效果越好，同时说明录用的公共部门人力资源素质可能越高。

对录用公共部门人力资源质量的评估，除了运用录用比和应聘比这两个数据来反映录用公共部门人力资源的质量之外，也可以根据招聘的要求或工作分析的要求对录用的公共部门人力资源进行等级排列来确定其质量。

（四）公共部门人力资源录用的保障措施

为了防止考试录用制度实行过程中徇私舞弊、弄虚作假、滥竽充数等现象的发生，保证科学合理地安排录用程序，以提升公共部门人力资源录用的信度和效度，大多数国家都采取一定的保护措施，我国也不例外。

公共部门人力资源录用的保障措施大体可分为两类：一是法律保障。通过法律法规堵塞录用过程中的不正当渠道；设置专门机构，对录用工作实施监督；建立权益维护机制，保障应聘者的合法权益。二是技术保障。为了提高考试的信度和效度，保证考试的方法和考试内容客观、公正，在考试前对考试方法和内容进行技术测定，从技术层面上保证测试与组织要求相适应。

第二节 我国公共部门人力资源录用的实践运作

一、国家机关人力资源录用的实践运作

国家机关人力资源的录用是国家机关人力资源管理的首要环节。当前，我国国家机关在人力资源录用环节上主要采取国家公务员考试录用制度。"凡进必考"已经成为我国国家机关人力资源录用的重要特征。

（一）国家机关人力资源录用的法律依据

自 2006 年 1 月 1 日起施行的《中华人民共和国公务员法》是规范公务员管理、保障公务员的合法权益、加强对公务员的监督、建设高素质的公务员、提高行政效能、全面贯彻落实公务员制度的基本法律依据。其中，第四章（第 21～32 条），从招考范围、管理权限、录用条件、考试办法、录用标准、考试程序、资历要求各方面对国家公务员的考试录用做出了明确规定。

2007 年，根据《中华人民共和国公务员法》还制定了《公务员录用规定（试行）》，其中对公务员录用的管理机构、录用计划与招考公告、报名与资格审查、考试、考察与体检、公示与审批（或备案）、纪律与监督等方面做了更为具体和详尽的规定。同年，根据国家机关工作的需要，针对公务员录用中的体检环节制定了《公务员录用体检通用标准（试行）》。2010 年为了更好地体现公务员录用过程中的公平公正原则，又对《公务员录用体检通用标准（试行）》进行了修订。此外，《公务员录用体检特殊标准（试行）》也于 2010 年颁布执行。

（二）国家机关人力资源录用的基本内容

1. 公务员考试录用的基本原则

考试录用的基本原则，是指在考试录用基本理论指导下应遵循的基本政策准则和技术操作准则。按照《中华人民共和国公务员法》的规定，必须贯彻公开、平等、竞争、择优的原则。公开是指录用主管部门将计划招募的职位、资格条件、时间、地点及招募结果通过各种媒体向社会发出公告，目的在于增加国家公务人员考试录用的透明度，接受全社会监督。平等是指凡符合国家公务人员报考资格的应聘者，不得因民族、性别、出身、宗教信仰、婚姻状况等受到歧视和不平等待遇。竞争是指公务人员考试录用要在全社会最广泛的范围内公开竞争，最大限度地吸引各方面人才。依照德才兼备的标准，采取考试与考核相结合的方法，客观地选拔人才。择优是指通过科学地设定考试内容、考试程序、考试方法，把真正优秀的人才吸纳到国家机关公务人员的队伍中来。"公开、平等、竞争、择优"原则同时适用于其他公共部门的招募甄选。

2. 录用程序

按照《中华人民共和国公务员法》第四章第 26～30 条的规定，录用国家公务员应按照下列程序进行：①发布招考公告。②对报考人员进行资格审查。③对审查合格的报考者进行公开考试。④对考试合格的报考者进行报考资格复查、考察和体检。⑤根据考试、考察情况和体检结果，提出拟录用人员名单，并予以公示。公示期满，中央一级招录机关将拟录用人员名单报中央公务员主管部门备案；地方各级招录机关将拟录用人员名单报省级或设区的市级公务员主管部门审批。

我国国家公务员录用一般采取逐步筛选淘汰模式（图 9.1），在这种模式中，应聘人员数量在整个甄选过程中逐渐减少，目标逐渐集中。此外，录用特殊职位的国家公务员，经国务院人事部门或者省级人民政府人事部门批准，可以简化程序或者采用其他测评方法。

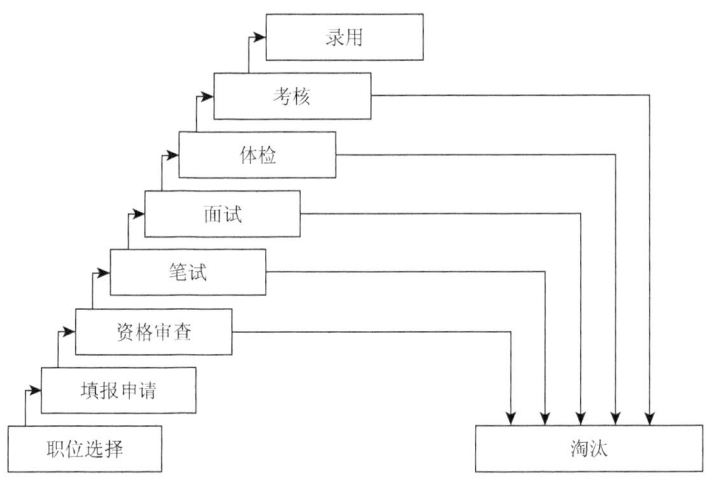

图 9.1　我国国家公务员录用模式

3. 录用的考试机构

资本主义国家录用公务员的考试机构有二元制和一元制的区别。二元制是指负责公务员考试的机构自成系统，独立行使职权，不受内阁和各部的控制，处于超然地位。例如，美国的人事管理部署、日本的人事院都属于这一类型的机构。一元制是指考试主管机构从属于行政系统。法国是实行一元制的典型国家。

我国公务员录用的考试机构与上述资本主义国家不同。《中华人民共和国公务员法》第四章第 22 条明确规定，中央机关及其直属机构公务员的录用，由中央公务员主管部门负责组织。地方各级机关公务员的录用，由省级公务员主管部门负责组织，必要时省级公务员主管部门可以授权设区的市级公务员主管部门组织本辖区内公务员的录用。除此之外，在举行公务员录用考试时，还建立非常设性的国家公务员考试委员会对公务员录用考试工作进行监督。

4. 录用的范围

依照《中华人民共和国公务员法》的规定，担任主任科员以下及其他相当职务层次的非领导职务的公务员，采取考试录用的方法。而主任科员以上的职位的录用不一定采用考试方式，而主要靠推荐、选拔、调配。但现在某些地区主要领导职位也采取考试竞争的办法。某些特殊职位的公务员，经省级以上公务员主管部门批准，可以简化程序或者采用其他测评方法。

5. 报考公务员的资格条件

《公务员录用规定（试行）》第 16 条明确规定了报考公务员的资格条件：①具有中华人民共和国国籍；②年龄为 18 周岁以上，35 周岁以下；③拥护中华人民共和国宪法；④具有良好品行；⑤具有正常履行职责的身体条件；⑥具有符合职位要求的工作能力；⑦具有大专以上文化程度；⑧省级以上公务员主管部门规定的拟任职位所要求的资格条件；⑨法律、法规规定的其他条件。其中第②、⑦项所列条件，经省级以上公务员主管部门批准，可以适当调整。同时强调，公务员主管部门和招录机关不得设置与职位要求无关的报考资格条件。

6. 录用考试

1）考试的种类

我国录用公务员的考试种类有公开竞争性考试与非公开竞争性考试之分。公开竞争性考试，是指凡涉及录用考试的所有环节完全向社会公开，以吸引尽可能多的考生参与竞争的考试；非公开竞争性考试，是指考试在局部范围内进行，并简化了考试的某些程序，或采取其他测评方法。根据现行考录法规的有关规定，非公开竞争性考试：一是适用于因特殊情况不宜公开招考的职位，如涉及国家安全和重要机密的职位；二是适用于职位要求的特殊专业，有条件的报考者极少，难于形成竞争；三是适用于职位要求采取特殊的测评方法来测量应试者的水平。

2）考试的方法

《公务员录用规定（试行）》明确规定，国家公务员的录用考试采取笔试和面试的方式，考试内容根据公务员应当具备的能力和不同职位类别分别设置。其中笔试分公共科目和专业科目两种，公共科目由中央公务员主管部门统一确定，专业科目由省级以上公务员主管部门根据需要设置。笔试结束后，招录机关按照省级以上公务员主管部门的规定，根据笔试成绩由高到低确定面试人选。面试由省级以上公务员主管部门组织实施，也可以委托招录机关或授权设区的市级公务员主管部门组织实施。面试的内容和方法，由省级以上公务员主管部门规定。

3）考试的内容

现行国家机关公共科目笔试分为《行政职业能力测验》和《申论》两个科目。报考 A 类职位的应考者考《行政职业能力测验》（A）和《申论》两个科目，报考 B 类职位的应考者只考《行政职业能力测验》（B）一个科目。

行政职业能力测验主要测查应考者从事国家机关工作所应具备的潜能。考试结构包括：常识判断（涵盖政治、经济、法律、管理、人文、科技等）、言语理解与表达、数量关系、判断推理和资料分析等五个部分。《行政职业能力测验》（A）与《行政职业能力测验》（B）在题型、题量、难度等方面有所不同。

《申论》主要通过应考者对给定材料的分析、概括、提炼、加工，测查应考者解决实际问题的能力，以及阅读理解能力、综合分析能力、提出和解决问题能力和文字表达能力。全部为主观性试题。

我国目前考试录用的面试内容，各地不尽一致，但通常包括六方面的测评项目：一是语言表达能力；二是应变能力；三是综合与分析能力；四是实际业务知识与操作能力；五是举止仪表；六是逻辑思维能力。

7. 考察与体检

招录机关按照省级以上公务员主管部门的规定，并对确定的考察人选进行报考资格复审和考察。报考资格复审主要核实报考者是否符合规定的报考资格条件，确认其报名时提交的信息和材料是否真实、准确。考察主要了解报考者的政治思想、道德品质、能力素质、学习和工作表现、遵纪守法、廉洁自律及是否需要回避等方面的情况。体检工作由设区的市级以上公务员主管部门负责组织，招录机关依照国家统一规定的项目和标准实施。

8. 公示、审批或备案

招录机关根据报考者的考试成绩、考察情况和体检结果，择优提出拟录用人员名单，向社会公示。公示时间为7天。公示内容包括招录机关名称、拟录用人员姓名、性别、准考证号、毕业院校或者工作单位、监督电话及省级以上公务员主管部门规定的其他事项。公示期满，对没有问题或者反映问题不影响录用的，按照规定程序办理审批或备案手续；对有严重问题并查有实据的，不予录用；对反映有严重问题，但一时难以查实的，暂缓录用，待查实并做出结论后再决定是否录用。

中央机关及其直属机构拟录用人员名单报中央公务员主管部门备案；地方各级招录机关拟录用人员名单报省级或者设区的市级公务员主管部门审批。

对于新录用的公务员必须经过一段时间的试用，方可任职。新录用的公务员试用期为一年。试用期满合格的，予以任职；不合格的，取消录用资格。表9.1是国家公务员录用考试的一般流程。

表9.1 国家公务员录用考试一般流程

步骤		具体内容	测试目的
一、报考		资格审查	学历、经历及其他背景
二、笔试	公共科目	行政能力测试	行政职业能力潜力
		基础知识测试	行政职业综合知识
	专业科目	具体职业能力测试	特殊职业能力潜力
		专业考试	具体岗位专业知识
三、面试		结构化面试	综合能力和个人素质
		情景模拟	
		实际操作	
四、复审、考察		查阅档案、调查了解	品行、业绩
五、体检		组织体检	身体状况
六、公示、审批		综合评定报考者的考试与考察结果并进行社会公示	确定录用人选

资料来源：http://www.gjgwy.net/zn/lq/11496.html

9. 国家公务员录用的回避、监督与违纪处罚

（1）回避。各级政府人事部门从事考试录用工作的人员凡与报考者有夫妻关系、直系血亲关系、三代以内旁系血亲及近姻亲关系的，要实行回避。

（2）监督。各级政府人事部门在录用工作中要接受监督，认真受理群众检举、申诉和控告，并按规定的管理权限处理。

（3）违纪处罚。《公务员录用规定（试行）》第33条规定，有下列情形之一的，由省级以上公务员主管部门或设区的市级公务员主管部门，视情况分别予以责令纠正或者宣布无效；对负有领导责任和直接责任的人员，根据情节轻重，给予批评教育、调离录用工作岗位或者给予处分；构成犯罪的，依法追究刑事责任。包括：①不按规定的编制限额和职位要求进行录用的；②不按规定的资格条件和程序录用的；③未经授权，擅自出台、变更录用政策，造成不良影响的；④录用工作中徇私舞弊，情节严重的。

对从事录用工作的人员泄露试题和其他考录秘密信息、利用工作便利伪造考试成绩或者其他招考工作的有关资料、利用工作便利协助报考者考试作弊、因工作失职导致招考工作重新进行等行为，由公务员主管部门或所在单位，视情节轻重，给予批评教育、调离录用工作岗位或者给予处分；构成犯罪的，依法追究刑事责任。

对违反录用纪律的报考者，视情节轻重，分别给予批评教育，取消考试、考察和体检资格，不予录用或取消录用等处理。其中，有舞弊等严重违反录用纪律行为的，五年内不得报考公务员；构成犯罪的，依法追究刑事责任。

二、事业单位人力资源录用的实践运作

长期以来，在传统的计划经济体制制约下，我国事业单位没有形成适合自身特点的人事管理制度。在人力资源的录用环节上，一直采取统一的分配制度。各类人员一旦被分配到某个单位工作，基本上能够一直干到退休。这正是造成事业单位机构臃肿、人浮于事、缺乏生机和活力的主要原因之一。改革开放以来，这种用人制度的弊端日益凸显。主要表现在：符合各类事业单位特点的人事管理制度还没有完全建立起来，有效的竞争激励机制和自我约束机制还很不健全，能上能下、能进能出的用人机制还没有形成。而解决这些弊端，关键是全面推进以聘用制为核心的事业单位人事制度改革。逐步实行公开招聘、竞聘上岗、合同管理、严格考核，力争做到能上能下、能进能出，带动事业单位整个用人机制的转换。

2002年12月，国务院办公厅转发人事部《关于在事业单位试行人员聘用制度的意见》，将聘用制确定为事业单位的基本用人制度。

（一）事业单位人力资源录用的法律依据

当前指导我国事业单位人力资源录用的相关法规政策文件主要是，2002年国务院办公厅转发人事部《关于在事业单位试行人员聘用制度的意见》、2005年人事部发布的《事业单位公开招聘人员暂行规定》、2006年人事部发布的《事业单位岗位设置管理试行办法》、2007年人事部制定的《关于科学研究事业单位岗位设置管理的指导意见》及2011年中央办公厅和国务院办公厅发布的《关于进一步深化事业单位人事制度改革的意见》。而于2014年7月1日起施行的《事业单位人事管理条例》则对事业单位人事管理的岗位设置、公开招聘和竞聘上岗、聘用合同、奖励及争议处理等主要环节做出了更加明确规定，

这是我国第一部系统规范事业单位人事管理的行政法规。

(二) 事业单位人力资源录用的基本内容

《事业单位人事管理条例》对于事业单位人力资源录用的规范主要体现在以下几个方面。

1. 事业单位聘用的原则

我国《事业单位人事管理条例》第2条规定，事业单位人事管理，坚持党管干部、党管人才原则，全面准确贯彻民主、公开、竞争、择优方针。

2. 事业单位聘用的程序

根据《事业单位人事管理条例》，事业单位公开招聘的程序主要包括：①制订公开招聘方案；②公布招聘岗位、资格条件等招聘信息；③审查应聘人员资格条件；④考试、考察；⑤体检；⑥公示拟聘人员名单；⑦订立聘用合同，办理聘用手续。

3. 事业单位的聘用回避

事业单位人员聘用实行回避制度。受聘人员凡与聘用单位负责人员有夫妻关系、直系血亲关系、三代以内旁系血亲或者近姻亲关系的，不得被聘用从事该单位负责人员的秘书或者人事、财务、纪律检查岗位的工作，也不得在有直接上下级领导关系的岗位工作。聘用工作组织成员在办理人员聘用事项时，遇有与自己有上述亲属关系的，也应当回避。

4. 事业单位聘用合同内容

我国《事业单位人事管理条例》的第四章主要就是对聘用合同的相关内容所做的规定。其中第12~14条是关于聘用合同中时间性条款的规定：事业单位与工作人员订立的聘用合同，期限一般不低于3年；初次就业的工作人员与事业单位订立的聘用合同期限3年以上的，试用期为12个月；事业单位工作人员在本单位连续工作满10年且距法定退休年龄不足10年，提出订立聘用至退休的合同的，事业单位应当与其订立聘用至退休的合同。而第15~18条则是对在何种情况下可以解除聘任合同所做的规定，主要包括：事业单位工作人员连续旷工超过15个工作日，或者1年内累计旷工超过30个工作日的；事业单位工作人员年度考核不合格且不同意调整工作岗位，或者连续两年年度考核不合格的，事业单位提前30日书面通知的；事业单位工作人员提前30日书面通知事业单位的（双方对解除聘用合同另有约定的除外）及事业单位工作人员受到开除处分的，可以解除聘用合同。

三、国有企业人力资源录用的实践运作

根据《中华人民共和国劳动法》《中华人民共和国劳动合同法》签订劳动合同，对所录用人员实施合同管理是我国国有企业人力资源录用的核心内容。

(一) 国有企业人力资源录用的法律依据

企业各项经济活动都应该遵循国家的法律、法规及各项规章制度。任何与国家法律、法规不一致的行为都是无效的，甚至会受到法律的制裁。国有企业人力资源的录用活动同样如此。这些法律政策主要包括以下内容。

（1）1995年1月1日起实施的《中华人民共和国劳动法》。该法是国有企业人力资源录用必须遵循的核心法律，对企业面向社会人员的招聘工作做出明确规定，要求企业在录用人员时采用合同方式，同时不得有歧视行为。

（2）2008年1月1日起施行的《中华人民共和国劳动合同法》。该法的颁布施行，对于加强用人单位的劳动用工监督管理提供了重要的法律依据。它是调整劳动关系的一部重要法律，是我国劳动保障法律体系的重要组成部分。

（3）2008年5月1日起施行的《中华人民共和国劳动争议调解仲裁法》。该法的实施是为了公正及时解决劳动争议、保护当事人合法权益、促进劳动关系和谐稳定。其中规定，中华人民共和国境内的用人单位与劳动者发生劳动争议，因订立、履行、变更、解除和终止劳动合同发生的争议，适用本法。

（4）2012年12月28日，十一届人大常委会第三十次会议通过《关于修改〈中华人民共和国劳动合同法〉的决定》，进一步完善了劳动合同制度，明确了劳动合同双方当事人的权利和义务，对于切实保护劳动者的合法权益，构建和发展和谐稳定的劳动关系有着重要的意义。

（二）国有企业人力资源录用的基本内容

1. 劳动合同的订立

劳动合同，又称劳动契约，是劳动者与企事业组织、个体经济组织、国家机关和社会团体确立劳动关系，明确双方权利义务的协议。按照《中华人民共和国劳动合同法》的有关规定，劳动合同必须以书面形式订立，依法订立的劳动合同即具有法律的约束力，合同双方应履行合同中规定的义务。已建立劳动关系，未同时订立书面劳动合同的，应当自用工之日起一个月内订立书面劳动合同。劳动合同的订立，是指劳动者与用人单位间为确立劳动关系，依法就双方的权利义务协商一致、签订劳动合同的法律行为。

2. 劳动合同订立的基本原则

按照《中华人民共和国劳动合同法》第3条规定，订立劳动合同，应当遵循合法、公平、平等自愿、协商一致、诚实信用的原则。

3. 劳动合同的内容

劳动合同的内容是指劳动合同对当事人双方权利义务和其他内容的具体规定，具体表现为合同条款。劳动合同的条款分为必备款和补充条款。其中必备条款是劳动合同成立所必须具备的条款，包括用人单位的名称、住所和法定代表人或者主要负责人；劳动者的姓名、住址和居民身份证或者其他有效身份证件号码；劳动合同期限；工作内容和工作地点；工作时间和休息休假；劳动报酬；社会保险；劳动保护、劳动条件和职业危害防护；法律、法规规定应当纳入劳动合同的其他事项。劳动合同除前款规定的必备条款外，用人单位与劳动者可以约定试用期（但最长不可超过六个月）、培训、保守秘密、补充保险和福利待遇等其他事项。

4. 劳动合同的期限

《中华人民共和国劳动合同法》第12~15条明确规定：劳动合同分为固定期限劳动合

同、无固定期限劳动合同和以完成一定工作任务为期限的劳动合同。

5. 劳动合同的变更

劳动合同的变更是指劳动者与用人单位对依法成立的劳动合同条款所作的修改、补充或删改。需要注意的是，对依法成立的已经履行的劳动合同，双方当事人必须全面履行合同规定的义务，任何一方不得擅自变更劳动合同。

6. 劳动合同的解除

劳动合同的解除是指在劳动合同订立以后，期限届满以前由某种原因导致劳动合同提前终止的法律行为。《中华人民共和国劳动法》规定，劳动合同双方当事人在协商达成一致的基础上，可以解除劳动合同。除此以外，《中华人民共和国劳动法》还明确规定了用人单位和劳动者单方解除劳动合同的各种情形。

第三节 我国公共部门人力资源录用的改革与完善

一、国家机关人力资源录用的改革与完善

（一）进一步落实依法管理的原则

依法管理的原则是国家公务员管理的一个基本特征，更是公务员录用制度贯彻始终的重要原则。录用制度在长期的建设和发展中，形成了在公务员法统驭下的各项单项法规和条例，在此基础上要求各级机关在录用过程中做到有法可依、依法办事、执法必严、违法必究。依法管理的原则贯彻在考录制度中概括起来表现为：依照法定的权限、条件、标准和程序进行。就考录法规体系来讲，一直处于动态的完善过程中。

（二）更加全面落实"公开、平等、竞争、择优"的录用原则

现阶段全面落实"公开、平等、竞争、择优"的录用原则还要从以下两个方面做出努力。

一是进一步打破公务员录用中存在的地区、身份等资格条件方面的限制。自实行公务员考录制度以来，有些地区在打破公务员录用的身份和地区限制方面做出了努力。例如，2015年北京市各级机关公务员定向招录职位中，首次设了5个专供职位统一招录残疾人[①]。但在许多省市公务员的招考过程中，仍然存在地区和身份限制，这就违背了考录制度的基本原则，应在实践中逐步加以解决。在资格条件设置上，还存在其他一些有悖于考录原则的现象，如有的对报考者提出性别和外形外貌的要求，有的不能平等对待全日制学历和自考学历的考生，有的不能平等对待社会在职人员和应届毕业生，这些都应予以纠正。

二是严格制止公务员招考过程中存在简化考试办法和程序的现象。凡是进入公务员队伍就要通过考试的"凡进必考"制度一直是我国干部人事制度改革的突破口，是推行公务员制度的核心内容之一。然而，从实际情况来看，这项制度的推行还远没有到位。

---

① 转引自2014年11月7日《法制晚报》，北京公务员考试首设5个专供职位招录残疾人，http://news.sina.com.cn/c/2014-11-07/103431109946.shtml。

2003年7月，中共中央组织部、人事部联合做出要求，严禁各地把对高学历、高职称人员免考，或随意简化考试科目和程序作为吸引人才的优惠政策。

（三）进一步调整和改进考试录用制度的技术环节

1. 加强笔试的科学性

在2008年1月福州召开的全国公务员考试录用工作会上，国家公务员管理主管部门负责人明确指出："科学性是考试录用制度的生命线，只有科学的考试，才能选出优秀的人才，才能使考录工作更加公正。"

公共科目笔试是公务员考试录用的第一试，因此试卷考核内容的效度、结构科学与否，直接关系到能否选拔出高素质的人才。但是我国公务员公共科目考试中，出现重知识、轻能力的高分低能倾向。这与教材编写内容缺乏规范性，试卷结构缺乏合理性、科学性有着密切的关系。在2004年国家公务员招考中，针对以往笔试环节中常识性知识所占比重较大、试卷结构不尽合理的问题，取消了以往的综合知识考试，而将重点放到了《行政职业能力测试》与《申论》两大部分。尽管如此，在我国公务员考试录用笔试环节的科学性方面仍然存在诸多问题，其中最为突出的就是公务员的录取同报考者学历水平难以形成正相关关系。

客观地说，单纯通过笔试考试内容的科学设计来解决这一问题并不现实。发达国家（如英国、日本、法国）大多通过采用等级考试制的方法来解决这一问题。也就是在对不同级别的公务员招考中规定不同的学历、年龄条件，考试科目设置也有所不同。美国尽管没有实施等级考试制度，但对获得博士学位者按规定可以采用非考试的办法录用。事实上，在我国国家公务员的考录中也隐性采用了上述方式，如我国中央一级公务员报考资格基本限定在大学本科或硕士研究生学历及其以上。但是由于我国并没有明确这种等级考试制度，造成很多公务员报考者的困惑和误解。尽管形成这种情况的一个很重要的原因是为缓解应届大中专毕业生就业压力而采取的一种倾向性政策，但是从公务员考试录用制度长远和良性的发展角度来看，这一问题应该得到制度性的解决。

据了解，中央和省级公务员主管部门将对主任科员以下非领导职务职位进行一次全面的调查分析，提出不同机关层次、不同职位类别公务员所需的能力素质要求，构建分类分等的能力测查标准。应该在坚持和完善《行政职业能力测试》《申论》考试的基础上，研究论证新的考试科目框架，探索、更新考试测评技术，丰富和深化能力测评要素，不断研究、开发新题型，提高试题的有效性。

2. 合理设置考录环节

目前我国公务员考试录用中的考录环节的问题主要表现为考试的轮制问题和考试的分级、设线问题。一是合理设置考试轮制。我国现行公务员录用考试一般采用二轮考试制，即第一轮笔试；第二轮面试。这种考试轮制客观上体现了重公共科目、轻专业科目的倾向。二是合理分级、设线。分级考试是国外公务员考试录用的成功经验，合理分级可以有效改变我国目前考试录用中报考不同职位的考生采用同一试卷的现象，保证考试的可信性与有效性。我国一些省份的地方政府，在第一轮考试后采用比例抽取的方法，而没有设定最低录取线，造成不同职位录取线差异明显。但由于没有设置最低录取线而不具备协调性，不能调剂高分考生。合理设线将有助于改善这一招考不合理现象。

3. 科学安排面试

一是要科学合理地组成面试委员会，邀请具有较高理论水平、掌握现代考试技术和方法的专家同实际工作经验丰富的政府官员共同组成面试委员会。积极推行面试考官持证上岗制度，在2007年中央机关招考中，规定面试考官小组中，持有省级以上公务员主管部门颁发的面试考官资格证书或者面试考官培训合格证书的人员比例不得低于面试考官总数的50%，保证了面试工作的科学规范。各地在面试工作方面也进行了积极探索，如湖南、甘肃、江西等很多省（自治区、直辖市）建立了面试考官库，并实行异地交流考官。

二是要科学设计面试中情景模拟、专业能力等方面的测试问题，保证面试的科学性和规范性。例如，云南省先进行结构化面试，然后将面试过程拍摄下来，让考生做自我评价和进行无领导小组讨论，考生对面试的公平性非常认可。江西省研究开发了面试误差控制技术，采取修正系数来解决同一职位不同面试小组评定成绩时产生的误差问题。

4. 建立和完善我国公务员录用试题库计算机管理系统

为了提高公务员录用考试的科学性和规范性，为国家机关选拔优秀人才提供现代化手段，建设公务员录用考试题库计算机管理系统已成为一个不可逆转的发展方向。作为面向国家机关公务员招考的试题库，需要具有较强的实用性和有效性，而且题目参数的取得要充分考虑测试样本的合理性选取。因此，在题库的设计和开发中要注意保证题库的动态特性、试卷生成的灵活性、数学模型选取的实用性和先进性及题库的安全性。

5. 加强公务员考试管理的制度建设

目前，我国对公务员的管理实行部内制，在录用公务员时可以有效实现权责统一，有利于提高录用的质量和效益。但在这种体制之下，行政机关可以凭借权力和地位，干预录用工作。因此，要保证通过考试录用到一流的人才，必须加强对相关国家行政机关监督制约。

组织人事部门应会同纪检监察等部门，坚决查处领导干部违反考试录用制度的行为，对违反规定的，要给予纪律处分。对利用职权违规进人，在人员录用上搞不正之风和腐败行为的，要严肃查处。各地各部门也应开展经常性的自查自纠，对违规进入的人员坚决予以清退。并严格执行新录用人员与工资统发相挂钩的办法，对未经录用主管机关审批擅自进入机关的人员，不予核发工资，从机制上杜绝违规进人现象。为净化考录环境，加大对违纪作弊行为的惩处力度，公务员主管部门将建立全国联网的作弊考生名单库，凡弄虚作假的，一经查实，都要取消考试资格或取消录用。情节严重的，五年内不得再报考公务员。在招考过程中，应邀请人大政协代表、纪检监察、信访部门的人员参与监督和指导，确保公平公正。

二、事业单位人力资源录用的改革与完善

当前我国事业单位人事制度改革已经全面启动，但其改革的进度和力度还难以满足我

国经济建设和社会发展的整体需求,事业单位聘用制改革任重而道远。

(一)要充分认识事业单位的自身属性

首先,要充分认识多数事业单位的经济属性,如出版社、设计院、咨询单位、律师事务及会计事务单位等也是重要的产业部门。在总体上这部分事业单位有可能成为一个高产出的"大产业"部门,为国家积累财富。其次,要充分认识事业单位的社会属性。许多事业单位已成为真正的法人实体,能独自承担自己的责任和义务,不能继续把他们看成是政府机关的"附属物"。再次,要充分认识事业单位是一个历史范畴。随着社会的发展,事业单位的种类和范围也在发生变化,应用发展的眼光来处理和界定事业单位的范畴,包括允许一些符合改革发展方向的企、事业不分的单位存在。最后,要淡化"干部"意识。随着改革的深入,将逐步取消事业单位的行政级别,不再按行政级别来确定事业单位人员的待遇。这样,"干部"这个称谓在事业单位将无实际意义。事业单位行政级别取消后,可另外建立一套适合各事业单位性质、特点的组织系统。

(二)不断完善事业单位人事制度改革的各项相关机制

全面顺利推进事业单位聘用制度的建立,还必须对事业单位人事制度改革的各项相关机制进行总体上的完善。这应做到六个"坚持":坚持重在确立事业单位岗位管理基本制度,坚持与收入分配制度改革相配套,坚持与现行政策规定相衔接,坚持统一规范与分级分类管理相结合,坚持因事设岗与尊重人才成长规律相结合,坚持政府宏观管理与落实事业单位自主权相结合。

1. 建立形式多样、自主灵活的分配激励机制

事业单位应逐步建立起重实绩、重贡献,向优秀人才和关键岗位倾斜,形式多样,自主灵活的分配激励机制,为事业单位人力资源的聘用提供核心动力。

2. 建立分流人员的利益补偿机制

可以通过兴办、发展新的产业、转岗培训等方式安置未聘人员,有条件的,也可在行业内或行业区调剂安置。大力提高分流人员的文化程度。通过举办各种类型的培训班,帮助下岗分流人员提高专业技术,以便重新就业。单位可以通过适当补贴形式,鼓励有能力的人员勇涉市场之海。应鼓励分流人员包办、创办企业或到农村从事农业产业开发。要建立行之有效的利益补偿机制,最大限度地减少事业单位推进聘用制改革的阻力。

3. 健全社会保障制度

根据社会主义市场经济发展和人事制度改革的需要,当前要抓紧研究制定以《事业单位人事管理条例》为基础的法律法规体系;健全失业、医疗、养老等保险制度;《机关事业单位工作人员带薪年休假实施办法》已经公布并与2008年2月25日起开始施行,这从法律上保障了带薪休假的合法权益;同时也要抓好分流人员的社会保障工作,以利于事业单位改革的顺利进行。

三、国有企业人力资源录用的改革与完善

（一）转变落后的录用观念

发展和完善我国国有企业录用制度，必须转变国有企业在计划经济体制下长期以来形成的落后的录用观念。一方面，广大国企员工要充分认识，公开竞争、择优录用是市场经济发展的必然要求，只有不断提升自身的综合素质和能力，才有可能经受市场经济大潮的洗礼。另一方面，首先，企业的管理者要完成对"人"的认识的观念的转变。现代管理的实质就是人的管理，人在管理中处于核心地位。而这种转变就是要完成对职工从"包袱"到"财富"的观念转变。要在企业内部实行竞争上岗的滚动淘汰制，对下岗人员进行再岗和转岗培训，充分发挥企业人力资源的最大能动性。其次，必须转变用人不讲效率的观念，坚决摒弃安置型、福利型、统包统管的人员录用方式。最后，要转变"等"和"靠"的观念，结合企业的实际情况，不断探索和实践适合我国发展要求的国企人力资源新形式。

（二）不断完善企业人员录用相关制度

（1）建立健全考核制度。考核是全面评价和衡量企业员工的重要手段，通过严格的考核才能实现企业内部的竞争优化，适才适用。

（2）建立行之有效的培训制度，把培训与使用紧密结合起来。企业要制订好各类人员的培训计划，依据岗位规范化的要求，根据企业经营管理的需要，缺什么，学什么，按需培训，采取灵活多样的方式，保证培训的效果。要逐步做到先培训，后上岗、转岗，同时要把取得岗位培训证书，作为聘用员工上岗、转岗、晋升的重要依据之一。

（3）企业聘用制度要与企业劳动用工制度、工资分配制度及其他一些管理制度的改革配套进行。要按照改革和发展的需要，研究企业富余和落聘、解聘人员合理安置的办法，防止出现新的能上不能下、能进不能出的情况。

国有企业普遍实行了全员劳动合同制、全员竞争上岗和以岗位工资为主的工资制度，一些企业还探索了工资集体协商制度、企业经营者年薪制和股权期权激励制度，初步建立起管理者能上能下、职工能进能出、工资能增能减的新机制。特别是针对长期以来企业经营管理者基本沿用党政领导干部选拔方式的状况，以公开招聘中央企业高级经营管理者为突破口，把党管干部的原则和市场化选聘相结合，积极建立适应现代企业制度要求的选人用人新机制。

（三）创建企业人员录用良好的外部环境

为国有企业人事制度改革创造良好的外部环境，也是国有企业人事制度有效建立的一个重要方面。外部配套改革主要从两个方面着手。

第一，逐步建立社会保险制度，尤其是养老保险和失业保险，前者可以使企业职工老有所养，后者则解决企业实行优化组合后剥离出来的人员在失业期间的生活、培训、就业等问题。

第二，建立人才流动机制。随着国民经济的不断发展，必须逐步建立符合市场经济发展要求的人才流动机制，使之与政治、经济体制改革相适应，进而为企业人事制度改革创造良好的外部环境。

第十章

公共部门人力资源的工资福利管理

【案例导读】 佛山镇长年薪制

第一节 公共部门人力资源工资福利管理的理论基础与概述

一、公共部门人力资源工资福利管理的理论基础

（一）马克思主义的观点

1. 马克思、恩格斯关于工资福利的主要论述

工资是马克思分析资本主义历史阶段及其生产关系的基本概念之一。以劳动力商品论和劳动价值论为基础的工资理论，是马克思主义经济学的重要组成部分。马克思、恩格斯在《哥达纲领批判》《1844年经济学-哲学手稿》《政治经济学批判（1857—1858年手稿）》《资本论》等一系列著作中深刻揭示了劳动价值的表现形式是工资，而劳动力价值与工资理论是剩余价值理论的重要前提与基础。其主要观点可归纳如下。

（1）工资是保障市场经济运行的前提和基础。工资本身既是分配领域的问题，也是生产领域的问题。马克思在《资本论》第1卷中阐述了生产过程中的工资问题。并且指出："工人按照价值出售自己的劳动能力，——这种假定是我们研究的出发点。"[①]"在所有这些关系中，都是以工人按价值出卖他的劳动能力为前提的，也就是说，劳动的价格或者说工资是与劳动力的价值相符合的。我们已多次说过，这个前提是整个研究的基础。"[②]

[①]《马克思恩格斯全集》（第47卷），人民出版社，1979年，第206~207页。
[②]《马克思恩格斯全集》（第47卷），人民出版社，1979年，第229页。

(2)工资是劳动力商品价值的转化形式。"劳动力的价值,是由生产、发展、维持和延续劳动力所必需的生活资料的价值决定的。"[1] "劳动报酬忽而提高,忽而降低,是依供求关系为转移的,依购买劳动的资本家和出卖劳动的工人之间的竞争情况为转移的。"[2] "对不同等的劳动来说是不平等的权利。它不承认任何阶级差别,因为每个人都像其他人一样只是劳动者;但是它默认劳动者的不同天赋,因而也就默认劳动者的不同等的工作能力是天赋特权。"[3]劳动力由劳动者自己支配,劳动力具有个人所有制的性质。工人把劳动力作为商品出卖给资本家,取得工资,出让劳动力的支配权,于是,劳动力成为商品。工资是劳动力价值或价格的转化形式,工资是劳动力商品的价格。

(3)劳动力价值是个变数因而有必要设立最低工资。马克思批判了法国经济学家巴师夏的"工资固定论",指出:"劳动力的价值本身不是一个常数,而是一个变数,它甚至在其他一切商品的价值仍旧不变的条件下也是一个变数。"这样工资才符合劳动力价值理论和市场规律。马克思也指出了设立最低工资的重要性,"简单劳动的生产费用就是维持工人生存和延续工人后代的费用。这种维持生存和延续后代的费用价格就是工资。这样决定的工资就叫最低工资"[4]。这无疑是当今设立最低保障工资、维持社会公平的重要理论依据。

除上述观点之外,马克思还深入考察了工资、剩余价值、劳动生产率(力)、工作日长度、劳动强度五个变量之间的关系,并在相对工资、名义工资、实际工资、工资争议、资本积累、劳动力供求等一系列经济范畴上全面、深刻地分析了市场经济下的工资运动规律。

2. 毛泽东同志关于分配要兼顾三方利益的观点

中国共产党对建立适合中国国情的工资福利制度一直十分关注。毛泽东同志从中国劳动力众多,经济发展水平落后的现状出发,特别强调在劳动分配方面要兼顾各方利益,他指出:"在分配问题上,我们必须兼顾国家利益、集体利益和个人利益。对于国家的税收、合作社的积累、农民的个人收入这三方面的关系,必须处理适当,经常注意调节其中的矛盾。国家要积累,合作社也要积累,但是都不能过多。我们要尽可能使农民能够在正常年景下,从增加生产中逐年增加个人收入。"他还提出需要用几十年的时间,才能逐步提高劳动者的收入水平,他说:"由于我国被帝国主义者和他们的代理人压迫剥削了一百多年,变成一个很穷的国家,不但农民的生活水平低,工人和知识分子的生活水平也都还低。要有几十年时间,经过艰苦努力,才能将全体人民的生活水平逐步提高起来。"[5]

3. 邓小平同志关于让一部分人先富起来,然后走共同富裕之路的观点

随着社会主义经济的不断发展,尤其是随着改革开放给中国经济带来的翻天覆地的变化,我们党更加重视分配领域中的问题。邓小平同志全面地阐述了现阶段我国所应实行的

---

[1]《马克思恩格斯选集》(第2卷),人民出版社,1960年,第181页。
[2]《马克思恩格斯选集》(第1卷),人民出版社,1960年,第360页。
[3]《马克思恩格斯选集》(第3卷),人民出版社,1960年,第11~12页。
[4]《马克思恩格斯全集》(第12卷),人民出版社,1960年,第733~762页。
[5]《毛泽东选集》(第5卷),人民出版社,1977年,第380~381页。

分配原则和分配政策，他说："按劳分配的性质是社会主义的，不是资本主义的。"① "要允许一部分地区、一部分企业、一部分工人农民，由于辛勤努力成绩大而收入先多一些，生活先好起来。"② 在效率居先的情况下，当然也不能忽视公平问题，邓小平同志形象地指出："多劳多得，也要照顾整个国家和左邻右舍。"③

4. 江泽民、胡锦涛、习近平同志关于工资分配的主要观点

江泽民同志、胡锦涛同志、习近平同志对分配领域的理论和实践一直十分重视，提出了一系列符合我国国情的观点。这些观点集中体现在《中共中央十六大政治报告》《中共中央十七大政治报告》《中共中央十八大政治报告》《中共中央关于完善社会主义市场经济体制若干问题的决定》《关于深化收入分配制度改革的若干意见》《中共中央关于全面深化改革若干重大问题的决定》等重要文件中，主要包括以下内容。

（1）完善按劳分配为主体、多种方式并存的分配制度，健全劳动、资本、技术、管理等生产要素按贡献参与分配的制度。

（2）初次分配和再分配都要处理好效率和公平的关系，再分配更加注重公平。

（3）收入分配格局要趋于合理。居民收入在国民收入分配中的比重、劳动报酬在初次分配中的比重逐步提高，社会保障和就业等民生支出占财政支出比重明显提升。

（4）以共同富裕为目标，城乡、区域和居民之间收入差距较大的问题得到有效缓解，扶贫对象大幅减少，中等收入群体持续扩大，"橄榄型"分配结构逐步形成。

（5）收入分配秩序要明显改善。合法收入得到有力保护，过高收入得到合理调节，隐性收入得到有效规范，非法收入予以坚决取缔。

（6）完善一般性转移支付增长机制，重点增加对革命老区、民族地区、边疆地区、贫困地区的转移支付。中央出台增支政策形成的地方财力缺口，原则上通过一般性转移支付调节。清理、整合、规范专项转移支付项目，逐步取消竞争性领域专项和地方资金配套，严格控制引导类、救济类、应急类专项，对保留专项进行甄别，属地方事务的划入一般性转移支付。

（7）完善税收制度。深化税收制度改革，完善地方税体系，逐步提高直接税比重。推进增值税改革，适当简化税率。调整消费税征收范围、环节、税率，把高耗能、高污染产品及部分高档消费品纳入征收范围。逐步建立综合与分类相结合的个人所得税制。加快房地产税立法并适时推进改革，加快资源税改革，推动环境保护费改税。

上述观点精辟地论述了我国在全面建设小康社会的整个阶段在工资分配和福利待遇方面的指导思想和对工资福利制度进行改革的基本方针。我们应该在实践中不折不扣地贯彻执行。

（二）西方学者的观点

1. 生存工资论

生存工资理论是18世纪末19世纪初由亚当·斯密和大卫·李嘉图提出并描述的理

---

① 《邓小平文选》第2卷，人民出版社，1993年，第101页。
② 《邓小平文选》第2卷，人民出版社，1993年，第142页。
③ 《邓小平文选》第2卷，人民出版社，1993年，第223页。

论。这种理论认为，工资是由维持工人社会最低生活标准决定的。这个理论不仅对制定资本主义初期的工资有一定的指导意义，在现代社会中也有一定的意义。它为工资制度存在提供了合理性论证，也有助于对最低工资的理解。

2. 边际生产力工资论

在经济学中有一个著名的边际收益递减规律，即在其他生产要素不变的情况下，某一类生产要素的增加所带来的边际收益是递减的。美国经济学家克拉克在其《财富的分配》中，把这种理论运用到工资的确定上，因此被称为边际生产力工资理论。该理论认为，在其他条件不变的情况下，就业人数越多，产生的边际效益就越低，人力资源的工资实际上是由他产生的边际效益决定的。这一理论从总体工资的一般分析过渡到业主和厂商层次的微观分析，建立了工资与生产率的本质联系。

3. 差别工资论

随着社会专业化分工的深入，不同工种的工资也开始发生变化，特别是当专业化分工使生产力大大提高之后，劳动力带来的边际收益已经超过了最低生活标准，因此工资开始变得有差别了，这个差别是由工作是否令人愉快、劳动技能掌握的难易程度、职位的责任等因素决定的。这是古典经济学家的代表人物，分工理论的创始人亚当·斯密提出来的。这一理论可以说是蕴涵了按劳分配的思想。

4. 均衡价格工资论

英国新古典主义经济学家马歇尔在其《经济学原理》中指出，在完全市场竞争的条件下，价格是由供应和需求的平衡点决定的。工资作为劳动力的价格，显然也由供需关系决定，是劳动的供给与需求达到均衡时的价格。在市场经济社会中，我们无时无刻不感到这一规律的存在。这一学派与古典学派之不同在于其对工资的分析过程中没有价值理论，只有价格理论。

5. 谈判工资论

谈判工资论由德国思想家韦伯在《工业民主》一书中提出，其后英国经济学家皮古、希克斯等对这一理论又有所发展。这种工资理论认为，虽然一般而言工资水平是受供需关系决定的，但对于特定的工作岗位，工资存在一定的变动区间，工资如何变化取决于劳资双方在谈判中的地位。在谈判中处于有利位置的人会利用有利条件使工资对己方有利。这种理论已为一些国家的实践所证实。

6. 效率工资论

效率工资理论自20世纪70年代后期在西方经济学界诞生以来，受到了广泛的关注，无论是学术界，还是实际部门对此讨论颇多。之所以如此，是因为这一理论对当今西方国家工资决定机制有着相当强的解释力。同时，也为理解西方国家普遍持久的失业现象提供了理论依据。最早将效率工资制度提升到理论高度的是美国经济学家索罗。他于1979年发表的题为"工资粘性的另一可能源泉"的文章，首先提出了在成本最小化工资水平下，相对于工资的工人努力弹性是一种单位弹性。效率工资理论注重激励、约束机制的建立，认为工资的高低将直接影响到劳动者的努力程度、质量和稳定性，从而影响到生产的效率。

二、公共部门人力资源工资福利管理的概念、功能及原则

(一) 公共部门人力资源工资福利管理的概念[①]

1. 工资

公共部门人力资源的工资是国家依据按劳付酬的原则,以货币形式对公共部门人力资源劳动付出的报酬。在我国,公共部门工作人员的工资包括国家机关工作人员的工资和事业单位工作人员的工资及国有企业的部分工资形式。国家机关工作人员的工资是指政府根据按劳分配的原则对公务员进行个人分配的一种货币表现形式。事业单位存在全额拨款、差额拨款和自收自支的区别,工资仍然是根据按劳分配原则对工作人员进行个人分配的货币形式。国有企业的工资则具有计划和市场双重性。公共部门人力资源的工资不仅是他们劳动所创造的价值,而且是工作人员个人、国家、部门和全社会公民等诸方面间关系的体现。作为分配方式,公共部门的工资管理是有关公共部门工资形式、工资标准、工资支付原则和办法的总称。

2. 福利

公共部门人力资源福利有广义和狭义之分。从广义上讲,凡是有关改善人们物质文化生活的公益性事业和所采取的措施都可称为福利。它几乎概括了人们所享受的一切物质待遇,当然也囊括了社会保险、社会福利、社会救济、社会优抚等内容,成为社会保险的同义语。狭义的福利则专指社会保障体系中除社会保险、社会救济和社会优抚之外改善人们物质文化生活的事业与措施。公共部门人力资源的福利,就是指社会公共部门为改善和提高公务人员物质文化生活水平而采取的一些措施。公共部门人力资源的福利是由各单位根据自身经济实力、管理目标和员工的不同需要自主建立的,因此,不同单位之间的福利内容可能差别很大。

(二) 公共部门人力资源工资福利管理的功能

1. 满足公共部门人力资源生存、生产、发展的功能

工资福利作为对劳动进行个人消费品分配的最重要的形式,其目的是要满足生产、发展、维持和延续劳动力的需要,是人类自身生存与繁衍及社会发展的共同需要。由于公共部门尤其是政府部门和部分公共事业单位参与的是国民收入的再分配,所以与企业工资分配职能在表现形式和作用形式上有所不同。企业劳动者的工资虽然受国家法律法规的约束,如享受最低工资保障,但更多是与所在经济单位的经济效益挂钩。与之相比较,政府部门和部分公共事业单位的工作人员不直接创造经济效益,原则上又不得兼职,工资是他们唯一的合法经济来源,因此公共部门人力资源的工资应该能够解决其生产、

---

① 值得注意的事,很多有关行政管理和人力资源的著作中用薪酬(rewards)一词取代传统的工资福利等。所谓薪酬,一般来说,有"内在"(intrinsic)和"外在"(extrinsic)两种形式。"外在"形式一般指货币形式的报酬,包括基本工资、奖金、津贴、保险等;"内在"形式一般指劳动条件、培训机会、精神激励等。可见,二者在实质及功能上并无本质的差别。因此,本书仍然使用工资福利的框架体系,但也在涉及一些理论或制度实践时使用"薪酬"或其他相近词汇。

生活的基本需要。

2. 激励功能

工资福利是公共部门人员满足物质、文化生活需要的主要手段，要想提高生活水平，就必须努力工作以期得到更高的工资。同时，工资福利的多少常常与职位和社会地位的高低联系在一起，激励着公共部门人力资源不断积极向上，这对于调动劳动者的积极性具有极为重要的作用。

工资的激励功能还表现为对劳动者流动的导向作用。它一方面表现为劳动者常常自发地向工资收入较高的部门和行业流动；另一方面劳动者的工资福利与人力资源市场供求状况密切相关，但又不在市场上形成。国家可以利用这一杠杆，对人力资源进行调配，以推动社会经济或某项事业的发展。就整个社会而言，工资福利为人力资源的合理配置提供了有效手段。通过市场供求在社会各部门间形成合理的工资比例关系，从而起到调整劳动力流向的作用，实现人力资源的高效率配置。

（三）公共部门人力资源工资福利管理的原则

1. 劳动、资本、技术和管理等生产要素按贡献参与分配原则

劳动、资本、技术和管理等生产要素按贡献参与分配原则是我国在全面建设小康社会过程中工资制度的基本原则。此原则是社会主义制度下个人消费品分配的基本原则，也是指导工资福利管理工作的最基本和最重要的原则，它既适用于物质生产部门，也适用于非物质生产部门。

2. 比较平衡原则

比较平衡原则是指在确定和调整政府机关和公共事业单位工作人员的工资水平时，将国有企业职工的工资水平作为参照系数，使政府部门和公共事业单位工作人员的工资水平与国有企业同类人员的工资水平大体持平。同类人员，指的是企业中与政府机关或公共事业单位工作人员职务相当、学历相当、资历相当的管理人员。这是处理政府机关和公共事业单位与其他系统工资关系的重要原则。

社会主义市场经济同样存在市场经济规律对分配制度和分配形式的影响。由于企业职工的劳动直接创造价值，他们的工资水平与企业的经济效益直接挂钩，所以企业职工工资水平的增长大体上反映了国民经济的发展和劳动生产率的增长状况。而政府机关工作人员和部分国家事业单位工作人员的工资收入无法直接与经济效益挂钩。他们的工资收入来源于国家财政收入，是国家经济发展的间接反映。因此，由国家统筹兼顾，将政府机关和公共事业单位工作人员的工资水平与企业职工的工资水平相比较，使之在一定程度上保持平衡，可以使政府机关和公共事业单位工作人员的工资间接地反映劳动生产率的增长状况，也有利于吸引和留住优秀人才。这是公共部门工资制度外部公平性的体现。

3. 定期增资原则

定期增资原则是指国家建立正常的工资晋级制度，定期增加公共部门工作人员的工资标准。贯彻定期增资原则是社会经济发展规律的体现。随着国民经济的发展和劳动生产率

的提高，公共部门工作人员的工资水平也应不断提高。由于政府部门和国家事业单位工作人员所提供的劳动量难以精确计量，所以要通过国家的相关规定来保证他们工资收入的增长，政府必须于财政预算中按法律规定保证必要的经费用于增资。

4. 物价补偿原则

物价补偿是指国家根据物价指数的变动适时调整工作人员的工资标准，使工资增长率等于或略高于物价上涨率，以保证公共部门工作人员的实际工资水平不致由于物价上涨而下降。

5. 法律保障原则

我国虽然还没有全面进行工资方面的立法，但《中华人民共和国公务员法》第78条对我国公务员的工资已做出了明确的法律规定："任何机关不得违反国家规定自行更改公务员工资、福利、保险政策，擅自提高或者降低公务员的工资、福利、保险待遇。任何机关不得扣减或者拖欠公务员的工资。"

6. 工资福利比例适当原则

工资在国民收入分配中占有主导地位。福利（广义）只是辅助分配形式。尽管福利具有工资所不具备的某些优越性，但也有与宏观经济管理目标相背离的弊端。比如，过多的福利发放会拉大社会成员的个人收入差距；福利是较典型的隐形收入，现有的税收手段难以对其进行有效追踪检查，工资向福利的转化会导致大量税源流失，影响国家财政收入；给公共部门人力资源提供适当的福利具有激励其工作积极性的正面效应，但发放福利过多，会适得其反，削弱人的工作积极性。因此，必须确保工资在国民收入分配格局中的主体地位，福利只能是对工资的必要补充，而且应该逐步将福利货币化。

第二节　我国公共部门现行工资福利管理的实践运作

一、国家机关现行工资福利管理的实践运作

（一）国家机关现行工资福利管理的法律法规依据

1. 《中华人民共和国宪法》

《中华人民共和国宪法》第42条规定："中华人民共和国公民有劳动的权利和义务。国家通过各种途径，创造劳动就业条件，加强劳动保护，改善劳动条件，并在发展生产的基础上，提高劳动报酬和福利待遇。"宪法的这一规定表明，劳动及获得报酬和福利待遇的权利是我国公民应该享有的基本权利，也是我国规划工资法体系、确定其内容的基本法律依据。

2. 《中华人民共和国劳动法》

《中华人民共和国劳动法》规定："工资分配应当遵循按劳分配原则，实行同工同酬。""用人单位根据本单位的生产经营特点和经济效益，依法自主确定本单位的工资分配方式和工资水平。""国家实行劳动者每日工作时间不超过八小时、平均每周工作时间不超过四十四小时的工时制度。""国家发展社会福利事业，兴建公共福利设施，为劳动者休息、休养和疗养提供条件。用人单位应当创造条件，改善集体福利，提高

劳动者的福利待遇。"

3. 《中华人民共和国公务员法》

《中华人民共和国公务员法》第十二章规定："公务员实行国家统一的职务与级别相结合的工资制度。公务员工资制度贯彻按劳分配的原则，体现工作职责、工作能力、工作实绩、资历等因素，保持不同职务、级别之间的合理工资差距。国家建立公务员工资的正常增长机制。""公务员按照国家规定享受福利待遇。国家根据经济社会发展水平提高公务员的福利待遇。"

4. 《关于调整机关工作人员基本工资标准的实施方案》

该方案于 2014 年 10 月 1 日起，对公务员基本工资标准的调整办法、相关政策问题、常态化的工资调整机制的建立、经费来源等问题做出了规定。

（二）我国国家机关工资制度改革过程

自 1949 年以来，我国的工资制度经历了若干次调整和变革，先后实行过供给制、职务等级工资制、结构工资制和职级工资制。

1. 供给制

新中国成立初期，国家机关曾采用过供给制和工资制并存的分配形式。供给制，是指按照工作和生活的基本需求，免费供给工作人员生活必需品的分配形式，是一种战时军事共产主义的分配制度。新中国成立初期在国家经济处于较为困难的特殊情况下曾实行了这种分配制度。随着国民经济的恢复和发展，供给制逐渐为职务等级工资制所取代。

2. 职务等级工资制

职务等级工资制是我国于 1956 年实行工资制度改革时建立的工资制度，即以国家机关工作人员的思想品德、个人才能和资历为依据，将担任同样职务的国家机关工作人员分别纳入不同的工资级别，领取与工资级别相应的工资待遇。职务等级工资制的层级结构为"一职数级，上下交叉"，每个级别分别为一个工资档次。在 1956 年，我国的国家行政人员分为 30 个工资等级，后减少为 25 个等级。但是当时由于没有建立起正常的工资晋级制度，许多人虽然职务和责任发生了很大变化，但工资级别却很长时间得不到调整，致使劳酬不符的现象十分突出。

3. 结构工资制

针对职务等级工资制中存在的问题，1985 年中共中央国务院颁发了《国家机关和事业单位工作人员的工资制度改革方案》，进行了 1949 年以来的第二次全国性工资制度改革，确立了我国国家机关和事业单位以职务工资为主的结构工资制。

结构工资制是指按照工资的不同职能，将之划分为基础工资、职务工资、工龄工资和奖励工资四个部分。四个部分各具功能，其中基础工资具有保障国家机关工作人员基本生活需要的功能；职务工资的功能在于通过对国家机关工作人员职务的区分，来反映他们贡献的大小，进而体现出他们在工资报酬方面的差别；工龄工资的功能在于通过对国家机关工作人员任职年限的区别，反映他们对国家贡献的不同，从而使他们享有不同的工资待遇；奖励工资即奖金，主要功能在于对那些成绩优异、有突出贡献的国家工作人员予以奖励，体现工资的激励功能。

1985年的《国家机关和事业单位工作人员的工资制度改革方案》规定:"事业单位行政人员和专业技术人员的工资制度,允许根据各行各业的特点因行业制宜。可以实行以职务工资为主要内容的结构工资制,也可以实行以职务工资为主要内容的其他工资制度。"尽管1985年工资制度改革以来事业单位所实行的以职务工资为主的结构工资制曾起到过积极作用,但由于这一制度是比照国家机关制定的,没有体现事业单位的特点,所以,不能适应国民经济发展和经济体制改革的需要,亟待改革。

4. 职级工资制

1993年我国又进行了一次重要的工资制度改革,建立了新的公共部门的工资制度——职级工资制,并以此为基础确立了包括国家机关、事业单位、国有企业的不同形式的工资福利管理制度。

5. 职级工资制的调整

2006年对1993年的职级工资制的结构进行了调整,基本工资由原来的职务工资+级别工资+基础工资+工龄工资变成了简单的职务工资+级别工资。

(三) 国家机关现行的职级工资制度

1. 职级工资的构成

目前,公务员的工资构成包括四个部分:基本工资、津贴、补贴和奖金。

一是基本工资,由职务工资和级别工资构成。职务工资主要体现公务员的工作责任大小。一个职务对应一个工资标准,领导职务和相当职务层次的非领导职务对应不同的工资标准,见表10.1。

表10.1 公务员职务工资标准表　　　　单位:元/月

职务	工资标准	
	领导职务	非领导职务
国家级正职	5250	
国家级副职	4290	
省部级正职	3440	
省部级副职	2720	
厅局级正职	2130	1990
厅局级副职	1700	1590
县处级正职	1360	1270
县处级副职	1080	1010
乡科级正职	860	820
乡科级副职	720	690
科员		600
办事员		510

级别工资主要体现公务员的工作实绩和资历。每一职务层次对应若干个级别，见表 10.2，每一级别设若干个工资档次，见表 10.3。公务员根据所任职务、德才表现、工作实绩和资历确定级别和级别工资档次，执行相应的级别工资标准。

表 10.2 职务与级别对应关系表

级别	职务								
四	省部级正职								
五	省部级正职								
六	省部级正职	省部级副职							
七	省部级正职	省部级副职							
八		省部级副职	厅局级正职						
九		省部级副职	厅局级正职						
十			厅局级正职	厅局级副职					
十一			厅局级正职	厅局级副职					
十二			厅局级正职	厅局级副职	县处级正职				
十三			厅局级正职	厅局级副职	县处级正职				
十四				厅局级副职	县处级正职	县处级副职			
十五				厅局级副职	县处级正职	县处级副职			
十六					县处级正职	县处级副职	乡科级正职乡科级正职		
十七					县处级正职	县处级副职	乡科级正职乡科级正职		
十八						县处级副职	乡科级正职乡科级正职	乡科级副职乡科级副职	
十九						县处级副职	乡科级正职乡科级正职	乡科级副职乡科级副职	
二十							乡科级正职乡科级正职	乡科级副职乡科级副职	科员科员
二十一								乡科级副职乡科级副职	科员科员
二十二								乡科级副职乡科级副职	科员科员	办事员办事员
二十三									科员科员	办事员办事员
二十四									科员科员	办事员办事员
二十五										办事员办事员
二十六										办事员办事员
二十七										办事员办事员

表 10.3 公务员级别工资标准表　　　　　单位：元/月

级别	档次													
	1	2	3	4	5	6	7	8	9	10	11	12	13	14
一	6135	6604	7073	7542	8011	8480								
二	5625	6029	6433	6837	7241	7645	8049							
三	5160	5524	5888	6252	6616	6980	7344	7708						
四	4721	5055	5389	5723	6057	6391	6725	7059	7393					
五	4318	4632	4946	5260	5574	5888	6202	6516	6830	7144				

续表

级别	档次													
	1	2	3	4	5	6	7	8	9	10	11	12	13	14
六	3949	4243	4587	4831	5125	5419	5713	6007	6301	6595	6889			
七	3622	3896	4170	4444	4718	4992	5266	5540	5814	6088	6362			
八	3336	3590	3844	4098	4352	4606	4860	5114	5368	5622	5876			
九	3079	3313	3547	3781	4015	4249	4483	4717	4951	5185	5419			
十	2841	3056	3271	3486	3701	3916	4131	4346	4561	4776	4991			
十一	2620	2818	3016	3214	3412	3610	3808	4006	4204	4402	4600	4798		
十二	2415	2598	2781	2964	3147	3330	3513	3696	3879	4062	4245	4428	4611	
十三	2225	2395	2565	2735	2905	3075	3245	3415	3585	3755	3925	4095	4265	4435
十四	2225	2395	2365	2523	2681	2839	2997	3155	3313	3471	3629	3787	3945	4103
十五	1887	2034	2181	2328	2475	2622	2769	2916	3063	3210	3357	3504	3651	3798
十六	1738	1874	2010	2146	2282	2418	2554	2690	2826	2962	3098	3234	3370	3506
十七	1602	1727	1852	1977	2102	2227	2352	2477	2602	2727	2852	2977	3102	
十八	1478	1593	1708	1823	1938	2053	2168	2283	2398	2513	2628	2743	2858	
十九	1365	1470	1575	1680	1785	1890	1995	2100	2205	2310	2415	2520		
二十	1263	1358	1453	1548	1643	1738	1833	1928	2023	2118	2213			
二十一	1171	1256	1341	1426	1511	1596	1681	1766	1851	1936				
二十二	1089	1164	1239	1314	1389	1464	1539	1614	1689					
二十三	1017	1082	1147	1212	1277	1342	1407	1472						
二十四	954	1010	1066	1122	1178	1234	1290	1346						
二十五	899	947	995	1043	1091	1139	1187							
二十六	851	893	935	977	1019	1061								
二十七	810	846	882	918	954	990								

二是津贴，是指公务员按照国家规定享受地区附加津贴、艰苦边远地区津贴、岗位津贴等。

三是补贴，是指公务员按照国家规定享受的住房、医疗等补贴、补助。

四是奖金，是指公务员在年度考核中被确定为优秀、称职的，按照国家规定享受的年终一次性奖金，奖金标准为本人当年12月份的基本工资。

2. 职级工资制的正常晋升

现行公务员职级工资的正常晋升主要有以下几个途径。

一是通过晋升职务增加工资。凡得到职务晋升的公务员，从其职务晋升的次月起，执行新任职务的职务工资和相应的级别工资。

二是通过晋升级别增加工资。凡公务员年度考核累计五年称职以上的，从次年1月1日起在所任职务对应级别内晋升一个级别，级别工资就近就高套入晋升后级别对应的工资标准。

三是通过晋升级别工资档次增加工资。凡公务员年度考核累计两年称职以上的，从次年1月1日起在所任级别对应工资标准内晋升一个工资档次。

(四)国家机关福利制度

1. 福利补贴

福利补贴包括生活困难补助、上下班交通费补贴及冬季采取暖补贴。生活困难补助的对象是基层单位收入少、供养人口多、不能维持当地最低生活水平的职员和遭遇意外事件生活困难的职员。

2. 探亲与休假

可享受探亲制度的对象和条件是：凡在公共部门工作满1年以上，与配偶不住在一起，并且不能在公休假日团聚的，可以享受探望配偶的待遇，与父母都不在一起且不能在公休假日团聚的，可享受探望父母的待遇。

未婚公共部门人力资源探望父母，每年给假一次，假期20天。若单位当年不能给假或本人自愿两年探亲一次，两年合并一次假期为45天。已婚公共部门人力资源探望配偶，每年给一方探亲假一次，假期为30天。已婚公共部门人力资源（双方在一起）探望父母，每4年给假一次，假期20天。可根据实际情况给予路程假，探亲假与路程假均包括公休假日和法定假日。

公民享有宪法赋予的休息权。国家实行劳动者每日工作时间不超过8小时，平均每周不超过40小时的工作时制度，元旦、春节、国际劳动节、国庆节及法律法规规定的其他休假节日为公共部门人力资源的法定休假日。

平常时间安排公共部门人力资源延长工作时间，每日不得超过1小时，如系特殊原因，则每日不得超过3小时，每月不得超过36小时，并需给付不低于正常工资150%的报酬；在休息日安排公共部门人力资源工作又不能安排补休的，需给付不低于正常工资200%的报酬；法定休假日安排公共部门人力资源工作的，需给付不低于正常工资300%的报酬。

3. 集体生活福利设施

集体生活福利设施主要包括实行收支差额补贴，但社会化是其发展方向。不以营利为目的的员工食堂；为了减轻女性公共部门人力资源的保育负担，保证人口再生产顺利进行而提供的托儿所、幼儿园等保育设施；图书馆、体育馆等集体文化娱乐设施；最为重要的是员工住宅，这是我国集体福利的主要成分，包括单身集体宿舍、家属住宅、低房租住房、集资建房、住房公积金及购、租房补贴等。其中，住房公积金是近几年实行的住房福利措施，其做法是，每月扣除公共部门人力资源工资的一定比例，单位再配之以相应的款额，双方共同筹资，积累一笔住房基金。积累到一定规模，可发给个人自由购置商品房，或由单位代购。住房基金属于公共部门人力资源个人的部分，可以转移和继承。

二、事业单位现行工资福利管理的实践运作

(一)事业单位现行工资福利管理的法律法规依据

1.《中华人民共和国宪法》

《中华人民共和国宪法》第42条规定，中华人民共和国公民有劳动的权利和义务。国

家通过各种途径，创造劳动就业条件，加强劳动保护，改善劳动条件，并在发展生产的基础上，提高劳动报酬的福利待遇。

2.《事业单位人事管理条例》

《事业单位人事管理条例》第七章规定，国家建立激励与约束相结合的事业单位工资制度。事业单位工资分配应当结合不同行业事业单位特点，体现岗位职责、工作业绩、实际贡献等因素，并建立事业单位工作人员工资的正常增长机制，使事业单位工作人员的工资水平与国民经济发展相协调、与社会进步相适应。事业单位工作人员享受国家规定的福利待遇。

3.《关于调整事业单位工作人员基本工资标准的实施方案》

该方案于2014年10月1日起，对事业单位工作人员基本工资标准的调整办法、相关的政策问题、正常调整机制的建立、经费来源等做出了规定。

（二）事业单位现行工资福利管理的基本内容

自2006年7月1日起，事业单位开始全面实施岗位绩效工资制度。

1. 实施范围

（1）教育、卫生、科学研究事业单位。

（2）文化、艺术、体育、新闻、出版、广播电影电视事业单位。

（3）农业、林业、水利、水产、畜牧、兽医事业单位。

（4）交通、海洋、地质勘查、测绘、气象、地震事业单位。

（5）社会保障、社会福利、检验检疫、环境保护、环境卫生、园林绿化、房地产管理、物质储备事业单位。

（6）机关、团体附属独立核算的事业单位。

（7）列入事业编制的各类学会、协会、基金会、监管机构。

（8）其他事业单位。

2. 岗位绩效工资制度的内容

事业单位所实施的岗位绩效工资制由岗位工资、薪级工资、绩效工资和津贴补贴四部分构成。其中岗位工资和薪级工资为基本工资。

（1）岗位工资。其主要体现工作人员所聘岗位的职责和要求。事业单位岗位分为专业技术岗位（设置13个等级）、管理岗位（设置10个等级）和工勤技能岗位分为技术工岗位（设置5个等级）和普通工岗位（不分等级）。不同等级的岗位对应不同的工资标准，见表10.4～表10.6，工作人员按所聘岗位执行相应的岗位工资标准。

表10.4 事业单位专业技术人员岗位工资标准表　　　　单位：元/月

岗位	一级	二级	三级	四级	五级	六级	七级	八级	九级	十级	十一级	十二级	十三级
工资标准	3810	3910	2650	2355	2060	1890	1760	1550	1475	1390	1280	1220	1150

表10.5 事业单位管理人员岗位工资标准表　　　　单位：元/月

岗位	一级	二级	三级	四级	五级	六级	七级	八级	九级	十级
工资标准	3770	3140	2660	2200	1900	1660	1460	1320	1220	1150

表 10.6　事业单位工人岗位工资标准表　　　　　　　　　　单位：元/月

岗位	技术工一级	技术工二级	技术工三级	技术工四级	技术工五级	普通工
工资标准	1640	1430	1300	1200	1140	1130

（2）薪级工资。其主要体现工作人员的工作表现和资历。专业技术人员和管理人员设置 65 个薪级，薪级标准基本相同，工人设置 40 个薪级，每个薪级对应一个工资标准，见表 10.7 和表 10.8。

表 10.7　事业单位专业技术人员和管理人员薪级工资标准表　　　单位：元/月

薪级	工资标准	薪级	工资标准	薪级	工资标准	薪级	工资标准	薪级	工资标准
1	170	14	535	27	1275	40	2452	53	4026
2	188	15	577	28	1354	41	2559	54	4152
3	209	16	619	29	1433	42	2676	55	4278
4	230	17	666	30	1512	43	2793	56	4404
5	251	18	713	31	1597	44	2910	57	4530
6	275	19	765	32	1682	45	3027	58	4656
7	299	20	817	33	1767	46	3144	59	4782
8	327	21	874	34	1858	47	3270	60	4938
9	355	22	931	35	1949	48	3396	61	5094
10	387	23	993	36	2048	49	3522	62	5250
11	419	24	1061	37	2147	50	3648	63	5406
12	456	25	1129	38	2246	51	3774	64	3562
13	493	26	1202	39	2345	52	3900	65	5795

表 10.8　事业单位工人薪级工资标准表　　　　　　　　　　单位：元/月

薪级	工资标准	薪级	工资标准	薪级	工资标准	薪级	工资标准
1	150	11	344	21	693	31	1246
2	166	12	371	22	738	32	1310
3	182	13	398	23	788	33	1374
4	200	14	428	24	838	34	1438
5	218	15	458	25	894	35	1507
6	236	16	493	26	950	36	1576
7	254	17	528	27	1006	37	1645
8	275	18	568	28	1066	38	1714
9	296	19	608	29	1126	39	1783
10	320	20	648	30	1186	40	1855

（3）绩效工资。绩效工资是主要根据工作人员的工作实绩和贡献发放的工资。国家对事业单位绩效工资分配进行总量调控和政策指导。事业单位在核定的绩效工资总量内，按照规范的程序和要求，自主分配。

事业单位实行绩效工资后，取消年终一次性奖金，将一个月基本工资的额度及地区附加津贴纳入绩效工资。事业单位在上级主管部门核定的绩效工资总量内，按照规范的分配程序和要求，采取灵活多样的分配形式和办法，自主决定本单位绩效工资的分配。

（4）津贴补贴。对在事业单位苦、脏、累及其他特殊岗位工作的人员，实行特殊岗位津贴补贴。

3. 工资晋升

（1）薪级工资的晋升。年度考核结果为称职及以上等次的工作人员，每年增加一级薪级工资，并从第二年的1月起执行。考核结果为基本称职或不称职的，不能增加薪级工资。

（2）岗位变动人员工资的调整。工作人员岗位变动后，从变动的下月起执行新聘岗位的工资标准。薪级工资按规定调整。

4. 对高层次人才实施分配激励政策

（1）国家对中国科学院院士、中国工程院院士及为国家做出重大贡献的一流人才，经批准，执行专业技术一级岗位工资标准。

（2）国家对有突出贡献的专家、学者和技术人员，继续实行政府特殊津贴。

三、国有企业现行工资福利管理的实践运作

（一）国有企业现行工资福利管理的法律法规依据

1. 《中华人民共和国宪法》

《中华人民共和国宪法》第42条规定，中华人民共和国公民有劳动的权利和义务。国家通过各种途径，创造劳动就业条件，加强劳动保护，改善劳动条件，并在发展生产的基础上，提高劳动报酬的福利待遇。

2. 《中华人民共和国劳动法》

《中华人民共和国劳动法》第4条规定，用人单位在制定、修改或者决定有关劳动报酬、工作时间、休息休假、劳动安全卫生、保险福利、职工培训、劳动纪律以及劳动定额管理等直接涉及劳动者切身利益的规章制度或者重大事项时，应当经职工代表大会或者全体职工讨论，提出方案和意见，与工会或者职工代表平等协商确定。第11条规定，用人单位未在用工的同时订立书面劳动合同，与劳动者约定的劳动报酬不明确的，新招用的劳动者的劳动报酬按照集体合同规定的标准执行；没有集体合同或者集体合同未规定的，实行同工同酬。第20条规定，劳动者在试用期的工资不得低于本单位相同岗位最低档工资或者劳动合同约定工资的80%，并不得低于用人单位所在地的最低工资标准。

3. 其他法律法规或实施办法

其他法律法规或实施办法包括《国务院关于工人退休、退职的暂行办法》《国务院关于建立城镇职工基本医疗保险制度的决定》《失业保险条例》《中央企业负责人经营业绩考核暂行办法》《工资集体协商试行办法》《关于做好2003年中央企业工资总额同经济效益挂钩工作的通知》等。

(二) 国有企业现行工资福利管理的基本内容

1. 国有企业集权型工资体制的改革

我国国有企业曾长期实行集权型的工资体制。自 1978 年开始对这一工资体制进行了改革。改革大体可分为四个阶段。

第一阶段是 1978~1983 年。这一阶段的主要任务是从思想上和理论上拨乱反正，重新认识按劳分配这一社会主义分配原则，并且恢复了计件工资和奖金制度。这对调动职工的劳动积极性起到了一定的作用，但是这一阶段的改革还是初步的，与职工个人的实际劳动贡献联系并不紧密。

第二阶段是 1983~1985 年。随着利改税的实施，国有企业的奖金不再按工资总额的一定比例提取，而是改为由企业奖励基金开支。这实际上意味着奖金的发放要随企业生产经营效益的变化而上下浮动。由此不少国有企业开始利用自有资金，实行"浮动工资制"。

第三阶段是 1985~1993 年。1985 年 1 月国务院颁布《关于国营企业工资改革问题的通知》。该通知规定："从 1985 年开始，在国有企业中，实行职工工资总额同企业经济效益挂起钩来。"我国国有企业开始推广实行效益工资制，即企业工资总额和企业经济效益挂钩，简称"工效挂钩"。这一改革扩大了企业内部工资分配的自主权。

第四阶段是以 1993 年 11 月 14 日《中共中央关于建立社会主义市场经济体制若干问题的决定》的颁布为开端。该决定指出，以公有制为主体的现代化建设事业需要"建立以按劳分配为主体，效率优先，兼顾公平的收入分配制度"。我国国有企业在全面进行岗位劳动评价和职工劳动贡献考核的基础上，建立充分体现按劳分配原则的岗位技能工资制或其他内部分配制度。依据劳动技能、劳动责任、劳动强度、劳动条件和劳动贡献自主确定企业内部各类人员工资水平和工资关系，合理拉开工资差距。有些国有企业还开始试行经营者年薪制和职工岗位技能工资制。

通过改革，我国国有企业已经普遍确立了岗位技能工资制和"工效挂钩"的效益工资制相结合的基本工资制度。岗位技能工资制实质上就是一种结构工资制。它将职工工资分解为岗位工资和技能工资，分别依据劳动技能水平和岗位要求确定工资率，用岗位工资对职工的劳动责任、劳动强度和劳动条件酬报；用技能工资对职工的技能水平和劳动实绩酬报，两者紧密结合。国有企业长期实行八级技术等级工资制所造成的职工工资等级与技能水平和劳动实绩脱节的"铁岗位""铁饭碗"现象开始改变，工资的激励功能也得到了比较充分的发挥。效益工资制是国有企业的工资总额与企业经济效益挂钩，随经济效益指标的完成情况按确定的比例而相应地增减[①]。国有企业工资总额与其经济效益挂钩的间接控制办法，具体有两种类型：一种是按照某种实物量的经济效益指标与国有企业工资总额挂钩；另一种是把国有企业工资总额与上缴利税挂钩。后者是由主管部门按照国有企业往年上缴利税数额和工资总额核定两个基数和两者之间的比例。国有企业超额完成利税上缴任务后，也相应地按照核定比例增加工资总额。

---

① 莫亚琳：《论国有企业工资制度改革与创新》，载《湘潭师范学院学报》，2002 年第 2 期，第 55 页。

2. 现阶段国有企业工资管理的方式

目前国家对国有企业工资水平或工资总额的管理主要有三种方式。

（1）计划管理方式。《中央企业工资总额预算管理暂行办法》第8条规定，国务院国有资产监督管理委员会依据有关法律法规和相关政策，制定工资总额预算管理规定，对中央企业工资总额预算编制、报告及执行工作进行监督管理，依法调控中央企业收入分配总体水平。

（2）工效挂钩方式。企业的工资总额随企业经济效益的增减而上下浮动。挂钩的工资总额基数、经济效益基数和浮动比例由企业主管政府的劳动保障部门和财政部门审核下达。

（3）自主决定方式。主要针对已经完成公司化改制、法人治理结构完善、产权多元化的企业或公司制生效以后新注册成立的内资企业。

第三节 我国公共部门人力资源工资福利管理的改革与完善

一、国家机关工资福利管理的改革与完善

（一）国家机关工资福利管理现存的主要问题

随着市场经济体制的建立和各项改革不断向纵深推进，现行的国家机关工资福利制度出现了一些亟待解决的问题。

1. 国家机关人员工资水平偏低与分配不均衡

国家机关人员工资收入整体水平偏低。主要表现在两个方面：一方面，国家机关工作人员工资与效益好的国有企业相比差距较大；另一方面，国家机关工作人员和事业单位同职级人员工资收入差距不断拉大，地区收入差距拉大。国家机关工作人员工资分配不均衡也表现在两个方面：一是随着地区间经济发展水平不均衡的加剧，地区间工资水平的差距也在不断拉大；二是同一地区、同一职务层次和职务级别的职位间存在着分配不公的问题。

2. 工资管理体制不完善

现行工资宏观管理体制仍沿用传统的统一调控方式，这与我国政治、经济的整体改革思路不符，以至调控作用难以发挥。一是公务员工资立法严重滞后，导致工资调整的随意性大；二是缺少现代化的管理手段，加之工资结构复杂，工作效率难以提高；三是宏观调控力度不够，导致基本工资外的补贴名目繁多。

3. 福利制度改革严重滞后

1993年工资制度改革时就没有涉及福利制度方面的改革，此后也一直没有涉及。因此对福利制度加以改革已成当务之急。

（二）国家机关工资福利管理改革与完善的思路

深化国家机关人员工资福利制度改革，首要的是加强对社会主义劳动价值理论和收入

分配理论的研究和认识，从改革发展与稳定的大局出发，逐步完善按劳分配为主体、多种分配方式并存的制度。建立起一套与社会主义市场经济体制相适应、具有竞争激励机制、科学规范的工资福利制度。

1. 完善工资立法

各国都很重视公共部门工作人员的工资立法，不仅在有关国家公务人员的基本法律中对公共部门工作人员的工资福利做出明确规定，而且还制定专门的工资福利法规，把工资福利制度具体化。例如，美国的工资制度的法律基础，是由四个基本的联邦法律构成的，即1938年的平等劳动基准法、1963年的同工同酬法、1964年的民权法（第七章）和1967年的雇佣中就业年龄歧视法[①]。我国也应进一步加强有关国家机关工作人员的工资福利方面的立法，用完善的工资立法，规范工资管理福利的管理，切实保障国家机关工作人员在这方面的合法权益。

2. 完善职级工资制度，使之更便于操作和执行

在保持现有的职级工资制主体功能的基础上，对工资构成适当进行归并简化。美国是实行职位分类制的国家，国家公务员的工资制度也以职位分类结构为依据。美国公务员的工资分为两个系统，即法定薪金系统和其他薪金系统。法定薪金系统包括三种工资标准，即一般行政人员工资标准、驻外人员工资标准及退伍军人管理委员会和医务人员工资标准。其他薪金系统也包括三种工资标准，即高级行政官员工资标准、邮政管理署人员工资标准和"蓝领"工人工资标准。各种工资标准均根据本系统的情况设置若干工资等别，各工资等别中又划分为数量不等的工资级别。不同类别的工资晋级的规定也有区别，但都以其工作考核的结果为依据。考核获"满意"者，可在等内提升1级工资；工作成绩特别优异者，可在等内越级提升工资。这些经验值得我们借鉴。

3. 建立与企业同类人员的动态平衡比较机制，科学合理确定并调整机关工资水平

国家公共部门人力资源的工资水平的确定，要列入国家关于增加公民收入、启动消费、拉动经济增长的大背景中考虑。同时，还要考虑国际大环境的影响，并经常注意与国际同类人员的工资水平加以比较。

4. 改革完善福利制度

对于住房、医疗、养老等各项改革，应在福利上给以补偿，进一步改革和完善国家公共部门人力资源福利制度。这方面可参照香港的做法。

香港特区政府为公务员提供各种附带的津贴，如免费的基本医疗及牙科诊疗服务、教育津贴、房屋福利、假期和旅费等。此外初级人员逾时工作、执行危险性较大的工作及从事特别具有厌恶性的工作，也可获取补贴。

香港特区政府所提供的这些补贴中，房屋福利补贴是最引人注目的。按规定，符合资格条件的人员可获得多项房屋福利选择。特区政府设有自置居所资助计划、居所资助计划及购房贷款计划等。公务员置业安居时可做出选择。对于租房居住的公务员，政府则提供自行租房津贴和居所津贴。房屋福利还包括其他形式，如本地公务员建屋合作社及政府为

---

① 罗纳德·克林格勒，约翰·纳尔班迪：《公共部门人力资源管理：系统与战略》（第四版），中国人民大学出版社，2001年，第179页。

本地公务员兴建楼宇计划及提供员工宿舍等。但不管福利和补贴制度实施到何种程度，其基本一条就是要逐步贯彻福利货币化原则。

5. 制定特殊岗位工资制度

对因特殊需要招录的国家公共部门人力资源和特殊行业、特殊岗位上国家公共部门人力资源的特岗津贴，要有明确规定。在特岗津贴方面，日本的做法值得借鉴。日本国家公共部门人力资源的附加工资数额庞大、津贴名目繁多，是工资以外附加工资和津贴最多的国家。它实行"特别报酬"制。这是一笔较大的附加工资。日本的国家公共部门人力资源可以享受职务津贴、初任津贴、居住津贴、抚养津贴、交通津贴、特别作业津贴、地区津贴、值日津贴、勤奋津贴、寒冷地津贴、夜班津贴、义务教育津贴等，以满足公务员各方面的需求①。

6. 搞好各方面的配套改革

工资福利制度改革要与社会保障制度改革、财税体制改革特别是人事制度改革等及时配套、不断完善，以保证国家公共部门人力资源实际可支配收入逐步提高。

二、事业单位工资福利管理的改革与完善

（一）事业单位工资福利管理现存的主要问题

（1）事业单位的工资缺乏分类管理。我国事业单位类型复杂多样，但缺乏科学分类，管理方式单一，这给工资分类管理也带来诸多问题。一方面，在工资构成中固定部分和活的部分的比例几乎按经费拨款类型一刀切，不管拨款有无增减，经费自主程度如何，只要单位总体性质不变，都得执行同样的津贴比例，缺乏灵活的激励机制；与此相反，对自收自支单位而言，各省、市执行津贴的比例却又各自为政，按全额、差额、自收自支单位对待的都有。

（2）特殊岗位津贴补贴的管理有待于进一步规范。

（3）事业单位主要领导的收入分配激励约束机制需要加以完善。

（4）国家收入分配宏观调控还需要大力加强。

（二）事业单位工资福利管理改革与完善的思路

当前在工资总额包干的基础上和不突破国家现行工资制度的前提下，本着"效率优先、兼顾公平"的分配原则，根据专业技术人员、管理人员、工勤人员等各类岗位的不同特点和工资福利制度现存的问题，对现行的工资制度做如下改革。

1. 完善岗位工资制

岗位工资应按照岗位的性质来确定，其具体标准主要应根据岗位的责任大小、工作的难易和工作量的多少来确定。实施岗位工资关键在于科学地定编、定岗。科学地定编就是根据事业发展的需要、资源合理配置的需要和提高效益的需要，核定编制总数。之后按每个编制的工资基数，实行工资总额动态包干，坚持增人不增资，减人不减资；科学地定岗

---

① 李德志：《人事行政学》，高等教育出版社，2001年，第175页。

就是因需设岗，因岗择人，而不是因人设岗。在实现科学定编定岗的基础上完成全员聘任制。聘任的依据主要取决于岗位的需要和个人的实际能力水平，低职可以高聘，高职也可以低聘。凡受聘人员都要与单位在平等自愿的基础上签订聘用合同，明确双方的权利和义务，并按合同付薪。易岗者也要易薪，即在什么岗位上就领取什么岗位的工资。

2. 规范特殊岗位的津贴管理

国家应统一制定特殊岗位津贴补贴政策和管理规范。主要包括：规定特殊岗位津贴补贴的项目、标准和实施范围，明确和调整新建特殊津贴补贴的条件，建立动态管理机制。除国家统一制定的政策和管理规范外，任何地区、部门和单位不得自行建立特殊岗位津贴补贴项目、扩大实施范围和提高标准。

3. 建立事业单位主要领导收入分配激励约束机制

国家对事业单位主要领导收入分配制定指导意见，选择有条件的事业单位进行试点，探索建立单位主要领导收入分配的激励约束机制。

政府人事、财政等部门制定事业单位主要领导的收入分配办法，结合考核合理确定其收入水平，使事业单位主要领导的收入与单位的社会经济效益及长远发展相联系，规范事业单位主要领导的收入分配，并加强监督管理。在试点的基础上，不断完善事业单位主要领导收入。

三、国有企业工资福利管理的改革与完善

（一）国有企业工资福利管理现存的主要问题

我国国有企业长期以来实行的是低工资制度。低工资制的主要特点：一是职工所领取的只是少量的，仅用于吃、穿、用等日常开销的货币工资。而诸如住房等重要消费品及医疗等生活服务，则由国家或企业廉价甚至无偿提供。二是职工消费的自主程度低。由于实行低工资制度，职工拥有的货币工资极为有限，可供职工自主选择消费品的空间、种类和数量也十分有限。三是市场向职工开放程度低。低工资制度下，职工手持有限的货币，只能进入有限的市场，主要是农贸市场和轻工产品市场，剩余货币则主要流入储蓄。四是职工对市场价格波动的承受能力低。实行低工资制，国家一方面为职工提供全面的福利，另一方面又要严格控制工资标准、价格标准和服务收费标准，人为地创造"压价机制"，价格信号严重失真。当价格波动时，职工的心理和经济承受能力十分脆弱，国家不得不发放各种补偿。五是职工合理流动受到制约。在低工资制下，国家和企业必然为职工提供全面的福利，高福利在很大程度上限制了职工在企业间、地区间的合理流动，职工流动所考虑的不是工资高低，而是福利待遇等问题。

这种低工资制度造成了下述突出问题：一是制约了按劳分配的作用空间；二是牵制了市场发育；三是扭曲了价格信号；四是导致产业畸形发展；五是减少了就业机会，高福利抑制产业发展，尤其是第三产业的发展，社会因此减少了就业机会；六是制约了社会保险制度改革与发展。

（二）国有企业工资福利管理改革与完善的思路

在公共部门人力资源工资福利管理的改革中，很多国有企业都在积极探索变革之路[①]。积累了大量值得分析借鉴的经验。当前改革的要点是在先进理念的指导下尽快实现劳动报酬全部货币化。把各种福利性收入或奖金、津贴和发放实物等纳入工资范畴。具体应做到以下几个方面。

1. 进一步明确国有企业工资福利制度的改革思路与原则

针对现行工资分配存在的主要问题，通过优化工资结构，采取灵活多样的分配形式，在企业内部建立不同层次的激励机制，使工资分配合理拉开差距，稳定和吸引人才，激活人力资源。以"企业分配靠效益，员工收入凭贡献"的改革理念设计和实施符合市场经济要求、与现代企业制度相适应的工资分配制度，更好地发挥工资分配的激励作用，充分调动员工的积极性，增强企业活力，提高企业的竞争力和经济效益。改革应坚持的原则是：经济效益原则；按劳分配与按生产要素分配相结合的原则；配套改革原则；总量控制、分级管理原则；公开、公正、公平原则。

2. 积极推行企业高层管理人员年薪制

对于国有企业高层经营管理人员实行年薪制，在社会上已呼吁多年。劳动部门也把它作为实施工资制度改革的重点内容，积极组织实施。但是这种改革似乎曾在极少数企业试行过，推广阻力颇大。某些政府官员认为，实行年薪制，企业领导人报酬收入过高，会与政府公务员之间的工资报酬形成较大差距，引起公务员的不满；也有的担心工人有意见，认为在腐败高发、职工下岗、企业不景气的情况下，推行厂长、经理年薪制，有可能会激化矛盾。因此，推行年薪制，要与其他改革相配套才行，如企业取消行政级别、企业经营者与政府官员脱钩，还要独立地培养企业家队伍，进一步加强对企业财务的监管等。

不管怎样，推行年薪制在理论上还是站得住脚的。企业高层经营管理人员，对企业搞得好坏，关系极大。他们所付出的劳动是复杂劳动。而这些付出又不可能马上见效，因此根据按生产要素贡献大小参与分配的原则，实行年薪制要比月薪制好。而且厂长、经理人员的年薪，是由企业的所有者发放的，这与一般职工的工资发放有区别。实行年薪制不仅能有效地调动高层经营者和管理者的积极性，而且有助于加强廉政建设。可见年薪制是分配制度的一项重大改革，应当在国有企业广泛实行。

国务院国有资产监督管理委员会（简称国资委）出台的《中央企业负责人经营业绩考核暂行办法》为推行年薪制提供了法制方面的依据。该办法自2004年1月1日起已在189户中央企业全面施行。该办法用量化指标约束国有资产经营者，按经营业绩领取薪酬。规定企业经营者的考核和奖惩紧密挂钩。国资委将对中央企业的董事长、副董事长、董事、总经理、

---

① 其中比较有代表性的如中国第一汽车集团公司（简称一汽集团）和海尔集团的工资改革。一汽集团的改革以优化工资结构为重点，以调整分配关系为核心设计的岗位贡献工资制实行后，初步形成了贴近劳动力市场价位的按岗定薪、岗变薪变、拉开差距、有升有降的一个基本工资制度和多种分配形式并存的、以市场为导向的工资激励机制。参见劳动工资研究所：《劳动工资动态》，2001年第1期及郭克莎：《2003年度中国企业最佳案例——人力资源》，商务印书馆，2003年，第162～198页。这些改革都对作者思路的形成有所启示。

副总经理和总会计师进行年度经营业绩考核和任期经营业绩考核。考核基本指标包括年度利润总额和净资产收益率,任期考核基本指标包括国有资产保值增值率和三年主营业务收入平均增长率。企业负责人的年薪分为基薪和绩效年薪,绩效年薪根据年度考核结果在零和基薪的三倍之间变动。这标志着我国国有企业的工资制度改革又进入了一个新的阶段。

3. 实施和完善最低工资保障制度

市场经济比较发达的国家,都立有《最低工资保障法》作为对劳动者权益的保护。因为在市场经济中,企业为了谋求最大限度的利润,总是力图减少工资支出,以降低生产和经营成本。如果没有相应法律的保护,企业主甚至会拖欠、克扣工人的工资。我国改革开放后,随着多种经济形式的发展,这种现象也屡见不鲜。所以在《中共中央关于建立社会主义市场经济体制若干问题的决定》中明确指出:"国家制订最低工资标准,各类企事业单位必须严格执行。"

4. 探索协议工资制度实行的可行性

在市场经济条件下,工资作为劳动力的价格,应由劳动力市场上供求双方来共同决定。发达国家已较普遍地实行协议工资制度。为了促进我国多种经济成分共同发展,维护工人的经济利益,我们有必要探讨协议工资制度实行的可行性。

协议工资制度,又称集体谈判工资制度,是指在国家法律的保护和约束下,通过企业(雇主)与工会(工人)之间的谈判来决定工人工资的一种工资决定方式。在我国如果实行协议工资制度,应以下述条件为前提:一是它能规范劳动力市场运行;二是能促进社会保障制度、住房和福利分配制度改革;三是可促进劳动力合理流动;四是有助于协调企业和工人之间的利益冲突;五是能够推进企业民主管理,提高企业的经济效益。

5. 探索赋予厂长、经理股票期权的做法

目前国内一些企业正在试行厂长、经理人员股票期权的做法。这种办法在按业绩取酬的发达国家已得到广泛推行,成为国外公司激励高级经营管理人员积极性、实现公司可持续发展的有效手段。国外的经理股票期权是公司给高级管理人员的一种权利,持有这种权利的高级管理人员可以在规定时期内以经理股票期权的行权价格(exercise price)购买本公司的股票,这个过程称为行权(exercise)。在行权以前,经理股票期权持有人没有现金收益,行权以后,个人收益为行权价格与行权日公司股权市场价格的差价。实行经理股票期权之后,西方公司经理人员的薪酬一般包括四个部分:一是基本工资,由薪酬委员会根据各个岗位的范围、职责、重要性及其他企业相似岗位的水平来制定;二是年度津贴或奖金,根据公司的年度业绩情况和其他经营指标的完成情况来决定;三是长期激励计划,如经理股票期权、受限股票计划(restricted stock plan)、股票增值权(stock appreciation rights)等,主要为了使管理人员的利益与股东的长远利益结合起来;四是福利计划,如退休金计划、医疗保险等,但所占比例不大,所产生的激励效果也不太明显。20世纪90年代以来,美国高级管理人员的薪酬总额中,长期激励计划的收益一直稳定在20%~30%,1997年达到了28%。

因此,厂长、经理股票期权作为一种激励机制,不但可以克服传统工资制度的缺陷,而且能够有效地把高级经营管理人员和技术骨干的业绩与他们的报酬结合起来,使全体员工和股东都能从中受益,克服企业发展中的短期行为,而且有利于巩固企业经理人员和技术骨干的队伍,有利于企业的长远发展。

第十一章

公共部门人力资源的保障管理

【案例导读】 养老保险改革破冰　社会保障更显公平

第一节　公共部门人力资源保障的理论基础与概述

公共部门人力资源的保障管理大致分为两个部分：一是权益保障；二是社会保障。其中，权益保障包括公民的基本权利与劳动权保障；社会保障包括十七大报告首次提出的"三个基础""三个重点""二个补充"，即以社会保险、社会救助、社会福利为基础，以基本养老、基本医疗、最低生活保障制度为重点，以慈善事业、商业保险为补充。完善的公共部门人力资源保障管理，既能够解除广大公共部门工作人员的后顾之忧，使其全身心地投入到工作当中，又能够在很大程度上起到维持社会稳定的作用。

一、公共部门人力资源保障的理论基础

（一）马克思主义关于权益保障与社会保障的基本理论

1. 权益保障的理论依据

1) 人权保障

马克思、恩格斯从具体的社会历史条件出发，在对资产阶级人权理论的剖析与批判过程中，科学地提出了精辟的人权观点。马克思、恩格斯从人的类本质出发，深刻地揭示了人权的本质："人权是权利的最一般形式。"[①]显然，人权是人作为人类所应拥有的一切权利的普遍概括。其中，生存权、发展权是最基本的人权，是享受其他人权的前提。正如马克思、恩格斯在《德意志意识形态》中指出，"我们首先应该确立一切人类生存的第一个

---

① 《马克思恩格斯全集》（第3卷），人民出版社，1960年，第228页。

前提也就是一切历史的第一个前提，这个前提就是：人们为了能'创造历史'，必须能够生活，但是为了生活，首先就需要衣、食、住以及其他东西"①。马克思指出，在资产阶级社会，"所谓人权无非是市民社会的成员的权利，即脱离了人的本质和共同体的利己主义的人的权利"②。马克思揭示了资产阶级社会人权的本质及其阶级局限性，马克思认为，资本主义国家政权首先保护的是资产阶级的权利，而不是劳动人民的权利，只有代之以社会主义与共产主义社会，建立以公有制为基础的人民民主政权，劳动人民才能享有广泛的、平等的、真实的人权。恩格斯明确地概括了人权的普遍含义："人权就是一切人，或至少是一个国家的一切公民，或一个社会的一切成员，都应当有平等的政治地位和社会地位。"③可见，人权是一定社会或一定国家中受到认可和保障的每个人拥有的权利的最一般形式，特别是基本权利。

新中国成立以来，党和国家领导人将马克思、恩格斯的人权理论同中国社会主义革命和建设的具体实践相结合，在不断改善中国人权状况的实践中，创建了中国特色人权理论。毛泽东将生存权作为最基本人权的理论观点及其社会实践，在争取和维护人权方面取得了伟大成就。毛泽东强调社会主义人权应当注重维护绝大多数人的根本利益，实现个人人权和集体人权的有机结合，忠实地遵守了世界人权的普遍规则。邓小平坚持马克思主义人权观，揭示了超阶级所鼓吹的普遍人权，认为人权是具有鲜明的阶级性的。1985年，邓小平在同"大陆与台湾"学术研讨会主席团全体成员的谈话中指出："什么是人权？首先一条，是多少人的人权？是少数人的人权，还是多数人的人权，全国人民的人权？西方世界的所谓'人权'和我们讲的人权，本质上是两回事，观点不同。"④这是对西方资产阶级人权观和当代中国人权观根本对立这一本质的科学概括。邓小平提出和平与发展是当今世界的两大主题的论断，关系到全人类的生存权、发展权。中国改革开放以来，中国人民摆脱了贫穷，生存权利得到了根本的改善。1997年，党的十五大首次将"人权"概念写入党的全国代表大会的主题报告，江泽民在党的十五大主题报告第六部分"政治体制改革和民主法制建设"中明确指出中国共产党执政就是领导和支持人民掌握管理国家的权力，实行民主选举、民主决策、民主管理和民主监督，保证人民依法享有广泛的权利和自由，尊重和保障人权。由此，尊重和保障人权被明确作为共产党执政的基本目标纳入党的行动纲领之中。江泽民在会见法国国防部长夏尔·米永和驻华大使毛磊时再次强调："中国政府根据人权的普遍性原则和具体国情，努力实现人民的生存权和发展权，极大地提高了人民享受经济、社会和文化权利的水平。与此同时，中国不断完善民主与法制建设保障人民的公民权利和政治权利。"⑤十六大之后，党中央尊重和保障人权，并将其写入宪法、载入"十一五"发展规划纲要，使其成为中国共产党提高执政能力建设和执政兴国的重要理念，成为以人为本的科学发展观和构建社会主义和谐社会重大战略思想的重要组成部分。2004年3月14日十届全国人大第二次会议高票通过的宪法修正案，首次将"人权"

---

① 《马克思恩格斯全集》（第3卷），人民出版社，1960年，第31页。
② 《马克思恩格斯全集》（第1卷），人民出版社，1956年，第436页。
③ 《马克思恩格斯选集》（第3卷），人民出版社，1960年，第143页。
④ 《邓小平文选》（第3卷），人民出版社，1993年，第358页。
⑤ 江泽民于1997年4月7日在会见法国国防部长夏尔·米永和驻华大使毛磊时的谈话。

理念列入宪法，标志着公民权益保障成为国家追求的基本价值和根本目标。中共十七大提出了实现全面建设小康社会奋斗目标的新的更高要求，也对人权事业的发展做出了新的部署，充分表明了中国共产党对人权的高度重视。十八大以来，以习近平为总书记的党中央把坚持人民主体地位提到了更加突出的地位，强调必须发挥人民的主人翁作用，坚持发展为了人民、发展依靠人民、发展成果由人民共享的根本原则。十八大报告所倡导的富强、民主、文明、和谐，自由、平等、公正、法治，以及爱国、敬业、诚信、友善等社会主义核心价值理念，进一步丰富了中国特色社会主义人权理论。

2）劳动权保障

人之所以为人，人类社会之所以形成和发展，是因为人是劳动的产物，也是劳动的主体。"我们把劳动力或劳动能力，理解为一个人的身体即活的人体中存在的、每当他生产某种使用价值时就使用的体力和智力的总和。"①马克思在《1844年经济学哲学手稿》中明确指出："一个种的全部特征、种的类特性就在于生命活动的性质，而人的类特性恰恰就是自由的、自觉的活动。"劳动权，不仅是获取物质保障所必要的权利，也是实现人的全面发展所必需的权利，这是马克思主义理论自始至终关注的问题。马克思认为，"劳动权在资产阶级的意义上是一种胡说，是一种可怜的善良愿望，但是劳动权就是支配资本的权力，支配资本的权力就是占有生产资料，使生产资料受联合起来的工人阶级支配，也就是消灭雇佣劳动、资本及其相互间的关系"②。1891年，恩格斯在为马克思的《雇佣劳动与资本》撰写导言时指出："在人人都必须劳动的条件下，生活资料、享受资料、发展和表现一切体力和智力所需的资料，都将同等地、愈益充分地交归社会全体成员支配。"③无论是生活资料、享受资料，还是发展和表现一切体力和智力所需的资料都离不开人的劳动过程，都只能在人的劳动中才能得到解决。马克思认为，在资本主义劳动过程中出现的"异化"导致了劳动者与其产品、与劳动活动本身、同自己的类本质及与其自身的对立和分离。劳动权正是对异化劳动关系的矫正、修复和扬弃。而社会主义市场经济通过对生产资料和劳动力等社会资源的合理配置，使资源的使用和社会需求有机地统一起来，劳动者和企业之间进行双向自由选择，提高了劳动生产率。同时，社会主义市场经济又是法治经济，从本质上确认和保护了作为市场主体的劳动者的平等地位，从而为劳动力的发展营造一个权利保障的空间。劳动权作为基本人权的核心，其内容几乎涉及人权的各个层面。其中，属于人身方面的权利有职业安全权、自由择业权、休息权；属于财产和经济方面的权利有劳动报酬权、福利和社会保障权；属于政治文化方面的权利有结社权、职业教育权、民主管理权和罢工权等。

2. 社会保障的理论依据

1）马克思、恩格斯、列宁的观点

第一，社会保障是社会再生产得以运行的基本条件。马克思认为，社会再生产是人类社会存在和发展的基础。"如果我们把剩余劳动力和剩余产品缩小到社会现有生产条件下，一方面形成保险基金的准备金，另一方面为了按社会需求所决定的程度来不断扩大再生产

---

① 《马克思恩格斯全集》（第44卷），人民出版社，2001年，第195页。
② 《马克思恩格斯选集》（第1卷），人民出版社，1995年，第409页。
③ 《马克思恩格斯全集》（第1卷），人民出版社，1972年，第349页。

必要的限度。最后，如果我们把那些有劳动能力的人必须为社会上还不能劳动或已经不能劳动的成员而不断进行的劳动，包括到必要劳动和剩余劳动中去……那么，剩下的就不再是这几种形式，而只是它们的为一切社会生产方式所共有的基础。"[1]马克思阐明了在社会再生产的过程中，劳动者的劳动不仅为自己的养老、疾病和各种福利性质的享受作好物质准备，还应为社会上丧失劳动能力的人作好物质准备，为社会再生产过程中劳动力的再生产创造条件。

第二，社会保障基金来源于剩余价值。社会保障缴费扣除是马克思主义社会产品分配理论的重要组成部分，被实践证明是社会保障的基本原理。1848年，马克思和恩格斯在《共产党在德国的要求》一文中指出："建立国家工厂，国家保证所有工人都有自己的生活资料，并且负责照管丧失劳动力的人。"[2]马克思在《哥达纲领批判》一文中阐述社会产品分配原理时概括了社会保障基金的来源，社会总产品在分配给劳动者个人时，应首先扣除："第一，用来补偿消费掉的生产资料部分；第二，用来扩大生产的追加部分；第三，用来应付不幸事故、自然灾害等的后备基金或保险基金。"[3]在进行个人分配之前，还必须扣除："第一，和生产没有关系的一般管理费用；第二，用来满足共同需要的部分，如学校，保健设施等；第三，为丧失劳动能力的人等设立的基金。"[4]马克思在《资本论》中还论述了设立社会保障基金的必要性，他指出："这个不变资本的再生产过程中，从物质方面来看，总是处在各种会使它遭到损失的意外和危险中。此外，从价值方面来看，由于劳动生产力的变化，这个不变资本也可能贬值……因此，利润的一部分，必须充当保险基金。"[5]马克思强调社会保障扣除的主体是由政府来承担，社会保障扣除是政府财政分配的重要内容之一。恩格斯在《反杜林论》中提出了建立社会保障后备基金的必要性，他指出："劳动产品超出维持劳动的费用而形成的剩余，以及社会生产基金和后备基金从这种剩余中的形成和积累，过去和现在都是一切社会的、政治的和智力的继续发展的基础。"[6]这里恩格斯不仅说明了社会保障后备基金的来源，而且着重指出社会保障后备基金对未来社会的基础性作用。

第三，社会保障的责任主体是国家。社会保障属于社会事业，要实现社会化，必然要有一定的责任主体来承担相应的责任。列宁认为，社会保障的社会性与广泛性决定必须由国家出面以立法形式将其固定下来，并通过强制措施来实施，从而为公民营造一个安全环境。实质上，兴办社会保障是国家义不容辞的责任，而国家和企业主都有责任为劳动者提供社会保障基金，劳动者的保障项目包括养老、医疗、工伤、失业、生育、遗属等，目的是能够保证劳动者的最低生活需要。对此，列宁提出，"最好的工人保险形式是国家保险，这种保险是根据下列原则建立的：①工人在下列一切场合（伤残、疾病、年老、残疾；女工还有怀孕和生育；养育者死后所遗寡妇和孤儿的抚恤）丧失劳动能力，

---

[1] 马克思：《资本论》（第3卷），人民出版社，1975年，第990页。
[2] 《马克思恩格斯全集》（第5卷），人民出版社，1958年，第4页。
[3] 《马克思恩格斯选集》（第3卷），人民出版社，1972年，第9页。
[4] 《马克思恩格斯选集》（第3卷），人民出版社，1972年，第10页。
[5] 马克思：《资本论》（第3卷），人民出版社，1975年，第958页。
[6] 《马克思恩格斯选集》（第3卷），人民出版社，1972年，第233页。

或因失业失掉工资时国家保险都要给工人以保障。②保险要包括一切雇佣劳动者及其家属。③对一切被保险者都要按照补助全部工资的原则予以补助,一切保险费都由企业主和国家负担;各种保险都由统一的保险组织办理,这种组织应按区域和被保险者完全自理的原则建立。"①

2) 党和国家领导人的相关论述与政策

毛泽东认为必须建立符合生产力发展水平的社会保障制度,在《论十大关系》中他明确指出:"工人的劳动生产率提高了,他们的劳动条件和集体福利就需要逐步有所改进。"②1948年,毛泽东在审阅《中共中央关于土地改革中各阶级的划分及其待遇的规定(草案)》时指出:"生活的改善不应当超越经济情况所许可的范围。"③毛泽东认为,社会保障水平必须随生产力的发展而不断提高。邓小平明确指出社会保障的实现程度要受生产力水平的制约,"我们只能在发展生产的基础上逐步改善生活。发展生产而不改善生活是不对的,同样不发展生产,要改善生活也是不对的,而且是不可能。"④

1978年10月,邓小平在《工人阶级要为实现四个现代化做出优异贡献》一文中指出:"我们的国家还很落后,工人的福利不可能在短期间有很大的增长,而只能在生产增长特别是劳动生产率增长的基础上逐步增长。"⑤这说明邓小平的社会保障思想着眼于中国的实际,求真务实。

中共十六大正式确立我国社会保障的基本目标:建立社会保障体系,实行社会统筹和个人账户相结合的养老、医疗保险制度,完善失业保险和社会救济制度,提供最基本的社会保障。这是对我国社会保障理论的一个重大发展。江泽民在十六大报告中明确提出,建立健全同经济发展水平相适应的社会保障体系是社会稳定和国家民治久安的重要保证。

2003年,党的十六届二中全会上明确提出:"要加快建设与经济发展水平相适应的社会保障体系。"同年,党的十六届三中全会通过的《中共中央关于完善社会主义市场经济体制若干问题的决定》对完善我国社会保障体系做出了更加全面深刻的阐述。其主要内容包括:加快建设与经济发展水平相适应的社会保障体系;完善企业职工基本养老保险制度;健全失业保险制度;完善城镇职工基本医疗保险制度;推行职工工伤和生育保险制度;探索机关和事业单位社会保障制度改革;完善城市居民最低生活保障制度;农村养老保险以家庭为主,同社区保障、国家救济相结合,在有条件的地方探索建立农村最低生活保障制度。2004年,国务院新闻办发表的《中国的社会保障状况和政策》白皮书当中指出,建立健全与经济发展水平相适应的社会保障体系,中国的社会保障体系包括社会保险、社会福利、优抚安置、社会救助和住房保障等。社会保险是社会保障体系的核心部分,包括养老保险、失业保险、医疗保险、工伤保险和生育保险。2004年,党的十六届四中全会上提出要"健全社会保险、社会救助、社会福利和慈善事业相衔接的社会保障",这是我党第一次把慈善事业写入党的重要文件中。2005年,党的十六届五中全会审议并通过了《中

---

① 《列宁全集》(第17卷),人民出版社,1959年,第449页。
② 《毛泽东著作选读》(下册),人民出版社,1986年,第726页。
③ 《毛泽东文集》(第7卷),人民出版社,1999年,第227页。
④ 《邓小平文选》(第2卷),人民出版社,1994年,第222页。
⑤ 《邓小平文选》(第2卷),人民出版社,1994年,第37页。

共中央关于制定国民经济和社会发展第十一个五年规划的建议》明确要求,"十一五"期间要加快完善社会保障体系,为广大人民群众的基本生活提供更全面、更可靠的保障,主要包括:建立健全与经济发展水平相适应的社会保障体系,合理确定保障标准和方式;完善已有的社会保障制度;探索社会保障体系的新领域;完善社会保障体系的资金保障机制。2006年,党的十六届六中全会把到2020年基本建立覆盖城乡居民的社会保障体系作为构建社会主义和谐社会的重要目标以来,我国社会保障体系建设进入全面完善、加快发展的新时期。2007年,胡锦涛在党的十七大报告中首次提出了社会保障的"三个基础""三个重点""二个补充",即社会保障要以社会保险、社会救助、社会福利为基础,以基本养老、基本医疗、最低生活保障制度为重点,以慈善事业、商业保险为补充,加快完善社会保障体系。

党的十八大报告在深刻阐述"在改善民生和创新管理中加强社会建设"时,花大量篇幅提到社会保障建设问题,为中国社会保障体系建设指明了新的目标和发展方向,报告强调"社会保障是保障人民生活、调节社会分配的一项基本制度。要坚持全覆盖、保基本、多层次、可持续方针,以增强公平性、适应流动性、保证可持续性为重点,全面建成覆盖城乡居民的社会保障体系。改革和完善企业和机关事业单位社会保险制度,整合城乡居民基本养老保险和基本医疗保险制度,逐步做实养老保险个人账户,实现基础养老金全国统筹,建立兼顾各类人员的社会保障待遇确定机制和正常调整机制。扩大社会保障基金筹资渠道,建立社会保险基金投资运营制度,确保基金安全和保值增值。完善社会救助体系,健全社会福利制度,支持发展慈善事业,做好优抚安置工作。建立市场配置和政府保障相结合的住房制度,加强保障性住房建设和管理,满足困难家庭基本需求。坚持男女平等基本国策,保障妇女儿童合法权益。积极应对人口老龄化,大力发展老龄服务事业和产业。健全残疾人社会保障和服务体系,确实保障残疾人权益。健全社会保障经办管理体制,建立更加便民快捷的服务体系"。

(二)西方国家关于公共部门人力资源保障的基本理论

1. 权益保障理论依据

1)人权思想

人权作为人类最普遍的理念之一,其思想产生和形成于古代和中世纪的西方社会,最早显见于古代自然法和自然权利的思想当中。早期的资产阶级人权理论以自然法为核心,以天赋权利为基本精神、以人类曾存在一个自然状态这一设想为其理论前提。诸如,古代哲学中的"超验权威说"、"平等人格说"和"本性自由说"就是近代人权思想的古代渊源。16世纪中叶,格劳秀斯(Hugo Grotius)等提出了自然法理论,较为系统地论述了"自然状态"、"自然权利"及"社会契约"等问题。格劳秀斯的自然法贯穿两条基本的原则:一是社会成员拥有安全保障的权利;二是个人财产不应受到侵犯。思想家斯宾诺莎(Spinoza)提出,国家的产生是以契约形式将自然权利的一部分委托给某些社会成员行使的社会契约论思想。17世纪到18世纪中叶,从古代和中世纪人权思想萌芽演变而来的资产阶级人权思想和学说日渐形成并达到鼎盛时期,"人权"一词正式出现。反神权和反封建专制特权的人权思想和学说直接体现在洛克（John locke）、孟德斯鸠（Charies Louis de Secondat Montesquieu）、卢梭（Jean Jacques Rousseau）等的名著和《独立宣言》《人权和公民权宣言》等历史文献当中。从 18 世纪开始到 19 世纪中期，资产阶级的启蒙思想家洛克、卢梭、潘恩（Thomas Paine）等将自然法、自然权利思想发展成为一种较为完整的思想体系。从 19 世纪到 20 世纪，各国的政治家和思想家，就人权问题提出了各种主张和观点，这一时期的人权理论通常称之为现代资产阶级人权理论。19 世纪到第二次世界大战以前，这是资产阶级人权思想相对低沉时期，不仅受到英国的休谟（David Hume）、伯克（Edmund Burke），法国的孔德（Auguste Comte），德国的黑格尔（G. W. F. Hegel）、尼采（Friedrich Wilhelm Nietzsche）等西方思想家的批判，而且在第二次世界大战结束以前，出现了践踏人权的法西斯主义及其政权。这一时期，随着无产阶级走上历史舞台，马克思主义人权思想理论产生。第二次世界大战后资产阶级人权思想迎来了新的发展时期，人权成为多学科的重要主题，人权学说随之迅速发展。人权的思想基础除了继承和改造传统的自然法学说和功利主义外，又增加了从自然法思想演变而来的抽象正义论和人本主义。人权内容已从传统的防止和反对国家暴政日益转向要求国家提供福利，人权重心已从自由权向平等权倾斜，人权国际保护已成为战后国际政治和国际法领域的一个客观事实。

2）劳动权思想

通过洞见劳动权的诸多思想渊源可知，最为重要的是古典自然法的自然权利、人权思想、社会主义思想和福利国家思想，这几种思想为劳动权产生奠定了基本的认知论基础。14~18 世纪，文艺复兴运动、宗教改革运动和启蒙运动开始，格劳秀斯、霍布斯、斯宾诺莎、洛克、卢梭、孟德斯鸠等论者在自然状态的理论预设下描绘了天赋的自然权利学说。思想家们直接或者间接地论证了关于劳动权的不同学说。但这一时期以自然权利、人权学说为思想渊源的劳动权，更多关注的是自由权层面的劳动权，强调劳动权是劳动与生产资料结合的权利。16~19 世纪的空想社会主义思想家在调整劳资关系方面提出了自己的主张，丰富了劳动权的思想。随着资本主义的发展以及因之发生的社会问题，空想社会主义思想家有意识、有针对性地提出了劳动权主张，将之作为解决社会问题的一个因应之道。傅立叶（Charles Fourier）是第一个明确提出劳动权主张的思想家。他认为资本主义制度扼杀了劳动人民的劳动权、财产权和生存权。圣西门（Saint Simon）提出使一切身体健康的人能够有工作以保证他们的生存所需费用的"实业体系"计划。欧文（Robert Owen）立足当时英国的社会现实提出，"真心诚意地关心国民生活的每一个政府的首要职责应该是不断地安排对国家有用的职业，使申请各种职业的人马上可以受雇"[①]。劳动权的福利思想基础较为复杂，西方社会福利观念经历了三种变化：一是近代社会以来，西方主导的自助观念社会福利思想，认为个人的生存、发展等问题与自己的自主性努力相关，劳动权的保障应该依靠个人自助而不是依靠社会或政府的帮助；二是国家观念的社会福利思想，认为对贫困、失业等日趋严重的社会问题，需要由国家和社会来解决，这是国家和社会责任而非个人责任；三是共同责任的社会福利思想，认为社会问题的出现和加剧，既有社会的原因，也有个人的原因。因此，这些问题的解决，有赖于个人自主性努力、社会互助和

---

① 欧文：《欧文选集》（第 1 卷），柯象峰等译，商务印书馆，1979 年，第 95 页。

国家保障的共同作用。

2. 西方的社会保障思想

西方社会保障思想比较繁复，大体可分为三个学派：一是自由主义学派。自由主义学派认为，以个人自由为基础的私人企业制度和自由市场制度是迄今为止所能选择的最好制度，集体主义和社会主义是违背"人的本性"的一种制度，实行计划经济更是一条"通向奴役的道路"[①]。自由主义分为古典自由主义和新自由主义。古典自由主义产生于18~19世纪，其代表人物有亚当·斯密、边沁（Jeremy Bentham）、穆勒（John Stuart Mill），主张自由竞争，国家不应干预经济。古典自由主义思想在整个19世纪引导着西方国家政府的政策，一直持续到20世纪早期。到20世纪70年代，以哈耶克（Friedrich A. Hayek）和弗里德曼（Friedman）为代表的新自由主义，进一步倡导市场经济及自由竞争，反对国家对经济和社会生活的干预，认为自由是人的不可侵犯的权利。新自由主义在政治上以20世纪70年代末撒切尔夫人（Mrs. Thatcher）和80年代里根（Reagen）政府为其行为的代言人，在经济政策和社会福利实施方案上，都强调以市场自由经济为主导，放弃国家干预。二是民主社会主义学派。民主社会主义学派的基本观点是在经济上主张采取混合经济与国家干预并行的模式推进福利国家政策，提倡劳资合作，强调通过高额累进税对收入和财富进行再分配。19世纪中叶到第一次世界大战以前，德国的"讲坛社会主义"反对自由放任的资本主义举措，主张国家干预经济、劳资合作、推行社会保险、改善劳动条件。英国"费边社会主义"以韦伯（Sidney and Beatrice Webb）夫妇为代表，强调对残、疾、老、幼、失业者实行社会服务。在两次世界大战之间，福利经济学的代表人物庇古（Arthur Cecil Pigou）主张国家实行养老金制度和失业救助制度，建立了福利经济学的社会保障经济理论。凯恩斯主张通过国家干预经济以实现充分就业，并提出要实行最低工资制度、限制工时、改革教育等措施来提高社会福利的水平。第二次世界大战以后，英国工党提出了"公平分配收入""混合经济"等理论主张。民主社会主义学派的许多观点和主张是西欧、北欧福利国家实施普遍福利政策的理论依据。三是中间道路学派。中间道路理论产生于20世纪30年代，它是介于民主社会主义和新自由主义之间的一个学派，中间道路论者认为虽然福利国家是对自由市场消极作用的一个矫正和民主发展的一个自然产物，国家的主要责任应是关注贫穷和不公平问题，提供相应的社会保障，但又认为国家过多的福利会产生负面影响，社会救济不可能达到实质上社会平等的目标。因此，主张国家负责和个人负责并重，政府、非政府和个人共同参与福利的提供。

在西方社会保障理论繁盛的今天，仍需提及被堪称为"西方社会保障理论发展史上里程碑"的英国社会学家贝弗里奇（William Beveridge）社会保障理论，这一西方福利国家理论不仅在理论上确立了社会保障的主要内容、基本功能与原则，而且说明了社会保障在实际运行中的机制，为西方现代社会保障理论的发展奠定了基础。贝弗里奇于1942年11月向英国政府提出了《社会保险及有关服务》报告，他指出，"社会保险应旨在维持生存的最低限度的收入"，"社会保障就是对收入达到最低标准的保障"，"国家所组织的社会保险、社会救济的目的在于保证以劳动为条件获得维持生存的基本收入"。他认为，英国

---

① 哈耶克：《通向奴役的适路》，王明毅等译，商务印书馆，1962年，第104页。

社会政策应以消灭贫困、疾病、肮脏、无知和懒散五大祸害为目标,主张通过建立一个社会性的国民保障制度,对每个公民提供七个方面的社会保障:儿童补助、养老金、残疾津贴、失业救济、丧葬补助、丧失生活来源救济、妇女福利。报告中提出了三个原则:一是普遍性原则,社会保障的实施范围应包括所有公民,不论贫富都按统一的标准交纳保险金;二是政府统一管理原则,政府通过国民收入再分配组织实施各种社会保障措施;三是全面保障原则或公民需要原则。社会保障计划包括三种保障方法:社会保险、社会救济和自愿保险。贝弗里奇的社会保障理论被认为是代表社会进步的可理解的政策组成部分。

二、公共部门人力资源保障管理的基本概述

公共部门人力资源的保障管理,是指国家为维护公共部门的人力资源在职业期内、外的相关利益,依照相关法律法规而开展的各项保障活动的总和。我国公共部门人力资源保障管理的对象主要针对国家机关、事业单位及国有企业的工作人员。公共部门人力资源的保障管理范畴总体上可分为两部分:一是权益保障;二是社会保障。其中,权益保障主要针对公共部门人力资源在职业期内的保障,社会保障则主要针对公共部门人力资源在职业期外或在职业期内出现特殊情况时的保障,两者共同构成公共部门工作人员整个职业生涯周期的全部保障内容。

(一) 权益保障

权益保障是指对劳动者在职业期内依法享有的各种基本权利的保障。依据人权理论、劳动权理论及我国现行法律法规相关规定,公共部门人力资源一般享有的权益保障大体包括四方面内容:一是身份权利的保障,主要是指对公共部门人力资源在政治上身份的确认以及地位的保障;二是经济权利的保障,是指对公共部门人力资源依法享有的经济物质利益方面的权利保障;三是文化教育权利的保障,是指对公共部门人力资源在接受培训和教育方面权利的保障;四是安全与健康权利的保障,是指对公共部门人力资源在工作中避免人身伤害和疾病侵害的权利保障。

(二) 社会保障

社会保障(social security)首次出现于1935年美国颁布的《社会保障法案》(*Social Security Act*)当中,1944年,第26届国际劳工大会发表了《费城宣言》,宣言中正式采纳了"社会保障"这一概念。由于各国的经济发展水平、社会制度、文化背景及民族传统不尽相同,所依据的理论体系也存在一定差异,对于社会保障内涵的理解和解释各不相同。

美国将社会保障视为社会安全网,根据社会保障法制定的社会保险计划,对生老病死、伤残孤寡、衣食住行、工作学习等社会所提供安全性保护,包括对收入方面、支出方面、教育和培训方面的支持和补助及遭受某些损失方面的支持和补助。英国在《简明不列颠百科全书》中指出,社会保障是一种公共福利计划,是在保护个人及其家庭免除因失业、年老、疾病或死亡而在收入上所受到的损失,并通过公益服务(如免费医疗)和家庭生活补

助,以提高其福利。这项计划包括保险计划、保健、福利事业和各种维护收入计划。法国一些专家认为,社会保障是指社会公平与社会安全。它使在竞争中失败的人不致遭受不预之灾,为那些由于失去劳动能力或遭受意外困难而不能参加竞争的人,在生活上提供保障。国际劳工组织在国际劳工局社会保障司编著的《社会保障导论》一书中对社会保障作了概括:社会保障是社会通过一系列的公共措施,向其成员提供的用以抵御因疾病、生育、工伤、失业、伤残、年老和死亡而丧失收入或收入锐减引起的经济和社会灾难的保护,医疗保险的提供及有子女家庭补贴的提供。

我国理论界对社会保障这一概念尚无统一说法,归纳起来主要有四种:一是认为社会保障是一种经济分配形式,是对国民收入的分配和再分配;二是认为社会保障是一项社会福利制度;三是认为社会保障是国家履行管理义务的一种社会责任;四是认为社会保障是国家通过相关法规的制定和实施的社会保险、社会救济、社会福利、社会优抚、社会互助等事业的总称。就目前公共部门人力资源管理实践来看,通常多采用第四种界定方式。

三、公共部门人力资源保障管理的基本制度

从公共部门人力资源权益和社会保障机制发展情况来看,任何形式的权益和社会保障机制至少由以下三种基本制度构成。

(一) 法律救济制度

权利依赖于救济,任何权利的设定与实现,必须借助于完善的救济制度加以保障。法律救济,是指依据法律对权利冲突的解决,当公民的权利受到侵害时,可以从法律上获得自行解决,或请求司法机关及其他机关给予解决,使受损害的权益得到补救。法律救济具有如下特征:首先,权利受到损害是法律救济存在的前提,如果权利未受损害,就无所谓救济。其次,法律救济具有弥补性,它是对受损害的权利的弥补。最后,法律救济的根本目的是实现合法权益并保证法定义务履行。法律救济的途径和形式是多样的,在我国主要有行政救济和民事救济两种,行政救济主要包括行政复议制度和行政诉讼制度,民事救济主要指民事诉讼制度。在公共部门人力资源管理领域,针对公共部门内部成员的法律救济制度主要包括国家机关的公务员申诉、控告制度(事业单位法律救济基本参照公务员相关制度处理)和国有企业的劳动争议处理制度。

社会保障利益的实现,不仅在于利益的设定与给予,更在于一种救济机会的保障。社会保障案件的裁判实际上是给福利受益人一个保障其权利的申诉或上诉的机会,而这种机会的提供往往又被看成衡量一个国家社会保障与福利制度水平的标志,对于监督公共部门人力资源保障的依法管理起到至关重要的作用。

(二) 社会保障制度

社会保障制度,是指国家通过立法为社会成员提供物质帮助所采取的相互独立而又相

互联系的各项社会保障子系统的总和。从世界上大多数国家的情况来看，社会保障体系通常包括基本社会保障制度与补充社会保障措施两大类。前者由国家立法统一规范并由政府主导，一般包括社会救助、社会保险和社会福利三个基本组成部分，以及部分国家针对军人建立的社会保障制度等；后者通常在政府的支持下由民间及市场来解决，一般包括企业年金、慈善事业、互助保障等，它们构成基本社会保障制度的补充。依据党的十七大报告的相关内容，我国社会保障制度要以社会保险、社会救助、社会福利制度为基础，以基本养老、基本医疗、最低生活保障制度为重点，以慈善事业、商业保险制度为补充。

社会保险制度在社会保障制度中居于核心地位，属于基本性的社会保障，它是社会保障制度的重要组成部分和基本纲领。社会保险的目的是保障被给付者的基本生活需要，对象是法定范围内的社会劳动者，基本特征是补偿劳动者的收入损失，资金主要来源于用人单位（雇主）、劳动者（雇员）依法缴费及国家资助和社会募集；社会救助制度属于社会保障制度的最低层次，这是社会保障要实现的最低纲领和目标。社会救助的目的是保障被救助者的最低生活需要，对象主要是失去生活能力者、遭到不幸者，基本特征是扶贫，基金来源主要是国家及社会群体；社会福利制度是实现社会保障的最高纲领和目标。它是国家及各种社会群体举办的各种公共福利设施、发放津贴补助、进行社会服务及兴办集体、福利事业。目的是增进群众福利，改善国民的物质文化生活，基金重要来源是国家和社会群体。

基本养老保险制度是国家和社会根据一定的法律和法规，为解决员工在达到国家规定的解除劳动义务的劳动年龄界限，或因年老丧失劳动能力退出劳动岗位后的基本生活而建立的一种社会保险制度；基本医疗保险是国家和社会为保障劳动者基本医疗需求而建立的新型医疗保险制度，基本医疗是指基本用药、基本技术、基本服务和基本收费，即职工患病时，能够得到目前所能提供的、支付得起的、安全有效及适宜的医疗服务；最低生活保障制度是由国家城乡贫困人口按当地最低生活保障标准进行差额救助的新型社会救济制度，它是对传统社会救济制度的重大改革，是目前条件下有中国特色社会保障体系的一项重要内容。

慈善事业是私人或社会团体基于慈悲、同情、救助等观念，为灾民、贫民及其他生活困难者举办的施舍、救助活动的统称。其活动对象、范围、标准和项目由施善者确定。慈善事业常常由一定的组织机构开展进行，这类从事慈善事业的社会团体和工作机构统称为慈善团体；商业保险是指通过订立保险合同运营，以营利为目的的保险形式，由专门的保险企业经营。商业保险关系是由当事人自愿缔结的合同关系，投保人根据合同约定，向保险公司支付保险费，保险公司根据合同约定的可能发生的事故因其发生所造成的财产损失承担赔偿保险金责任，或者当被保险人死亡、伤残、疾病或达到约定的年龄、期限时承担给付保险金责任。

（三）安全生产管理制度

安全生产管理制度是通过一系列有效的制度设计和管理措施，最大限度地确保公共部门人力资源（主要指国有企业职工）在工作过程中的人身安全和健康。

就我国目前情况看，完善的企业安全生产管理制度应该具备以下三种机制：一是效益约束机制。将企业领导的经济效益和政绩同企业的安全生产工作好坏挂钩，以增强企业领导和职工对搞好安全工作的责任感，对发生恶性重大事故的从严处罚。二是法律法规约束机制。其功能在于按照国家颁布的安全法律、法规、政策及标准，建立起企业内部的各项安全规章、制度、标准，保证国家法规、企业规章的贯彻执行，使安全管理系统正常运行。三是监督管理机制。由行政系统、工会和共青团等群众组织、专职人员与兼职人员相配合构建安全监督网络。

第二节 我国公共部门人力资源保障的实践运作

一、国家机关人力资源保障的实践运作

（一）国家机关人力资源保障的法律依据

《中华人民共和国宪法》作为我国根本之法，对公民的政治权利和自由、人身权利和自由、宗教信仰自由、经济文化和社会等各项基本权利做出了详尽规定；《中华人民共和国劳动法》是新中国成立以来第一部全面调整劳动关系和规范劳动行为的基本法律，基本宗旨是保护劳动者的合法权益。这两部法律对于保护包括公共部门人力资源在内的全体劳动者之公民权利、劳动权益提供了根本保证与核心法律依据。此外，公共部门人员根据其职业身份不同还依法享有相关法律法规所规定的各项权益。

《中华人民共和国公务员法》作为我国第一部规范国家机关工作人员管理、保护其合法权益的基本法律，其制定与实施标志着我国国家机关工作人员管理进入到一个崭新的阶段，也为我国公共部门人力资源的保障提供了基本法律依据。该法的第二章"公务员的条件、义务与权利"明确了公务员的公务保障权、身份保障权、经济保障权、素质发展权及政治生活权等；第十二章"工资福利保险"规定了公务员的工资福利保险制度，保障公务员在退休、患病、工伤、生育、失业等情况下获得帮助和补偿；第十五章"申诉控告"规定了公务员的申诉控告制度，当公务员认为其合法权益受到机关及其领导人员侵犯时，可以依法向上级机关或者有关的专门机关提出申诉、控告。

针对国家机关工作人员自身权益印发的各单项法律、法规、规定、通知、办法等［如《行政监察法》《国家公务员申诉控告暂行规定》《2011—2015年行政机关公务员培训纲要》《关于安置老弱病残干部的暂行办法》《公务员奖励规定（试行）》等］，以及我国关于公民社会保障方面的相关政策、法规、意见、通知、规定等（如《国务院关于建立城镇职工基本医疗保险制度的决定》《机关事业单位工作人员养老保险制度改革的决定》等）均为国家机关工作人员权益保障提供有力的法律支撑。

（二）国家机关人力资源保障的具体运作

1. 国家机关工作人员的保障制度

从职业生涯周期看，国家机关工作人员权利保障的具体运作体现在三个环节上：一是

国家机关工作人员入口环节的保障管理；二是国家机关工作人员工作过程中的保障管理；三是国家机关工作人员出口环节的保障管理。

国家机关工作人员入口环节的保障管理集中体现在国家机关工作人员录用制度上。根据《中华人民共和国公务员法》规定，非公务员获得公务员身份主要有四种方式：录用、选任、调任和聘任，并以录用为主，选任、调任和聘任为辅。《中华人民共和国公务员法》还规定了取得公务员身份的必备基本条件，并做出了限制性规定：录用担任主任科员以下及其他相当职务层次的非领导职务公务员，采取公开考试、严格考察、平等竞争、择优录取的办法。招录机关根据考试成绩、考察情况和体检结果，提出拟录用人员名单，并予以公示。新录用的公务员试用期为一年。试用期满合格的，予以任职；不合格的，取消录用。

国家机关工作人员工作过程中的保障管理主要包括工资、福利、社会保险、培训等基本内容。其中工资、福利、社会保险属于物质财富保障的范畴，培训属于精神财富保障的范畴。国家机关工作人员的工资是国家以货币形式支付的工作报酬，《中华人民共和国公务员法》规定，公务员实行国家统一的职务与级别相结合的工资制度，国家建立公务员工资的正常增长机制。国家机关工作人员的福利通常是指国家根据经济社会发展水平为改善和提高国家机关工作人员的物质文化生活水平而采取的补偿措施；国家机关工作人员的社会保险是指国家通过强制措施或通过集体和个人投保、国家资助的方式，使国家机关工作人员在退休、患病、工伤、生育、失业等情况下基本生活能够得到保障的公共计划。2014年颁布实施的《机关事业单位养老保险改革决定》使公务员的养老制度开始走向社会化，即从过去的基本由国家财政承担的现收现付制度走向社会统筹与个人账户相结合的社会养老保险制度，同时，国家为公务员建立职业年金制度以保障其退休后的生活水平。在医疗保险方面，公务员同城镇职工一样，参加城镇职工基本医疗保险，同时，国家为公务员提供医疗补贴即补充医疗保险，使公务员在发生大额医疗支出时，能够获得双重的保障。此外，在失业保险、工伤保险、生育保险方面，公务员已经实现了与城镇职工在保险待遇上同一化；国家机关工作人员的培训是指各级培训机构根据经济与社会发展的需要与职位要求，对公务员进行有计划、有组织的培养与训练，开发潜能，提升素质。《中华人民共和国公务员法》不仅规定了对公务员实施分级分类培训，以及确立多层次的系统培训体系，而且也规定了对公务员培训实行登记管理，并将公务员的培训情况和学习成绩与公务员的考核、任职、晋升挂钩。

国家机关工作人员出口环节的保障管理主要包括辞职、辞退、退休等环节，是保证国家机关工作人员精干、高效的主要措施，也是国家机关人力资源保障管理的重要组成部分。辞职是指国家机关工作人员根据本人意愿，经任免机关或主管部门批准，辞去所担任的领导职务或解除与所在单位的职务关系的行为。辞职建立在国家机关工作人员自愿基础上，是对国家机关工作人员自由择业权利的保障。辞退是依据法律规定，与不适合在本组织工作的人员解除工作关系的行为和制度。国家机关工作人员的辞退必须经过严格的程序和条件审查，国家机关不得随意辞退公共部门人力资源。退休是指国家机关工作人员工作达到一定年限，符合规定年龄和法律条件，按照法定程序离开工作职位并领取养老金的行为和制度。

2. 国家机关工作人员权利保障的法律救济

国家公务员制度从公务员的权利、物质财富和精神财富等几个方面为公务员提供了可靠的保障,同时为防止这些合法权益受到侵害,国家公务员制度还设立了公务员申诉控告这一法律保障渠道。公务员在其应当享有的任何一项权益受到侵害时,他们都可以通过申诉控告的法律渠道,使自身的权益得到保障。

申诉是指国家机关工作人员依照有关法规,就自身权益问题向原处理机关、同级人民政府人事部门或监察机关提出理由要求处理或重新处理的行为。控告是指国家机关工作人员对国家机关或其领导人员侵害自身合法权益行为予以揭露,以求依法进行处理的行为。国家机关工作人员的申诉与控告存在着区别。一是两者的目的不同。申诉是为了改变或撤销自身所受到的不公正的人事处理决定,以恢复其合法权益,或使其所受到的损失得到补偿;控告的目的则不仅为了恢复其合法权益或获得补偿,而且还要求追究实施不法侵害的机关或领导人员的法律责任。二是两者的原因不同。引起申诉的原因,是对已发生效力的人事处理决定不服,而要求重新处理;引起控告的原因是在其合法权益受到不法侵害时,要求对责任人进行惩处。

申诉的前提条件、主体与时限依据《中华人民共和国公务员法》相关规定。公务员对涉及本人的处分、辞退或者取消录用、降职、定期考核定为不称职、免职、申请辞职、提前退休未予批准、未按规定确定或者扣减工资、福利、保险待遇以及法律、法规规定可以申诉的其他情形等人事处理不服的,可以自知道该人事处理之日起30日内向原处理机关申请复核;对复核结果不服的,可以自接到复核决定之日起15日内,按照规定向同级公务员主管部门或者做出该人事处理的机关的上一级机关提出申诉;也可以不经复核,自知道该人事处理之日起30日内直接提出申诉;行政机关公务员对处分不服向行政监察机关申诉的,按照《中华人民共和国行政监察法》的规定办理。原处理机关应当自接到复核申请书后的30日内做出复核决定。受理公务员申诉的机关应当自受理之日起60日内做出处理决定;案情复杂的,可以适当延长,但是延长时间不得超过30日。公务员申诉的受理机关审查认定人事处理有错误的,原处理机关应当及时予以纠正。复核、申诉期间不停止人事处理的执行。申诉应由本人提出,如本人丧失行为能力或者死亡,可由其近亲属代为提出。

控告的前提条件、主体与时限依据《中华人民共和国公务员法》相关规定。公务员认为机关及其领导人员侵犯其合法权益的(国家宪法、法律或行政法规赋予公务员的一切权益均包括在内),可以依法向上级机关或者有关的专门机关提出控告,受理控告的机关应当按照规定及时处理,如果控告内容属实,应对造成这一侵害的责任者予以严肃处理。公务员提出申诉、控告,不得捏造事实、诬告、陷害他人,控告应由本人提出,如本人丧失行为能力或者死亡,可由其近亲属代为提出,提出控告不受时间限制。

二、事业单位人力资源保障的实践运作

(一)事业单位人力资源保障的法律依据

事业单位作为一类重要社会组织,其人事制度和公务员制度依存于干部人事制度同一

母体，除以《中华人民共和国宪法》和《中华人民共和国劳动法》等法律规定保障事业单位人员的公民基本权利及劳动权益之外，我国事业单位人员的权益保障、法律救济基本参照公务员制度相关规定进行管理。此外，事业单位人员根据其职业身份还依法享有相关法律法规所规定的各项权益。

目前，我国事业单位人事制度改革指导性法规主要有《关于在事业单位试行人员聘用制度的意见》《关于加快推进事业单位人事制度改革的意见》。关于事业单位自身属性的权益保障法律法规主要集中在知识产权保障环节，具体有《中华人民共和国专利法》《中华人民共和国著作权法》《中华人民共和国技术合同法》《中华人民共和国科学技术进步法》等。在社会保障方面，目前为止尚未形成关于事业单位社会保障的统一法律法规，事业单位社会保障各组成部分依据各自相关法规实施。从实际运作情况看，事业单位同国有企业社会保险的法律依据基本相同，主要有《中华人民共和国保险法》和各险种的法律法规，如《国务院关于企业职工养老保险制度改革的决定》《失业保险条例》《国务院关于建立统一的企业职工基本养老保险制度的决定》等。

（二）事业单位人力资源保障的具体运作

事业单位是我国专业技术人员的主要集中地，汇集了约占人才总量2/3的各类人才，是增强我国综合国力的重要队伍。因此，搞好事业单位人力资源的保障管理具有十分重要的意义。事业单位人力资源权益和社会保障的主要体现在事业单位人员聘用、知识产权保护及社会保障三个环节。

1. 事业单位的人员聘用

我国事业单位人员聘用一直是事业单位人事制度改革的焦点，根据2002年7月3日人事部《关于在事业单位试行人员聘用制度的意见》相关规定，事业单位除按照国家公务员制度进行人事管理的以及转制为企业的以外，都要逐步试行人员聘用制度。事业单位与职工应当按照国家有关法律、政策和本意见的要求，在平等自愿、协商一致的基础上，通过签订聘用合同，明确聘用单位和受聘人员与工作有关的权利和义务。事业单位人员聘用的核心是聘用合同，《关于在事业单位试行人员聘用制度的意见》中明确规定聘用合同必须具备下列条款：聘用合同期限；岗位及其职责要求；岗位纪律；岗位工作条件；工资待遇；聘用合同变更和终止的条件；违反聘用合同的责任。聘用合同订立后，聘用单位与受聘人员双方都应当严格遵守、全面履行合同的约定。当聘用合同履行过程中出现争议时，为保障自身权益，当事人可以申请当地人事争议仲裁委员会仲裁。仲裁结果对争议双方具有约束力。此外，2006年1月1日起实施的《事业单位公开招聘人员暂行规定》更加具体、明确地规定了事业单位人员的招聘范围、条件及程序；招聘计划、信息发布与资格审查；考试与考核；聘用；纪律与监督等内容。

2. 事业单位的知识产权保护

我国事业单位涉及教育、科研、医疗卫生、新闻出版、广播影视等众多公营机构，事业单位人员的知识产权保护是实施科教兴国战略、发展社会主义市场经济的重要保证。目前，我国主要通过以下两种途径对知识产权加以保护：一是司法途径。我国享有知识产权的任何公民、法人和其他组织在其权利受到侵害时，均可依法向人民法院提起诉讼，享受切实有效的司法保护。二是行政途径。我国的知识产权保护制度，除按国际惯例采取司法途径外，还从中国现实的国情出发，在专利法、商标法、著作权法等知识产权法律中都规定了知识产权保护的行政途径。此外，还要改革分配制度，实现知识产权的"权"与"利"相结合。

3. 事业单位的社会保障

事业单位社会保障体系主要包含养老保险、失业保险、医疗保险等内容，其目的在于解除事业单位人员后顾之忧，促进事业单位专业技术人员的自由流动，实现人才的市场配置，事业单位社会保障是事业单位人力资源保障管理的重要方面之一。

事业单位的养老保险依据是 2014 年国务院发布的《机关事业单位养老保险制度改革的决定》，即从 2014 年 10 月 1 日起，事业单位开始实施社会化养老方式，即社会统筹与个人账户相结合的基本养老保险制度。基本养老保险费由单位和个人共同负担。单位缴纳基本养老保险费的比例为本单位工资总额的 20%，个人缴纳基本养老保险费的比例为本人缴费工资的 8%，由单位代扣。按本人缴费工资 8% 的数额建立基本养老保险个人账户，全部由个人缴费形成。事业单位人员退休后按月发给基本养老金。基本养老金由基础养老金和个人账户养老金组成。退休时的基础养老金月标准以当地上年度在岗职工月平均工资和本人指数化月平均缴费工资的平均值为基数，缴费每满 1 年发给 1%。个人账户养老金月标准为个人账户储存额除以计发月数，计发月数根据本人退休时城镇人口平均预期寿命、本人退休年龄、利息等因素确定。

事业单位失业保险所需资金来源于四个部分：一是失业保险费，包括单位缴纳和个人缴纳两部分，这是基金的主要来源；二是财政补贴，这是政府负担的一部分；三是基金利息，这是基金存入银行和购买国债的收益部分；四是其他资金，主要是指对不按期缴纳失业保险费的单位征收的滞纳金等。失业保险费由事业单位按照本单位工资总额的 2% 缴纳，事业单位职工按照本人工资的 1% 缴纳失业保险费。失业保险的待遇主要包括按月领取的失业保险金，领取失业保险金期间的医疗补助金，领取失业保险金期间死亡的失业人员的丧葬补助金及其供养的配偶、直系亲属的抚恤金。另外，还可以为失业人员在领取失业保险金期间开展职业培训、职业介绍的机构或接受职业培训、职业介绍的本人给予补贴，以帮助失业人员实现再就业，并减轻失业人员的经济负担。

事业单位的医疗保险开展统筹的较少，而且关于事业单位职工医疗保险的政策法规各地不一。《国务院关于建立城镇职工基本医疗保险制度的决定》作为全国城镇职工医疗保险制度改革的指导性文件，体现出各地区、各行业、各单位在职工医疗保险工作的原则与基本任务等宏观方面统一，而具体办法上则有所差别。它的发布与实施是医疗保险制度改革的里程碑，意味着我国城镇职工医疗保险制度从试点向全国推开，从单位保障制度向社会保险型医疗保险制度转轨，从福利保障向互助共济、有效约束的保险机制转换。其主要内容包括：医疗保险制度改革的任务和原则；医疗保险覆盖范围和缴费办法；建立基本医疗保险统筹基金和个人账户；健全基本医疗基金的管理和监督机制；加强医疗服务管理；妥善解决有关人员的医疗待遇；加强医疗保险工作的领导。

三、国有企业人力资源保障的实践运作

(一) 国有企业人力资源保障的法律依据

国有企业人力资源同样享受《中华人民共和国宪法》和《中华人民共和国劳动法》规定的公民基本权利及劳动权益。此外，2008年1月1日起生效的《中华人民共和国劳动合同法》将对企业用人制度产生深远影响。我国国有企业人力资源根据其职业身份还依法享有相关法律法规所规定的各项权益。

我国国有企业人力资源的劳动争议处理部分主要遵照《中华人民共和国劳动法》《劳动保障监察条例》《中华人民共和国企业劳动争议处理条例》执行；社会保险主要依据《中华人民共和国保险法》和各险种的相关法律法规，如《国务院关于企业职工养老保险制度改革的决定》《失业保险条例》《工伤保险条例》《国务院关于建立统一的企业职工基本养老保险制度的决定》等；社会救助主要依据国家和地方关于城市最低生活保障、下岗职工最低生活保障的各项办法、规定及实施细则，如《国务院关于在全国建立城市居民最低生活保障制度的通知》《城市居民最低生活保障条例》等；企业安全生产管理主要依据《中华人民共和国安全生产法》，在此基础上与行业安全生产法规、安全生产标准及职业卫生标准共同构建起安全生产法律体系。

(二) 国有企业人力资源保障的具体运作

我国国有企业人力资源保障的重点环节主要包括劳动争议处理、企业工伤保险、企业养老保险、社会救助及安全生产管理。

1. 劳动争议处理

《中华人民共和国企业劳动争议处理条例》明确规定，劳动争议处理适用于中华人民共和国境内的企业与职工之间的下列劳动争议：一是因企业开除、除名、辞退职工和职工辞职、自动离职发生的争议；二是因执行国家有关工资、保险、福利、培训、劳动保护的规定发生的争议；三是因履行劳动合同发生的争议；四是法律、法规规定应当依照本条例处理的其他劳动争议。劳动争议处理的基本方式包括两个方面：一是企业调解。企业调解是指由企业设立劳动争议调解委员会（简称调解委员会）负责调解本企业发生的劳动争议的调解方式。调解委员会由职工代表、企业代表、企业工会代表组成，其中企业代表的人数不得超过调解委员会成员总数的1/3。二是仲裁。仲裁调节是指由县、市、市辖区设立劳动争议仲裁委员会（简称仲裁委员会）负责调解本行政区域内发生的劳动争议的调解方式。仲裁委员会一般由劳动行政主管部门的代表、工会的代表、政府指定的经济综合管理部门的代表组成。

2. 企业工伤保险

改革开放后，我国的工伤保险制度不断完善，规范了工伤待遇标准，保障了参保职工的基本权益，初步建立了工伤保险预防机制，探索了工伤保险管理服务的办法，积累了工伤保险制度改革的经验。1996年按照《中华人民共和国劳动法》的要求颁布了《企业职

工工伤保险试行办法》，对沿用 40 多年的工伤社会福利制度进行了改革。2004 年《工伤保险条例》的实施，标志着工伤保险制度改革进入了一个崭新的发展阶段。该条例主要包括工作保险费率与基金管理、工作认定标准、劳动能力鉴定、工伤保险待遇、工伤保险工作的监督与管理、法律责任等内容。我国工伤保险制度改革的目标，是要建立适应社会主义市场经济体制要求的，覆盖城乡所有用人单位和职工，制度体系法制化，管理服务社会化，工伤保险与事故预防、职业康复相结合的工伤保险制度。

3. 企业养老保险

新中成立 60 多年来，我国的养老保险体制在路径选择上经历了重大变迁，20 世纪 50 年代初期国家颁布的《劳动保险条例》和《国家工作人员退休条例》，实际上是一种享受对象经限定的由国家统一管理并保证发放的现收现付型养老保险体制。1991 年出台的《国务院关于企业职工养老保险制度改革的决定》，标志着我国的养老保险体制开始由现收现付型向部分个人积累制过渡。1995 年颁布的《关于深化企业职工养老保险制度改革的通知》，明确了基本养老保险实行社会统筹与个人账户相结合（简称"统账结合"）的模式。1997 年又颁布了《关于建立统一的企业职工养老保险制度的决定》，至此我国正式确定了以"统账结合"为标志的混合型养老保险体制。新的统账结合型养老保险的根本目的就在于减轻国有企业的沉重负担，实现企业保险向社会保险的转变。

4. 社会救助

社会救助制度主要是针对国有企业下岗职工提供的一种生活保障，目前包括两项基本制度：下岗职工基本生活保障制度和城市最低生活保障制度。下岗职工基本生活保障制度是指通过企业建立再就业服务中心，将企业的下岗职工组织起来，为其发放基本生活费，缴纳养老、医疗、失业等社会保险费和报销门诊医疗费用，保障他们的基本生活；城市居民最低生活保障制度是指国家对家庭人均收入低于当地居民最低生活保障标准的城市居民给予必要帮助的社会救济制度。其对象包括：无生活来源、无劳动能力、无法定赡养人或抚养人的居民；领取失业救济期间或失业救济期满仍未能重新就业，家庭人均收入低于最低生活保障标准的居民；在职人员和下岗人员在领取工资或最低工资、基本生活费后及退休人员领取退休金后，其家庭收入仍低于最低生活保障标准的居民。下岗职工基本生活保障制度与城市居民最低生活保障制度相互补充、前后衔接。

5. 安全生产管理

当前，我国国有企业安全生产管理的目的是降低重特大事故发生率、减少工人的伤亡人数，安全生产管理的重点体现在保障和监督两个环节。安全生产管理的保障包括两方面：第一，生产经营单位的安全生产保障。生产经营单位应当具备《中华人民共和国安全生产法》和有关法律、行政法规和国家标准或者行业标准规定的安全生产条件，不具备安全生产条件的，不应从事生产经营活动。第二，从业人员相关权利的保障。《中华人民共和国安全生产法》明确规定，从业人员具备享受工伤保险和伤亡求偿权、危险因素和应急措施的知情权、安全管理的批评监控权、拒绝违章指挥和强令冒险作业权、危险情况下停止作业和紧急撤离权。安全生产管理的监督包括两个方面：一是安全生产的国家监督。主要是指县级以上地方各级人民政府和负有安全生产监督管理职责的部门对安全生产工作的监督管理。监察机关应依照行政监察法规定，对负有安全生产监督管理者履行监督检查职责的情况实施监察。二是安全生产的社会监督。《中华人民共和国安全生产法》除明确规定了县级以上地方各级人民政府和负有安全生产监督管理职责的部门对安全生产的监督管理外,还规定了有关社会力量对安全生产工作的监督,包括社会公众的监督、中介机构的监督、基层群众自治性组织的监督和新闻媒体的监督,各种社会力量的监督可以称之为"安全生产的社会监督"。

第三节 我国公共部门人力资源保障管理的改革与完善

一、国家机关人力资源保障管理的改革与完善

(一)国家机关人力资源保障管理现存的主要问题

1. 权益保障缺乏法制化

公务员具有人民公仆和国家公民双重身份。通常,人们往往首先强调公务员的义务然后规定其权利,而公务员作为政府雇员,与所在机关之间本质上是一种劳动关系,公务员往往被看成是为达到行政目的而存在的,而不是享有主体地位的人。实际上,公务员是具有法律人格的主体,从法的价值意义上看,应当提倡权利优先和权利本位。因此,不能忽略公务员作为国家公民应享有《中华人民共和国宪法》《中华人民共和国劳动法》等赋予的权利。此外,《中华人民共和国公务员法》在保障公务员作为劳动者的权益方面作了相应的规定,但是这些规定缺乏严谨性,具体的操作程序和配套运行机制也缺乏完整统一的法律体系。这就难以实现对公务员合法权利的有效保障,尤其是对公务员的特别权利的法律保障。

2. 权利救济仅囿于行政救济

现有的公务员救济制度散见于各种行政法规,且现行法律法规对公务员的权利保障只提供了行政救济,而缺乏司法救济等其他救济形式,导致公务员的权利救济方式始终未能摆脱封闭于行政系统内部的单一救济格局。这是由法律制度的缺位所造成的。我国《行政监察法》第23条和第38条规定,监察机关根据调查结果,认为公务员的行政处分决定明显不适当,应予以纠正的,大多数只能以监察建议的方式,建议原决定机关变更和撤销处分,而实际的决定权仍旧掌握在原决定机关的手中。不论向哪个部门申请救济都走不出行政机关范围,而且行政救济程序过于笼统,在审理中无法按照现代司法的基本原则给予双方申辩的机会。司法保障的空缺导致长期忽视甚至掩盖公务员作为公民身份的基本权利。

3. "出口"环节缺乏完善的保障

第一,公务员失业保险缺位。在我国公务员社会保障制度中缺乏公务员的失业保险制度。我国传统社会保障制度对国家机关工作人员无偿提供了充分、完善的国家保险和就业保障,随着经济体制及政治体制改革的加快,国家公务员制度改革的向前推进,国家公务员失业现象出现,迫切需要建立新时期国家公务员失业保险制度。第二,退休公务员实际收入亟待提高。我国国家公务员的退休金是按基本工资的一定比例提取的,退休金作为维持生活的一种经济来源,自觉地反映经济发展状况、享受社会发展成果、随物价的变动而

调整是一种客观需要。但是公务员的工资总额中基本工资所占比例较少，并且随着各种补贴的增加而日益下降，面对经济发展和物价上涨，传统制度便显得无力和迟钝，不能有效保证退休人员的基本权益。

（二）国家机关人力资源保障管理改革与完善的思路

1. 完善权益保障的法律体系

虽然宪法及相关法律法规中都或多或少地规定了包括国家公共部门人力资源在内的权益保障内容，《中华人民共和国公务员法》的出台也使公务员保障管理趋向规范化、法治化，但同时也应看到，所出台的法律、法规、规定、办法、通知、暂行措施等，相互之间联系松散，有时甚至出现重复矛盾的现象，缺乏统一、全面的法律法规保障体系。应当通过立法对公务员的权利义务及其权利救济的种类、方式等内容进行统一确认，制定一系列主从有序的法律法规，提升公务员制度的法律效力等级，弥补目前保护公务员权利的有关法规规定过于原则、缺少细致刚性准则的缺陷。

2. 开辟多渠道权利救济途径

根据现代法治"有权利必有救济"的原理，在完善我国公务员权利保障体系时，必须建立相应的司法保障制度，使行政救济制度和司法救济制度相互衔接，构成完整的公务员权利保障体系。将一些影响公务员重大权益的内部行为纳入到法院司法审查的范围，既尊重行政机关的首次判断权，又保证"法院有说最后一句话的权利"。公务员作为公民身份的权利遭受行政行为的侵害，应该敞开司法救济的大门，而不是通过司法解释将其堵死。同时，完善法律救济途径，应当适当借鉴发达国家的先进经验。例如，英国在解决机关内部争议时，设立部长救济制度。该制度主要是指机关内部成员的合法权益受到行政机关的不法侵害时向部长提出申诉，以获得救济。

3. 健全"出口"环节的权益保障

第一，加强公务员失业保险的法规建设，实现公务员失业保险法制化；设立公务员失业保险基金，建立健全公务员失业保险基金使用和管理的制衡机制和监督机制；建立统一的公务员失业保险管理机构，制定公务员失业保险的法规、制度和政策，监控和协调公务员失业保险工作的运行等。第二，改变退休金由国家和单位统包的状况，采取公务员养老金由国家、用人单位和个人共担的投保资助模式；把养老保险费从行政事业费中分列出来，形成专项养老保险基金；补充养老保险，公务员的养老保险待遇应相对高于企业职工的养老保险待遇；建立权利和义务相统一的退休待遇计发办法；建立强有力的养老保险管理机构，促进社保基金管理的社会化。

二、事业单位人力资源保障管理的改革与完善

（一）事业单位人力资源保障管理现存的主要问题

1. 缺乏"量身定做"的法律保障体系

行政机关有《中华人民共和国公务员法》，企业有《中华人民共和国劳动法》，唯独事

业单位至今没有形成一套系统、完整的人事管理法律法规体系，人事管理单项政策也不健全，我国事业单位人力资源保障基本参照国家机关人力资源保障的法律法规管理。近年来，随着事业单位人事制度改革的不断深入，各种矛盾日益突出，事业单位人事法制建设亟待加强。虽然各级政府陆续出台了一系列政策规定，但这些政策规定多数是总体上要求，未能涵盖事业单位人事制度改革所涉及的众多方面。因此，应把过去事业单位人事制度改革中成功探索和实践经验上升到法制的高度，以法律形式巩固和扩大事业单位人事制度改革工作。

2. 缺乏科学的用人机制

现行的事业单位人员聘用管理尚未形成科学、开放的体系，主要体现在事业单位编制管理本身缺乏活力，人事制度缺乏弹性，客观上造成事业单位人员"一次分配定终身""能进不能出""能上不能下"，造成事业单位公务员化、冗员过多、人浮于事，尤其缺乏竞争机制，已无法适应市场经济发展的要求，并影响和制约了事业单位的生存和发展。为此，只有改革现有的人事制度才能使事业单位能在未来的市场竞争中适应各种挑战。

3. 缺乏独立的社会保障制度

计划经济体制时期，事业单位由国家机关或其他组织利用国有资产组办，性质属于国有，政府统管各事业单位，事业单位不存在独立的社会保障制度。名义上是单位保障，实际上享受与政府机关同等的保障待遇。2000 年的《国务院关于完善城镇社会保障体系试点方案》规定全部由财政供款的事业单位仍维持现行的养老保险制度。由于国家还没有统一的事业单位养老保险、医疗保险、养老统筹、住房公积金等社会保障，给单位人员分流带来困难，增加了国家财政负担。由于这些体制性和机制性障碍，一些单位在改革中的富余人员和落聘人员安置不能真正交给社会，只能实行内退、提前离岗或改做其他工作"自行消化"。

（二）事业单位人力资源保障管理改革与完善的思路

1. 完善事业单位保障法律体系

完善事业单位保障的法律体系应着重基于两方面考虑：一是要根据事业单位属性不同，尽快建立起行业保障标准；二是要尽快出台适合事业单位人力资源保障的法律法规，通过事业单位各项改革的不断深化逐渐改进和完善。在事业单位人员保障各个环节中，对于政策性强的环节，国家可以做出统一的具体规定，而对于具体管理环节，国家应为不同行业、不同特点的事业单位预留单项实施制度的自主创新空间。

2. 深化事业单位用人制度改革

事业单位是人事制度改革的基础和前提，用人制度具体包括了全员聘用制度、岗位聘任制度、专业技术职务评聘分开制度、执业资格制度等。用人制度改革的重点环节主要包括：一是合理确定事业单位人员编制；二是改变目前职位分类和岗位管理的无序状态；三是实现事业单位人事管理由身份管理向岗位管理过渡；四是改变领导干部的任职管理方式；五是探索和建立相对稳定的骨干层和出入有序的流动层相结合的人员队伍管理模式和人力资源配置与开发的有效机制。

3. 加强事业单位保障制度改革

加快事业单位的养老、医疗、失业等保险制度改革步伐，逐步建立起资金来源多渠道、待遇结构多层次、调节机制健全、基金管理社会化的适合事业单位特点的社会保障体系。要重点解决目前财政全额拨款和差额拨款事业单位社会保险基金财政负担过重的问题，加快事业单位社会保险的社会化进程。

三、国有企业人力资源保障管理的改革与完善

目前，我国国有企业人力资源保障管理的改革与完善主要集中在企业养老保险及安全生产管理两方面。

（一）国有企业人力资源保障管理现存的主要问题

1. 国有企业职工社会保障问题堪忧

目前，我国国有企业职工面临的社会保障问题比较突出。一是企业职工社会保障制度缺乏法制化。迄今，我国国有企业职工的社会保障相关事宜没有一部完善的法律作以规范，尽管《中华人民共和国劳动法》《中华人民共和国劳动合同法》中规定了劳动者的工资保险福利基本原则和大体框架，但是这些规定过于宽泛和模糊，不尽详细，制度的实施具有很大随意性，无法起到很好的指导作用。二是企业保障费用负担较大。尽管我国社会保障费用筹资规定由用人单位、职工、国家及保障基金运营回报四部分组成，但实际运行中，多数地区企业社会保险的单位缴费都超过工资总额的 20%，过高的缴费率严重影响企业的人工成本和盈利水平，其结果必然是企业以各种方式逃避参保。三是财务上不可持续情况严重。自 20 世纪 90 年代后期以来，全国企业职工的社会保险金处于在"空账运行"的状态，无法满足支出需要。

2. 国有企业安全生产形势严峻

现代工业文明带给人们舒适、进步的同时，也产生了负面影响。其中最突出的问题之一是生产事故与灾难极度频繁，日益频发的安全事故已成为我企业国职工意外伤死亡的"罪魁祸首"。诚然，《中华人民共和国劳动法》《中华人民共和国安全生产法》《安全生产"十一五"规划》的颁布实施为政府的安全生产监督管理、企业落实安全生产和保护职工在生产经营过程中的安全提供了强有力的法律依据，但我们也应清醒地看到在法律执行过程中还存在很多问题。企业生产安全事故此起彼伏的主要原因是企业生产安全管理制度本身存在缺陷：一是缺乏安全生产预防机制；二是现行安全生产法律法规具体执行与贯彻不力；三是安全生产责任制虚置；四是安全生产监管体系脆弱；五是预防生产事故的财力投入不足。

（二）国有企业人力资源保障管理改革与完善的思路

1. 改革与完善国有企业职工社会保障制度

国有企业职工社会保障制度的改进主要应从三方面入手：一是促进国有企业人员的社

会保障制度法制化，为其保障制度化提供法律基础，为有关制度的细则和有关规定提供法律依据，明确规定国有企业人员社会保障的宗旨、内容、性质、筹资模式、保障水平、管理机构、资金来源等问题；二是要提升企业社会保障的社会化程度；三是要探索企业社会保险基金的多元化筹集模式，主要分为按照收入性质必须符合支出性质的原则建立收费和通过开征社会保险税的方式筹资两类。

2. 改革与完善国有企业安全生产管理制度

企业是国家经济的细胞，应尽快改善我国企业安全生产管理现状，形成长久安全的企业安全生产管理制度。一是建立企业安全生产预防机制。建立包括预警信息、预测评价、预警发布、预防监控等环节在内的生产安全预警体系，日常加强信息分理监控、管理制度保证、技术支撑保障、宣传教育培训，从而提高企业主动抗安全事故的能力。二是推进依法治安进程，强化法制安全意识。依法健全各级安监部门依法独立行使职权，公正执法、权责明确、高效运行的安全生产行政执法体制。同时，提高执法效果，依法惩处违反安全生产法律法规行为。三是落实安全生产责任制。主要包括建立安全工作分级行政首长负责制、将每一单位和每一部门的安全工作成绩作为考核该单位该部门政绩和其领导业绩的重要内容、对安全生产实行目标管理并将责任分解到人、建立领导干部培训制。四是强化企业安全生产监督管理。企业领导人和经营管理者要自觉接受政府的依法监管、行业部门的有效指导和社会的广泛监督，进一步完善安全生产监督管理工作机制。五是加大安全投入力度。安全投入需要寻求资金渠道，应建立企业、地方、国家多渠道的安全投资机制，从制度上保证企业安全投入。

第十二章

公共部门的工会工作

【案例导读】 全国总工会明确职工正常福利

第一节 公共部门工会工作的理论基础与概述

一、公共部门工会的理论基础

（一）马克思主义关于工会的理论

1. 马克思、恩格斯关于工会的经典论述

工会的出现可追溯至西方资本主义商品经济生产方式产生和确立之时，1824年，禁止工人为保护自己利益而联合的一切法令被废黜后，工人得到了过去只有贵族和资产阶级才享有的结社权利，使得此前的秘密工会运动得以公开并广泛发展。马克思、恩格斯生活的时代大部分处于资本主义早期，他们所处时代的工会公开宣称要竭力保护每个工人不受资产阶级的冷酷待遇之害。当时的马克思、恩格斯不但参加了工人运动，而且对工会实践进行了思考，形成了自己的工会理论体系。

对于工会的起源及其最初目的，马克思、恩格斯均做出了精辟论述。马克思在《哲学的贫困》中论述无产阶级的经济斗争和经济组织时曾提出："大工业把大批互不相识的人们聚集在一个地方。竞争使他们的利益分裂。但是维护工资这一对付老板的共同利益，使他们在一个共同的思想（反抗、组织同盟）下联合起来。因此，同时总是具有双重目的：消灭工人之间的竞争，以便同心协力地同资本家竞争。"① 可见，工会是工人自发组织起来保护自身利益的工人阶级群众组织，其建立的起因是为了消除工人之间竞争带来的恶果，制止资本家在工人就业竞争中不断降低劳动力售价，致使工人原本弱势的地位

---

① 《马克思恩格斯选集》（第1卷），人民出版社，1972年，第159页。

更加弱化。另外，马克思在起草《临时中央委员会就若干问题给代表的指示》时曾指出："工会的产生，最初是由于工人们自发地企图消除或至少削弱这种竞争以便在协定中争取到哪怕是能使他们摆脱纯粹奴隶状态的一些条件。因此，工会的直接任务仅仅是适应日常的需要，力图阻止资本的不断进攻。"[1]马克思的这段话表明工会的产生是工人阶级反抗资本家阶级压迫的需要。恩格斯在《英国工人阶级状况》一书中详细地论述了工会产生的历程。在资本主义制度下，工人"无论是个人或是整个阶级都不能像人一样地生活、感觉和思想"[2]。工人阶级要改变这种非人的状况只有起来反抗资产阶级，工人反抗资产阶级的早期形式仅局限于盗窃、砸碎机器、捣毁工厂等犯罪行为。"只要工人获得转瞬即逝的胜利，社会权力就以自己的全部压力来袭击这些再度变得手无寸铁的犯罪者，给他们各种各样的惩罚，而机器还是使用起来了。"[3]工人们从斗争中逐渐认识到要真正维护自身利益、继续生存并改善劳动条件，就必须团结起来反抗资产阶级剥削，联合起来形成组织成为必然选择。

马克思、恩格斯在考察工会运动的过程中对工会的作用给予了充分肯定。一方面，工会使工人们认识到团结联合的力量，进而在工人中间形成一种有组织的阶级力量。正如恩格斯在提到德国工会作用时说："工会组织产生的直接利益，吸引着许多平时对政治漠不关心的人参加政治运动；同时，政治运动的一致性把平时相互隔绝的工会团结起来，保证它们相互支援。"[4]另一方面，工会的维权行动在一定程度上威慑了资产阶级，防止了工人生存状况的恶化。"它把资产阶级的贪得无厌的欲望限制在一定的范围内。"[5]恩格斯根据当时的时代背景将工会职能归纳为三点：一是工会集体和雇主谈判，按雇主获利情况，向资本家力争一个大家都要遵守的工资标准；二是工会竭力反对厂主采用新机器和工具等手段降低工资，也用限制招收学徒的方法来维持资本家对工人的需求，从而使工资保持在一定的水平上；三是工会用金钱来帮助失业工人[6]。

马克思、恩格斯在肯定工会上述作用的同时，指出了剩余价值规律是资本主义生产的绝对规律，工会的努力无法改变"工资取决于劳动市场上的供求关系"这一规律。针对矛盾真正根源的斗争，马克思在《资本与劳动之间的斗争及其结果》一文中明确提出："它在这种日常斗争中只是在反对结果，而不是在反对产生这种结果的原因；只是在用止痛剂，而不是在除病根。"[7]工会不能停留在"把自己的活动几乎完全局限于参加调节工资、工作时间以及要求废除公开敌视工人的法律这种职能上"[8]。"现在它们必须学会作为工人阶级的组织中心而自觉地进行活动，把工人阶级的彻底解放作为自己的伟大任务。"[9]可见，马克思、恩格斯没有将工会的存在和职能视作孤立的社会现象，而是从历史唯物主义视野出

---

[1]《马克思恩格斯选集》（第16卷），人民出版社，1964年，第220页。
[2]《马克思恩格斯选集》（第2卷），人民出版社，1957年，第500页。
[3]《马克思恩格斯选集》（第2卷），人民出版社，1957年，第502页。
[4]《马克思恩格斯选集》（第19卷），人民出版社，1963年，第138～139页。
[5]《马克思恩格斯选集》（第2卷），人民出版社，1957年，第506页。
[6]《马克思恩格斯选集》（第2卷），人民出版社，1957年，第503页。
[7]《马克思恩格斯选集》（第16卷），人民出版社，1964年，第169页。
[8]《马克思恩格斯选集》（第19卷），人民出版社，1963年，第285页。
[9]《马克思恩格斯选集》（第16卷），人民出版社，1964年，第221页。

发,从经济基础与上层建筑的矛盾关系出发,剖析了工会起源与工会职能,指出了工会应扩大职能,其最终目标是取得工人阶级彻底解放。马克思、恩格斯的工会理论体现出鲜明的价值性与阶级性,是无产阶级工会运动的根本性纲领与策略。

2. 毛泽东对中国工会理论的奠基与开创

毛泽东早在建党初期就对工会的基本问题提出了马克思主义见解,之后他在长期的革命斗争与新中国建设时期针对工人阶级和工会工作做出许多重要论述和指示,这些论述是对我国工人运动和工会工作的理论概括和总结,是对马克思主义关于工人阶级和工会学说的丰富和发展。毛泽东在1921年发表的《所希望于劳工会的》一文中阐明了工会的性质,"劳工会是劳工的团结体","工会是工人组织的"[①]。他还分析了工会的宗旨,"劳动组合的目的,在于团结劳动者以罢工的手段取得优异的工资和缩短工作时间,尤在养成阶级的自觉,以全阶级的大同团结,谋全阶级的根本利益。这是宗旨所在,希望劳工会诸君特别注意的"[②]。明确了组织形式与经费来源,毛泽东主张采用西方现代工会的组织形式,由代表会议产生委员会执行会务,工会会员应按照工会章程定期缴纳会费以准备罢工基金和选举基金;提出了"以生产为中心,生产、生活、教育三位一体"的工会职能。新中国成立前夕,面对全国工业城市相继解放,毛泽东在全国工会工作会议上提出必须尽快建立各地工会组织,把工人阶级组织起来。1950年,毛泽东发布中央人民政府命令,宣布实施《中华人民共和国工会法》,对工会组织的恢复和工会工作的开展起到了巨大推动作用。毛泽东主张,工会要主动取得党委对工会的领导和支持,并和行政搞好关系,行政方面也要主动帮助工会解决实际问题。

3. 邓小平关于工会问题的论述

邓小平在社会主义革命和建设的长期实践过程中,对工人阶级和工会工作作过深刻的论述,其全心全意依靠工人阶级的工运思想,科学地发展了社会主义条件下的马克思主义工会理论。1950年3月,邓小平作为中共西南局主要负责人在《在西南局城市工作会议上的报告提纲》中提出了关于工会工作的三方面思想:一是城市工作应当全心全意依靠工人阶级;二是工厂管理要实行民主化;三是工会工作要适应城市工作的要求[③]。1956年,邓小平在山西省太原市部分厂矿领导干部会上曾指出:"工会的屁股应当坐在群众那里……工会应更多地站在群众方面看问题,代表群众的利益。"邓小平在中国工会九大致词中再次强调:"工会再不是有些人所认为的那种可有可无的组织了。工会工作的好坏怎么样,影响着工人当家做主的权利行使得怎么样……"[④]

1978年9月邓小平在中国工会"九大"的致词中和1983年3月在中共中央书记处"3.14指导"中,邓小平对新时期工会的性质、地位、作用、任务等一系列理论问题作出了清晰阐释。邓小平提出各级工会首先要办成工人自己的组织,成为工人信得过的、能替工人说话和办事的组织。邓小平还指出,工会维护职工合法权益的一个重要内容是必须通过职工代表大会,各企业的工会遂成为职工代表大会和职工代表大会的工作机构。

---

① 《毛泽东文集》(第1卷),人民出版社,1993年,第6页。
② 《毛泽东文集》(第1卷),人民出版社,1993年,第7页。
③ 邓小平于1950年12月21日在西南局城市工作会议上的报告提纲。
④ 《邓小平文选》(第2卷),人民出版社,1994年,第137页。

4. 江泽民关于工会问题的论述

江泽民根据改革开放以来工会工作面临的新变化，提出了许多新思想、新观点、新论断。第一，提出了"工会基本职责论"。江泽民在《正确认识工会的作用》中指出："工会要真正代表工人群众的利益，依法维护工人群众的合法权益。"① 第二，论证了党与工会的辩证关系。江泽民在《正确认识工会的作用》一文中辩证地指出："工会应该在各级党组织统一领导下活动，工会应该是党领导下相对独立的工人阶级的群众组织。也就是说，一方面工会要在党的领导下进行工作；另一方面，工会要有独立性，依法维护工人群众的合法权益。"② "工会在党的统一领导下活动，绝不意味着把工会变成党委的一个部门，等同于党委宣传部、组织部一样的机构。"③ 第三，积极探索新形势下中国特色社会主义工会工作的道路。全国工会十三大召开期间，江泽民指出，工会工作要开创新局面，必须不断研究新情况，解决新问题，总结新经验，用改革的精神全面加强工会建设。

5. 胡锦涛关于工会问题的论述

2003年9月，中国工会十四大通过了《中国工会章程》修正案。胡锦涛在与中国工会十四大的部分代表座谈时强调："面对新形势新任务，各级工会要全心全意为职工群众服务，切实把表达和维护广大职工群众的利益作为工会一切工作的出发点和落脚点。"④ 这次大会还把吸收广大民工入会并为他们提供更多更好的维权服务作为一项重要任务提出。2003年10月，胡锦涛在党的十六届三中全会上提出了科学发展观重大战略思想，其核心是以人为本，马克思主义工会学说中国化最新成果突出体现了以职工为本的思想理念。2004年9月，党的十六届四中全会第一次鲜明地提出和阐述了"构建社会主义和谐社会"的科学命题。工会作为党领导下的工人阶级最广泛的群众组织，是构建社会主义和谐社会根本力量的重要组织者。在构建和谐社会的过程中，工会必须协调好社会利益关系和劳动关系，建立不断解决矛盾和化解冲突的机制⑤。2007年10月，党的十七大召开，十七大报告当中的民生话题浓墨重彩，积极参与以改善民生为重点的社会建设是工会组织义不容辞的职责，是工会履行维护职责的内在要求。2008年1月7日，胡锦涛在出席"2008经济全球化与工会国际论坛"开幕式时强调：工会要积极为广大劳动者说话办事，让广大劳动者特别是发展中国家广大劳动者更多分享经济社会发展成果；让各国广大劳动者实现体面劳动；维护劳动者权益是工会的神圣职责；各国工会应该进一步加强对话，平等交流，求同存异，发展相互尊重、友好合作、民主和谐的国际工会关系⑥。

6. 习近平关于工会问题的论述

2013年10月23日，习近平上午在同中华全国总工会新一届领导班子成员集体谈话时指出：我国工人运动的时代主题，是为实现中华民族伟大复兴的中国梦而奋斗。工会要牢牢抓住这个主题，把推动科学发展、实现稳中求进作为发挥作用的主战场，把做好新形势

---

① 《毛泽东邓小平江泽民论工人阶级和工会工作》，中央文献出版社，2002年，第162页。
② 《江泽民文选》（第1卷），人民出版社，2006年，第65页。
③ 《江泽民文选》（第1卷），人民出版社，2006年，第64～65页。
④ 2003年9月28日，胡锦涛与中国工会十四大部分代表座谈的讲话摘录。
⑤ 裔平：《关于工会在和谐社会建设中作用的理论思考》，载《工会理论研究》，2006年第1期，第24～25页。
⑥ 胡锦涛于2008年1月7日在"2008经济全球化与工会"国际论坛开幕式上的致辞。

下职工群众工作、调动职工群众积极性和创造性作为中心任务，把巩固党执政的阶级基础和群众基础作为政治责任，竭诚为职工群众服务，切实维护职工群众权益，不断焕发工会组织的生机活力。2014年12月29日，在中共中央政治局会议上，习近平指出，"坚定不移走中国特色社会主义群团发展道路"，"把群团自觉接受党的领导、团结服务所联系群众、依法依章程开展工作高度统一起来"，"充分发挥群团组织联系人民群众的桥梁纽带作用"，"最广泛地把群众组织起来、动员起来、团结起来"。这次会议通过的《关于加强和改进党的群团工作的意见》也成为指导和推动党的群团工作不断开创新局面的指导文件。在2015年7月6日召开的中央党的群团工作会议上，习近平强调中国特色社会主义事业是亿万人民的事业，党的群团工作肩负着庄严使命。要进万家门、访万家情、结万家亲。工会、共青团、妇联等群团组织一定要坚持解放思想、改革创新、锐意进取、扎实苦干，把广大人民群众对美好生活的追求汇聚成强大动力，共同谱写实现"两个一百年"奋斗目标、实现中华民族伟大复兴中国梦的新篇章。习近平对工会的前进路径、工作方法、自身定位、目标任务等提出的上述新要求，饱含着推动党和国家事业发展的责任担当，彰显着治国理政的战略眼光，贯穿着为了群众、依靠群众的工作路线，体现着共产党人的为民情怀。

（二）资本主义国家的工会理论

1. 资本主义国家工会理论的发展脉络

最早将工会作为独立研究对象的是英国的悉尼·韦伯夫妇，他们在1894年的《工会运动史》和1897年的《产业民主制》中集中地论述了工会理论，对于西方工会理论起到了奠基作用，被誉为资本主义国家工会理论的"先驱"。20世纪20年代，美国约翰·R.康门斯、波尔曼等著名的工会理论家在对美国工会运动进行专门研究的基础上，发展了资本主义国家的工会理论，这些理论大多限于劳资关系范围，将工会视为工人与雇主斗争的产物。20世纪30年代以后，由于凯恩斯的经济理论在主要资本主义国家盛行，市场由原来的企业、市场两极转为企业、市场、政府三极结构，工会运动的政策进行了调整，工会理论也随之发生变化。第二次世界大战以后，资本主义国家政治经济结构发生了重大变化，进入了政府全面干预经济的时代。工会运动相应地调整了政策，工会理论也有了新的发展。美国著名经济学家和社会学家约翰·T.邓洛普在1958年出版的《产业关系制度》一书，该书在西方国家被看成是早期工会理论与当代工会理论的分水岭。英国社会学家罗克伍德在分析了战后工人阶级状况的基础上，提出了不同于邓洛普的工会理论，他否定帕森斯的功能派理论，从社会冲突论的角度论证了工会在产业关系中的地位与作用。另外，日本在战后也出现了一批著名的工会理论家，如松岛静雄和大河内一男等，他们结合日本工会实际，提出了企业工会理论，在日本国内颇具影响。第二次世界大战以后的工会理论家更加重视对集体谈判的研究，为西方工会开展集体谈判提供了理论指导，使许多市场经济国家工会的集体谈判工作在20世纪七八十年代达到了顶峰。

2. 资本主义国家工会理论的思想溯源

1）工业民主理论

工业民主理论形成于19世纪末20世纪初期的欧洲。美国政治学家李普塞特主编的《民主百科全书》将工业民主界定为"民主理论在工人生活中的运用"。针对资本主义经济制度不稳定、非民主的特点，大革命中的激进派提出对于工业民主的主张，要求建立一个政治民主化的社会，即在现有的基本生产关系、社会制度不变的条件下，大力发展工人参与管理，并逐步控制工厂的管理权，甚至对部分生产资料的控制，最终实现民主与社会主义。工业民主思想建立在自由、平等的理念之上，是对"经济平等"的一种诉求，旨在建立一种伙伴式的劳资关系，在发挥市场机制作用的同时，以规范的法律约束、全面的社会保障体系、广泛的工人参与，维护社会公正，促进大众福利最大化。以德国为首的西欧大部分国家和北欧国家工会受此理论影响，力图把市场自由原则与社会公正原则结合起来，实行有宏观调控的社会市场经济。

2）行为科学理论

行为科学作为一种管理理论，开始于20世纪20年代末30年代初的霍桑实验，之后的马斯洛的人类需要层次论、麦格雷戈与阿吉里斯的人性管理理论、勒温与布雷德福的群体行为理论、坦南鲍姆和施米特的领导行为理论丰富和发展了行为科学理论，其主要观点大体包括：人非"经济人"而是"社会人"，惩罚和威胁等强硬控制无法促使人们为实现企业目标而努力，企业管理者应将个体发展目标与企业发展目标相结合，使职工获得更多的自主权，将管理由原来的以"物"为中心变为以"人"为中心，由原来的"独裁式"管理变为"民主式"管理。受行为科学理论的影响，日本和韩国将企业工会作为营造和谐经济关系的关键。其中，日本力图把资本主义市场竞争同传统家庭关系结合在一起，建立了从全国到地方的统一劳资协商制度。日本的终身雇用制、年功序列工资制等体系极大地增强了工人对企业的归属感和献身精神，实现了企业与工人利益的共同发展。

3）人民资本主义理论

人民资本主义理论是由美国经济学家于20世纪40年代提出的，50年代开始在美国和西欧得以发展。这一理论在经济上主张资本社会化，让工人拥有更多的所在企业股票，甚至人人都持有一定数量的股票，使其有权参加股东大会，参加企业的管理与决策。这样，不仅可以使资本主义具有为人民谋福利的性质，而且可以消除资本主义生产关系中固有的矛盾。

4）二元经济理论

二元经济论是美国经济学家路易斯·凯尔索（Louis Kelso）受到《共产党宣言》的启发，于20世纪60年代提出的，其基本思想是人们可以通过付出劳动和付出资本两个方面来获得收入。基本思路是在正常的经济运行中，任何人不仅通过他们的劳动获得收入，还必须通过资本来获得收入。因此，人类社会必须寻求一种既能鼓励公平又能促进增长的制度，这种制度必须使任何人都获得劳动收入和资本收入。实现这种结构的最好途径是资本社会化，职工拥有企业股票，通过共同资金将工人纳入到企业所有者当中。受到人民资本主义理论和二元经济论的影响，美国工会的显著特点是企业内部劳资双方关系比较平等，属于合作式的劳资关系。企业工人能够充分发挥自身积极性、创造性，有利于实现企业与工人的"共赢"，但这类工会组织较为松散，具有明显的自由主义色彩。具有类似工会理论基础和工会运作模式的国家还包括英国、加拿大、新西兰、澳大利亚等。

二、中外工会组织阐释

(一) 中国的工会组织

1. 中国工会的界定及其性质

我国现行《中华人民共和国工会法》总则第2条规定:"工会是职工自愿结合的工人阶级的群众组织。"《中国工会章程》作了进一步明确:"中国工会是中国共产党领导的职工自愿结合的工人阶级群众组织,是党联系职工群众的桥梁和纽带,是国家政权的重要支柱。是会员和职工利益的代表者。"因此,我国工会的本质属性是工人阶级的阶级性与广泛群众性的统一。

2. 中国工会的组织结构

《中国工会章程》第10条规定:"中国工会实行产业和地方相结合的组织领导原则。同一企业、事业、机关单位中的会员,组织在一个工会基层组织中;同一行业或性质相近的几个行业,根据需要建立全国的或地方的产业工会组织。除少数行政管理体制实行垂直管理的产业,其产业工会实行产业工会和地方工会双重领导,以产业工会领导为主外,其他产业工会均实行以地方工会领导为主,同时接受上级产业工会领导的体制。各产业工会的领导体制,由中华全国总工会确定。"从纵向来看,我国工会组织包括:①中华全国总工会。中华全国总工会是我国工会的最高领导机关,它是由中国工会全国代表大会选举产生的。《中国工会章程》规定,工会的全国代表大会和它所产生的中华全国总工会执行委员会,是工会的最高领导机关。②全国产业工会。产业工会是按照产业分工和性质建立起来的工会组织。全国产业工会是各产业工会的全国领导机关。③工会地方组织。工会的地方各级领导机关,是工会的地方各级代表大会和它所产生的总工会委员会。④工会基层组织。工会基层组织是工会组织的基础,是直接联系职工群众的单位。企业、事业、机关等基层单位,都可以建立工会基层组织。工会基层组织的领导机构是会员大会或会员代表大会和它选举的工会基层委员会。

3. 中国工会的任务与职能

《中华人民共和国工会法》规定了工会工作的基本任务,主要包括:第一,组织和教育职工依照宪法和法律的规定行使民主权利,发挥国家主人翁的作用;第二,充分发挥工会在国家和社会事务管理中的民主参与、民主监督作用;第三,动员和组织职工积极参加经济建设,努力完成生产任务和工作任务;第四,教育职工不断提高思想道德、技术业务和科学文化素质。工会最根本的任务是:以保护、发展和彻底解放工人阶级为奋斗目标,表达和维护工人群体的切身利益,教育和组织工人阶级争取实现本阶级的历史使命。工会的社会职能包括四个方面:一是维护职能,维护职工群众的经济效益和民主权益的职能;二是建设职能,吸引和组织职工群众参加经济建设和改革,努力完成经济和社会发展任务的职能;三是参与职能,发挥职工群众参政议政作用,代表和组织职工参与国家和社会事务管理的职能;四是教育职能,帮助职工不断提高思想政治觉悟和文化素质的职能。

4. 中国工会在国家政治、经济、社会生活中的地位

工会在国家政治关系中的地位，主要指工会在国家政治体制中的重要作用。只要工人阶级的主人翁地位不变，工会在国家政治体制中的地位也不会变；工会在社会经济关系中的地位，主要是指工会在社会经济中所处的具体地位。无论公有制还是非公有制企业的职工，工会必须在协调劳动关系的运行中发挥作用，在劳动关系中确定职工利益代表者和维护者的身份和地位；工会在社会生活中的地位，主要是指工会在现实的广泛的社会生活中具有的影响力和声望。随着我国的经济发展，大量涉及职工劳动就业、劳动报酬、社会保障和劳动安全卫生等与职工利益密切相关的问题日益凸现，需要通过工会这一组织力量落实广大职工行使管理国家、管理经济和社会事务的权利等。

5. 中国工会与政府、所在单位领导者的关系

工会与政府的关系：第一，工会是群众组织，作为社会团体，具有独立的利益和地位；政府是行使国家行政管理权力的机构。从法律地位上看，双方是平等的。第二，从阶级的观点来看，工会作为广大职工的代表者，基本职能之一就是在维护职工的权益；政府作为人民民主专政的工具，就是要维护广大人民包括广大职工的利益。第三，工会维护国家的政令统一，贯彻执行政府的政策法令；政府尊重法律规定的工会地位和权利，支持和保障工会依法维护职工的合法利益，使工会成为政府的亲密合作者和坚强的社会支柱。第四，政府通过制定经济和社会发展计划及政策、法规，运用具有强制力的行政手段来管理和组织社会生活；工会则在政府行使行政管理权力的过程中，发挥民主参与和社会监督的作用。第五，政府通过工会了解职工的要求和意愿、组织和发动职工努力完成各项任务，实现对国家和社会的有效管理；通过工会的监督，克服某些国家公共部门人力资源中存在的官僚主义和不正之风，保证政府的廉洁。第六，工会要独立负责地工作，积极地参政议政，开展促进生产、改善生活、提高素质及维护利益等活动；政府需要在各个方面对工会活动的顺利进行提供支持与帮助。

工会与所在单位领导者的关系：基层工会与机关、企事业单位行政领导之间是职能相异、地位平等的合作与对话关系。在机关、企事业单位中，企业行政领导者是单位的法人代表，对行政指挥或生产经营负有全面责任；根据《中华人民共和国工会法》规定，基层工会是职工的代表者，是职工的法人代表，对职工负责，它的基本职能是表达和维护它所代表的职工的具体利益。因此，工会与机关、企事业单位的总目标和基本任务相一致，它们互相支持，各司其职。

（二）资本主义国家的工会组织

根据工会的组织原则，可将资本主义国家的工会分为职业工会和产业工会。在资本主义国家早期，工会大多为职业工会，凡从事同一职业的熟练工人，都组织在同一职业工会内。一个企业内的工人，由于职业的不同而分属于不同的职业工会。这种组织分散了同一企业内工人的团结和统一，不利于工人阶级的斗争。随着工人运动的发展，按产业原则组织工会逐渐为工人接受，越来越多的工人按产业系统组织起来，凡在同一企业内的工人都参加同一产业工会，有利于工人阶级的团结和统一，增强了工会的战斗力。资本主义国家

大多数工会能够争取和维护工人的利益，改善工人的工作、生活条件，争得工人的社会政治利益。

长期以来，资本主义国家工会发动和领导了一系列卓有成效的运动，对本国社会的各个方面都产生了广泛而深刻的影响。首先，资本主义国家工会坚持争取工会权益的斗争。特别在战后，经过工人们的长期斗争获得的组织权和集体谈判等权利进一步得到了法律上的保障。例如，意大利宪法规定了劳动者有权通过自己的政党和工会参与管理国家、日本通过劳工立法宣布工会活动自由、美国工会获得的集体谈判权利得到法律上的承认、北欧国家和英国等宣布建立"福利国家"等。其次，资本主义国家工会开展了争取参与企业和社会事务管理权的斗争，这是西方工运事业进入新阶段的重要标志。西方国家工人及工会组织创造了许多行之有效的工人参与形式。例如，德国工人争取参与企业管理的斗争和由此实行的"共决"（参与）制度，瑞典、日本、美国等实行工人直接参与车间和班组管理制度，以及在西方国家广泛实行的"三方机制"。最后，提出了"战略工联主义"的主张。针对20世纪70年代以来科技革命淘汰了大批低技能工作岗位，经济全球化造成了市场和资本的转移，许多资本主义国家工人生活水平处于停滞状态，在经济状况恶化的同时，一些资本主义工会经过长期斗争赢得的组织权、集体谈判权、罢工权和参与权等遭到了削弱和限制，工会不得不通过妥协和退让换取部分福利和就业保障。面对这些困难，西方工会积极寻找对策，提出"战略工联主义"主张，加强在"三方机制"活动中的地位，努力建立"社会伙伴关系"。所谓"战略工联主义"是指工会主张减少对抗，在维护工人权益的同时关注社会问题和经济发展，加强与雇主的合作，积极为解决这些问题提出自己的主张和意见。

（三）国际劳工组织

第一次世界大战结束后，先后在巴黎、凡尔赛召开了和平大会，通过了《国际劳工组织章程》。1919年11月29日，根据《凡尔赛和约》，国际劳工组织作为国际联盟的附属机构成立。1946年12月14日，成为联合国负责劳工事务的一个专门机构，总部设在瑞士日内瓦，现有180个成员国。创立国际劳工组织是出于人道目的、政治目的和经济目的。国际劳工组织创立的宗旨是促进充分就业和提高生活水平；促进劳资双方合作；扩大社会保障措施；保护工人生活与健康；主张通过劳工立法来改善劳工状况，进而"获得世界持久和平建立社会正义"。国际劳工组织是联合国体系中唯一具有三方机制的组织。《国际劳工组织章程》规定，国际劳工组织、国际劳工组织大会应由每个会员国各派四名代表组成，即各成员国代表团由政府2人、工人和雇主代表各1人组成，三方均参加各类会议和机构，独立表决。

国际劳工组织主要通过三个组织机构开展工作：一是国际劳工大会。国际劳工大会是国际劳工组织的最高权力机关，国际劳工组织的成员国于每年6月聚集在日内瓦参加国际劳工大会。主要任务是：听取和讨论国际劳工的年度报告；制定以国际劳工公约和建议书等为主要形式的国际劳工标准，并审议各成员国执行公约的情况；每两年由大会批准本组织双年度财务预算；讨论劳工领域中的重大而具有普遍性的问题，并通过一些决议，为劳工组织的总政策和未来活动提出指导方针。二是理事会。理事会是国际劳工组织的执行机构，也是国际劳工组织在国际劳工大会闭会期间的领导机构。每三年由出席国际劳工大会的政府、工人、雇主代表分为三个选举团选举产生，现由56名理事组成（政府理事28名，雇主和工人理事各14名）。主要任务是：为大会和其他会议确定议程；指导国际劳工局工作；对国际劳工组织总的事务进行监督；关注会议决定的实施情况并就应该采取的后继行动做出决定；讨论年度预算；决定设立国际劳工组织的其他机构和任命国际劳工局局长等。三是国际劳工局。国际劳工局是国际劳工组织的常设工作机构，是国际劳工大会、理事会和其他会议的秘书处，受理事会管理。主要任务是：负责起草文件和报告以作为大会和专门会议所需的背景材料；征聘和指导国际劳工组织在全世界进行技术合作的专家；发行各种出版物和期刊；对各国的技术合作计划进行指导和提供咨询；从事与劳工事务有关的教育和研究工作，并与各国劳工部和社会事务部、雇主组织和工会团体紧密合作。

国际劳工组织的主要活动包括：一是制定劳工标准。这些标准以公约或建议书的形式由国际劳工大会2/3以上代表通过。这些国际劳工标准基本上分两类：一类是关于人权和工会权利，主要内容是保证自由结社的权利，禁止强迫劳动以及消除工作中的歧视，体现工人的平等和尊严等；另一类是关于就业条件和劳动条件，如促进充分就业、职业培训、工作和就业条件（工时、付薪休假、工资）、保护工人的生命和健康、社会保障和劳动关系等。二是技术合作。第二次世界大战结束后，技术合作成为国际劳工组织的重要活动之一，它在开发人力资源、提高生活水平、促进充分就业等方面，向发展中国家提供双边或多边技术援助。三是研究教育与文献出版活动。国际劳工局在劳工与社会领域开展大量调查、研究工作与数据的汇编和分析工作，作为制定国际劳工标准和开展技术合作的依据。

第二节　我国公共部门工会工作的实践运作

一、我国工会工作的法律依据

工会工作法制化是工会工作适应社会主义市场经济发展的需要，是社会主义法制健全过程中工会工作面临的新课题，是新形势下更好维护职工权益的根本保障，也是中国工会发展的必由之路。目前，我国工会法律体系包括指导我国工会工作的根本性法律、我国工会工作的基本法律和章程、涉及劳动关系和经济关系的法律、国家行政部门或地方立法机构颁布的法规和规章、我国批准生效的国际劳工公约等五个层次。

（一）《中华人民共和国宪法》

《中华人民共和国宪法》作为我国根本大法，集中体现了我国人民的意志，在我国法律体系中具有最高权威和法律效力，也是我国开展工会工作的根本准则，可以用来指导和规定工会的一些活动。

（二）《中华人民共和国工会法》和《中国工会章程》

《中华人民共和国工会法》作为我国工会工作的基本法律，产生于1950年，是当时我国最早的三部法律之一，对于建立新中国的工会组织、巩固人民民主专政政权、组织和教育广大职工在社会主义革命和建设事业中发挥主动性、维护广大职工合法权益，起到了至关重要的作用。经历了长期的计划经济时期，商品经济发展到一定阶段，我国在总结新中国成立 40 余年尤其是改革开放以来工会工作的经验基础上，修改了《中华人民共和国工会法》，并于 1992 年 4 月 3 日第七届全国人民代表大会第五次会议予以颁布。随着社会主义市场经济体制的建立和完善，公有制实现形式的多样化和非公有制经济的快速发展，我国的经济关系和劳动关系也发生了深刻变化，涉及职工劳动就业、劳动报酬、劳动保险、劳动保护、劳动教育等方面的矛盾日益凸现，侵犯职工和工会权益的问题时有发生。根据 2001 年 10 月 27 日第九届全国人民代表大会常务委员会第二十四次会议《关于修改〈中华人民共和国工会法〉的决定》，再度对《中华人民共和国工会法》进行了修订和颁布，本次修订后的《中华人民共和国工会法》一直沿用至今。现行的《中华人民共和国工会法》对工会的性质、地位、基本职责、工会活动的基本准则、工会的权利和义务、工会活动的保障及违反《中华人民共和国工会法》的法律责任等做出了明确规定。

《中国工会章程》是中国工会全国代表大会通过的规定工会组织性质、行动纲领、奋斗目标、组织原则和机构、会员的权利义务的规章，是处理工会内部事务的基本准则，是中国工会及其会员的行为规范，是中国工会及其会员的权利义务的载体。早在 1925 年 5 月，中国共产党领导的中国劳动大会第二次大会就通过了《中华全国总工会总章》，这是最早的中国工会章程。1948 年 8 月中国第六次劳动大会通过了《中华全国总工会章程》，1953 年 5 月工会第七次全国代表大会通过了《中华人民共和国工会章程》，1957 年 12 月工会第八次全国代表大会通过了《中国工会章程》。此后，1978 年的工会第九次、1983 年的工会第十次、1988 年的工会第十一次、1993 年 10 月工会第十二次、1998 年 10 月工会第十三次、2003 年 9 月工会第十四次全国代表大会对《中国工会章程》作过多次修改，使《中国工会章程》适应了发展社会主义市场经济、全面建设小康社会和加快社会主义现代化进程对工会工作的要求。

（三）涉及劳动关系和经济关系的其他法律

涉及劳动关系的其他法律是工会工作法律体系的必要补充，主要包括《中华人民共和国劳动法》《中华人民共和国全民所有制工业企业法》《中华人民共和国公司法》《中华人民共和国中外合资经营企业法》《中华人民共和国中外合作经营企业法》《中华人民共和国乡镇企业法》《中华人民共和国个人独资企业法》等。尤其值得提出的两部法律：一是十届全国人大常委会第二十八次会议于 2007 年 6 月 29 日通过、自 2008 年 1 月 1 日起施行的《中华人民共和国劳动合同法》。这部法律关于工会作用的规定主要体现在两方面：维护劳动者的合法权益；代表劳动者与用人单位订立集体合同。二是十届全国人大常委会第三十一次会议于 2007 年 12 月 29 日通过、自 2008 年 5 月 1 日起施行的《中华人民共和国劳动争议调解仲裁法》。该法律明确了工会在劳动争议调解工作中的地位和职责。

（四）地方立法机构及国家行政机关颁布的法规和规章

各地方立法机构及国家行政机关颁布的法规和规章是执行《中华人民共和国工会法》《中国工会章程》专门的或具体的操作办法。主要包括国务院发布的《女职工劳动保护规定》《企业劳动争议自理条例》《全民所有制企业职工代表大会条例》《劳动保障监察条例》，前劳动和社会保障部发布的《集体合同规定》、地方性《工会法实施办法》等。

（五）我国批准生效的国际劳工公约

我国作为国际劳工组织的成员国，凡经我国政府批准的国际劳工公约在我国均具有法律效力，这些公约是我国工会法律体系的外延。目前，我国已经承认和批准了23个国际劳工公约[①]。

二、我国国家机关工会工作的实践运作

（一）国家机关工会工作的基本内容

国家机关在类别上主要包括共产党机关、各民主党派机关、立法机关、政协机关、行政机关、司法机关、工会共青团妇联等团体机关。国家机关工会是在机关党组织领导下，由机关职工根据《中华人民共和国工会法》和《中国工会章程》自愿结合起来的工人阶级的群众组织，是党组织开展群众工作的有力助手和密切联系机关广大职工的桥梁和纽带，是促进机关改革、发展、稳定的重要力量，是机关职工合法权益的代表者和维护者。国家机关的工会工作是整个工会工作的重要组成部分。国家机关工会与产业工会相比有三个特点：一是机构建设比较晚，很多机关处于刚起步阶段；二是工作对象主要是机关工作人员，侵犯职工合法权益的现象相对较少；三是机关工作从管理上讲宏观多、微观少，形成了国家机关工作独有的运行规律和轨迹。

---

① 23个国际劳工公约包括：1920年《确定准许儿童在海上工作的最低年龄公约》（第7号公约），1921年《农业工人的集会结社权公约》（第11号公约）；1921年《工业企业实行每周休息公约》（第14号公约）；1921年《确定准许使用未成年人为扒炭工或司炉工的最低年龄公约》（第15号公约）；1921年《在海上工作的儿童及未成年人的强制体格检查公约》（第16号公约）；1925年《本国工人与外国工人关于事故赔偿的同等待遇公约》（第19号公约）；1926年《海员协议条款公约》（第22号公约）；1926年《海员遣返公约》（第23号公约）；1928年《制定最低工资确定办法公约》（第26号公约）；1929年《航运的重大包裹标明重量公约》（第27号公约）；1932年《船舶装卸工人伤害防护公约》（修正）（第32号公约）；1935年《特种矿场井下劳动使用妇女公约》（第45号公约）；1937年《最低年龄（工业）公约（修正）》（第59号公约）规定凡儿童在15岁以下者，不得受雇用或工作在任何公营或私营工业企业；1946年最后条款修正公约（第80号公约），前14项国民政府批准；1951年《同酬公约》（第100号公约），我国1990年批准；1976年《（国际劳工标准）三方协商公约》（第144号公约），我国1990年批准；1983年《（残疾人）职业康复和就业公约》（第159号公约），我国1987年批准；1990年《化学品公约》（第170号公约），我国1994年批准；1964年《就业政策公约》（第122号公约），我国1997年批准；1973年《准予就业最低年龄公约》（第138号公约），我国1998年批准；1978年《劳动行政管理公约》（第150号公约）；1988年《建筑业安全卫生公约》（第167号公约）；2001年10月27日我国《全国人大常委会关于批准建筑业安全卫生公约的决定》重新批准；1999年《禁止和立即行动消除最恶劣形式的童工劳动公约》（第182号公约），我国2002年批准。

根据《中华人民共和国工会法》《中国工会章程》《中央国家机关工会工作办法》等与国家机关工会相关的法律条文规定，国家机关工会工作的基本内容是：依法健全和完善工会组织，定期召开工会会议，安排工会活动和讨论有关事项；认真履行工会的社会职能，切实维护机关职工的合法权益，充分调动机关职工参与改革和建设的积极性；协助机关党委做好员工的思想政治工作，向员工进行爱国主义、集体主义、社会主义、共产主义教育，进行法制教育和职业责任、职业道德、职业纪律的教育；当职工合法权益受到侵害时，工会应当支持职工依法提出申诉控告、申请仲裁、提起诉讼；积极组织职工参与机关内部事务管理和监督活动，为推进机关建设和管理献计献策；积极组织职工广泛开展文化体育活动，增进职工身心健康，丰富职工业余生活，推动机关精神文明建设；坚持工会的集体领导制度，重大问题集体讨论决定；严格财经管理，做好工会会费收缴、使用和工会财产的管理工作。

（二）国家机关工会在人力资源管理与开发中的作用

国家机关人力资源的特点是：领导干部集中；工作人员整体素质和平均文化水平较高，多数职工掌握一定的专业技能；工作方式以脑力劳动为主，一般不从事物质生产；职工队伍的党团员比例较高；工作人员由党委组织部门和政府人事部门管理；劳动报酬、工资标准、福利待遇、社会保障由国家统一规定；除工勤人员以外工作人员的劳动关系主要由《中华人民共和国公务员法》进行调节。据一项国家机关干部的调查结果显示，机关干部最关注的切身权益包括获得学习、培训、教育、锻炼的机会；获得住房、福利、保险、奖金、补贴等待遇；经常参加文体活动、保持身心的良好状态；获得领导公正的工作评价、工作岗位安排和正常的提职晋升机会等。上述内容均属于人力资源管理与开发范围，因此机关工会工作应该作为机关人力资源管理与开发的有效补充，发挥参与决策、民主监督和民主推荐的职能，维护职工的政治需求和精神文化需求，创造和谐的人力资源环境。

国家机关工会在人力资源管理与开发中的具体作用包括五个方面：一是根据国家机关人力资源管理与开发策略，维护职工的学习和受教育的权利；二是建立和完善民主制度，保障机关干部职工在日常工作中和重要人事任免、机关干部民主评议、劳模评选与表彰、利益分配等决策过程中的民主参与权、民主监督权；三是维护职工的休息、休假权利，会同有关部门组织职工参加疗养、休养活动；四是组织工会工作的骨干力量，开展多种形式关心职工生活，特别是协助政府和行政部门做好特困职工的帮扶工作，解决好因突发性意外事件而给职工群众家庭带来的困难；五是作为人力资源管理与开发的有益补充，对机关内部人事管理中涉及机关职工切身利益的重大问题的决策和重要规章制度的制定、修订提出意见和建议，对住房改革和分配、社会保险、劳动保护、机关职工福利等有关改革方案提出意见和建议，并适时听取机关内部人事工作报告，审议机关职工集体福利的有关事项并监督执行。

三、我国事业单位工会工作的实践运作

（一）事业单位工会工作的基本内容

事业单位，是指为国家创造或改善生产条件，从事为国民经济、人民文化生活、增进

社会福利等项服务活动，不是以为国家积累资金为直接目的的单位。不可否认，事业单位一度在计划经济时期为国家的经济发展、社会的稳定进步做出过巨大贡献。然而，时至今日，事业单位管理松散、冗员较多、机构臃肿、缺乏活力、服务效能弱化、没有经济属性和经济定位的党政机关管理方式已经无法适应市场经济的发展，这是事业单位改革的根本原因。随着事业单位逐步地改制和整合，机构的重组、人员的变化、各种利益的再分配等一系列问题的出现，必将打破原有的工作体制和一些固有规则。事业单位工会工作组织如何有效地开展工会工作是事业单位改制过程中面临的一个重大课题。

事业单位工会作为工会的基层组织，其工作的基本内容包括：代表和维护事业单位职工的合法权益；坚持用马克思主义武装和教育广大职工；组织职工对事业单位内部事务实行民主参与和民主监督；围绕党政工作中心开展工会工作。此外，事业单位工会作为事业单位职工的工人阶级群众组织，还应在改革过程中积极谋划，全程参与，发挥引导和监督作用，坚持以人为本，维护职工合法权益，妥善依法处理各种劳动关系，确立科学的人力资源管理机制，推动事业单位改革的顺利进行。

（二）事业单位工会在人力资源管理与开发中的作用

事业单位改革过程中，单位性质、职能、资本构成、运作机制、管理模式等方面的深刻变化，必然触及事业单位人事制度的大变革，工会应组织和发动广大职工支持、创新、监督事业单位的人事制度改革，从而完善事业单位的人力资源管理与开发体系。

根据《中华人民共和国工会法》《中国工会章程》等相关法律条文规定，结合我国事业单位改革实践，当前事业单位工会在人力资源管理与开发中的作用主要包括：一是工会应积极动员教育群众，阐明人事制度改革的重要意义、指导思想、基本原则、目标任务、人员分流规定、方法步骤及具体要求，使广大干部职工进一步提高认识能够以平和的心态支持改革。二是工会应全程参与事业单位改革的两大方面，即用人制度改革和分配制度改革。发挥职工代表大会的民主监督作用，监督改革的整体过程，保证改革过程的公正、公开、公平。三是工会应协助单位妥善安置落聘和离岗退养人员，健全利益补偿机制，合理调节劳动关系，使聘用职工和落聘职工都能有稳定的"后方"。

四、国有企业工会工作的实践运作

（一）国有企业工会工作的基本内容

国企改革打破了政府部门代表国家经营企业的框架，国有企业由此成为市场竞争的主体。随着国民经济的战略性调整，国有企业内部产业结构、组织结构和队伍结构的大幅度调整，经济成分、组织形式、就业方式、利益关系和分配方式等都发生了深刻的变化，呈现出经济结构的多元化、劳动关系的复杂化、就业方式的多样化特征，为其工会工作建设带来了前所未有的困难和挑战。国有企业工会作为工会的重要组织形式，其组织建设一直受到各级工会组织的高度关注。多年来，我国国有企业工会组织形成了一套完整规范、行之有效的工作制度，对于推进建立现代企业制度、强化企业内部管理、协调劳动关系、维护企业职工合法权益等方面发挥着非常重要的作用。

当前，我国国有企业工会工作的基本内容包括七个方面：一是做好职工的思想政治工作；二是代表职工参加企业民主管理，审议企业重大决策，监督行政领导，维护职工合法权益；三是组织职工开展劳动竞赛，进行技术革新，做好先进生产（工作）者和劳动模范的评选、表彰和管理工作，发动职工完成生产任务；四是维护职工的学习权利，支持职工学习政治、文化、科技和管理知识；五是保障职工生活福利，协助和监督行政部门办好职工集体福利事业；六是改善职工劳动条件，维护职工在劳动中的安全和健康；七是维护女职工的合法权益。

（二）国有企业工会在人力资源管理与开发中的作用

当前，多数国有企业的人力资源管理与开发呈现复杂化和多元化的特点，增加了工会工作的难度。主要问题包括：一是职工队伍分化为经营管理者、"白领"员工、普通职工、打工者等不同群体。企业内部分配方式和工资档次呈现出多样化，企业内不同群体由于地位不同、需求不同，对工会工作的要求和希望也不尽相同。二是漠视广大职工利益、侵犯职工合法权益的现象时有发生。在国有企业改革的过程中，国有企业的劳动、人事、分配制度发生了深刻变化，所有者、经营者与劳动者之间的矛盾日益凸现，劳动争议和突发事件的规模越来越大，企业工会感到束手无策。三是企业改革中的监督制约乏力。在国有企业进行改制的工作程序方面，"过场民主"曾令职工合法权益屡屡受损，有些企业改制方案不经职代会审议，在民主监督方面大打"擦边球"，甚至以职代会代表组长会议形式代替职代会。为了切实保障职工民主权利和经济利益，工会应在国有企业改制过程中监督企业的改革方案。四是企业职工的技术需要不断更新。经济全球化背景下，产业结构优化升级，产品技术水平不断提升，这就要求工会帮助职工及时学习和掌握所需本领。

针对上述问题，依据《中华人民共和国劳动法》《中华人民共和国工会法》《中国工会章程》《企业工会工作条例》《中华人民共和国企业劳动争议处理条例》《劳动保障监察条例》《关于规范国有企业改制工作的意见》等相关法律条文规定，结合我国国有企业改革实践，当前国有企业工会在人力资源管理与开发中的作用主要包括以下内容。

（1）工会要协调不同职工群体之间的关系。工会要认真调查了解企业不同职工群体的实际情况，既要从宏观上把握职工群体的变化趋势，又要从微观上关注职工个体的具体状况；以政治上相互平等原则协调不同职工群体间的利益关系；把一线职工作为主要工作对象，把低收入职工、困难职工作为突出维护职能的重点。

（2）工会要维护企业职工的合法权益。工会要协助企业妥善处理改制过程中的劳动关系。一方面，对于从原主体企业分流进入改制企业的富余人员、分流进入改制为国有或非国有法人控股企业的富余人员，工会应督促企业合法实现职工的身份置换，并监督其为职工接续养老、失业、医疗等各项社会保险关系等接续工作；另一方面，对于分流到国有或非国有法人绝对控股改制企业的职工、企业改制后将失去工作或在短时间内难以找到工作的职工，工会应建议和督促企业对职工的补偿标准和范围在政策范围内就高不就低，切实保护职工的合法权益，并保证兑现。

（3）工会要充分发挥工会的民主监督作用。从更高层面上维护职工的合法权益，建立、健全完善企业职工代表大会，实行平等协商、签订集体合同、搞好厂务公开等制度，使之成为制度程序规范、操作执行畅通的正常工作机制，在事关企业发展大局和职工切身利益的大事上，尊重基层群众的知情权、参与权、决策权、监督权。

第三节　我国公共部门工会工作的改革与完善

一、国家机关工会工作的改革与完善

（一）国家机关工会工作现存的主要问题

基于国家机关工会的环境特殊、工作对象特殊、工作任务特殊等特点，无可避免地导致了国家机关的工会工作相对比较薄弱，工会工作重企业、轻机关的现象普遍存在。无论机关的领导还是工作人员，都认为国家机关是制定政策和执行政策的部门，是否成立工会、工会能否履行职责关系不大。工会的地位与作用不明显，一些国家机关的工会组织"形同虚设"，几乎没有开展工作，有关领导往往以机关公务繁忙、没有精力开展工会工作为借口，使工会组织有名无实。有些国家机关的工会缺少独立机构和编制，绝大部分机关的工会主席和工会都是兼职的，机关也往往未能依法拨缴工会经费。上述原因导致国家机关的工会无法有效履行其重要职责。针对国家机关的特点，其工会组织应着重从巩固党的阶级基础和执政地位、开展国家机关职工培训、加强和改进国家机关思想政治工作、强化国家机关的党风廉政建设等四个方面开展工作。

（二）国家机关工会工作改革与完善的思路

首先，巩固党的阶级基础和执政地位是国家机关工会组织的首要政治任务。在中国的革命和建设时期，尤其是改革开放30多年来，中国共产党和国家领导人始终高度重视工人阶级的地位和作用，并把全心全意依靠工人阶级作为党的根本指导方针，贯彻落实到党的全部工作当中。党的十七大、十八大政治报告对人民团体提出了新的要求，国家机关工会组织应该贯彻十七大、十八大的精神，充分发挥工会联系职工群众的桥梁和纽带作用，最大限度地把国家机关职工群众组织到工会来，巩固党的阶级基础和执政地位。

其次，开展国家机关职工培训是国家机关工会组织的紧迫任务。国家机关工会应按照《2011—2015行政机关公务员培训纲要》，健全培训管理体制和运行机制，创新培训内容和方式方法，合理配置和有效利用公务员培训资源，在行政机关全体公务员中开展轮训。培训内容主要包括：十八大精神、科学发展观、构建社会主义和谐社会、加强党的执政能力建设等一系列重大战略思想培训；以公共政策、依法行政、危机管理等为主的公共管理核心内容培训；进一步深化法定的四类培训；重点加强基层公务员培训。

再次，加强和改进国家机关思想政治工作是国家机关工会组织的一项核心任务。国家机关工会应积极开展机关的思想政治工作，大力培育和弘扬公务员精神，使广大公务员牢固树立正确的世界观、人生观、价值观，始终做到立党为公、执政为民。通过开展理论探

讨、业务比赛、思想交流、专业培训等活动，全面提高机关干部的综合素质、服务理念和公仆意识。

最后，强化国家机关的党风廉政建设是国家机关工会组织的重要任务。党政机关工会要促进建立健全机关的民主制度、活跃机关的民主生活，通过推动机关的政务公开来广泛发扬民主。工会应组织机关干部对机关内部事务管理实行民主参与和民主监督，尤其是涉及机关干部切身利益的事情要听取和尊重他们的意见，保证机关干部职工的知情权和参与决定权。

二、事业单位工会工作的改革与完善

（一）事业单位工会工作现存的主要问题

目前，事业单位改革中的工会工作也面临着一系列问题，主要包括以下内容。

1. 工会自身定位不明确

由于我国事业单位长期成为行政机关的附庸，相应地，事业单位工会组织也成为联合职工进行各种交流性活动的依附性部门，而在事业单位改革过程中，各种劳资矛盾有待解决、各种劳资关系有待调节，这就需要事业单位改革中的工会要认清自身定位，作为劳资关系中的一方代表来进行沟通和谈判，成为一个为广大职工维权的重要平台。

2. 事业单位工会的监督职能缺失

由于事业单位的改革情况复杂、波及范围比较大，特别是转制为企业的事业单位改革中，针对分流职工的社会保障和利益补偿机制等微观方面的政策法规就几乎为空白，加之国家政策法规的不到位，这些为工会监督职能的发挥带来一定的制约，工会没有支撑，处于比较尴尬的境地。

3. 改革过程中的工会维权问题

改革中的利益协调与分配问题极易造成单位与国家之间、职工与单位之间、职工与职工利益主体间的矛盾，部分事业单位的工会由于缺乏调节劳动关系的手段和方式，无法在事业单位改革过程中贯彻维护职工权益的保障制度和有效机制。

（二）事业单位工会工作改革与完善的思路

首先，要加强事业单位工会的规范化建设。事业单位工会建设起步较晚，起点较低。事业单位工会规范化建设的目的是要加强工会自身建设，发挥工会组织在服务改革开放科学发展中的作用。工会干部要坚持用科学发展观与和习近平治国理政的理念武装头脑，创造性地全面履行事业单位工会的各项社会职能，推动工会理论创新、体制创新和工作创新，健全和规范高效的工会工作运行机制，不断提高组织职工、动员职工、依靠职工、服务职工和维护职工合法权益的能力，构建和谐稳定社会主义新型劳动关系的能力。

其次，完善事业单位职工民主管理和监督制约机制。事业单位工会应积极推进事业单位特别是企业化管理的事业单位的民主管理。一是要建立健全事业单位职工民主管理机制，这一机制包括职工（代表）大会制度和以职工（代表）大会为主要载体的政务公开制度；二是要建立健全事业单位监督制约机制，在事关单位发展大局和职工切身利益的大事上保证职工民主参与、民主决策、民主监督的权利。

最后，协助单位妥善处理改革过程中的劳动（人事）关系，维护职工权益。事业单位改革过程中，职工劳动（人事）关系发生一定程度的变化，劳动人事争议、分配与利益矛盾随之增多。工会应协助单位妥善处理改革过程中的劳动（人事）关系，维护改革过程中职工的民主政治、劳动、经济和精神文化权益。协助单位对落聘、离岗人员给予足够的关心和帮助，随时掌握他们的思想动向，及时帮助他们解决困难，使他们不断提高自身的业务素质与能力，重新获得就业的机会。

三、国有企业工会工作的改革与完善

（一）国有企业工会工作现存的主要问题

国有企业改革与发展的新形势给国企工会工作带来新的问题：一是国有企业工作受到改革的波及，一些企业党政领导没有认识到工会在企业改革、发展、稳定中所应发挥的作用，虽然有《中华人民共和国工会法》作保障，但许多企业工会仍然成为第一个被合并、精简的组织，工会干部几乎全部转为兼职。二是工会在思维方式上显得滞后，仍然停留在计划经济时代，缺乏创新与活力，对新时期工会在企业中的地位、作用、任务的变化缺乏研究，工会工作墨守成规。三是工会针对当前职工迫切希望其维护切身利益的诉求显得软弱无力，甚至有的工会失去了职工群众的信赖。四是工会领导和工会干部队伍素质不高，还远远不能适应企业快速发展的需要。五是工会在对企业改制进程缺乏有效的监督，致使企业经营者借改制之机侵吞公有资产、中饱私囊的问题频繁出现，这也是导致许多企业改制不成功、职工上访不断的重要原因。

（二）国有企业工会工作改革与完善的思路

1. 调整和建立适应现代企业发展需要的工会组织体系

其主要措施包括：调整和建立适合现代企业制度的工会组织体系；建立以总工会为首的各级地方工会工作网络，加强工会的横向与纵向沟通；强化工会业务培训，提高工会干部的业务水平和维权能力，造就专业化的工会干部队伍；及时调整工会的具体职能；注重工会的形象设计，让所属成员有归属感、自豪感、认同感，并吸引更多的职工加入组织。

2. 调节与稳定劳动关系

国有企业的改革必将进行经济和劳动关系的调整，包括劳动用工、工资改革、保险福利、劳动保护、职工下岗分流等各个方面的改革。针对其中一些企业与职工出现利益冲的情况，企业工会在博弈各方中应以维护工人权益为最高目标，营造协调稳定的劳动关系、稳定社会安定团结。

3. 发挥工会对企业安全生产的监督作用

国有企业是生产经营的主体，又是安全生产的关键所在，国有企业工会是保证安全生产的一支十分重要的力量。《中华人民共和国工会法》和《中华人民共和国安全生产法》规定，工会在发现企业违章指挥，强令工人冒险作业，或者生产过程中发现重大事故隐患和职业危害时，有权提出解决的建议，企业应当及时研究答复。工会在发现危及职工生命安全的情况时，有权向企业建议组织职工撤离危险现场，企业必须及时作出处理决定。

4. 积极促进三方协商机制的形成

三方协商机制，是指由代表政府的劳动行政部门、代表职工的工会和代表用人单位的企业代表组织（企业联合会、企业家协会、商会等）三方构成的一种平等对话机制。政府主要负责宏观调控和监管、工会组织主要负责对劳动争议的解决、劳动关系的协调，三方的职能不能替代，各有侧重，相对独立。依照《中华人民共和国工会法》的规定，企业违反劳动法律、法规规定，侵犯职工劳动权益，工会应当代表职工与企业、事业单位交涉，要求企业、事业单位采取措施予以改正。

5. 加大企业职工的教育培训力度

国有企业工会要定期对职工进行涉及企业文化、企业发展动态和职工技能等方面多种教育与培训，工会还可以与高校在人才培养、师资培训等领域进行有益的合作，通过多种形式的培训、教育为企业可持续发展打下基础。

6. 推进现代企业制度的逐步完善

公司制是现代企业制度的最佳载体，民主管理制是现代企业制度的灵魂，只有两者相结合才是真正意义上的现代企业制度。实践证明，我国企业民主管理的最好形式是通过工会建立和完善以职工大会或职代会制为基础的民主管理制度，使职工参与企业的重大决策、参与处理涉及职工切身利益的重大问题、参与厂务公开和企业决策层的民主评议，从而维护职工的合法权益。

第十三章

公共部门的纪律管理

【案例导读】 心无纪律 行无底线

第一节 公共部门纪律管理的理论基础与概述

一、公共部门纪律管理的理论基础

(一)马克思主义关于纪律管理的基本观点

1. 毛泽东同志关于纪律问题的论述

早在革命战争时期,毛泽东同志就认识到了纪律管理的重要性。他在《中国共产党在民族战争中的地位》一文中就曾经谈到"鉴于张国焘严重地破坏纪律的行为,必须重申党的纪律:①个人服从组织;②少数服从多数;③下级服从上级;④全党服从中央。谁破坏了这些纪律,谁就破坏了党的统一。经验证明:有些破坏纪律的人是由于他们不懂得什么是党的纪律;有些明知故犯的人,如张国焘,则利用许多党员的无知以售其奸。因此,必须对党员进行有关党的纪律的教育,既使一般党员能遵守纪律,又使一般党员能监督党的领袖人物也能一起遵守纪律,避免再发生张国焘事件。为使党内关系走上正轨,除了上述四项最重要的纪律外,还需制定一种较详细的党内法规,以统一各级领导机关的行动"[①]。

毛泽东同志这段论述概括了他在纪律方面的基本观点。

(1)党的纪律的核心内容是个人服从组织、少数服从多数、下级服从上级、全党服从中央。

(2)需要加强纪律教育。以避免一些人因不懂纪律而发生违纪行为,或者被别有用心

---

① 《毛泽东选集》(第2卷),人民出版社,1977年,第528页。

的人所利用。

（3）强调纪律实施的广泛性，无论是一般群众，还是领导干部，也无论其身份或地位高低，都必须平等地接受纪律约束。

（4）要加强有关纪律方面的详细法规的制定，以统一各级领导机关的活动。

2. 邓小平同志关于纪律问题的论述

邓小平同志曾反复强调纪律的重要作用，他指出："中国要坚持社会主义制度，要发展社会主义经济，要实现四个现代化，没有理想是不行的，没有纪律也是不行的。"[①]"我们这么大一个国家，怎样才能团结起来，组织起来呢？一靠理想，二靠纪律。"[②]

针对纪律执行过程中出现的问题，他提出："当前在经济改革中出现了一些歪门邪道，'你有政策、我有对策。'违反法纪和政策的种种'对策'可多了。共产党员一定要严格遵守党的纪律。无论是不是共产党员，都要遵守国家的法律，对于共产党员来说，党的纪律里面就包括这一条。遵守纪律的最高标准，是真正维护和坚决执行党的政策，国家的政策。"[③]

为了保障党的纪律的实施，他指出："对一切无纪律、无政府、违反法制的现象，都必须坚决反对和纠正。否则我们就决不能建设社会主义，也决不能实现现代化。合理的纪律同社会主义民主不但不是相互对立的，而且是互相保证的。在党政机关、军队、企业、学校和全体人民中，都必须加强纪律教育和法制教育。没有规定纪律或规定得不完善不合理的，要迅速规定和改善。大中小学的学生从入学起，工人从入厂起，战士从入伍起，工作人员从到职起，就要学习和服从各自所必须遵守的纪律。"[④]

邓小平有关纪律问题的上述论述阐明了如下一些基本观点。

（1）不加强纪律和纪律教育就不能建成社会主义。

（2）在纪律面前人人平等。所有人无论其身份或地位如何都必须受到纪律的约束，一旦违纪，都必须受到相应的处罚，而且任何人不得干涉纪律处分的执行。

（3）加大执行纪律的力度，遏制"你有政策、我有对策"的现象。

3. 江泽民同志关于纪律问题的论述

江泽民同志在社会主义建设的新时期对纪律问题一直十分关注。1999年1月15日，江泽民同志在中央纪委第三次全体会议上发表了题为"切实加强和坚决维护党的纪律，保证改革和建设事业顺利前进"的重要讲话，全面论述了党的政治纪律、组织纪律、经济纪律和群众纪律。

"第一，必须严肃党的政治纪律。讲政治纪律，首要的一条，就是要坚持党的基本理论和基本路线不动摇，在政治上同党中央保持一致，保证中央的政令畅通。党的各级组织和党员干部，必须坚决维护中央的权威。每个党员都要加强组织观念，顾全党和国家的大局，维护安定团结的政治局面。共产党员在政治上要光明磊落，讲真话，办实事，言行一致，表里如一。

---

① 《邓小平文选》（第3卷），人民出版社，1997年，第124页。
② 《邓小平文选》（第3卷），人民出版社，1997年，第111页。
③ 《邓小平文选》（第3卷），人民出版社，1997年，第112页。
④ 《邓小平文选》（第2卷），人民出版社，1997年，第360页。

第二，必须严肃党的组织纪律。所有的党组织和党员都必须自觉遵守党的组织原则，做到党章规定的'四个服从'。各级党委务必认真执行党委会的工作规则，做到集体领导、民主集中、个别酝酿、会议决定。不论什么人，不管其职位高低，都不允许搞独断专行，或者拒绝组织的调遣和监督，把自己凌驾于组织之上。要坚决反对拉帮结派，搞团团伙伙。决定干部人事任免，必须全面贯彻'革命化、年轻化、知识化、专业化'方针和德才兼备原则，坚持任人唯贤，严格按照民主集中制行事，严格执行有关制度和规定。

第三，必须严肃经济工作纪律。随着改革的深化和社会主义市场经济的发展，加强经济工作纪律、特别是财政金融工作纪律越来越重要。从中央到地方，各级、各部门、各单位都要抓紧健全财政金融方面的规章制度和纪律规范，所有从事财政金融工作的党员、干部都必须严格按照规章制度办事，各级党政领导机关和领导干部都要严格遵守财政金融工作制度。

第四，必须严肃党的群众工作纪律。党的各级组织和党员、干部，都要努力加强同人民群众的联系，反对形形色色的官僚主义，严格执行群众工作纪律。任何党员和干部，都不允许与民争利，以权谋私，侵犯人民群众的权益。要妥善处理新形势下的人民内部矛盾，防止矛盾激化而损害党群、干群关系，影响社会稳定。对于群众中出现的对党的一些政策措施暂时不理解或提出某些不合理要求的问题，要做深入细致的思想政治工作，耐心引导和帮助，力戒简单生硬。对于那些称王称霸、欺压群众的党员和干部，必须严肃处理。"①

江泽民同志上述关于政治纪律、组织纪律、经济工作纪律和群众工作纪律的论述，对于公共部门人力资源的纪律管理具有重要指导意义。

4. 胡锦涛同志关于纪律问题的论述

胡锦涛同志是在社会主义市场经济发展的新形势下，从全面建设小康社会实现中华民族伟大复兴的高度，从深入开展党风廉政建设和反腐败工作的角度论述了他关于纪律问题的基本观点的。

2006年1月6日，胡锦涛同志在中央纪律检查委员会第六次全体会议上的讲话中强调了当前需要重点抓好的工作：①要把推动贯彻落实科学发展观作为党风廉政建设的重要内容；②要把解决损害群众利益的突出问题作为党风政风建设的工作重点；③要加强对党员领导干部的反腐倡廉教育；④要严肃查处违反党的纪律的行为；⑤要认真开展治理商业贿赂专项工作；⑥要坚持以改革统揽预防腐败的各项工作。

胡锦涛同志在党的十七大报告中指出，优良的党风是凝聚党心民心的巨大力量，要切实改进党的作风，必须着力加强反腐倡廉建设。他强调："全党同志一定要充分认识反腐败斗争的长期性、复杂性、艰巨性，把反腐倡廉建设放在更加突出的位置，旗帜鲜明地反对腐败。坚持标本兼治、综合治理、惩防并举、注重预防的方针，扎实推进惩治和预防腐败体系建设，在坚决惩治腐败的同时，更加注重治本，更加注重预防，更加注重制度建设，拓展从源头上防治腐败工作领域。严格执行党风廉政建设责任制。坚持深化改

---

① 1999年1月15日，江泽民在中央纪委第三次全体会议上的重要讲话。

革和创新体制,加强廉政文化建设,形成拒腐防变教育长效机制、反腐倡廉制度体系、权力运行监控机制。健全纪检监察派驻机构统一管理,完善巡视制度。加强领导干部廉洁自律工作,提高党员干部拒腐防变能力。坚决纠正损害群众利益的不正之风,切实解决群众反映强烈的问题。坚决查处违纪违法案件,对任何腐败分子,都必须依法严惩,决不姑息!"①

胡锦涛同志上述有关纪律的观点着重强调了,在社会主义建设的新时期需要不断提高党的领导水平和执政水平、提高拒腐防变和抵御风险的能力,尤其是提出了新时期党风廉政建设的十六字方针,即标本兼治、综合治理、惩防并举、注重预防。这体现了新时期我国公共部门人力资源的纪律管理鲜明的时代性,对于具体的纪律管理工作更有重要的指导价值。

5. 习近平同志关于纪律问题的论述

自党的十八大以来,习近平同志从树立党章意识、坚定理想信念等层面反复强调,政治纪律是党最重要、最根本、最关键的纪律,是各级党组织和全体党员在政治方向、政治立场、政治言论和政治行为方面必须遵守的基本准则,是维护党的性质、宗旨、指导思想的根本规定。严明政治纪律,必须坚持党要管党、从严治党,强化责任、敢于担当,切实增强广大党员干部维护党的团结统一的自觉性、主动性和坚定性,确保全党统一意志、统一行动、步调一致前进。

习近平同志在中国共产党第十八届中央纪律检查委员会第二次全体会议上的讲话中强调,要防止和克服地方和部门保护主义、本位主义,绝不允许"上有政策、下有对策",绝不允许有令不行、有禁不止,绝不允许在贯彻执行中央决策部署上打折扣、做选择、搞变通。面对当前复杂的国内外形势和艰巨的改革发展任务,严明政治纪律,具有非常重要的现实意义。为严明政治纪律,习近平在讲话中提出,党的各级纪律检查机关要把维护党的政治纪律放在首位,加强对政治纪律执行情况的监督检查。还指出,工作作风上的问题绝对不是小事,如果不坚决纠正不良风气,任其发展下去,就会像一座无形的墙把我们党和人民群众隔开,我们党就会失去根基、失去血脉、失去力量。特别强调要以踏石留印、抓铁有痕的劲头抓下去,这为推动反腐倡廉建设、从源头防治腐败找到了一条有效途径。强调从严治党,惩治这一手决不能放松。要坚持"老虎""苍蝇"一起打,既坚决查处领导干部违纪违法案件,又切实解决发生在群众身边的不正之风和腐败问题。"把权力关进制度的笼子里,形成不敢腐的惩戒机制、不能腐的防范机制、不易腐的保障机制。"②

习近平在中国共产党第十八届中央纪律检查委员会第三次全体会议上强调:坚持党要管党、从严治党,强化党对党风廉政建设和反腐败工作统一领导,强化反腐败体制机制创新和制度保障,加强思想政治教育,严明党的纪律,坚持不懈纠正"四风",保持惩治腐败高压态势,努力取得人民群众比较满意的进展和成效③。

---

① 2007年10月15日,胡锦涛在中国共产党第十七次全国代表大会上所作的报告。
② 2013年1月21日,习近平在中国共产党第十八届中央纪律检查委员会第二次全体会议上的重要讲话。
③ 习近平:使纪律真正成为带电的高压线,http://news.xinhuanet.com/politics/2014-01/14/c_118967450.htm,2014年1月14日。

习近平同志上述有关纪律的观点突出强调了在新时期严明党的纪律紧迫性。如果不严明党的纪律，党的凝聚力和战斗力就会大大削弱，党的领导能力和执政能力就会大大削弱。好多腐败问题，也是由纪律不严导致的。所以，习近平特别强调党的纪律问题，强调要讲政治规矩。而严明党的纪律，首要的就是严明政治纪律。党的纪律是多方面的，但政治纪律是最重要、最根本、最关键的纪律，遵守党的政治纪律是遵守党的全部纪律的重要基础。遵守党的政治纪律，最核心的就是坚持党的领导，坚持党的基本理论、基本路线、基本纲领、基本经验、基本要求，同党中央保持高度一致，自觉维护中央权威[①]。

（二）西方发达国家关于纪律管理的基本观点

在西方管理思想史中，许多管理思想家对纪律管理也十分重视。例如，西方古典管理理论的重要代表人物亨利·法约尔在《工业管理与一般管理》一书中把"纪律"作为一般管理的14条原则之一给予了明确认证。在法约尔看来，纪律是一种规范，是组织与其所属成员之间通过协定而达成一致的服从、勤勉、积极、规矩和尊重的表示。雇员必须遵守和尊重统治组织的规则，对违反纪律者应该给予有效的惩处。而良好的纪律是有效的领导者所创造的，纪律松弛必然是领导不善的结果，因而领导者必须以身作则，严格遵守组织规定的规则和纪律，使之不受任何人的感情因素的影响，保证在一切情况下都能够贯彻执行。强调领导者和员工都应该对组织规章有明确的理解并且实行公平的奖惩，这样才能保证纪律的有效性。

在行为管理理论中对纪律管理理论阐释的比较有代表性的当数麦格雷戈的"X理论-Y理论"了。这是针对人性的两种不同假设而确立的理论。

首先，他认为一般人天性好逸恶劳，只要有可能，就会逃避工作；人生来就是以自我为中心，漠视组织的需要；一般人缺乏进取心，逃避责任，甘愿听从指挥，安于现状，没有创造性等，基于这种对员工人性的判断，应该用X理论来加以管理，持这种理论的管理者就会必然在管理工作中对员工采用强制、惩罚、解雇等手段来迫使他们工作。

其次，Y理论对人性的认识同X理论理论恰好相反，他认为一般人并不是好逸恶劳，工作中体力和智力的消耗就像游戏和休息一样自然，人们对工作的喜恶取决于他们对工作带来的满足和惩罚的理解。同时，他还认为外来的控制和惩罚并不是促使人们为实现组织目标而努力工作的唯一方法，甚至可以说它不是最好的方法。

从他的论述中我们可以看到，虽然他的理论是基于对人性的两种极端相反的理解之上而建立起来的，但对我们当今的纪律管理理论的发展依然有所贡献。例如，在Y理论中他就强调在实行纪律管理制度时不能一味地强调用惩罚为主要手段，因为纪律管理的主要目的还是想通过制度方面的确立来对人们的行为加以规范，引导一种合理的秩序。这就为当代的纪律管理内容提供了一种比较准确的定位，将纪律管理与惩罚等相区别，主张纪律管理也要以人为中心，采用宽容的、民主的方式，以促进员工发挥其智慧和潜能。

[①] 孙业礼：从习近平"七个有之"论述看严明政治纪律紧迫性，http://news.ifeng.com/a/20150216/43190580_0.shtml，2015年2月16日。

二、公共部门人力资源纪律的含义及纪律管理的特征与作用

(一) 纪律的含义

纪律是指要求人们在组织生活中遵守秩序、执行命令和履行自己职责的一种行为规则,是公共部门对本部门的全体员工所作的一种监督和约束,目的在于促使员工规范自身的行为,为实现组织的目标而井然有序地工作。

(二) 公共部门人力资源纪律管理的特征

1. 法制性

纪律管理的主要内容是通过具体的法律法规而规定下来的,它是国家机关为维护行政秩序,提高行政效率而制定的,是国家意志的体现。公共部门在进行纪律管理活动时,必须依照法律法规的规定进行,不能因人而异、各行其是、以言代法、以权压法。在纪律管理中要坚持公开、公正、平等的原则,做到惩戒严明,防止营私舞弊。

2. 强制性

纪律规范一旦以法律形式规定下来,就具有了强制力,纪律管理也就具备了强制性的特征。只有强化纪律的强制性,才能树立纪律的权威性,达到严厉惩处、预防为主的目的。否则就会导致纪律管理的松懈,甚至会使更多的违纪者出现。

3. 约束性

纪律管理是通过对国家机关工作人员的行为约束来达到规范其行为、维护行政秩序的目的的。通过对违纪者的惩处,让其他人引以为戒,自觉地约束自己的行为。由于公共部门的特殊性,违纪者的违纪行为会给国家和人民的利益造成较大伤害,也会带来较大的社会负面影响。所以,在公共部门要加强对人力资源的纪律管理,严厉惩处违法违纪人员,以更有效地约束国家公共部门人力资源的行为。

(三) 公共部门人力资源纪律管理的作用

公共部门人力资源的纪律管理,使国家机关工作人员的行为有了法定的规范与约束,对促进公共部门管理的法治化和机关工作的高效、廉洁都具有重要意义。

1. 它是公共部门工作人员依法行为的基础条件

鉴于公共部门的重要性和特殊性,需要对在公共部门供职的人员的行为做出符合法律、法规等制度规范的纪律约束,以促使其依法行为。只有通过惩处违纪者,才能警示其他人,才能规范所有公共部门人力资源的行为。可见,纪律管理是保障公共部门人力资源依法行为的基础条件。

2. 它是公共部门高效运转和维护正常秩序的主要手段

为了更好地体现公共意志和更好地实现公共利益,就要求公共部门必须始终保持高效运转。而要实现这一点,既要依靠员工队伍的高素质,还要依靠纪律来约束员工,使他们

的行为能够形成合力，为了组织的共同目标而努力工作。同样，公共部门的秩序构建和活动的正常开展也都需要用纪律来加以保障。

3. 它是加强公共部门党风廉政建设的重要环节

由于各种因素综合作用的原因，在改革开放的过程中，一些贪污腐败的案件不断涌现，一批腐化堕落的官员纷纷落马。这不仅使我国的干部队伍受到部分侵蚀，也使国家利益受到很大损害，更使社会风气受到巨大负面影响。所以加强公共部门的党风廉政建设既是新时期社会公众的普遍愿望，也是各级国家机关所需要迫切解决的问题。有鉴于此，切实进行纪律管理，对机关工作人员行使的职权进行有效约束和限制，不仅为机关的反腐倡廉工作提供了可行的依据，更为公共部门的党风廉政建设做出了重要贡献。

第二节 我国公共部门纪律管理的实践运作

一、国家机关纪律管理的实践运作

（一）法律法规依据

1. 《中华人民共和国公务员法》

自 2006 年 1 月 1 日起施行的《中华人民共和国公务员法》的第 53～59 条中明确规定了公务员纪律的实行条件、纪律处分的种类及程序等方面的内容。

2. 《行政机关公务员处分条例》

自 2007 年 6 月 1 日起施行的《行政机关公务员处分条例》是为了严肃行政机关纪律、规范行政机关公务员的行为，保证行政机关及其公务员依法履行职责而制定的。该条例包括国家公务员不同违法违纪行为所适用的处分及处分的权限、处分的程序等内容。

3. 《中华人民共和国行政监察法》

我国的监察部门是维护行政纪律、促进廉政建设、对国家公务员进行监察的重要国家行政机关。在《中华人民共和国行政监察法》中，对监察机关的职责、权限和监察的程序等都做了规定。

4. 《中华人民共和国行政监察法实施条例》

自 2004 年 10 月 1 日起施行的《中华人民共和国行政监察法实施条例》是对行政监察行为在具体的实施过程中所作的规定。

5. 《中国共产党党章》

《中国共产党党章》第七章明确了党的纪律，它是对党的各级组织和全体党员要求的必须遵守的行为规则，其中规定了党的纪律处分的种类和程序等。

6. 《中国共产党纪律处分条例》

2015 年新修订的《中国共产党纪律处分条例》一个重要特色是"纪法分开、纪法各表"，纪律的归纪律，法律的归法律。同时把政治纪律列为六大纪律之首，特别增加了拉帮结派、对抗组织审查、搞无原则一团和气等违纪条款。这些都是党的十八大以来，在全面从严治党的过程中，结合"打虎""拍蝇"的实践所丰富的内容。

7. 《中国共产党廉洁自律准则》

这是中国共产党执政以来第一部坚持正面倡导、面向全体党员的规范全党廉洁自律工作的重要基础性法规,是对党章规定的具体化,体现了全面从严治党实践成果,为党员和党员领导干部树立了一个看得见、够得着的高标准,展现了共产党人的高尚道德追求,对于深入推进党风廉政建设和反腐败斗争,加强党内监督,永葆党的先进性和纯洁性,具有十分重要的意义。

(二)纪律约束的内容

根据《中华人民共和国公务员法》的规定,国家机关工作人员如果发生下列行为,就属于违纪。

(1) 散布有损国家声誉的言论,组织或者参加旨在反对国家的集会、游行、示威等活动。

(2) 组织或者参加非法组织,组织或者参加罢工。

(3) 玩忽职守,贻误工作。

(4) 拒绝执行上级依法做出的决定和命令。

(5) 压制批评,打击报复。

(6) 弄虚作假,误导、欺骗领导和公众。

(7) 贪污、行贿、受贿,利用职务之便为自己或者他人谋取私利。

(8) 违反财经纪律,浪费国家资财。

(9) 滥用职权,侵害公民、法人或者其他组织的合法权益。

(10) 泄露国家秘密或者工作秘密。

(11) 在对外交往中损害国家荣誉和利益。

(12) 参与或者支持色情、吸毒、赌博、迷信等活动。

(13) 违反职业道德、社会公德。

(14) 从事或者参与营利性活动,在企业或者其他营利性组织中兼任职务。

(15) 旷工或者因公外出、请假期满无正当理由逾期不归。

(16) 违反纪律的其他行为。

上述国家机关人力资源纪律的约束内容,概括起来主要包括以下四个方面。

(1) 政治纪律。公务员必须坚决拥护党的路线、方针和政策,遵守宪法和法律,保护国家和人民利益,维护政府的声誉。

(2) 工作纪律。公务员必须勤奋工作、服从命令、讲究效率、忠于职守。要求国家公务人员在执行公务时,要积极主动地将自己所承担的工作做好,并且要负责到底,不允许相互推诿和扯皮,不允许违反规定的办事程序。

(3) 廉政纪律。作为掌握国家权力的公务人员,必须做到勤奋工作、公正无私、廉洁自律,真正做到全心全意为人民服务,以无愧于国家的信任和人民的重托。如果公务人员办事不公、行为不洁,就会损害政府的形象,危害公共利益,严重的还会导致整个国家及其运转的失调,社会风气的败坏,甚至危及国家的政治稳定。

（4）职业道德和社会公德方面的纪律。国家公务员要模范地遵守职业道德和社会公德，在全社会起到带头和表率作用，从而带动各行各业职业风尚的好转和整个社会风气的良性发展。

以上对国家机关工作人员的纪律约束，充分体现了国家对公务员的政治要求、服务要求和道德要求，适应了社会主义市场经济发展的新形势，也为我国深入贯彻落实科学发展观和全面建设小康社会创造了条件。

（三）纪律处分的种类

依据公务员违法违纪行为的性质、情节和危害程度的大小，可以给予警告、记过、记大过、降级、撤职、开除六种行政处分。

受处分的期间为：警告，6个月；记过，12个月；记大过，18个月；降级、撤职，24个月。

根据《行政机关公务员处分条例》的相关规定，行政机关公务员同时有两种以上需要给予处分的行为的，应当分别确定其处分。应当给予的处分种类不同的，执行其中最重的处分；应当给予撤职以下多个相同种类处分的，执行该处分，并在一个处分期以上、多个处分期之和以下，决定处分期。行政机关公务员在受处分期间受到新的处分的，其处分期为原处分期尚未执行的期限与新处分期限之和。处分期最长不得超过48个月。

公务员因违法违纪应当承担纪律责任的，依照《中华人民共和国公务员法》给予处分；违纪行为情节轻微，经批评教育后改正的，可以免予处分。

公务员在受处分期间不得晋升职务和级别，其中受记过、记大过、降级、撤职处分的，不得晋升工资档次。受撤职处分的，按照规定降低级别。

（四）纪律处分的解除

对违纪公务员给予相应的处分，是为了使违纪者受到更加深刻的教育，只要其认真改正错误，就应该化消极为积极，继续发挥其作用。为此，有关纪律法规特别规定了对违纪者的行政处分的解除。依据规定，公务员受开除以外的处分，在受处分期间有悔改表现，并且没有再发生违纪行为的，处分期满后，由处分决定机关解除处分并以书面形式通知本人。

解除处分后，晋升工资档次、级别和职务不再受原处分的影响。但是，解除降级、撤职处分的，不视为恢复原级别、原职务。

可以说，纪律处分的目的不仅是为了惩处，更是为了警示和预防，通过纪律处分可以督促所有公务人员自觉遵守纪律的规定，形成一种良好的行为规范。

二、事业单位纪律管理的实践运作

（一）法律法规依据

2014年7月1日起施行的《事业单位人事管理条例》，是当前对于事业单位人力资源实施纪律管理的主要法规依据。

（二）纪律约束的内容

《事业单位人事管理条例》中第28条规定，事业单位工作人员有下列行为之一的，给予处分：①损害国家声誉和利益的；②失职渎职的；③利用工作之便谋取不正当利益的；④挥霍、浪费国家资财的；⑤严重违反职业道德、社会公德的；⑥其他严重违反纪律的。

（三）纪律处分的种类

事业单位的纪律处分分为警告、记过、降低岗位等级或者撤职、开除。

受处分的期间为：警告，6个月；记过，12个月；降低岗位等级或者撤职，24个月。

（四）纪律处分的解除

《事业单位人事管理条例》中强调，给予工作人员处分，应当事实清楚、证据确凿、定性准确、处理恰当、程序合法、手续完备。工作人员受开除以外的处分，在受处分期间没有再发生违纪行为的，处分期满后，由处分决定单位解除处分并以书面形式通知本人。

（五）事业单位纪律管理的实践运作的特点

1. 强调纪律管理的分类

事业单位涉及行业比较多，人员的构成也较为复杂，因而事业单位的纪律管理更强调分类进行。特别要根据不同专业技术人员和管理人员的工作岗位性质，采取不同的纪律管理方式，以逐步形成符合我国事业单位特点的行之有效的纪律管理制度。

2. 强调纪律管理的公平性

纪律管理的公平性，就是指事业单位的纪律管理对其所有成员一律公开平等，无论是拔尖人才，还是文体明星，都应毫无例外地受到纪律的约束，不能因人而异。尽管事业单位中的拔尖人才和文体明星，对国家做出很大的贡献，但是他们其中的任何人一旦违反了纪律，也要受到追究，受到惩处。唯有如此，才能确保事业单位纪律管理的成效。

3. 注重惩处与教育相结合

纪律处分是对违纪人所犯错误行为的处罚，它并不是最终目的。处罚的最终目的是通过惩处违纪行为给当事人及其他人以深刻的教育，使所有的人认识到：怎样做是对的；怎样做是错的。在有些情况下，违纪者并不是一下子就能认识到自己所犯错误的性质和后果，还需要有一个过程。因而，在惩处的同时，还要辅之以教育。尤其在事业单位供职的人员大多文化素质比较高，自律性也比较强，实施纪律管理如能把惩处与教育有机地结合在一起，就会更好地实现纪律管理的初衷。

三、国有企业纪律管理的实践运作

（一）法律法规依据

《中华人民共和国公司法》和《中华人民共和国全民所有制工业企业法》对国有企业的纪律管理都做出了一些规定，如"不准个人擅自决定企业的大额度资金运作、生产经营和企业改革的重大决策、重要的人事任免等事项""不准将国有资产转移到个人名下或者其他企业谋取非法利益"等。

《中国共产党中央纪律检查委员会第二次全体会议公报》中，对国有企业的纪律管理也提出了具体要求，如不准利用职权在企业物资购销、项目开发等经营活动中谋取私利；不准违反国有资产监管程序和企业规章制度，擅自决定对外投资、借贷、融资、担保等重大事项等。

2000 年 11 月 30 日发布的《国有企业领导人员廉洁自律的规定》是对国有企业领导人的资格确认和纪律约束所作的更加具体的法规规定。

（二）国有企业纪律管理的实践运作的特点

1. 全面维护国家和人民的经济利益是国有企业纪律管理的核心内容

在市场经济体制下，我国的国有企业领导者充分拥有企业的经营自主权，政府不再干涉企业的经营活动。在这种情况下，如果缺乏严格的纪律管理，就会使谋私者因失去监控而为所欲为，也会导致国有资产大量流失。因此，国有企业的纪律管理应该永远把全面维护国家和人民的经济利益置于核心位置，不断加大对国有企业人力资源纪律管理的力度，强化对国有企业领导者行为的约束，对损害国家和人民经济利益的违法违纪行为严加惩处，以减少或者避免国有资产的浪费和流失，确保国有资产的保值和增值。

为此，党和国家所制定的有关国有企业的纪律管理的法律法规都是以防止经济方面的违纪行为为重点的。在实践中主要从下述四个方面对国有企业领导人作出纪律的约束：①不准把经营、管理活动中收取的折扣、中介费、礼金据为己有；不准违反规定领取兼职职务的工资、奖金。②不准个人私自经商办企业；不准利用职权为家属及亲友经商办企业提供各种便利条件。③不准违法规定多占住房；不准用公款购买、建造超标准住宅。④不准在企业非政策性亏损、拖欠职工工资期间购买小轿车；不准购买进口豪华小汽车。

2. 强调时效性和实效性

强调时效性就是要求一旦发生违纪行为，并得以确认后，要立即给予相应的处罚。如久拖不决，就会使违纪者产生侥幸心理，也不利于适时地对其他人起到警示作用，更不利于弥补违纪行为所带来的损失。强调实效性就是注重实施纪律惩戒所产生的效果。纪律惩戒的作用除了惩罚违纪行为之外，更重要的是警戒他人，规范所有人的行为。通过惩处一个违纪者，使更多的人成为遵纪守法的模范，才是纪律管理的目的。

第三节 我国公共部门纪律管理的改革与完善

一、国家机关纪律管理的改革与完善

(一) 国家机关纪律管理现存的主要问题

1. 纪律惩处中缺少经济处罚的规定

在市场经济体制下,利用经济手段例如罚款、扣发工资、停发奖金等来惩罚违纪公务人员的过错是十分必要的。在资本主义国家对违纪公务员的惩处一般都规定了相应的经济处分。例如,德国公务员的处分中就规定了罚款、减薪、消减和取消退休金等经济处分的形式。我国对违纪公务人员的纪律处分共有警告、记过、记大过、降级、撤职、开除等六种形式,不包括经济处罚的形式。在市场经济条件下,人们对物质利益的追求是普遍的,也是合理的,但是违纪者往往不顾纪律的约束去谋取非法的物质利益,因此,对这些违纪公务人员处罚就不能仅限于行政处分,而在行政处分的同时辅之以相应的经济处罚,使之从精神和物质两个方面都受到损失,才会对其有更深刻的教育,也才会对其他人更有效地起到警示作用。

2. 纪律惩戒中的一些规定在现实中难以操作

《中华人民共和国公务员法》相比之前的《国家公务员暂行条例》,在一些方面有了长足的进步,凸显了很多创新和特色之处。但是在某些方面也有不尽如人意的地方,某些规定在现实中难以操作,还需要不断加以补充和完善。

例如,《中华人民共和国公务员法》第54条规定,公务员执行公务时,认为上级的决定或者命令有错误的,可以向上级提出改正或者撤销该决定或者命令的意见;上级不改变该决定或者命令,或者要求立即执行的,公务员应当执行该决定或者命令,执行的后果由上级负责,公务员不承担责任;但是,公务员执行明显违法的决定或者命令的,应当依法承担相应的责任。这一制度设计既严明了公务员的权责和纪律,也明确了组织体系中公务员作为执行主体的相对独立性及其行为责任。但是好的制度在现实操作上却遇到了问题,如由谁来界定上级的决定或命令是"明显违法的",以什么程序来界定,以什么标准来界定。其次,下级应该以何种方式向上级提出改正或撤销决定或命令的意见,是以口头的形式还是书面的形式;如果一旦执行错误的命令造成否定性的后果,上级矢口否认下级向自己提出过改正意见时又如何处理。假如下级拿不出有利于自己的证据,就可能会出现上级向下级推卸责任的不公正现象。

(二) 国家机关纪律管理改革与完善的思路

1. 体现出时代的特点

行之有效的纪律管理制度应具有鲜明的时代性。比如,在计划经济体制下的纪律管理同在市场经济体制下的纪律管理,就有很大区别。无论就管理的核心内容而言,还是就纪

律惩戒的方式而言，在制度建设上都要充分体现出二者之间的区别。

2. 充分体现国家机关公务人员的特点

国家机关公务人员与其他行业人员相比，最突出的特点就是他们的手中都掌握着一定的国家权力。国家机关的纪律管理就要以保障公务人员合法、合理运用他们手中的权力为重点。国家授予公务人员一定权力，是为了使其依法履行相应的责任。因此，国家机关的纪律重在完善公务人员的责任机制，通过处罚那些不负责任的行为，增强公务人员的责任感，使他们在工作中依法行使权力、尽职尽责，绝不允许扯皮推诿，滥用权力，更不允许贪赃枉法。同时注意将事前的纪律防范和事后的纪律惩戒结合起来，以确保公共权力的行使不被用于谋取个人私利。

3. 不断加强纪律管理的法制化建设

多年来，国家机关的纪律管理的法制化建设已经取得了很大进展，但是还没有形成完备的纪律管理的法制化体系。今后应大力加强，从纪律管理的法制框架，到纪律管理实施的程序，不断加以完善，以全面增强国家机关纪律管理的权威性和操作性。

4. 不断强化对国家机关纪律管理的监督

在政务公开的前提下，要充分发挥社会舆论监督机制的作用，利用新闻媒体、公众舆论等形式，监督国家机关纪律管理的有效实施。与此同时，还要建立对公务人员行为的外在约束和自我约束相结合的有效机制。公务人员的纪律管理是一种外在约束，而发自公务人员内心的自律是一种自我约束。只有外在约束和自我约束两者有效地结合起来，才会使纪律管理取得巨大成效。

二、事业单位纪律管理的改革与完善

（一）事业单位纪律管理现存的主要问题

1. 事业单位纪律管理的法律法规体系有待完备

我国事业单位涉及的行业比较广泛，但是能够体现各个行业的纪律管理特点的法律法规还不配套，一般性、原则性的法规居多，行业性、操作性的法规欠缺。

2. 事业单位纪律管理的效果尚不显著

应该说，事业单位的纪律管理已经收到一定的成效，但总起来看，效果还不显著。其主要原因是事业单位的纪律管理还不够规范，对纪律惩戒的运用大多局限在"头痛医头，脚痛医脚"的状态。

（二）事业单位纪律管理改革与完善的思路

针对上述所存在的突出问题，事业单位纪律管理应在以下几个方面加以改革和完善。

1. 加快制定符合事业单位纪律管理特点的法律法规体系

根据不同事业单位的行业特点，逐步建立起既有针对性，又有操作性的纪律管理的法律法规体系，使事业单位的纪律管理的每一个环节都有法可依，使行业性质不同的每一个事业单位也都有适合自身特点的法律法规可以依据。

2. 加强事业单位纪律管理的时效性、预警性、公平性和客观性

第一,同其他公共部门一样,事业单位的纪律管理还要进一步加强其时效性,特别对那些与人民生活密切相关的事业单位,更需要加强纪律管理的时效性。也就是说,这样的部门一旦违纪就要立即处理,如对城市公共设施建设当中出现的诸如豆腐渣工程及供水、供热、供电、供气等部门的违纪问题一定及时严厉惩处,追究违纪者的责任。

第二,纪律管理的预警性就是通过及时的警示,让人们认清违纪所应承担的严重后果,以达到尽量避免违纪行为发生的目的。完善的纪律管理不仅在于能够对违纪行为的及时惩罚,而且还在于通过警示避免违纪行为的发生。比如,学校教师的行为规范就是告诉教职员工哪些事情可以为之,哪些事情不可以为之。

第三,纪律管理的公平性始终是事业单位应该高度加以重视的原则问题。不能因为受罚人的特殊身份而采取背离原则甚至是放弃原则的行为。正如我们前文所提到的,在体育、文艺等领域有很多为我们国家争得荣誉的功臣,但即使是功臣,如果违反了纪律,也应同样严肃处理,否则事业单位的纪律管理就会有失公正,而难以维持。

第四,纪律管理的客观性就是说对违纪行为的处理一定要以事实为本,对事不对人。如果掺杂进个人的主观情感,纪律管理的规章无论制定得怎样完备,也同样会因为失之于公正,而失去其作用。

三、国有企业纪律管理的改革与完善

(一)国有企业纪律管理现存的主要问题

近年来在高新技术领域、资金高密集领域、垄断性行业中的违纪违法案件频频发生,侵吞国有资产的违纪违法案件也屡屡出现;在建设工程招标投标、经营性土地使用权出让、金融、物资采购等领域和环节发生的违纪违法案件也不少见;在国有企业改革过程中国有资产严重流失的违纪违法案件也时有发生。

健力宝集团原董事长李经纬在18年中曾奇迹般地将"健力宝"树为中国民族品牌的一面旗帜,但是后来因侵吞国有财产331.88万元,其行为已触犯中国刑法有关规定,涉嫌贪污犯罪而被押上法庭,同他一起走上犯罪道路的还有该集团的四位元老。除了李经纬等外,同为国有企业当家人的中国光大集团有限公司原董事长、中国光大金融控股有限公司原董事长朱小华、中国建设银行前行长王雪冰等也因涉嫌犯罪而被追究。

这些典型案例的发生说明国有企业纪律管理制度还很不健全,为了防止国有企业违纪违法案件高发势头,迫切需要对国有企业纪律管理制度加以改革和完善。

(二)国有企业纪律管理改革与完善的思路

1. 强化在职消费的纪律管理

在国有企业领导者的收入中,有一项特殊的收入,那就是在职消费。在职消费,又称任职消费,它包括在职福利、交通费用、招待费用、培训费用、信息费用及其他与职务有

关的消费。这种在职消费不受企业经营好坏或盈利还是亏损的影响。也就是说，企业领导者的在职消费与企业经营状况无关。因而，很多企业领导者不顾企业自身的经营状况而一味地追求在职消费的增长，实际上等于变相增加了企业领导者的隐形收入。这样的在职消费对国有企业的发展是很不利的。

因此，国有企业的纪律管理，要把在职消费纳入纪律的约束之中。要在纪律的具体规定中对在职消费加以严格的规定。例如，严禁企业领导者挥霍国家资财、用公款旅游、送礼、请客等，违反者要严厉追究主管人员和其他直接责任人的责任。同时对企业领导者的用车、住房、收入和公款吃喝等方面也要做出详细的纪律规定。对哪些不检点个人言行，甚至为了个人牟私享乐、置群众利益于不顾，无视职工发不出工资、报不了药费，却违反规定为自己买车、购房、挥霍公款者，要加大纪律惩处的力度。

2. 加强思想教育制定企业领导者的行为规范

除实行严格的纪律管理之外，也要加强思想教育，加强国有企业领导者的个人修养，树立他们的国有意识。让他们认识到国有企业的资源，只能用来为整个国家、整个社会和全体人民服务，绝不能用来为自己牟私利。与此同时，还应明确制定出国有企业领导者自律的行为规范。用高尚的行为规范引导企业领导者把握好经营行为与个人行为的界限，划清为公与为私的界限，从而妥善地处理好国家、企业、职工和个人之间的利益关系。

3. 建立合理的企业经营责任追究制度

以往企业经营的好坏对企业领导者的利益影响不大。即使企业亏损了，企业领导者还可以到其他企业或异地任职，就是由一线退居二线，也依旧享受原有的待遇。这对企业的经营是十分不利的。因而，在国有企业的纪律管理中应增添企业经营责任追究的内容，对那些出现重大经营决策失误者，应视情节追究个人的责任。对于因失职、渎职而造成重大损失者，应追究其经济赔偿责任。还可以建立个人部分资产收入与企业资产经营状况挂钩的资产风险抵押赔偿制度，通过这一制度把企业领导者和企业的经营责任更紧密地联系在一起。

第十四章

公共部门人力资源的奖励制度

【案例导读】 用"爱心与责任"铸就救助管理员的光荣
——记2013年"人民满意的公务员"杨桂花

第一节 公共部门人力资源奖励制度的理论基础与概述

一、公共部门人力资源奖励制度的理论基础

(一) 马克思主义关于激励理论的基本观点

马克思主义激励理论的出发点是充分调动和发挥广大人民群众创造历史的主体作用。马克思主义的历史唯物主义认为,广大人民群众是历史的主人,无论是改造旧世界,还是建设新世界,都要充分调动和发挥广大人民群众创造历史的主体作用,这是马克思主义激励理论的基石。

马克思主义激励理论的核心是正确处理物质激励和精神激励的辩证关系,既强调物质利益需求激励,又重视理想目标激励。马克思主义认为,"人们奋斗所争取的一切,都同他们的利益有关"[①]。因而对人的行为激励应以满足人们的物质利益需求为取向。同时,马克思主义也十分强调人的精神的能动作用,认为对人的行为激励既要以科学的理论为指南,又要以远大的理想目标为导向。物质激励与精神激励相结合,是马克思主义激励理论的基本原则。

中国共产党和国家领导人历来重视激励的作用,并结合中国实际创造性地运用了马克思主义激励理论,注意用科学的义利观激发人民的积极性,形成了长远目标与近期目标相结合的激励原则,同时也提出了简政放权的授权激励方式等。早在革命战争时期,毛泽东同志就指出:"我们对于广大群众的切身利益问题,群众的生活问题,就一点也不能

---

① 《马克思恩格斯全集》(第1卷),人民出版社,1960年,第82页。

疏忽，一点也不能看轻。一切群众的实际生活问题，都是我们应当注意的问题。假如我们对这些问题注意了，解决了，满足了群众的需要，我们就真正成了群众生活的组织者，群众就会真正围绕在我们的周围，热烈地拥护我们。"①这里就强调了物质利益激励的作用。在我国改革开放时期，党和国家提出并运用了简政放权的激励方式，取得了明显效果。例如，邓小平同志在总结实行家庭联产承包责任制的成功经验时指出："人还是这些人，地还是这些地，一改革效益就上来了，无非是给了他们一些权，其中最重要的是用人权。"②

进入新时期，习近平同志特别强调从最高理想和共同理想相结合的角度发挥激励的作用。他在参观《复兴之路》展览时指出："每个人都有理想和追求，都有自己的梦想。现在，大家都在讨论中国梦，我以为，实现中华民族伟大复兴，就是中华民族近代以来最伟大的梦想。这个梦想，凝聚了几代中国人的夙愿，体现了中华民族和中国人民的整体利益，是每一个中华儿女的共同期盼。历史告诉我们，每个人的前途命运都与国家和民族的前途命运紧密相连。国家好，民族好，大家才会好。实现中华民族伟大复兴是一项光荣而艰巨的事业，需要一代又一代中国人共同为之努力。空谈误国，实干兴邦。我们这一代共产党人一定要承前启后、继往开来，把我们的党建设好，团结全体中华儿女把我们国家建设好，把我们民族发展好，继续朝着中华民族伟大复兴的目标奋勇前进。"③同时，习近平同志还注重先进文化对人的激励功能。在论及当前我国宣传思想工作时他提出："坚持团结稳定鼓劲、正面宣传为主，是宣传思想工作必须遵循的重要方针。我们正在进行具有许多新的历史特点的伟大斗争，面临的挑战和困难前所未有，必须坚持巩固壮大主流思想舆论，弘扬主旋律，传播正能量，激发全社会团结奋进的强大力量。关键是要提高质量和水平，把握好时、度、效，增强吸引力和感染力，让群众爱听爱看、产生共鸣，充分发挥正面宣传鼓舞人、激励人的作用。"

（二）西方发达国家关于激励理论的基本观点

1. 需要激励理论

这主要是由亚伯拉罕·马斯洛所提出的，他假设每个人都有五个层次的需要：生理需要、安全需要、社会需要、尊重需要和自我实现需要，这些需要是逐层上升的，当一种需要得到满足以后，另一种更高层次的需要就会占据主导地位。

2. 新需要激励理论

大卫·麦克莱伦提出了三种需要理论，即所谓的新需要理论，认为人们在基本生存需要得到满足后，还会有三种主要的动机或者需要：成就需要，即达到目标追求卓越、争取成功的需要；权力需要，即影响或者控制他人并且不受他人控制的欲望；归属需要，即建立友好亲密的人际关系的欲望。正是这些强烈的内驱力让他们将事情做得更完美，使工作更有效率，以获得更大的成功。

---

① 《毛泽东选集》（第1卷），人民出版社，1991年，第136、137页。
② 《邓小平文选》（第3卷），人民出版社，1997年，第165、166页。
③ 2012年11月29日习近平在参观《复兴之路》展览时的讲话。

3. 公平激励理论

公平理论由斯达西·亚当斯提出的，这一理论是从社会的横向比较中探求个人的付出与报酬之间比例关系的激励理论。他认为，人们的工作态度和积极性不仅受其所得的绝对报酬的影响，而且还受其相对报酬的影响。员工首先考虑自己收入与付出的比率，然后将自己的收入-付出的比与相关他人的收入-付出比进行比较。如果员工感觉到自己的比率与他人相同，则为公平状态；如果感到二者的比率不相同，则产生不公平感。他告诉人们在具体的激励实施过程中，不仅应该注意到报酬的公平性，同时要了解：员工在知觉上判断公平与否时，往往与组织内外相同情况的人相比较，他们对于不公平的反应方式也形形色色。

4. 期望激励理论

美国的管理大师德鲁克所提倡的目标管理激励理论可以概括为以下基本构架，即简化的期望理论模型：个人努力→个人绩效→组织奖赏→个人目标。具体而言，如果个体感到在努力与绩效之间，绩效与奖赏之间，奖赏与个人目标之间存在密切联系，那么他就会付出高度的努力；反过来，每一种联系又受到一定因素的影响。对于努力与绩效之间的关系来说，个人还必须具备必要的能力，对个体进行评估的绩效评估系统也必须公正、客观。对于绩效与奖赏之间的关系来说，如果个人只知道自己是因绩效因素而不是其他因素（如资历、个人爱好等）而受到奖励时，这种关系最为紧密。期望理论最后一种联系就是奖赏和目标之间的关系。在这一方面，需要理论起着重要作用，当个人由于他的绩效而获得的奖赏满足了与其目标一致的主导需要时，他的工作积极性就会非常高。

5. 强化激励理论

斯纳金独辟蹊径地提出了强化理论，他提出要以行为主义的学习理论来解释人类行为的形成机制，而这种学习过程的基本原理就是强化。强化就是指对一种行为的结果做出肯定或否定（奖励或惩罚），以决定或使人学会该行为是否可以重复。这种强化按其作用又可分为"正强化"和"负强化"，正强化就是对某种行为给予肯定和奖励，使该行为得以继续和巩固；负强化就是对某种行为予以否定或惩罚，使其消逝而不再重复。

6. 忧患激励理论

这是自20世纪90年代以来在全球兴起的一种激励方式。它直接源于中国古代孟子的"生于忧患，死于安乐"忧患激励思想。随着社会的发展和全球竞争的激烈化，越来越多的人深刻感到"置之死地而后生"的哲理，人们认为在激烈的各种竞争形势下，没有忧患，就没有激奋。正如现代日本人所说的："没有资源才是最大的资源。"在这方面，日本在战败以后经济的快速崛起，是运用这种方法进行全民激励的一个范例。

二、公共部门人力资源奖励制度的基本内容

（一）奖励制度的概念

奖励制度通常是指关于奖励的标准、种类、原则、程序及批准权限等各方面法制规定的总和。公共部门严格依照所颁布的法律法规的规定，对在公务活动中成绩突出的公共部

门人力资源给予物质、精神嘉奖。它是公共部门人力资源管理与开发必不可少的环节，是激励公共部门人力资源工作积极性和创造性的重要方式。这一追求和创造卓越的人事管理方式，对促进公共部门人力资源努力工作至为必要。

（二）奖励的标准

奖励的标准是指实行奖励所参照的依据。由于国情不同，各国所规定的奖励制度的标准也不尽一致，大致可以归纳为以下几种类型。

1. 以考绩为标准的奖励

以考绩为标准的奖励即公务员管理机构以定期或不定期的公务员工作考核成绩作为实施奖励措施的标准和依据，这种奖励标准采用比较普遍。英国、美国、法国、瑞士、奥地利、澳大利亚等西方发达国家都在各自有关的公务员法中，规定了通过考核，对成绩优秀者给予适当的奖励的条文。我国颁布的《公务员奖励规定（试行）》中，对此标准也有体现。

2. 以工作成绩为标准的奖励

以工作成绩为标准的奖励即以公务员在日常工作中作出的特殊贡献或发明创造等作为奖励的依据和标准。具体包括：超工作量；改进工作方法，提高工作效率；提出合理化建议；节约开支、降低成本；等等。

3. 其他奖励标准

其他奖励标准主要指在日常工作之外，公务员所做的某种特殊贡献或长期兢兢业业，忠于职守等条件。例如，美国《公务员改革法》规定，各机构的领导和总统可以给出色完成某项特别任务的人员颁发特别奖金。

（三）奖励的种类

（1）从奖励时距性的角度划分，奖励可以分为规则奖励和不规则奖励。规则奖励就是指奖励时距是有规律进行的，例如，国际上"南丁格尔"奖的评定，就是对护士们一年工作成绩的评比奖赏。奖励的规则化能鞭策人们的行为，加强时间的紧迫感；而与之相对应的就是不规则奖励，它是指奖励时距没有规律性，根据具体情况而定。例如，对科研工作者完成某项科研成果后所给予的奖励。这种奖励没有时间上的具体规定而是根据科研的具体进展而进行的。不规则性奖励有利于调动人们的主人翁责任感和工作的自觉性。

（2）从奖励行为发生的时间角度划分，可将奖励分为延时奖励和及时奖励两种。延时奖励是在人们良好行为出现后，相隔一段时间再给予奖励。例如，国际上的诺贝尔奖金的评奖范围并不只是局限于当年的研究成果，有的成果可以是好多年前创造的。延时奖励对于发挥人们的潜力、鼓励竞争，特别是鼓励暂时落后者超前是有好处的，因为它在时间上给人们提供了追赶的机会。及时奖励则是在人们的良好行为出现后立即给予奖励，奖励与行为之间的时差不大，有的几乎是瞬间的事情。例如，在奥运会中，某项比赛结束后都会立即举行颁奖仪式。其好处：一是能够使人们产生迅速的积极反映，鼓励自己朝向更高的目标前进；二是有利于形成一种向上的风气。对某种良好行为的及时肯定，能够刺激未能取得奖励的人朝这个目标努力，从而形成你追我赶的局面，调动了大家的积极性。

（3）从奖励的动因角度划分，可把奖励分为物质奖励和精神奖励。物质奖励是一种古老的奖励方式，它是以货币或实物形式对人们良好行为实行的褒奖。现比较通行的物质奖励方式有奖品、奖金、分房、休假、旅游、疗养等。精神奖励包括晋升奖励和荣誉奖励等多种方式。其中，晋升奖励是通过职务和级别的晋升来调动人的进取精神；荣誉奖励是一种高层次的奖励方式，较多的表现形式是一定层次的组织对其下属人员或单位授予一种荣誉称号等。例如，日本政府对公务员的荣誉奖励有总理或大臣表彰、长官赏赐、业务成绩表彰、功劳章和各种不同等级的勋章和奖章等；美国的荣誉奖励最显赫的是每年由总统亲自授予的"优秀行政官员""卓越行政官员"的奖励。

我国荣誉奖励已开始设立，2015年12月14日中共中央政治局召开会议，审议通过《关于建立健全党和国家功勋荣誉表彰制度的意见》。该意见对党和国家功勋荣誉表彰制度作了整体设计，明确由勋章、荣誉称号、表彰奖励组成，并对评选、颁授和待遇等做出了相应规定，为做好功勋荣誉表彰工作提供了依据和遵循。

（四）奖励的原则

1. 公平原则

公平性是人力资源管理中一个很重要的原则，在奖励的具体实施过程中尤为重要。奖励制度的公平原则是指在一个单位内，奖励的规定和实施要一致，奖励标准不能因人而异，更不能人为地提高或降低奖励的条件，对所有公共部门人力资源都要一视同仁。这样，奖励才能服众，才具有激励性。如果奖励不公，就会影响人们的工作效率和工作情绪及其工作成效。

2. 效率原则

效率原则是指奖励的及时性和有效性。为了实现效率原则，应该注意下列几个问题：①奖励要围绕组织目标进行。奖励，作为人力资源管理活动中重要的一环，它的确立与实施同样离不开组织的目标，因而在具体的操作层面，通过上下级一起来确定共同的目标，使员工从中受到激励，具体的奖励过程应围绕人们对实现组织目标的贡献大小及时进行。②加强管理者与员工之间的沟通。在实际生活中，每个人的需求不尽相同，这也就导致了相同的奖励方式对于不同人起到的效果不尽相同。因而组织在对某员工进行奖励时，管理者应事先与员工进行适当的沟通。

3. 适度原则

适度原则是指奖励应与公共部门人力资源的业绩相对应，做到恰如其分。即公共部门人力资源是否受奖，以及受何种奖励，何时受奖，要根据其表现的突出程度和贡献大小及其时间来决定，做到大功大奖，小功小奖，无功不奖，有功即奖，这样才能收到良好的效果。如果奖励过重或过轻，都会失去激励作用。

三、公共部门人力资源奖励制度的作用

奖励制度在公共部门人力资源管理与开发过程中起着非常重要的作用，具体而言，主要表现在以下三个方面。

（一）有利于调动工作人员的积极性，提高工作效率

奖励可以激发人的工作热情。可以说，奖励对于工作较好的人员来说，是对其成绩的承认和褒扬，可以使他们在精神上得到鼓舞，保持工作积极性；而对于那些工作做得不太好的人员来说，奖励先进就意味着其工作存在着与他人的差距，因而可以起到鞭策和刺激的作用。在具体的管理工作中，正确运用奖励机制，正确对待奖励工作所产生的正反两反面的影响，就能够挖掘出人们的最大潜能，充分发挥他们的主观能动性，使他们发挥出最好的工作水平和能力，进而提高工作效率。

（二）有利于提高工作人员的素质

时代在进步，社会在发展，我们生活的每一天都有新知识出现，都有新技术产生，没有任何一项工作是停滞不前的。公共部门的工作也是如此。同时公共权力的特殊性还给公共部门的工作人员带来了更大的责任感和使命感。为了能更好地适应公共部门的工作，国家公共部门人力资源必须不断地学习，接受新知识，才能跟上时代的潮流。因此，通过奖励对坚持不懈努力学习科学文化知识的工作人员进行大力表彰，有助于形成良好的学习风气，提高全体公务人员的知识素养，拓展其精神境界。

（三）有利于增强各个部门的凝聚力和战斗力

行为科学家们通过调查和研究发现：对一种个体行为的奖励会导致或消除一种群体行为的产生。也就是说，奖励不仅直接作用于个人，而且还可以间接影响其周围的人，也就是我们通常所说的榜样的力量。榜样的树立有助于在国家机关的工作中形成一种竞争气氛。同时对这些榜样的表彰、宣传还体现着在我国当前，党和国家正在鼓励什么、提倡什么，从而对其他公共部门人力资源的行为产生引导作用，进而增强整个国家机关的凝聚力和战斗力。因而，建立、完善并正确使用奖励机制，把激励竞争机制引入到具体的工作中，可以有效地克服人力资源管理制度中的一些弊端。

第二节 我国公共部门人力资源奖励制度的实践运作

一、国家机关奖励制度的实践运作

（一）国家机关奖励的法律法规依据

2006年1月1日起实施的《中华人民共和国公务员法》第八章是有关公务员奖励的

基本法律依据。

2008年2月，中央组织部、人事部颁布实施的《公务员奖励规定（试行）》，是以《中华人民共和国公务员法》为依据，并吸收了十多年来公务员奖励工作的实践经验而制定的具体法规。该规定共六章22条，作为《中华人民共和国公务员法》的配套法规，它的颁布，无疑会使我国公务员奖励制度进一步规范化、明晰化。

（二）国家机关奖励制度的基本内容

1. 奖励的条件

奖励条件的法制化，是各国公务人员奖励制度的一个重要方面。我国对公务人员的奖励条件已经在法规上做出了明确的规定，其涉及的内容也较广泛。具体包括以下内容。

（1）忠于职守，积极工作，成绩显著的。

（2）遵守纪律，廉洁奉公，作风正派，办事公道，模范作用突出的。

（3）在工作中有发明创造或者提出合理化建议，取得显著经济效益或者社会效益的。

（4）为增进民族团结、维护社会稳定做出突出贡献的。

（5）爱护公共财产，节约国家资财有突出成绩的。

（6）防止或者消除事故有功，使国家和人民群众利益免受或者减少损失的。

（7）在抢险、救灾等特定环境中奋不顾身，做出贡献的。

（8）同违法违纪行为作斗争有功绩的。

（9）在对外交往中为国家争得荣誉和利益的。

（10）有其他突出功绩的。

2. 奖励的种类

中国公务员的奖励种类共分五种，即嘉奖，记三等功、二等功、一等功，授予荣誉称号。对表现突出的，给予嘉奖；对做出较大贡献的，记三等奖；对做出重大贡献的，记二等功；对做出杰出贡献的，记一等功；对功绩卓著的，授予"人民满意的公务员""人民满意的公务员集体""模范公务员""模范公务员集体"等荣誉称号。各级国家机关表彰公务人员都必须严格按照上述奖励种类而且要根据该种类适用的范围来进行，不得随意乱设奖励名目。

3. 奖励的审批权限

给予公务员、公务员集体的奖励，经同级公务员主管部门或者市（地）级以上机关干部人事部门审核后，按照下列权限审批。

（1）嘉奖、记三等功，由县级以上党委、政府或者市（地）级以上机关批准。

（2）记二等功，由市（地）级以上党委、政府或者省级以上机关批准。

（3）记一等功，由省级以上党委、政府或者中央机关批准。

（4）授予荣誉称号，由省级以上党委、政府或者中央公务员主管部门批准。

由市（地）级以上机关审批的奖励，事先应当将奖励实施方案报同级公务员主管部门审核。

4. 奖励的审批程序

给予公务员、公务员集体奖励，一般按下列程序进行。

(1) 公务员、公务员集体做出显著成绩和贡献需要奖励的，由所在机关（部门）在征求群众意见的基础上，提出奖励建议。

(2) 按照规定的奖励审批权限上报。

(3) 审核机关（部门）审核后，在一定范围内公示 7 个工作日。如涉及国家秘密不宜公示的，经审批机关同意可不予公示。

(4) 审批机关批准，并予以公布。

《公务员奖励审批表》存入公务员本人档案；《公务员集体奖励审批表》存入获奖集体所在机关文书档案。

5. 奖励的实施

按照《公务员奖励规定（试行）》第 10~14 条规定，对在本职工作中表现突出、有显著成绩和贡献的，应当给予奖励。给予嘉奖和记三等功，一般结合年度考核进行，年度考核被确定为优秀等次的，予以嘉奖，连续三年被确定为优秀等次的，记三等功；记二等功、记一等功和授予"人民满意的公务员""人民满意的公务员集体"荣誉称号，一般每五年评选一次。对在处理突发事件和承担专项重要工作中做出显著成绩和贡献的，应当及时给予奖励。其中，符合授予荣誉称号条件的，授予"模范公务员""模范公务员集体"等荣誉称号。对符合奖励条件的已故人员，可以追授奖励。

对获得奖励的公务员、公务员集体，由审批机关颁布奖励决定，颁发奖励证书。获得记三等功以上奖励的，同时对公务员颁发奖章，对公务员集体颁发奖牌。对获得奖励的公务员，按照规定标准给予一次性奖金。其中对获得荣誉称号的公务员，按照有关规定享受省部级以上劳动模范和先进工作者待遇。根据国家经济社会发展水平，及时调整公务员奖金标准。对于因同一事由已获得上级机关奖励的，下级机关不再重复奖励。对获得奖励可以采取适当形式予以表彰，表彰形式应当庄重、节俭。

6. 撤销奖励的规定

国家公务员获得奖励后，有下列情况之一的，可以撤销其奖励。

(1) 申报奖励时隐瞒严重错误或者弄虚作假，骗取奖励的。

(2) 严重违反规定奖励程序的。

(3) 获得荣誉称号后，公务员受到开除处分、劳动教养、刑事处罚的，公务员集体严重违法违纪、影响恶劣的。

(4) 法律、法规规定应当撤销奖励的其他情形。

总之，国家公务人员的奖励条件、奖励种类、奖励审批权限和奖励审批或撤销程序的法制化，可以保证奖励的权威性和庄重性。

二、事业单位奖励制度的实践运作

(一) 事业单位奖励的法律法规依据

事业单位的奖励一度曾参照国家机关的法律法规来实施，近年来也颁布了一些具有事业单位特点的法规，主要包括以下内容。

1. 《事业单位人事管理条例》

2014年7月1日起施行的《事业单位人事管理条例》中，第25~27条对于事业单位奖励的条件、原则和种类作了明确的规定，是事业单位奖励的基本法律依据。

2. 《国家科学技术奖励条例实施细则》

2004年修改后的《国家科学技术奖励条例实施细则》共八章88条，在坚持国家科学技术奖的推荐、评审和授奖，实行公开、公平、公正原则下，适用于国家最高科学技术奖、国家自然科学奖、国家技术发明奖、国家科学技术进步奖和中华人民共和国国际科学技术合作奖的推荐、评审、授奖等各项活动。对奖励范围、评审标准、评审组织、推荐、评审、监督及异议处理、授奖等方面都作了明确而具体的规定，从而保证了奖励实施过程中的公平性和合理性。

3. 《科学技术奖励制度改革方案》

该方案于1999年7月23日由国务院颁布实施。该改革方案主要是通过调整奖项设置、奖励力度、评价标准和评审办法等，加强了对部门、地方和社会各种科学技术奖励的管理和指导，如在对国家级四大科学技术奖（国家自然科学奖、国家技术发明奖、国家科学技术进步奖和中华人民共和国国家科学技术合作奖）的完善上，主要体现在和国际接轨，适时地吸收国际学者参加，评审标准上也向国际惯例靠拢；同时评审标准上强调与知识产权挂钩，要求获奖项目具有发明专利权等。同时还针对境外组织和个人在我国设立的科学技术奖励活动的不完善性加以管理和指导。

4. 《教学成果奖励条例》

该条例于1994年3月14日颁布实施。该条例主要是为了奖励取得优秀教学成果的集体和个人，鼓励教育工作者从事教育教学研究，提高教学水平和教育质量而制定的。与大多数的奖励条例一样，它也从奖励的对象、程序、奖项设置等方面加以规定，明确了教学成果的范畴，使对教学成果的奖励步入规范化的轨道。

（二）事业单位奖励制度的基本内容

1. 奖励的条件

《事业单位人事管理条例》第25条规定，事业单位工作人员或者集体有下列情形之一的，给予奖励。

（1）长期服务基层，爱岗敬业，表现突出的。

（2）在执行国家重要任务、应对重大突发事件中表现突出的。

（3）在工作中有重大发明创造、技术革新的。

（4）在培养人才、传播先进文化中作出突出贡献的。

（5）有其他突出贡献的。

2. 奖励的原则和种类

《事业单位人事管理条例》第26条明确了事业单位奖励的基本原则，即奖励坚持精神奖励与物质奖励相结合、以精神奖励为主。同时第27条规定，奖励分为嘉奖、记功、记大功、授予荣誉称号。

三、国有企业奖励制度的实践运作

(一)国有企业奖励的法律法规依据

1. 《关于实行奖励和计件工资制度的通知》

1978年5月7日,国务院发布了《关于实行奖励和计件工资制度的通知》。由于当时的社会生产力发展水平较低,在实行奖励时奖励办法比较简便易行、奖励条件比较明确具体、奖励名目也不多,主要实行月奖或者是季奖。

2. 《关于企业合理使用奖励基金的若干意见》

1984年5月8日国务院办公厅转发了劳动人事部《关于企业合理使用奖励基金的若干意见》的通知,这主要是针对《国务院关于国有企业发放奖金有关问题的通知》所提出的实施意见。

3. 国务院关于正确实行奖励制度、坚决制止滥发奖金的几项规定

1986年1月16日,针对企业奖励制度实施过程中由于思想认识不一致,奖励制度和提取奖励基金的办法不完善等方面的原因而出现的严重的平均主义、滥发奖金等问题,国务院为纠正这些问题专门做出了相关的规定。

4. 《企业实行自主创新激励分配制度的若干意见》

《企业实行自主创新激励分配制度的若干意见》中规定,企业内部分配应当向研发人员适当倾斜,可以通过双方协商确定研发人员的工资报酬水平,并可在工资计划中安排一定数额,专门用于对企业在职研发人员的奖励。国有及国有控股企业根据企业自身情况,采取技术折股、股权出售、奖励股权、技术奖励或分成等方式,对已具备规定的条件的相关人员进行激励。企业应当在年度财务会计报告中,对企业实行自主创新激励分配的相关财务信息予以充分披露。

(二)国有企业奖励制度的基本特点及其原则

国有企业的领导干部并不是企业资产出资者,而只是作为一个代理经营者存在,因而他们缺乏真正的动机和硬性的压力去追求国有资产的经营效益最大化。在这种情况下,除政府出面加强监督外,就需要依靠奖励制度、薪酬制度等外在的因素来激发他们内在的潜能,将国有企业的利益与他们自身的利益相挂钩,让他们自觉自愿地追求企业利益的最大化。在这个过程中,奖励制度作为激发企业人力资源的工作热情、增强他们的工作责任感、调动他们的工作积极性的有效手段,其作用正日益凸显出来。为国有企业自身的特殊性所决定,国有企业的奖励制度存在着不同于国家机关和事业单位奖励制度的特征。下面就国有企业人力资源奖励制度的原则所作的探讨,就涉及这种特殊性。

1. 坚持政企分开的原则

国有企业的本质决定了在实施国有企业人力资源奖励制度的时候必须坚持政企分开的原则。政企分开是指作为国有资产所有者的政府不能直接干预企业的生产经营活动,在具体的人力资源管理中要将管理权限授予投资的机构或部门和企业,企业领导成员组成的

领导机构拥有企业人事管理自主权;与此同时,政府有必要对企业的人事管理进行监督,为国有资产的保值增值提供人事保障。

根据政企分开的原则,企业要与党政机关行政级别脱钩,不管是哪一类的国有企业,所有的企业及其员工(从董事长、总经理到一般员工),都一律取消行政级别,把企业干部与国家公务员区分开来,在制定具体的奖励制度时不能照搬国家公务员的奖励规定,应该根据企业的实际情况进行必要的改革。

2. 坚持物质奖励、精神奖励相结合的原则

企业领导人员的奖励可以分为物质奖励和精神奖励两大类。在现代的企业管理中,评价一个企业家是否成功的标准是看其所领导的企业具有多大的盈利能力和竞争能力。在这种情况下,对企业领导者来说,最主要的奖励方式就是实行物质奖励。因为物质奖励不仅直接关系到获奖人的切身利益,而且还可以在一定程度上缓解企业领导者对企业的付出和所得到的回报差距过大的矛盾。当然,精神奖励对国有企业领导干部来说也很重要。因为通过评选先进工作者、劳动模范或授予荣誉称号等精神的激励,也可有效激发获奖者的积极性。因此,坚持物质奖励和精神奖励相结合的原则,既可以满足国有企业经营管理人员实现自身价值的需要,又可以激励他们去更积极地承担更多的社会责任。

3. 坚持短期利益与长期利益相结合原则

对国有企业领导者的奖励,必须体现短期与长期利益相结合的原则。企业领导者的奖励动力并不是一时的短期业绩所能体现出来的,真正的企业领导者一般更注重企业长远的利益和长远的业绩。因此,在制定奖励标准时,必须充分考虑到这种因素,将企业领导者的个人利益和企业的长远发展直接挂钩。如果不考虑企业的长远发展,国企的奖励制度就有失偏颇。

第三节 我国公共部门人力资源奖励制度的改革与完善

一、国家机关奖励制度的改革与完善

(一)国家机关奖励制度现存的主要问题

1. 注重对领导的奖励,忽视对普通员工的奖励

在某些国家机关中,无论是阶段性的表彰还是年终考核评比中的奖励,都普遍存在着重"官"轻"民"的现象。认为一个单位取得成绩主要是"领导有方""指挥得当",而对普通工作人员的工作业绩,则往往关注的不够,致使相当多的普通工作人员对奖励失去了兴趣。

2. 奖励中存在着铺张浪费的现象

在表彰活动中,有些机关为了扩大影响力,在形式上大张旗鼓,做表面文章,意图通过开展大型的表彰奖励活动来提起人们对奖励的重视。诚然,大型奖励活动要比一般奖励活动所涉及的范围广泛,带给人们的震撼力也更强烈些,可是并不能仅仅因为大型活动影响力的持久就把所有的奖励活动都扩大化,否则就会造成不必要的浪费。

3. 存在着奖励重数量、轻质量的现象

由于一些机关奖励的名目过多过滥,致使奖励失去其应有的价值,也严重影响了单位

正常工作的开展。这就使得奖励沦为一种形式主义的东西，失去了奖励自身的真实价值。

（二）国家机关奖励制度改革与完善的思路

1. 培养公务员良好的职业道德和行为规范

任何激励方式和奖惩措施都不是万能的。德鲁克认为，必须要求员工心甘情愿地干活，投身进去干，而不是顺从地干。"我们需要的是用自己发自内心的动力来代替外加的恐惧心的刺激，唯一能达到这一目的的是责任心，而不是其他的。"一个健全的人力资源管理系统应该在培养良好的职业道德和行为规范上起到一种核心作用。为此，我们应做好以下几项激励内容：一是加强服务意识和爱岗敬业精神的培养；二是实行民主管理，建立广泛的沟通机制；三是以人为本，关心公共部门人力资源的切身利益；四是思想教育与物质奖励相结合；五是创造集体主义精神；六是增强职业安全感。

2. 奖励必须与公务员日常行为挂钩

一般来说，成功的公务员奖励制度，特别注重奖励的实体规范与公务员的日常行为相联系，以使奖励能够成为公务员的经常性或导向性行为准则。如果把奖励的标准定得过高，受奖者微乎其微，那么多数公务员会将其视为望尘莫及的目标而放弃追求，这样奖励也就失去了激励意义。只有将日常大量的行为与奖励联系在一起，才有可能使这一制度成为公务员行为的自觉导向。

3. 注重提高奖励的质量

为了克服奖励形式化、奖项泛滥等问题，必须加强奖励的质量管理，这也是保证奖励实施公正性和有效性的基本前提。为此，首先就要求在评奖时要严把事迹关，在自下而上逐级民主评选推荐的基础上，由政府人事部门牵头，会同有关部门进行事迹综合评审。必要时，可请有关专家参加评审，从而保证获奖集体和个人的先进性和示范性，提高奖励的质量。同时要认真执行奖励表彰计划申报制度，对可奖可不奖的奖项坚决取消，对能合并的奖励坚决不分开单独评奖，将全年的奖励计划年初以政府的文件下发到单位，严格按奖励计划执行。坚持"三公开一监督"制度，即公开奖项、公开条件、公开结果，接受群众监督，真正使有突出贡献的同志受到应有的奖励，体现出奖勤罚懒的激励和鞭策作用。

4. 加强信息反馈，不断改进奖励制度

信息反馈就是把奖励的结果反馈给授奖的领导部门，这样可以及时发现问题，如人们对此次奖励是否信服、该种奖励是否符合人们的需求等。

5. 在具体的运作过程中强调法治化

从现实情况看，国家机关奖励制度的法规架构已初步建立，管理的主要方面已经有法可依；但是在有法必依方面却还有差距，为此，应该扎扎实实地做好以下两方面工作。

（1）树立奖励法规的权威。法规的实际运作是以确立法规的权威为前提的。为保证奖励法规的权威性，就应该做到：一是要摆脱领导主观意志的影响。在实行奖励制度时，一定严格按照奖励法规确定的原则、程序、方式方法正常运转。虽然各部门各机关可以根据本单位的具体情况参照奖励法规确定自己相应的奖励制度，但是在具体的规定上，也不能以领导者的主观意志为转移，无论是确定奖励的原则、方法，还是确定奖励的标准、程序

等，都必须与奖励法规相一致，不能受领导者个人意志的影响。二是要注意维护奖励法规的稳定性，不能朝令夕改，这是实现管理法制化的内在要求。同时也要注意，奖励法规也不能一成不变，应根据时代的进步、经济的发展、人们需求的改变而做出适当的调试、修正和补充。

（2）加强对奖励实施的监督与完善，以保证实施的合法性。加强监督是奖励实施过程的重要环节。在我国，首先是加强党对奖励制度实施的监督指导工作。党的正确领导是制定和贯彻落实奖励法规的必要条件。党可以督促公务员中的党员模范带头遵守奖励制度的各项规定，同时党还可以通过对奖励条件的设立而将其所提倡的行为融入其中，在公务员队伍中形成良好的风气，使奖励制度发挥其应有的作用。其次是加强公务员自身对奖励制度实施的监督。再次要加强来自群众的监督。

二、事业单位奖励制度的改革与完善

事业单位的人力资源和行政单位及国有企业的人员不同，在设立具体的奖励奖项的时候，只有深入研究事业单位人力资源的特征，制定出适合他们需要的奖项，才能充分发挥奖励的作用。建立健全事业单位的奖励制度应注意如下方面。

（一）科研教学单位的奖励要避免急功近利

事业单位的人力资源获得奖励的主要条件是在其工作领域有突出贡献或者是在其研究领域有显著的科研成果。例如，在国务院颁布的《教学成果奖励条例》中就提出此项奖励的对象主要是那些取得教学成果的集体和个人，而能够被称为教学成果的必须是那些能够反映教育教学规律，具有独创性、新颖性、实用性的特征，对提高教学水平和教育质量、实现培养目标产生明显效果的教育教学方案。由此可以看出，这种科研成果并不是短期就能实现的，它需要时间的考验。如果奖励条件或奖项设置不当，就会使人急于求成，追求短期内的成果。现实已经证明了这种急功近利的行为既不利于科研成果的出现，也不利于专业技术人员素质的提高。美国的学者罗伯特·默顿明确提出，真正的专业技术人员从事科学活动并非出于功利目的，而是为了尽快获得对某项事物发展规律的认识，为了争取在这个认识过程中占据领先地位。为此，就应该根据这些专业技术人员的特点制定适合他们的奖励方式。

专业成果的出现，需要专业技术人员精神高度集中，内心毫无顾虑地潜心研究。因此，在对事业单位的工作人员加以奖励的时候，除了传统意义上的奖金、晋升等方式以外，给其工作人员创造一个好的工作环境，使他们能够安心工作、积极创作也是一种很好的奖励方式。

（二）业绩可以量化的事业单位应将奖励与员工的业绩紧密连接在一起

对于那些业绩可以量化的事业单位，如技术监督局下属的质检所、医院等单位在对其员工进行奖励时应引入市场原则，将奖金与他们的工作业绩挂钩。除了通过思想政治教育来培养他们对工作的高度责任感以外，也可以促使他们在自身利益的驱动下以高度的热情来完成他们的工作。比如，在对医院的员工进行奖励时，可以和他们的具体工作挂钩，除了表彰在医学研究领域的突出贡献外，可以根据医生的病人治愈率、手术成功率或者是患者及其家属对护士的护理工作的满意程度等方面来综合考虑奖励的实施。目前在各大医院普遍存在着对于护士的奖励欠重视的现象，大家都知道，患者的康复除了依靠医生的精心治疗外，还与护士细致而繁杂的护理工作有着密切的关系。在抗击"非典"的特殊时期，护士就成为战斗的主力军。可是对于她们的奖励，除了国际上的"南丁格尔奖"及国内对广大劳动者的普遍奖励以外，在医疗系统内部并没有特别的奖励。因而有必要加强对于她们的奖励工作。

三、国有企业奖励制度的改革与完善

（一）国有企业奖励制度现存的主要问题

下面的案例从一个侧面反映出了国有企业在奖励制度中存在的一些亟待解决的问题：

15万元奖金的分配风波

山花煤矿是一个年产120万吨原煤的中型矿井。该矿现有职工5136人，其中管理干部458人，占全矿职工的8.9%。1990年全矿职工在矿井领导的带领下，团结一心，努力奋斗，取得了生产和安全的大丰收。特别是在安全方面，100万吨原煤生产死亡率降到了2人以下，一跃跻身于同行业的先进行列。至此，上级主管部门特拨下15万元奖金，奖励该矿在安全与生产中做出贡献的广大干部和职工。

在这15万元奖金的分配过程中，该矿矿长召集5位副矿长和工资科长、财务科长、人事科长及相关科室的领导开了一个"分配安全奖金"会议。矿长强调此次表彰是全矿所有干部职工共同努力的结果，所以在奖金的分配上应该人人有份。但在具体的分配额上却主张按责任大小、贡献多少拉开干部、工人之间的档次，不搞平均主义。认为干部所负的责任重，所拿的奖金就应当多，以防止出现干好干坏一个样、干多干少一个样的现象。根据这个分配宗旨，会上对分配方案进行了讨论，但是大家意见不一，都认为自己贡献大，应该多拿奖金。最终矿长确定了奖金分配方案如下：奖金总额是15万元，奖金的分配分成五个档次，矿长550元、副矿长500元、科长400元、一般管理人员200元、工人一律5元。这样分下来，全矿矿级干部13人，科技干部130人及各类管理人员307人，职工4678人，刚好分均。会后立即按照该方案将奖金分配下发。

奖金下发后全矿显得风平浪静，但几天后矿里的安全事故就接连不断的发生，先是运输区运转队的人车跳轨，接着三采区割煤机电机被烧，随后就是开拓区冒顶两人受伤。追查事故起因，相关人员都互相推诿，最终大家私下道明原委，有人说："我们拿的安全奖少，没那份安全责任，干部拿的奖金多，让他们干自己干吧。"矿行政虽然采取了一些措施，进行了多方面的调整工作，总算把安全事故压了下去，可是山花矿区从前那种人人讲安全、个个守规程的景象却不见了。

这是一个典型的奖励失败的案例。在这个案例中，暴露了企业在奖励方面存在的一些突出问题。

1. 奖励的标准不确定使得奖励失去了目的性

在实施具体奖励的过程中，理应围绕着组织成员所共同确定的目标来操作。可是在这个案例中，该矿区本来的目的是实现安全生产，但在具体的奖励操作时却没有考虑到该目标的实现，从而使得此次奖励失去了应有的意义。本来是为了对该矿山在安全与生产中做出突出贡献的广大干部和职工进行表彰，但是却没有设立具体的奖励标准，而是将所有的干部和职工都纳入了受奖的范畴。奖励档次的拉开是正确的，可是拉开档次的标准却是错误的。案例中是按照行政职务的高低来确定受奖档次，而不是按照实绩的原则来确定奖金的多少。这自然会引起做出突出贡献的职工的愤慨。

2. 奖励拉开了干部和职工之间的距离

在这个奖励方案中明显抬高了干部的作用，而贬低了普通职工的地位。矿领导认为矿上成绩的取得，主要在于干部的"领导有方"。同时还以矿上领导承担责任较重为由，拿走了奖金的大部分。领导和职工的奖金分配比例达到了110∶1的悬殊状况。当然，领导在工作中的作用是不能否定的，但是主要的工作还是基层的职工所做的，正是因为他们的兢兢业业才会在工作中取得成绩。在这里，职工的作用显然被忽略了，在这次奖励过程中他们的工作积极性被严重削弱了，也难怪职工们会有消极情绪产生。其实，这个问题也正是在我国当前公共部门人力资源奖励实施过程中普遍存在的，即普通职工做工作，领导拿奖励的现象。这也是一个在奖励实施过程中值得关注的问题。

3. 以表面的公平掩盖了事实上的不平等

表面上，这种奖励方式的确定，照顾到了全体干部和职工的情绪，将所有的人员都纳入了受奖的范围，实际上是抹杀了为安全生产做出较多贡献者的功绩。在这个矿区，每个人所承担的职责都是不一样的，有的人偏重于后勤工作，有的人偏重于安全生产工作，还有的人偏重于宣传教育工作等，绝对不能将他们的工作等同起来，应根据每个人为安全生产做出的贡献大小实施奖励。这也是国有企业在实行奖励制度过程中，需要不断加以完善的。

（二）国有企业奖励制度改革与完善的思路

1. 从劳动报酬上体现对企业管理者的奖励

国有企业领导者的报酬具有多元化的特征，既包括固定收入，如固定工资或基薪部分，也包括不固定或风险收入，如奖金、股票等形式的收入；既含有现期收入，也含有远期收入，如股票期权、退休金计划等。相应地对国有企业领导者的物质奖励也要从这几方面入手，不同形式的奖励对企业领导者的行为具有不同的激励作用。尽管形式有所不同，但在本质上却相类似，也就是说他们都是为了能够更有效地激发国有企业领导者的工作热情，将他们的潜能充分发挥出来，产生更高的工作效率，从而获得更多的经济效益。

实践证明，年薪制是对国有企业领导者实施奖励的有效方法，也是建立现代企业制度、推进国有企业改革的必然要求。

在众多的薪金形式中，以股票期权的奖励作用最为有效。股票期权是要让国有企业的主要领导者持有企业一定数量的股权，占有企业的剩余索取权和剩余控制权。股票期权最大的优点就是让国有企业领导者的收益与企业未来经营业绩挂钩，这样就能有效地避免短期行为，保证领导者行为与企业的长期稳定发展相适应。

与此同时，对于那些暂时无法推行期权制度的国有企业，可以考虑设立一定的奖金金额和高额退休金，金额按服务年限和经营业绩递增，在任期届满或者退休时，根据经营责任目标的达成情况，给予其相应的奖金或者退休金。这种奖励是一种长期性质的激励，换来的必然是企业领导者的努力与忠诚。

2. 从精神荣誉方面加强对管理者的奖励

多数国有企业领导者都具有强烈的事业心和责任感，看重事业上的成功及社会的承认，因此对他们进行奖励时除了物质奖励还需要精神奖励，以提高他们的社会声望和地位，激发他们的使命感和成就感。具体而言，应该包含如下内容。

1）目标奖励

随着市场机制的建立和不断完善，越来越多的国有企业领导者会逐渐认识到自己所担当的光荣历史使命和对社会的价值，认识到自己的成就和价值可以从管理企业的事业中得到满足和体现。这种认识就给国有企业的领导者提供了前行的方向和目标，鼓励他们围绕实现个人价值的目标而努力工作。因而，在对国有企业领导者实行精神奖励的时候就要注重这方面的工作，通过这种目标奖励，塑造一种社会氛围，让他们得到社会广泛的尊重和普遍爱护，使领导者能以他们的职业为荣，从而激发出他们献身企业的决心、管好企业的信心，以便迎接新的挑战。

2）荣誉奖励

荣誉奖励的种类可以说是多种多样，根据国有企业领导者的具体表现，可以授予不同的光荣称号，如"优秀企业家""全国劳动模范"等。在此，特别值得注意的是，应该让一些优秀国有企业领导者承担参政、议政的职务，如"政协委员""人大代表""政府顾问团成员"等。这不仅可以扩大他们参政的发言权，而且也可提升其社会的影响力。

3. 强化并规范对企业员工的奖励

调动企业员工的积极性是搞好国有企业的根本，人们对此已越来越重视。2014年11月13～15日在南京举行的中央企业职工技能大赛就是一个很好的证明。这个由国务院国资委与人力资源与社会保障部共同主办的赛事激发了广大国有企业职工立足岗位学习技术、提升技能、岗位建功的主动性和创造力，提高了一线员工的职业素质和岗位技能，有利于培养和造就技能精湛、素质优良、结构合理的中央企业职工技能人才队伍。根据国务院国资委《中央企业职工技能竞赛管理办法》的有关规定，金奖获奖选手将由人力资源与社会保障部授予"全国技术能手"荣誉称号，对其中35周岁以下的选手，将由团中央授予"全国青年岗位能手"荣誉称号。其中，获得"全国技术能手"荣誉称号的选手，晋升技师职业资格，其中已具有技师职业资格的，晋升为高级技师职业资格；获得大赛第6～20名的选手，晋升高级工职业资格，已具有高级工职业资格的，可晋升技师职业资格。

第十五章

公共部门人力资源的干部选拔任用制度

【案例导读】 陕西商洛市实施"两推三考",严把选人用人关

第一节 公共部门人力资源干部选拔任用制度的理论基础与概述

一、公共部门人力资源干部选拔任用制度的理论基础

(一)中国共产党的领袖有关干部选拔任用的论述

1. 毛泽东有关选拔任用干部的论述

毛泽东同志在领导中国革命和建设事业过程中,一直十分重视干部的培养和选拔工作,并就此发表了一系列重要的主张,其主要观点包括以下内容。

(1)把培养和造就领导干部置于重要的战略地位。毛泽东同志历来十分重视对领导干部的培养和选拔。无论在革命战争年代,还是在社会主义建设时期,他始终强调培养和造就接班人,选拔任用领导干部的重要性。他认为:"我们党的组织要向全国发展,要自觉地造就成万数的干部,要有几百个最好的群众领袖。"①他曾反复告诫全党:"政治路线确定之后,干部就是决定的因素。因此,有计划地培养大批的新干部,就是我们的战斗任务。"②在 20 世纪 60 年代,针对苏联所发生的变化,他更是把培养造就接班人看成"是无产阶级革命事业的百年大计,千年大计,万年大计"③。

(2)选拔领导干部一定要贯彻"任人唯贤"的路线。提拔什么样的人走上领导岗位,

---

① 《毛泽东选集》(第 1 卷),人民出版社,1977 年,第 267 页。
② 《毛泽东选集》(第 2 卷),人民出版社,1977 年,第 514 页。
③ 《关于赫鲁晓夫假共产主义及其在世界历史上的教训》,《人民日报》,1964 年 7 月 14 日。

毛泽东同志一直十分关注，他主张："共产党的干部政策，应是以能否坚决地执行党的路线，服从党的纪律，和群众有密切的联系，有独立的工作能力，积极肯干，不谋私利为标准，这就是'任人唯贤'的路线。"①1964 年毛泽东同志从五个方面，阐述了共产党的干部所应具备的条件，"他们必须是真正的马克思列宁主义者"；"他们必须是全心全意为中国和世界的绝大多数人服务的革命者"；"他们必须是能够团结绝大多数人一道工作的无产阶级政治家"；"他们必须是民主集中制的模范执行者，必须学会'从群众中来，到群众中去'的领导方法，必须养成善于听取群众意见的民主作风"；"他们必须谦虚谨慎，戒骄戒躁，富于自我批评精神，勇于改正自己工作中的缺点和错误"②。

（3）强调要在群众斗争和工作实践中选拔领导干部。毛泽东同志历来主张应该在群众斗争和实践中考察和选拔领导干部。把在革命斗争和工作实践中表现优秀的分子提拔到领导岗位，把那些脱离群众，脱离实践的干部从领导岗位上撤换下来。他认为："凡属真正团结一致、联系群众的领导骨干，必须是从群众斗争中逐渐形成，而不是脱离群众斗争所能形成的。在多数情形下，一个伟大的斗争过程，其开始阶段、中间阶段和最后阶段的领导骨干，不应该是也不可能是完全同一的；必须不断地提拔在斗争中产生的积极分子，来替换原有骨干中相形见绌的分子，或腐化了的分子。"③

2. 邓小平有关选拔任用干部的论述

同毛泽东同志一样，邓小平同志也十分注重领导干部的选拔工作，并针对改革开放以来我国所面临的新形势提出了许多精辟的见解。

（1）强调思想路线政治路线的实现要靠组织路线来保证。1992 年邓小平同志在南方谈话中，深刻地阐释了这一观点："中国的事情能不能办好，社会主义和改革能不能坚持，经济能不能快一点发展起来，国家能不能长治久安，从一定意义上说，关键在人。"

（2）主张干部的选拔要坚持"四化"方针。他说："要注意培养人，要按照'革命化、年轻化、知识化、专业化'的标准，选拔德才兼备的人进班子。我们说党的基本路线要管一百年，要长治久安，就要靠这一条。真正关系到大局的是这个事。"他还反复强调要选拔党性好、作风好、团结好，全心全意为人民服务的接班人，继承党的优良传统，使老一辈无产阶级革命家开创的社会主义事业代代相传，后继有人。

3. 江泽民有关选拔任用干部的论述

江泽民同志对新的历史时期党政干部选拔任用工作给予高度重视，他提出的"三个代表"重要思想，赋予了我们选拔任用干部历来所强调的德才兼备标准以新的时代内涵，具有重要指导意义。他认为：按照革命化、年轻化、知识化、专业化方针，建设一支能够担当重任、经得起风浪考验的高素质的领导干部队伍，是党和国家长治久安的根本大计。他说："我们要建设的高素质干部队伍，就是由具有社会主义政治家素质的领导骨干带领的德才兼备的干部队伍。这应当是一支包括党政干部、企业经营管理干部、科学技术干部和其他战线干部组成的宏大队伍。"④他注重在改革和建设的实践中考察和识别干部，"要把

---

① 《毛泽东选集》（第 3 卷），人民出版社，1977 年，第 515 页。
② 《关于赫鲁晓夫假共产主义及其在世界历史上的教训》，《人民日报》，1964 年 7 月 14 日。
③ 《毛泽东选集》（第 3 卷），人民出版社，1977 年，第 900 页。
④ 江泽民：《努力建设高素质的干部队伍》，《人民日报》，1996 年 6 月 21 日。

那些群众公认是执行党的路线并有政绩的人,及时选拔到各级领导岗位上来"①。同时指出,做好选拔和培养优秀年轻干部的工作,必须进一步解放思想,一要不拘一格,二要加强磨炼,三要人才辈出。2001年江泽民同志在"七一"重要讲话中明确提出干部人事制度的改革要实现"三化""四权",即努力推进干部工作的科学化、民主化、制度化,认真落实群众对干部选拔任用的知情权、参与权、选择权、监督权。

4. 胡锦涛有关选拔任用干部的论述

2002年7月,胡锦涛在全国学习贯彻《党政领导干部选拔任用工作条例》电视电话会议上指出,各级党委和组织部门必须坚持党管干部的原则和德才兼备的标准,运用科学的制度、民主的方法、严密的程序和严格的纪律,根据干部的思想政治素质、作风、政绩及群众的公认程度等方面的条件,把优秀干部选拔上来,把各级领导班子建设好。2008年2月,胡锦涛在同全国组织工作会议代表座谈时强调,各级党委要把提高领导班子和领导干部的开拓创新能力作为一项紧迫的重要任务来抓,加强学习和实践锻炼,加强领导班子制度建设,完善选人用人机制,营造创新氛围。要坚持正确的用人导向,真正把那些政治上靠得住、工作上有本事、作风上过得硬、人民群众信得过的干部选拔到各级领导岗位上来。2011年,胡锦涛在"七一"重要讲话中提出,"要坚持把干部的德放在首要位置,选拔任用那些政治坚定、有真才实学、实绩突出、群众公认的干部,形成以德修身、以德服众、以德领才、以德润才、德才兼备的用人导向"。

5. 习近平有关选拔任用干部的论述

2009年3月30日,习近平在出席全国培养选拔年轻干部工作座谈会的讲话中强调,要坚持德才兼备、以德为先用人标准,形成有利于优秀年轻干部脱颖而出的选拔机制,使领导班子和干部队伍形成合理结构,始终充满生机与活力。2009年12月,习近平出席全国组织部长会议时强调,选拔任用干部既要看才、更要看德,把政治上靠得住、工作上有本事、作风上过得硬、人民群众信得过的干部选拔上来,并明确提出"信念坚定、为民服务、勤政务实、敢于担当、清正廉洁"的好干部标准。怎样成长为一个好干部?习近平强调一靠自身努力,加强党性修养、加强品格陶冶,勤于学、敏于思、经风雨、见世面;二靠组织培养,为干部锻炼成长搭建平台。怎样把好干部用起来?要坚持党管干部原则,坚持正确用人导向,坚持德才兼备、以德为先,努力做到选贤任能、用当其时,知人善任、人尽其才。2010年7月,习近平在河北唐山调研时指出,要进一步完善选人用人机制,真正把那些坚持科学发展有韧劲、谋划科学发展有思路、推动科学发展有激情、实现科学发展有贡献的优秀干部选出来、用起来,努力造就推动科学发展的骨干队伍。

上述中共领袖的重要论述,指明了培养人、选拔人的主要途径和方向,深化了对干部工作规律的认识,为建设一支宏大的高素质干部队伍提供了理论指南,也推动了一系列干部选拔任用规范的制订与实施。

(二)资本主义国家关于公共部门人力资源职务晋升的主要理论

与我国的称谓不同,在资本主义国家,通常把我们所说选拔任用制度称作为职务晋升制度。这一制度也有其理论的渊源。一般而言，资本主义国家公共部门人力资源的职务晋升主要以行为科学的理论为指导。行为科学得名于美国芝加哥大学所进行的"个人行为与人群关系"的研究，行为科学是此项研究的简称。但从事此类研究的不限于芝加哥大学的学者，比较著名的还有哈佛大学的教授埃尔顿·梅奥、戴尔·卡内基、亚伯拉罕·马斯洛、道格拉斯·麦格雷戈、弗雷德·菲德勒、维克托·弗鲁姆、杰弗里·普费弗、查尔斯·佩罗等。

1. 行为科学理论的根基与含义

行为科学是基于对人类行为的心理过程的分析而确立的。一般认为，人的心理过程分三个层次。

一是动机，即人类为满足自身的愿望而产生的需要的动机。根据马斯洛的理论人类需要可依次划分为生理需要、安全需要、社会需要、尊重需要和自我实现的需要。马斯洛认为，这五种需要，只有前一个得到满足，后一个才能被激活。而一旦某一种需要被充分满足，它就不再对人的行为产生激励作用。他还认为，在这五种需要中，自我实现的需要是人类的最高需要。但是马斯洛本人又指出，他所提出的关于人类五个层次需要的理论还没有达到足以指导实践的地步，还要进行更深入的研究。后来有些人经过研究发现，人类的需要虽然是多样性的，但并不是严格按着这五个层次划分的。大多数人认为，人类的需要仅区分为低级需要和高级需要两个层次也就够了。不管怎样划分，人的动机来自人的需要是没有异议的。

二是行为，即人类受其动机的支配而采取某种行为，又通过其行为求得自我表现，并通过自我表现获得自我满足和自我愉悦。一般说来，人的自我表现不外乎其智能表现、体能表现和技能表现。

三是结果，即人类通过自我表现的方式，产生行为的结果。行为的结果或者是体现在对社会、对集体的贡献方面，或者是体现在人的自身价值的实现方面。

按照行为科学的理论，人类社会的进步、事业的发展和生产的提高，都是与人类心理过程发展的三个层次联系在一起的，或者说是人类心理过程发展的结果。如果人们的愿望都能得以充分实现，就会产生巨大的物质力量；如果对个人愿望都能给以尊重，就具备了建立精诚合作的牢固基础；如果能够把个人的愿望同群体的目标密切结合在一起，就可以促使个人和群体协调一致地向前发展。相反，如果人们的愿望受到遏制，大家就会消极怠工，甚至奋而反抗；如果只重个人愿望而不顾群体的目标，那么整个群体就会成为一盘散沙；如果只重群体目标而不顾个人愿望，那么整个群体就会失去凝聚力，失去广泛的支持。

由以上不难看出，行为科学理论实质上就是如何满足人的愿望的理论。人们的行为动机，说到底都是为了满足人类上述各个层次的需要。然而多数管理者和领导者，往往只注意满足人的最低层次的需要，即基本生存的需要。而对其他层次的需要，或者重视不够，或者完全忽略。这样一个单位或一个群体就缺乏凝聚力，一有波折，便难以维系。

2. 行为科学理论对公共部门人力资源职务晋升的影响

行为科学理论认为：人性是善的，作为普通员工对待工作，还是积极的、向上的。尤其作为国家公共部门人力资源，更是希望做好工作，以充分实现自身的价值。因而作为管理者,应该尊重每一位员工的人格,尽其所能地满足人所共有的各个层次的需要,特别是满足公共部门人力资源对职务能够得到不断晋升的追求。

按照行为科学的理论指导公共部门人力资源的管理实践,将在三个方面出现变化:一是管理方式由注重于消极惩罚转而注重于积极激励;二是领导方式由专断独裁转向平等民主;三是管理者的影响力由依重权力转向依重品格与能力。这些变化会导致管理者与被管理者之间形成一种新型关系,即合作与共同发展的关系。具体说来就是,管理者应充分考虑国家公务人员的报酬、工作环境、升迁途径和发展空间;而国家公务人员则应忠于职守、勤奋敬业、热诚服务、甘于奉献。

总之,西方国家正是基于行为科学的理论来设定和规范公共部门人力资源职务晋升这一管理环节的。

二、公共部门人力资源职务晋升及晋升方式的概念

(一)公务人员职务晋升概念

公务人员的职务晋升是指国家公务人员在其所属的职务序列中所处位置的上升、职权的加重、责任范围的扩大及工资、福利等方面待遇的相应提高。

(二)公务人员职务晋升方式

(1)委任晋升制。这是由具有任命权限的机构或由主管首长决定任命公务人员职务晋升的一种方式。

(2)功绩晋升制。这是以国家公务人员工作实绩作为职务晋升的标准和依据。对工作实绩优秀者升、良者留、平者调、劣者降或免。

(3)考试晋升制。这是以国家公务人员的考试成绩作为晋升重要依据的晋升方式。凡具备一定资格条件的公务人员,不论其年龄大小、工作年限、级别高低,都可以参与职务晋升的考试,成绩优异者获得晋升。这种晋升方式破除论资排辈,使年轻有为者可以较快获得提升,因而它具有较强的竞争性和公正性。但是完全以考试成绩取人有时也容易出现片面性,特别是对于选拔领导职务级别较高的公务人员来说,单纯以考试成绩取人,有时并不能得到最佳人选。

(4)年资晋升制。这是按国家公务人员工作年限长短决定职务晋升的一种方式。即公务人员达到一定的工作年限就可以晋升相应的职务。这种晋升方式目标明确,公务人员甚至可以预计自己到什么时候能够担负何种职务。这对于防止公务人员之间形成不必要的内耗,防止主管首长以个人好恶取人是有作用的,但是,它缺乏竞争,使公共部门机关内部充满保守气氛,也容易造成公务人员不思进取。

(5)越级晋升制。国家公务人员工作成绩突出,贡献巨大,可不受其他资格条件限制而实行跨越晋升的方式。

除上述职务晋升方式之外,有些国家还实行自荐晋升制和登用晋升制。各种晋升方式均有其优缺点。但从发展趋势来看,各国越来越普遍地采用功绩晋升制,因为它更能体现

激励竞争的原则,也可以把公务人员引导到干实事的方向上来。

第二节 我国公共部门人力资源干部选拔任用制度的实践运作

一、我国公共部门人力资源干部选拔任用制度的法律法规依据

(一)《中华人民共和国宪法》

《中华人民共和国宪法》第 34 条明确规定:"中华人民共和国年满十八周岁的公民,不分民族、种族、性别、职业、家庭出身、宗教信仰、教育程度、财产状况、居住期限,都有选举权和被选举权。"这是公共部门人力资源职务晋升的最重要的法律依据。

(二)《中华人民共和国公务员法》

《中华人民共和国公务员法》第七章对公务员晋升职务的资格条件、晋升程序、任职人选的产生方式等做出了明确的法律规定。

(三)《党政领导干部选拔任用工作条例》

该条例自 2002 年颁布实施以来,在规范干部选拔任用工作,建立健全科学的选拔任用机制,防止和纠正选人用人上的不正之风,推进干部工作科学化、民主化、制度化等方面,发挥了十分重要的作用。但是随着改革开放进程的不断深入,干部工作面临的形势任务、干部队伍状况等都发生了很大变化。一是中央对干部工作的指导思想、基本原则、目标任务提出了一系列新要求;二是干部人事制度改革积累了丰富经验,一些干部政策有新变化新调整,干部选拔任用工作需要与这些新政策相衔接;三是干部选拔任用工作中出现了一些新情况新问题,需要从制度层面加以改进。本着与时俱进、改革创新的精神,2014 年 1 月中央颁布实施了新修订的《党政领导干部选拔任用工作条例》(2002 年颁布实施的《党政领导干部选拔任用工作条例》废止),修订后的《党政领导干部选拔任用工作条例》,体现了中央对干部工作的新精神新要求,吸收了干部人事制度改革的新经验新成果,对干部选拔任用制度进行了改进完善,是在实践中总结经验、探索规律、推进干部制度建设的重要成果,是做好党政领导干部选拔任用工作的基本遵循,也是从源头上预防和治理选人用人不正之风的有力武器。

修订后的《党政领导干部选拔任用工作条例》的颁布实施,对于贯彻落实中央精神、解决干部工作中的突出问题、健全科学的干部选拔任用机制,把信念坚定、为民服务、勤政务实、敢于担当、清正廉洁的好干部标准落实到选拔任用工作中去,建设高素质的党政干部队伍,保证党的理论、路线、方针、政策全面贯彻执行和中国特色社会主义事业顺利发展,具有十分重要的意义。

(四)《2010—2020年深化干部人事制度改革规划纲要》

该纲要明确了党政领导干部选拔任用制度改革的重点：规范干部选拔任用提名制度，逐步形成主体清晰、程序科学、责任明确的干部选拔任用提名制度；推行差额选拔干部制度，完善地方党委全委会、常委会决定任用重要干部票决制度；加大竞争性选拔干部工作力度，完善公开选拔、竞争上岗制度，积极探索多种形式竞争性选拔干部办法；逐步扩大基层党组织领导班子成员公推直选范围；坚持和完善从基层一线选拔干部制度，加大从农村、社区优秀基层干部中考录公务员力度。畅通从优秀村干部中选拔乡镇领导干部渠道。

(五)《公务员职务任免与职务升降规定(试行)》

《公务员职务任免与职务升降规定(试行)》是对《中华人民共和国公务员法》中相关规定的细化，它对公务员职务任免与职务升降的原则、资格条件、程序等做出了具体的安排。

二、国家公务人员选拔任用的具体运作

根据上述法律法规，国家公务人员选拔任用已经初步建立起了比较规范的制度。

(一)国家机关公务员选拔任用制度

国家机关公务员的选拔任用制度，是以马克思主义为指导，坚持党管干部的原则，体现了科学性、民主性和程序性。国家机关公共部门人力资源的选拔任用分成两类，一类是非领导职务的一般公务员；另一类是县(处)级以上的公务人员。前者依据《中华人民共和国公务员法》职务晋升的相关法律规定进行；后者除依据《中华人民共和国公务员法》的相关法律规定外，还要依据《党政领导干部选拔任用工作条例》的规定进行。

1.《中华人民共和国公务员法》关于公务员职务晋升的法律规定

1) 公务员实行双梯制的晋升制度

按照公务员法的规定，公务员的晋升有两条渠道，也称双梯制。

第一条渠道是通过职务晋升。长期以来，我国实行的是以品级分类为特点的干部制度，1993年将公务员职务分为领导职务和非领导职务两大类，领导职务从总理到副科长共10个职务层次，非领导职务从巡视员到办事员共8个职务层次。职务晋升，就是按照这些职务层次的规定依次晋升。

人民警察及海关、驻外外交机构公务员由于其工作性质特殊实行与其职务相对应的衔级晋升制。评定授予警衔的人员，必须是属于人民警察建制的在编在职的人民警察。凡不具有人民警察性质的单位和不担任人民警察职务的人员，不实行警衔制度。评定范畴包括：各级公安部门(包括公安部门设在铁道、交通、民航、林业部门的公安机构)、国家安全部门和劳动改造劳动教养管理部门中，从事指挥决策、监督保障和业务工作的人民警察；各级人民法院、人民检察院的司法警察；警察专业技术单位、院校、报社、医院中担任人民警察职务的人员。

第二条渠道是通过级别晋升。《中华人民共和国公务员法》第19条规定：公务员的职务应当对应相应的级别。对应关系，由国务院规定。公务员在同一职务上，可以按照国家规定晋升级别。确立与职务系列相对应的级别，公务员在同一职务上，可以按照国家规定晋升级别，在职务晋升之外，将级别晋升作为公务员另外一条职业发展阶梯，这就是所谓职务与级别晋升的双梯制。

之所以实行双梯制的晋升制度是因为公务员领导职务的数额有限（据统计我国公务员中属于科级以下职务占92%），但所有进入公务员队伍的人员又都有晋升的追求，这样一来，仅靠职务晋升一条渠道就难以满足广大基层公务员晋升的追求，而长期以来，国家机关公务人员的工资、住房、医疗、交通等福利待遇都主要与职务高低挂钩，如职务上不去，工资福利也难有显著改善，这也是导致官本位思想出现的根本原因之一。

而实行公务员职务晋升与级别晋升的双梯制，使不能晋升职务的公务员，或者说没能当"官"的公务员也可以通过级别晋升来体现自身价值，并提高待遇。可见，设立级别晋升的制度至少具有两方面功能：一是级别是不同类别职务进行平衡比较的统一标尺。以职务层次为横轴，以级别为纵轴构成的坐标系，可以衡量、标识公务员在科层组织中的地位。二是级别成为公务员职务之外的又一职业发展台阶，而且对职务属中层以下的广大公务员来说，级别工资在基础工资中所占比例超出了职务工资，这就保证了那些在职务上没有晋升的公务员也可以通过级别的晋升不断提高其工资福利。

2) 任职人选产生方式

任职人选的产生方式有三种情况：一是机关内设机构厅局级正职以下领导职务出现空缺时，可以在本机关或者本系统内通过竞争上岗的方式，产生任职人选；二是厅局级正职以下领导职务或者副调研员以上及其他相当职务层次的非领导职务出现空缺，可以面向社会公开选拔产生任职人选；三是确定初任法官、初任检察官的任职人选，可以面向社会，从通过国家统一司法考试取得资格的人员中公开选拔。

3) 公务员职务晋升的资格条件

公务员晋升科员和正副科级职务，应具有高中、中专以上文化程度；晋升正副处级和司（厅）级职务应具有大专以上文化程度。晋升正科、正处级职务，需分别任副科、副处级职务二年以上；晋升科员、副科、副处、副司（厅）、正司（厅）级职务，需分别任办事员、科员、正科、正处、副司（厅）级职务三年以上；晋升地市级以上机关处级以上领导职务，必须具有二年以上的基层工作经历。

4) 公务员职务晋升的程序

公务员晋升领导职务，按照下列程序办理：一是民主推荐，确定考察对象；二是组织考察，研究提出任职建议方案，并根据需要在一定范围内进行酝酿；三是按照管理权限讨论决定；四是按照规定履行任职手续。

公务员晋升非领导职务，参照前款规定的程序办理。

2. 2014年修订的《党政领导干部选拔任用工作条例》关于选拔任用的规定

1) 适用范围

本条例适用于选拔任用中共中央、全国人大常委会、国务院、全国政协、中央纪律检查委员会工作部门或者机关内设机构领导成员，最高人民法院、最高人民检察院领导成员

（不含正职）和内设机构领导成员；县级以上地方各级党委、人大常委会、政府、政协、纪委、人民法院、人民检察院及其工作部门或者机关内设机构领导成员；上列工作部门内设机构领导成员。上列机关、单位选拔任用非中共党员领导干部、处级以上非领导职务的干部，参照本条例执行。

2）应遵循的原则

选拔党政领导干部需严格遵循以下原则：党管干部原则；五湖四海、任人唯贤原则；德才兼备、以德为先原则；注重实绩、群众公认原则；民主、公开、竞争、择优原则；民主集中制原则；依法办事原则。

3）基本资格条件

提拔担任党政领导职务的，应当具备下列基本资格：一是担任县处级领导职务的，应当具有五年以上工龄和两年以上基层工作经历。二是担任县处级以上领导职务的，一般应当具有在下一级两个以上职位任职的经历。三是担任县处级以上领导职务，由副职提任正职的，应当在副职岗位工作两年以上，由下级正职提任上级副职的，应当在下级正职岗位工作三年以上。担任处级以上非领导职务的任职年限，按照有关规定执行。四是一般应当具有大学专科以上文化程度，其中厅局级以上领导干部一般应当具有大学本科以上文化程度。五是应当经过党校、行政院校、干部学院或者组织（人事）部门认可的其他培训机构的培训，培训时间应当达到干部教育培训的有关规定要求。确因特殊情况在提任前未达到培训要求的，应当在提任后一年内完成培训。六是具有正常履行职责的身体条件。七是符合有关法律规定的资格要求。提任党的领导职务的，还应当符合《中国共产党章程》规定的党龄要求。

4）选拔任用程序

党政领导干部选拔任用需严格经过动议、民主推荐、考察、讨论决定、任职等五项程序，《党政领导干部选拔任用工作条例》对五项程序的实施作出了具体明确的规定。其中在履行考察程序时，《党政领导干部选拔任用工作条例》特别对考察的内容做出了体现习近平为总书记的党中央治国理念的规定，即注重考察工作实绩，深入了解履行岗位职责、推动和服务科学发展的实际成效。考察地方党政领导班子成员，应当把有质量、有效益、可持续的经济发展和民生改善、社会和谐进步、文化建设、生态文明建设、党的建设等作为考核评价的重要内容，更加重视劳动就业、居民收入、科技创新、教育文化、社会保障、卫生健康等的考核，强化约束性指标考核，加大资源消耗、环境保护、消化产能过剩、安全生产、债务状况等指标的权重，防止单纯以经济增长速度评定工作实绩。考察党政工作部门领导干部，应当把执行政策、营造良好发展环境、提供优质公共服务、维护社会公平正义等作为评价的重要内容。

（二）事业单位党政领导干部选拔任用制度

事业单位领导干部的职务晋升适用于《党政领导干部选拔任用工作条例》范畴的，参照国家机关党政领导干部选拔任用制度进行。

除此之外，事业单位的干部选拔任用制度在改革中，逐渐形成了本行业的一些特点。其中较为突出的有以下内容。

1. 实行干部聘用制度

聘用制是指单位与职工按照国家有关法律法规，在平等自愿、协商一致的基础上，签订聘用合同明确双方的责任、义务和权利。此项制度的实行，旨在破除事业单位目前实际存在的干部身份终身制。

聘任制的实行增加了事业单位干部选拔任用的方式。这样一来，可以针对不同类型的事业单位领导人员区别情况实行聘任、选任、委任或考任制，从而使事业单位的职务晋升具有更强的针对性、灵活性和竞争性，便于优秀人才脱颖而出。

2. 建立健全事业单位领导人员的任期目标责任制

实行这一制度，不仅有利于对事业单位的领导人员做出更趋客观公正的评价，而且由于把领导人员的业绩同单位的发展目标紧密联系在一起，对事业的持续发展十分有利。

3. 建立和推行岗位管理制度

岗位管理制度就是根据事业单位的不同性质，合理设置专业技术岗位，明确岗位职责、任职条件和聘任期限，竞聘上岗，择优聘用。逐步实现专业技术职务的聘任和岗位聘用的统一。

4. 推行执业资格注册管理制度

对教师、医师等专业技术岗位，推行执业资格注册管理制度。为保证这一制度的顺利推行，应建立政府宏观指导和管理下的公开、公平、公正的社会化评价机制。

5. 实行职员制度

对事业单位的管理人员实行职员制度。通过制定职员条例，规范职员的聘用和管理。

（三）国有企业经营管理者的选拔任用制度

国有企业领导人员选拔任用，要坚持党管干部原则，并同市场化选聘企业经营管理者的机制相结合。中央和地方党委要加强和改进对国有骨干企业领导班子的管理。要全心全意依靠职工群众，探索现代企业制度下职工民主管理的有效途径。现阶段，国有企业领导人员的选拔任用制度形成了以下一些特点。

按照现代企业制度的要求，规范公司股东会、董事会、监事会和经营管理者的权责，完善企业领导人的聘任制度。

1. 公司法人治理结构

股东会决定董事会和监事会成员，董事会选择经营管理者，经营管理者行使用人权，并形成权力机构、决策机构、监督机构和经营管理者之间的制衡机制。

2. 实行产权代表委任制和公司经理聘任制

各级政府授权的投资机构及所属企业的产权代表，由政府和投资机构按照法律和有关规定任命，经理由董事会聘任。

3. 国有企业领导人员产生方式

国有企业领导人员的产生采取组织推荐、公开招聘、民主选举、竞争上岗等多种方式。其中企业党组织和工会组织负责人应按照《中国共产党章程》《中华人民共和国工会法》的规定选举产生。

第三节 我国公共部门人力资源干部选拔任用制度的改革与完善

一、国家机关干部选拔任用制度的改革与完善

(一) 国家机关干部选拔任用制度现存的主要问题

国家机关干部选拔任用制度，经过多年的改革已经取得了很大成效。但是也还存在着一些需要进一步加以改革和完善的问题。

1. 对党管干部原则的理解与贯彻还存在着偏差

党管干部原则是我国干部管理的基本原则。我国公共部门人力资源管理与开发只有真正理解、认真贯彻实施这一原则，才能把握住正确的方向。目前存在着两种倾向：一是在管理与开发工作中还没有认识到坚持党管干部原则的深远意义，使有些管理与开发工作偏离了正确的轨道；二是没有搞清党管干部原则的内涵和范畴，某些党组织的领导人管了许多不该管的具体工作。

2. 干部选拔任用工作中还存在着比较严重的腐败

尽管我们已经查处了干部选拔任用工作中的一些腐败案件，惩处了一批违法乱纪分子，但是应该看到在干部选拔任用中仍然存在着跑官要官、买官卖官、任人唯亲等腐败行为。不从根本上遏制干部职务晋升工作中的腐败，公共部门人力资源管理与开发就会功亏一篑。

3. 干部选拔任用的法制建设还有待进一步加强

现在所实施的《中华人民共和国公务员法》和《党政领导干部选拔任用工作条例》，坚持了扩大民主的基本方向，体现了公开、平等、竞争、择优的原则，强化了干部监督的措施，完善了干部培训和交流制度。

但是《中华人民共和国公务员法》和《党政领导干部选拔任用工作条例》也还需要在实践中继续充实和完善。例如，《中华人民共和国公务员法》的各单项法规还需不断完善；《党政领导干部选拔任用工作条例》中有关实行干部考察干部责任制、干部选拔任用工作责任追究制等都需要制定更具操作性的具体配套制度。

(二) 国家机关干部选拔任用制度改革与完善的思路

针对上述所存在的问题，应采取相应的改革措施，使国家机关干部选拔任用制度在实践中不断得以完善。

1. 在干部选拔任用工作中准确理解和全面把握党管干部的原则

党管干部原则是国家机关干部选拔任用制度沿着正确方向前进的根本保证。对这一原则的准确理解和全面把握有利于公共部门人力资源的干部选拔任用更好地服务于全国工作的大局，有利于把干部选拔任用的方针政策与党和国家总的方针政策联系在一起，有利于在党的统一领导下整合社会各方面力量，形成工作合力。

因此党管干部主要是管宏观、管方针、管政策。按照"依法治国"的基本方略，实施干部的选拔任用工作，通过不懈努力，把干部选拔任用的各个管理环节完全纳入到法制化轨道。

2. 坚决打击用人上的腐败

用人上的腐败是最大的腐败。在干部选拔任用工作中永远不能放松对腐败案件的查处和打击。让那些跑官要官的人难以得逞，让那些买官卖官的人受到党纪国法的惩治。同时，用崇高的信仰引导国家机关公务人员的理想追求，用良好的职业道德规范约束他们的行为。通过方方面面的努力，在干部选拔任用中真正做到任人唯贤。

3. 继续推进干部选拔任用工作的法制建设

在贯彻实施《中华人民共和国公务员法》和《党政领导干部选拔任用工作条例》的实践中，要继续加强法制化建设。对现有法规中那些笼统原则性的内容，应该通过实践的探索，使之更具有操作性；对那些缺乏程序的实体规则，要逐步建立起严格的程序。完善的法制建设是干部选拔任用工作实现客观公正的前提和保证。

二、事业单位干部选拔任用制度的改革与完善

（一）事业单位干部选拔任用制度现存的主要问题

事业单位干部选拔任用制度存在的突出问题是完全套用国家机关干部选拔任用的做法。学校、科研院所、医院、文化团体和各类事业单位的行政管理人员在职务晋升时，依然参照国家机关按照副科级、科级、副处级、处级、副厅（司局）级、厅（司局）级、副省（部）级的次序晋升。实行这种晋升方式，导致事业单位行政机构臃肿，人浮于事，如在有些大学仅处级的行政干部就多达数百人。这样一来，职务晋升非但没能促进事业的发展，相反却程度不同的给事业的发展造成了掣肘。以行政级别画线已成了事业单位干部选拔任用制度亟待解决的问题。

（二）事业单位干部选拔任用制度改革与完善的思路

解决事业单位在干部选拔任用制度中所存在的上述突出问题，必须根据中央 2001~2010 年《深化干部人事制度改革纲要》和《中共中央关于完善社会主义市场经济体制若干问题的决定》的相关规定，深化科技、教育、文化、卫生体制改革，逐步建立起适应不同类型事业单位特点的干部选拔任用制度制度。

目前改革和完善的重点就是在事业单位的管理人员中实行职员制度。与此相配套还要加快推行聘用制度和岗位管理制度。上文对此已有阐述。

三、国有企业经营管理者选拔任用制度的改革与完善

（一）国有企业经营管理者选拔任用制度存在的主要问题

国有企业的经营管理者选拔任用要同公司法人治理结构的完善联系在一起考虑。把党

管干部原则同市场化选聘企业经营管理者的机制相结合。

但是国有企业特别是国有企业建立规范的现代公司制,形成规范的法人治理结构是一项十分艰巨的任务,也可以说是国有企业适应发展社会主义市场经济体制要求的脱胎换骨的改革。因此,在实践中还存在许多问题需要解决。

现在国有企业虽然建立起来了公司制,许多公司也都成立了股东会、董事会、监事会,但还远没有达到完善的程度,所存在的突出问题是:股东大会形同虚设,董事会存在"内部人控制"现象,并没能很好代表出资人利益。上市公司董事会大多被第一大股东控制,难以体现中小股东的意愿和权益。在董事会中,绝大多数董事都有国家背景,外部董事或独立董事为数过少。国有母公司控股的上市公司,其董事会和主要经理人员往往由母公司的人员兼任,这些人既是国家这个大股东的代表,又是内部人。这样就很难对他们的行为进行有效的监督。

(二) 国有企业经营管理者选拔任用制度改革与完善的思路

针对国有企业经营管理者选拔任用中存在的上述突出问题,应通过强有力的改革措施,逐步加以解决。

其核心是建立起规范而又完善的市场化选聘企业经营管理者的机制。一是国有企业经营管理者的人选可根据不同的岗位展开公开、公平的竞争,择优任用;二是党委会、工会、职代会与股东会、董事会、监事会之间可实行"双向进入,交叉任职";三是加快培育企业经营管理者人才市场,逐步建立企业经营管理人才评价推荐中心等中介机构;四是积极探索现代企业制度下职工民主管理的有效途径,加强对企业经营管理者的监督,使董事会真正代表所有者利益,经理层严格执行董事会决策,监事会忠实履行对董事会和经理层的监督;五是中央和地方党委要加强和改进对国有企业经营管理者的选拔任用工作的管理。

第十六章

公共部门人力资源的绩效考核

【案例导读】 四川彭山将做家务情况引入干部提拔考核引争议

第一节 公共部门人力资源绩效考核的理论基础与概述

一、公共部门人力资源绩效考核的理论基础

（一）邓小平、胡锦涛、习近平关于绩效考核的论述

邓小平同志在中国改革开放的新的历史时期，阐明了社会主义国家的人才思想，其中关于识别和考评干部的又红又专、德才兼备的标准与方法、关于废除干部领导职务终身制要建立考核制度、关于衡量党和国家一切工作的"三个有利于"的根本标准等思想，都对我国绩效考核制度的建立和发展具有指导意义。邓小平同志指出："关键是要健全干部的选举、招考、任免、考核、弹劾、轮换制度，对各级各类领导干部（包括选举产生、委任和聘用的）职务的任期，以及离休、退休，要按照不同情况作出适当、明确的规定。任何领导干部的任职都不能是无限期的。"①

胡锦涛同志在发展中国特色社会主义，全面建设小康社会的新阶段，提出了以"八荣八耻"为主要内容的社会主义荣辱观。中共中央组织部下发通知强调，要把践行"八荣八耻"情况作为干部考核评价的重要标准。

科学发展观是我国经济社会发展的重要指导方针，是发展中国特色社会主义必须坚持和贯彻的重大战略思想。在中共十七大上，胡锦涛指出，要"不断深化干部人事制度改革，着力造就高素质干部队伍和人才队伍。坚持党管干部原则，坚持民主、公开、竞争、择优，形成干部选拔任用科学机制。规范干部任用提名制度，完善体现科学发展观和正确政绩观

---

① 《邓小平文选》（第2卷），人民出版社，1997年，第331、332页。

要求的干部考核评价体系。"[1]

习近平在2013年全国组织工作会议上对干部考核发表了重要论述:"要坚持全面、历史、辩证看干部,注重一贯表现和全部工作。要改进考核方法手段,既看发展又看基础,既看显绩又看潜绩,把民生改善、社会进步、生态效益等指标和实绩作为重要考核内容,再也不能简单以国内生产总值增长率来论英雄了。"[2]

邓小平、胡锦涛、习近平同志有关干部绩效考核的上述理论观点,是健全完善我国公共部门人力资源绩效考核管理制度的基本依据,只要我们认真贯彻执行,公共部门人力资源绩效考核制度就将发挥越来越重要的作用。

(二)西方学者的观点

西方学者对绩效考核制度进行专门研究已有七八十年的历史。其中从宏观的管理学角度论及绩效考核的代表人物有道格拉斯·麦格雷戈(Douglas M. McGregor)和彼得·德鲁克等。

1. 麦格雷戈强调绩效考核应由被考核人自我评价的观点

麦格雷戈在其《企业中人的方面》一书中,在论及用 Y 理论指导管理实践的设想时,提出了绩效考核方面的一些主张。他不赞同传统的管理阶层的绩效评估方案(即以 X 理论为指导的方案)——将个人看成是装配线上等待检验的一件产品。他认为绩效评估应该由被考核者自己确定考核"指标"或目标,每隔一段时间(半年或一年)对绩效进行自我评价。在此过程中,上级发挥着比传统方式更为重要的作用。在这种情况下,个人被鼓励在规划和评价自己对组织目标做出的贡献方面承担更大的责任;这对自我需要和自我实现需要产生意义更为重大的影响。

2. 德鲁克强调绩效考核应同目标管理联系在一起的观点

德鲁克对绩效考核的研究融合在其著名的目标管理思想之中。德鲁克主张绩效评价活动应处于目标管理过程中的最后阶段,即在制定目标和实现目标之后。目标应由管理者和被管理者共同制定。尽管从根本上看,目标管理是一种以绩效为导向的管理思想与方法,但从某个角度看,目标管理本身实际上构成了一种新的绩效考核思路与方式,对绩效考核实践产生了深远的影响。

上述两位学者在绩效考核方面的理论阐释对完善我国公共部门人力资源管理具有积极的借鉴意义。

二、公共部门人力资源绩效考核的基本概念

(一)绩效考核的定义

对于绩效考核,有多种称谓与定义。以下是几种具有代表性的定义。

---

[1] 2007年10月15日,胡锦涛在中共十七大上所作的报告。
[2] 习近平强调:建设一支宏大高素质干部队伍,http://news.xinhuanet.com/politics/2013-06/29/c_116339948.htm,2013年6月29日。

"绩效评价（performance appraisal，PA）是定期考察和评价个人或小组工作业绩的一种正式制度。"[1]

"绩效评估是鉴定、观察、测量和发展组织中的人员绩效的过程。"[2]

"所谓公务员的考核制度，就是国家行政机关根据有关法律法规，按照管理权限，对公务员的思想道德、工作成绩、工作能力和工作态度等进行考察，作出评价，并以此作为对公务员进行奖惩、任用、培训、晋级增资的依据的制度。"[3]

"在公共部门，考核主要是指国家行政机关及国有企事业组织等根据法定的管理权限，按照一定的原则和工作绩效测量标准，定期或不定期地对所属公共部门人力资源在工作中的政治素质、业务表现、行为能力和工作成果等情况，进行系统、全面的考查和评价，并以此作为公共部门人力资源奖惩、职务升降、工资增减、培训和辞退等客观依据的管理活动。"[4]

从以上的定义中可以看出，作为一种人力资源管理活动，绩效评估的核心在于精确地测量个人的工作表现（仅关乎事实），将不同个体区分开来，并把测量结果相应地转化为代表组织看法的对其成员工作的评价（涉及价值）。在组织中，绩效评估发挥着度量工具的作用，其度量活动的结果是许多其他人力资源管理活动得以进行的前提和依据。

（二）绩效考核的作用

1. 为其他人力资源管理活动提供客观依据

就一般意义而言，奖惩、工资福利、职务升降、培训、辞退和调动等人力资源管理活动，都需要以绩效评估的结果为基本依据。从更深的层面看，绩效评估也是对人力资源整个管理活动及其效率的高低做出的一种评价反馈。

2. 对被考核者起到激励和导向的作用

在组织中，绩效评估活动的存在本身就营造了一种压力环境，使考核客体即被考核者在心理上受到督促，将自己的评估结果同其他人进行比较，将自己的工作表现同组织要求相比较，从而有效激发被考核人的竞争意识，并对其产生激励作用，促使其提升绩效水平。同时，绩效评估的过程也是管理者与被管理者相互沟通的过程。它使被考核者进一步明确了组织和管理层的价值取向、要求与期望，并促使其按照标准修正自身的行为，引导其向更好的方面发展。

3. 有利于公众对公共部门人力资源的监督

按照相关法规的要求，公共部门人力资源的考核需要将考核内容、标准公开。考核必须听取群众意见，对担任一定领导职务的公共部门人力资源必要时可以进行民主评议或民意测验。这些规定对公众监督国家公共部门人力资源，促使其改变工作作风，提高工作效率至为有利。

---

[1] R. 韦恩·蒙迪，罗伯特·M. 诺埃：《人力资源管理》（第六版），经济科学出版社，1998 年，第 297 页。
[2] The Blackwell Encyclopedic Dictionary of Human Resource Management，Blackwell Publishers Ltd，1997，p.252.
[3] 徐颂陶：《新编国家公务员制度教程》，中国人事出版社，1994 年，第 101 页。
[4] 孙柏瑛，祁光华编：《公共部门人力资源管理》，中国人民大学出版社，1999 年，第 209 页。

三、我国公共部门人力资源绩效考核的历史沿革

我国公共部门人力资源绩效考核制度是以我国干部人事考核制度为基础发展形成的，而我国的干部考核制度，是以新民主主义革命时期党的干部考核工作为基础，逐步建立和发展起来的。在不同历史时期，形式与内容侧重各有不同。

在新民主主义革命时期，干部考核主要采取"审查"的形式，主要目的是防止和清除奸细，以及了解干部的长处和弱点以便更好地使用。1940年7月15日《中央关于审查干部问题的指示》指出："干部的品质是否纯洁，和干部的工作是否分配恰当，这对于保障党的路线之执行，具有决定意义。"考核的内容侧重于"从历史上和现在工作表现上仔细考察每一个党的干部在政治上对党的忠诚程度、工作能力、长处和弱点"。

新中国成立初期，干部考核采取"鉴定"和"考察"的形式进行。1949年11月4日中共中央组织部《关于干部鉴定工作的规定》规定了干部鉴定的性质、目的、内容和方法。

1964年中共中央组织部《关于科学技术干部管理工作条例试行草案的报告》更全面地规定了干部考核的内容，提出对科技干部的考核，除了考核政治思想之外，还要考察了解他们完成工作任务的情况和工作中的贡献、科学技术水平和业务能力。

"文化大革命"期间，我国干部考核工作遭到严重的破坏，无法正常进行。

党的十一届三中全会以后，干部考核重新受到重视并得以恢复，特别是自1993年10月1日公务员制度实施以来，公共部门人力资源绩效考核制度不断走向规范化、科学化。

2006年1月1日《中华人民共和国公务员法》的正式施行以及2007年1月4日《公务员考核规定（试行）》的发布实施，使公共部门人力资源的绩效考核有了基本的法律法规依据，这标志着公共部门人力资源的绩效考核制度已进入了法治化的新阶段。

2013年12月6日中共中央组织部发布了《关于改进地方党政领导班子和领导干部政绩考核工作的通知》，该通知突出了政绩考核科学发展的导向，而不再简单地把地区生产总值及增长率作为考核评价政绩的唯一主要指标。这对于改变长期存在的简单以地区生产总值及增长率论英雄的选人用人标准是十分必要的；该通知还要求进一步强化对政府债务状况的考核和对政绩的综合分析；该通知还在完善政绩考核评价指标的基础上，规范和简化了各类工作考核，并实行责任追究制度。这些内容表明：新时期的干部政绩考核更趋科学合理。

第二节 我国公共部门人力资源绩效考核的实践运作

一、国家机关人力资源绩效考核的实践运作

（一）法律法规依据

我国国家机关人力资源的绩效考核制度实际上由国家公务员的绩效考核制度和党政领导干部考核制度两部分构成。现行的法律法规依据也分为两部分。

1. 《中华人民共和国宪法》

《中华人民共和国宪法》27条规定："一切国家机关实行精简的原则，实行工作责任制，实行工作人员的培训和考核制度，不断提高工作质量和效率，反对官僚主义。"这是在最高法律效力层次上对绩效考核活动进行了规定。

2. 《中华人民共和国公务员法》

《中华人民共和国公务员法》第33～37条对公务员考核的内容、种类、等次和考核结果的运用等方面做了规定。

3. 《公务员考核规定（试行）》

2007年1月4日发布并施行的《公务员考核规定（试行）》，是依据公务员法，为了正确评价公务员的德才表现和工作实绩、规范公务员考核工作、促进勤政廉政、提高工作效能、建设高素质的公务员队伍而做出的规定。该规定对公务员绩效考核的内容、标准和考核程序等做了严格的要求。

4. 《党政领导干部考核工作暂行规定》

该规定主要是针对党政领导干部考核活动的方式、内容、程序、考核结果的评定和使用、考核机关及考核的纪律与监督等进行的整体性规定。

5. 《地方党政领导班子和领导干部综合考核评价办法（试行）》

《地方党政领导班子和领导干部综合考核评价办法（试行）》中强调，要坚持德才兼备、以德为先，把按照科学发展观要求领导和推动经济社会发展的实际成效作为基本依据，综合运用民主推荐、民主测评、民意调查、个别谈话、实绩分析、综合评价等方法，全面客观准确地考核评价地方党政领导班子和领导干部。

（二）国家机关考核管理的实践运作

1. 考核原则

《公务员考核规定（试行）》第3条明确规定，公务员考核坚持客观公正、注重实绩的原则。其中，"客观"强调的是对被考核者的评价要实事求是、准确全面；"公正"指对任何人的考核都应严格地按照统一的规定和标准进行；"注重实绩"强调的是在全面考核公务员的德、能、勤、绩、廉的基础上，重点注重考核工作实绩。

2. 考核种类

公务员的考核分为平时考核和定期考核。定期考核以平时考核为基础。平时考核重点考核公务员完成日常工作任务、阶段工作目标情况及出勤情况，采取被考核人填写工作总结、专项工作检查、考勤等方式进行，由主管领导予以审核评价。定期考核采取年度考核的方式，在每年年末或者翌年年初进行。定期考核的结果作为调整公务员职务、级别、工资及公务员奖励、培训、辞退的依据。

3. 考核内容

对公务员的考核，以公务员的职位职责和所承担的工作任务为基本依据，全面考核德、能、勤、绩、廉，重点考核工作实绩。

德是指思想政治素质及个人品德、职业道德、社会公德等方面的表现。

能是指履行职责的业务素质和能力。

勤是指责任心、工作态度、工作作风等方面的表现。

绩是指完成工作的数量、质量、效率和所产生的效益。

廉是指廉洁自律等方面的表现。

4. 考核程序

（1）被考核公务员按照职位职责和有关要求进行总结，并在一定范围内述职。

（2）主管领导在听取群众和公务员本人意见的基础上，根据平时考核情况和个人总结，写出评语，提出考核等次建议和改进提高的要求。

（3）对拟定为优秀等次的公务员在本机关范围内公示。

（4）由本机关负责人或者授权的考核委员会确定考核等次。

（5）将考核结果以书面形式通知被考核公务员，并由公务员本人签署意见。

对担任机关内设机构领导职务公务员的考核，必要时可以在一定范围内进行民主测评。各机关将《公务员年度考核登记表》（表 16.1）存入公务员本人档案，同时将本机关公务员年度考核情况报送同级公务员主管部门。

表 16.1　公务员年度考核登记表（年度）

姓　名		性　别		出生年月	
政治面貌		任现职时间			
单位及职务					
从事或分管工作					
个人总结				签名：　　年　月　日	
主管领导评语和考核等次建议				签名：　　年　月　日	
机关负责人或考核委员会意见				签名：　　年　月　日	
本人意见				签名：　　年　月　日	
未确定等次或不参加考核情况说明				盖章或签名：　　年　月　日	

5. 考核结果及其使用

年度考核的结果分为优秀、称职、基本称职和不称职四个等次。公务员年度考核优秀等次人数，一般掌握在本机关参加年度考核的公务员总人数的 15% 以内，最多不超过 20%。

公务员年度考核被累计两年被确定为称职以上等次的，在所定级别对应工资标准内晋升一个工资档次；累计五年被确定为称职以上等次的，在所任职务对应级别范围内晋升一个级别。确定为称职以上等次，且符合规定的其他任职资格条件的，具有晋升职务的资格；连续三年以上被确定为优秀等次的，晋升职务时优先考虑。被确定为优秀等次的，当年给予嘉奖；连续三年被确定为优秀等次的，记三等功，享受年度考核奖金。

公务员年度考核被确定为基本称职等次的，对其诫勉谈话，限期改进；本考核年度不计算为按年度考核结果晋升级别和级别工资档次的考核年限；一年内不得晋升职务；不享受年度考核奖金。

公务员年度考核被确定为不称职等次的，降低一个职务层次任职；本考核年度不计算为按年度考核结果晋升级别和级别工资档次的考核年限；不享受年度考核奖金；连续两年年度考核被确定为不称职等次的，予以辞退。

二、事业单位人力资源绩效考核的实践运作

（一）法律法规依据

1. 《中华人民共和国宪法》

《中华人民共和国宪法》第 27 条关于"一切国家机关实行精简的原则，实行工作责任制，实行工作人员的培训和考核制度，不断提高工作质量和效率，反对官僚主义"的规定也适用于所有事业单位。

2. 《中华人民共和国公务员法》

《中华人民共和国公务员法》第 106 条规定，法律、法规授权的具有公共事务管理职能的事业单位中除工勤人员以外的工作人员，经批准参照本法进行管理。

3. 《事业单位人事管理条例》

2014 年 7 月 1 日施行的《事业单位人事管理条例》中，第 20～22 条对于事业单位考核的依据、种类、评定档次等做了明确的规定。

4. 《事业单位工作人员考核暂行规定》

《事业单位工作人员考核暂行规定》对事业单位工作人员考核的内容、标准、方法、程序、考核结果的使用及考核的组织管理等进行了具体规定。

（二）事业单位考核管理的实践运作

1. 考核的基本原则

根据《事业单位人事管理条例》，事业单位的考核应当遵循以下原则：根据聘用合同规定的岗位职责任务，全面考核工作人员的表现，重点考核工作绩效；考核应当听取服务对象的意见和评价；考核结果作为调整事业单位工作人员岗位、工资以及续订聘用合同的依据。

2. 考核的分类和等次

《事业单位人事管理条例》第 21 条规定，考核分为平时考核、年度考核和聘期考核。年度考核的结果可以分为优秀、合格、基本合格和不合格四个档次，聘期考核的结果可以

分为合格和不合格两个档次。

3. 考核程序

事业单位工作人员年度考核的基本程序如下。

（1）被考核人个人总结、述职。

（2）主管领导人在听取群众意见的基础上，根据平时考核和个人总结写出评语，提出考核等次意见。

（3）考核组织对主管领导人提出的考核意见，进行审核。

（4）事业单位负责人确定考核等次。

（5）将考核结果以书面形式通知被考核人。

三、国有企业人力资源绩效考核的实践运作

（一）法律法规依据

我国目前对国有企业人力资源的考核尚无专门的法规规定，相关的绩效考核的规定散见于下述的法律、法规和条例之中：

《中华人民共和国宪法》《中华人民共和国全民所有制工业企业法》《中华人民共和国劳动法》《中华人民共和国公司法》《全民所有制工业企业转换经营机制条例》《国有企业财产监督管理条例》《关于加强国有企业领导班子建设的意见》《关于做好国有企业领导班子考核建设工作的通知》《国有资本金效绩评价规则》《国有资本金效绩评价操作细则》《企业国有资产监督管理暂行条例》《中国共产党全民所有制工业企业基层组织工作条例》《全民所有制工业企业厂长工作条例》《中央企业负责人经营业绩考核暂行办法》《深化干部人事制度改革纲要》。

《深化干部人事制度改革纲要》中对国有企业人事制度改革的发展方向进行了规定，明确提出要完善国有企业领导人员考核办法，"对国有企业领导人员实行年度考核和任期考核。根据岗位责任的特点，明确考核指标和考核标准，重点考核经营业绩和工作实绩。改进考核方法，研究制定国有企业领导人员业绩考核评价指标体系，在国有企业中逐步推广。建立国有企业领导人员的业绩档案"。

（二）国有企业考核管理的实践运作

1. 考核对象

主要是企业的厂长（经理）、副厂长（副经理）、党委书记、副书记、董事长、副董事长。企业其他领导人员是否列入考核范围，由各地各部门根据实际情况决定。

2. 考核内容

考核企业领导班子贯彻执行党和国家的方针、政策情况；遵守党纪和国家的法律、法规情况；企业经营管理和国有资产增值保值情况；推进企业精神文明建设情况；思想作风、精神状态、企业道德、勤奋敬业和廉洁自律情况。要根据不同企业不同岗位的特点，将考核项目加以细化。既要考核领导班子的整体状况，又要考核领导成员个人表现。对企业行

政领导人员,要着重考核民主决策、管理能力、经济效益和工作实绩,以及企业技术更新、设备改造、新产品开发和国内外市场开拓情况。对企业党组织负责人,要着重考核在企业党的建设、精神文明建设方面的成效和工作实绩,尤其是参与企业重大问题决策,发挥党组织政治核心作用,围绕企业生产经营加强职工思想政治工作的情况。

3. 考核程序

（1）认真分析近几年企业财务决算或财务审计情况,对企业经营和财务状况做出评价。

（2）企业领导人员向有关主管部门、产权代表和职工代表大会述职,并作企业的工作报告。

（3）对企业领导人员进行民主评议和民主测评。

（4）听取企业领导班子成员、中层管理人员及主管部门和纪检、监察、审计、税务和国有资产管理、银行等有关方面的意见。

（5）对领导班子及其成员做出客观公正的评价,考核意见要采取适当方式及时反馈。

4. 组织领导

各省、自治区、直辖市要成立专门的协调机构,由一名党委或政府领导同志牵头,有关部门的负责同志参加,负责指挥协调本地区国有企业领导班子的考核、建设工作。直属企业较多的中央国家机关部委、总公司,要有专人负责这项工作,也可以成立必要的机构。

5. 考核结果的使用

在对国有企业领导班子进行考核的基础上,区别不同情况,通过思想教育和整顿、组织调整、加强培训、完善制度等措施,提高国有企业领导班子的整体素质。

第三节 我国公共部门人力资源绩效考核制度的改革与完善

一、对西方发达国家人力资源绩效评估的分析与评价

我国公共部门人力资源绩效考核实践同西方发达国家之间存在着巨大的差异,这种状况既同我国干部人事制度的独特发展历程和我国的特殊国情这个宏观背景有关,又同我国的公共部门人力资源管理仍处于初级发展阶段有关。这种较低的可比性导致了我国借鉴发达国家优秀经验的困难。由于缺乏必要的土壤与环境,我们无法简单地将那些在其他国家的实践中获得良好效果的具体操作方法直接应用于我国的公共部门人力资源管理实践。要想学习西方发达国家的先进经验,必须从其固有的思路出发,充分理解其实践活动及背后蕴涵的逻辑,再由此反观我国的实际情况,而不能机械、生硬地从我国当前习以为常的实践与思路出发去把握西方发达国家的先进经验。因此,在这部分内容中,将对西方发达国家公共部门人力资源绩效考核活动的现状及思路、线索进行简要的分析。

各国的人力资源管理实践之间存在着差异,具体到绩效考核这一人力资源管理基本功能来说,在管理机构、操作方法与程序、考核结果等次及使用等方面,各不相同。但在各发达国家的公共部门绩效考核体系中,存在着共同的指导思想,贯穿于绩效考核活动的各个环节。下面就对发达国家绩效考核活动过程中涉及的一些主要问题进行分析,图16.1

显示了这一过程及相关的问题。

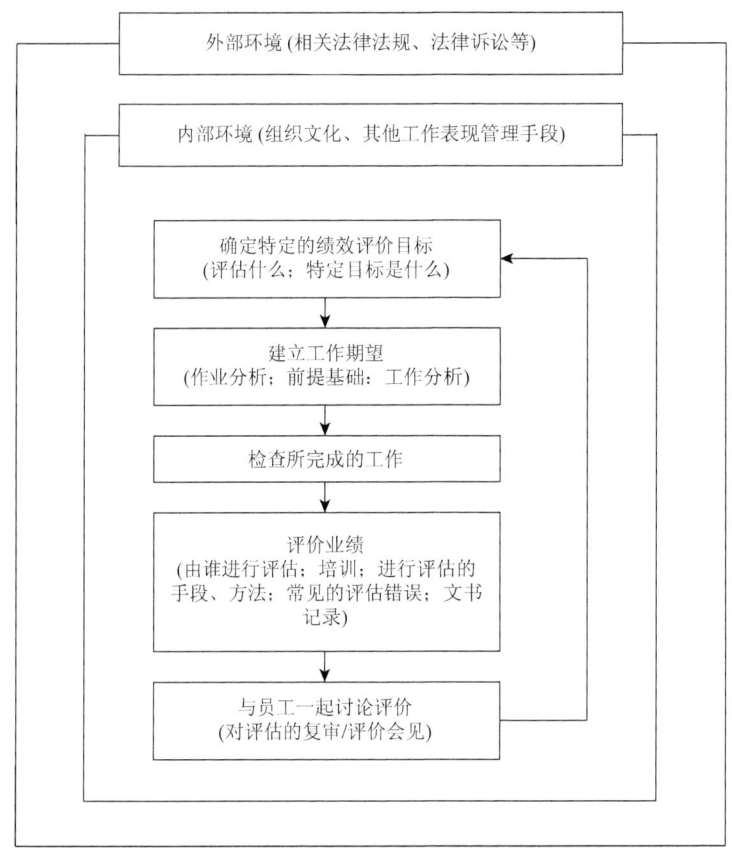

图 16.1 绩效评估过程及相关问题

资料来源：R. 韦恩·蒙迪，罗伯特·M. 诺埃著，《人力资源管理》（第六版），经济科学出版社，1998 年，第 301 页

（一）考核评估什么

绩效评估体系的设计者将其认为同绩效相关的因素作为考核评估的内容。按照评估内容的不同，可大体将评估体系分为两类：人员导向的评估体系（person-based rating system）和绩效导向的评估体系（performance-based rating system），它们分别使用人员导向和绩效导向的评估标准。当然，这种划分并不是绝对的，现实中使用的评估体系往往对两类标准均有涉及，只是侧重不同。

在人员导向的评估体系中，接受评估的是被评估者自身，评估者将其同其他的被评估者或某种固定的标准相比较。在绩效导向的评估体系中，接受评估的是被评估者的行为，评估者将其同被评估者先前的行为与标准相比较。人员导向评估体系的优点是具有较强的可操作性，易于实施。它的缺点在于信度与效度都比较低，无法切实有效地提高被评估者的绩效水平，也无法有效地支持相关的人事研究。

同人员导向的评估体系相比绩效导向的评估体系有许多明显的优点。绩效导向的评估标准是事先明确规定的行为（经过对以往绩效评估结果的合理分析得出），而不是被认为同绩效相关的个体特征，因而评估结果更为客观。同时，由于绩效标准（工作行为）必须为适应组织目标及环境等因素的变化而相应地定期作出调整，所以增加了评估者和被评估者之间的沟通，使被评估者更加明确组织的目标。因此，绩效导向的评估体系的信度和效度都较高，有助于个人绩效和组织绩效的长期改进。绩效导向评估体系的缺点在于其开发的高难度。一般说来，绩效导向的评估体系更适用于工作成果容易量化的产出性的工作。而工作内容较为复杂的职位，由于被评估者的绩效受到众多因素的影响，工作的成果不易量化，所以不易使用绩效导向的评估标准[1]。

近年来，国外学者对于绩效评估的研究更加深入，使人们对于绩效的内涵和结构有了更加全面的认识。比如，一些学者将绩效区分为任务绩效（task performance）和关系绩效（contextual performance）。任务绩效指为组织所规定的行为，是与被评估者的特定工作的核心要求直接相关的所有行为；关系绩效则是与特定工作无直接关系的绩效行为，是被评估者自发的行为，并不直接影响工作的完成，但却为工作的完成提供了广泛的组织、社会和心理环境[2]。

（二）前提基础

通过工作分析制定出职位说明书，职位说明书是对某个具体职位上的任务、责任、职责，以及完成该职位职责所需的最低知识、技能和能力（knowledge, skills and abilities, KSA）及资格条件所做出的说明。而绩效评估所依据的标准则在很大程度上是由职位说明书所规定的，因此，实际上是工作分析构成了绩效评估活动的前提基础。

（三）针对特定目的的评估体系

尽可能针对不同的目的（如薪酬分配和改进雇员绩效）使用不同的评估体系。

（四）由谁进行评估

绩效评估可以由不同的人进行，通常的选择有以下几种。

1. 直接主管

由顶头上司进行绩效评估为大多数组织所采用和认可。原因在于，直接主管通常处于观察下属工作表现的最佳位置；同时，直接主管还要对下属的培训和发展负责，因此由其进行评估也是恰当的。缺点在于，直接主管可能会带有偏见，过分强调下属绩效中的某一方面而忽视其他方面，并有可能操纵和控制绩效评估；另外，由于工作地点不同和其他一些原因，下属工作表现的某些方面无法为其上司所观察到。

---

[1] 罗纳德·克林格勒，约翰·纳尔班迪：《公共部门人力资源管理：系统与战略》，中国人民大学出版社，2001年，第404~406页。

[2] 蔡永红，林崇德：《绩效评估研究的现状及其反思》，载《北京师范大学学报》（人文社会科学版），2001年第4期，第122页。

2. 下属

由下属进行评估时应注意这样几个问题：第一，下属评估同样有着无法全面观察被评估者工作表现的问题，应尽量由那些经常与上司接触，能够从多方面观察到上司工作表现的下属进行评估；第二，由于害怕上司的报复，下属可能在评估中隐瞒真相，所以必须对评估者的姓名及其他资料进行保密。

3. 同事

相对于上司和下属，同事在观察被评估者工作表现方面常常处于一个更加有利的位置：更加接近被评估者的行为，对其工作表现有更全面的认识，并且有不止一个评估者。因此，同事评估的信度与效度都比较令人满意。尤其是在工作环境不断发生显著变化的今天，团队合作、自我管理的工作小组及全面质量管理等的出现使同事评估的重要性日益增加。

4. 自我评估

对于自己的工作表现，人们通常是有比较清醒和准确的认识的。如果他们能够准确地了解组织的目标和绩效考核标准，并被赋予了进行自我评估的机会，他们通常能够客观地评价自己的工作表现并进行改进。自我评估增进了管理者和被管理者之间的沟通；并且，进行自我评估的雇员往往能够更加积极主动地寻求自身的发展。

5. 其他同被评估者有较多接触的人士

这些人里可能包括组织中除直接主管之外的同被评估者有较密切接触的其他上级、有合作关系的其他组织中的成员、组织外部的顾客等。

对评估者的选择实际上反映出信息来源的问题，应该让那些对被评估者工作表现（也可能是某个特定方面）最为了解的人为评估提供信息。

各种评估主体之间并不是彼此孤立的。组织所采用的往往是来自各种评估主体（组织内外部的顾客）的评估的综合，即所谓"360度评估"或"360度反馈"。在一个评估体系中，涉及的评估者越全面，评估结果就越可信，当然，进行评估的成本也就越高。

（五）培训

绩效评估的复杂性决定了对评估者进行培训的必要性。培训的内容应包括：如何确定评估标准、如何观察被评估者的工作表现、如何进行文书记录和评价会见，以及评估文件的写作、评估结果的反馈、避免评估中可能出现的错误等技能。

培训既可以由组织内部的人力资源管理部门通过短期培训班等形式提供，也可以由组织外部的大学或咨询公司的专业人员提供[①]。

（六）进行绩效评估的方法

由于组织中的绩效评估活动要针对不同的对象，服务于不同目的，所以有必要相应地

---

① Joan E. Pynes：《公共和非营利性组织的人力资源管理》，清华大学出版社，2002年，第114～116页。

采用多种不同评估方法。最常见的评估方法有以下几种。

1. 业绩评定表法

业绩评定表法（rating scales method）是一种比较容易开发和管理，并被广泛采用的评估方法。这种方法的核心是采用表格的方式。表格由两部分组成：一是被评估的各项因素；二是按照一定的评估尺度，用特定的表述方式将各项被评估因素分为高低渐次的几个等级（通常为5~7个）。评估者就表内的各项因素对被评估者进行评估，并确定其等级。然后，按照特定的计分公式，将被评估者在各项因素上所得的等级分数相加，得出其总分。再根据总分确定被评估者最终等级。

被评估的因素有很多，大体可以分为两类：与工作表现（即行为）有关的因素和与个人特征相关的因素。相比之下，使用以工作表现为主要评估因素的方法更为可靠[①]。图16.2是业绩评定表的实例。

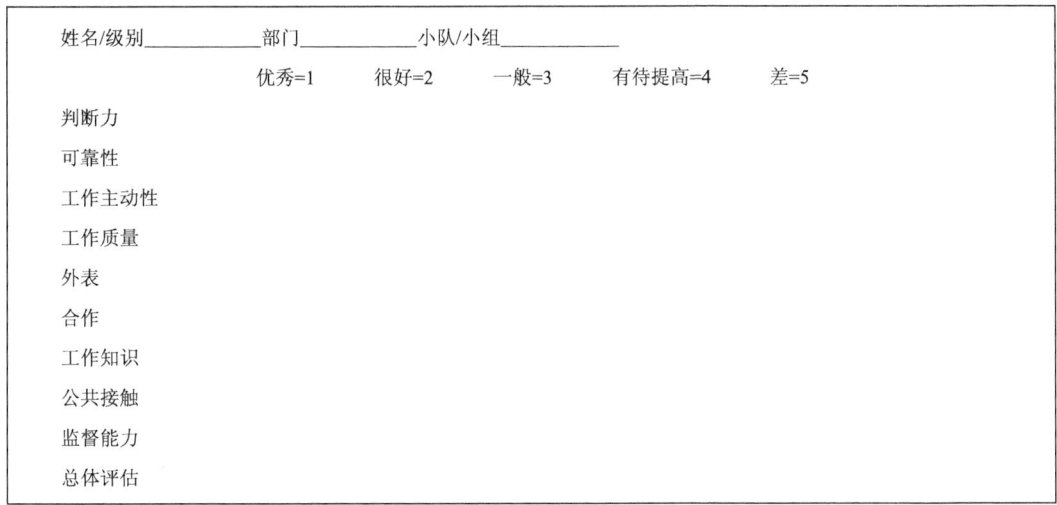

图 16.2　业绩评定表实例

资料来源：Joan E. Pynes 著，《公共和非营利性组织的人力资源管理》，清华大学出版社，2002年，第127页

2. 叙述法

叙述法（essay method）这种古老与广为流传的评估方法只需评估者写一篇记叙文来描述被评估者的工作表现或个性特征。这种评估方法由于不存在统一的标准，因而评估结果之间的可比性较低。

3. 关键事件法

关键事件法（critical incident method）又称工作抽样法。当被评估者的某种行为对组织的绩效产生了积极或消极的重大影响时，这种行为可以被称为关键事件。关键事件法要求评估者对具有代表性的关键事件进行书面记录。这些记录将同其他资料一起被用于对被评估者的工作进行评价。图16.3是关键事件法的实例。

---

① The Blackwell Encyclopedic Dictionary of Human Resource Management，Blackwell Publishers Ltd，1997，p.41~42.

积极的:
日期　雇员自愿完成了四项附加的工作任务。
日期　管理人员接到专业人士 X 打来的电话，向其推荐由雇员 A 担任助手工作。
日期　雇员在截止日期两周前就将进展报告 B 交了上来。该报告完整而准确。该雇员进行了独立的判断。

消极的:
日期　雇员没能交出一份准确而完整的核实报告。核查人员认为这些不足应该受到惩罚。
日期　雇员拒绝回复客户的电话，结果导致客户遭受了损失。
日期　雇员错过了提交经费申请的最后期限，结果导致组织没有获得 X 数量的资金。X 计划不得不被取消。

图 16.3　关键事件法实例

资料来源：Joan E. Pynes 著，《公共和非营利性组织的人力资源管理》，清华大学出版社，2002 年，第 127 页

4. 目标管理法

目标管理法（management by objectives evaluation method）：评估者和被评估者共同确定一段时期（通常为一年）的工作目标，并就如何实现这一目标进行沟通。然后在事先约定的某个时间（通常是评估后期），上司和下属举行一次评估会见，确定目标的完成情况及解决遗留问题的措施。之后，确定下一个目标，重复同样的过程[①]。

5. 硬性分布法

按照硬性分布法（forced distribution method）要求，评估者要把被评估者（通常为本部门或工作小组的所有成员）分配到一个事先规定的绩效等级分布之中。通常规定的分布状况是较少比例的被评估者处于极端的绩效等级（最好或最差），较大比例的被评估者处于中间的绩效等级[②]。

6. 行为固定业绩评定表法

行为固定业绩评定表法（behaviorally anchored rating scales method）被认为是传统的业绩评定表法和关键事件法的结合。在这种方法中，业绩评定表中的每个职位上的被评估因素和每个绩效等级，都有具体的行为描述进行定义，也就是说，某一特定工作表现方面的各种程度等级的行为，都被具体详细地进行了说明。

7. 作业标准法

作业标准法（work standards method）是一种用事先确定的标准和产出水平来评估被评估者工作绩效的方法。这种方法中所使用的标准是根据一名普通雇员根据平均速度工作所得的一般产出确定的。这种方法可以应用于各种工作，但最主要还是应用于生产部门中。客观性是作业标准法的最大优点。但使用这种方法时要注意让被评估者清楚地了解标准是怎样确定的，当标准需要发生变化时，也必须向他们解释清楚。

8. 排列法

排列法（ranking method）要求评估者把工作小组或部门中的所有雇员按照总绩效或列出的每个因素进行排序，但通常只是按总绩效排序。这种方法的优点在于它强迫评估者对不同的被评估者的绩效水平进行区分，同时，也防止了过严或过宽评估错误的出现。

---

① The Blackwell Encyclopedic Dictionary of Human Resource Management，Blackwell Publishers Ltd，1997，p.205～206.

② The Blackwell Encyclopedic Dictionary of Human Resource Management，Blackwell Publishers Ltd，1997，p.120.

这种方法的缺点在于：第一，当被评估者的人数较多时，评估会变得耗时且困难；第二，尽管排序可以显示不同的被评估者绩效水平孰高孰低，却无法显示出绩效水平的差距究竟有多大；第三，不同群体的排序彼此之间无法进行比较；第四，排序无法解释为何某个被评估者被排列在其所在的位置上；第五，无法起到促进信息反馈和雇员发展的作用，尤其是当排序是基于总绩效作出的时候①。排列法有一种演变形式，即平行比较法（paired comparison method），又称配对比较法或人与人比较法。这种方法需要将每个被评估者的绩效同小组或部门中的所有其他被评估者分别相比较，获得有利的对比结果最多的被评估者被排列在最高位置，依次类推。这种比较也是主要基于单一标准，如总绩效。

很多组织错误地认为，一种绩效评估方法适用于组织的所有目的，这是不对的。前文曾提到，评估体系是针对特定的目的建立起来的，不存在能够完善地满足所有目的的评估体系。因此，当组织需要达到特定的目标时，必须选择与之相称的绩效评估方法。表 16.2 对不同目的与评估方法之间的对应关系进行了简单总结。

表 16.2 绩效考核方法与所达到目的之间的对应关系

目的	导向	方法
信息反馈与沟通	绩效导向	业绩评定表法、关键事件法、目标管理法、行为固定业绩评定表法、作业标准法
客观依据	人员导向，绩效导向	业绩评定表法、硬性分布法、行为固定业绩评定表法、排列法
绩效改进	绩效导向	业绩评定表法、关键事件法、目标管理法、作业标准法
人事研究	绩效导向	叙述法、关键事件法、行为固定业绩评定表法、作业标准法

（七）常见的评估错误

最常见的评估错误主要有两个。

1. 光环效应

光环效应（halo effects）又称晕圈错误。指评估者对某个因素或某个方面过于看重，并因此对被评估者的其他方面也给出过分的评价的情况。光环效应还包含着一个叫作"逻辑错误"的小类，指评估者将不同的评估要素混淆在一起，由于被评估者拥有某方面的特征而对其他方面做出错误的评估。

2. 分布效应

分布效应（distributional effects）通常是指某些因素对绩效评估结果的等级分布构成影响的情况。分布效应可以分为两种类型：一是过宽评估（leniency effects），指对被评估者一直给予比人们所设想的常规值或平均值高的评价；二是中心倾向（central tendency effects），指评估者错误地将被评估者评价为接近平均或中等水平。

---

① The Blackwell Encyclopedic Dictionary of Human Resource Management，Blackwell Publishers Ltd，1997，p.280.

（八）评估会见

评估会见通常每年举行一次，为被评估者提供来自管理层的反馈。在评估会见中，被评估者和评估者（通常为下属和上司）共同对评估工作进行复审，除了绩效表现和发展之外，讨论通常还涉及薪金问题。评估者在准备评估会见时应考虑的三个基本问题是：讨论被评估者过去的业绩；同被评估者一同为其确定下一阶段的目标；提出关于如何实现目标的建议。

二、国家机关人力资源绩效考核管理的改革与完善

（一）国家机关人力资源绩效考核管理现存的主要问题

1. 职位分类不健全制约了考核的有效性

科学合理地设置公务员职位、制定详细的工作说明书是公务员考核制度实施的前提基础。而从现实看，我国的职位分类仍处于初级阶段，工作分析十分欠缺，职位说明书对于任职资格、职务责任和工作任务的规定仍显模糊，不易操作。这就使得考核指标的随意性增大，无法确切评估公务员的职责和岗位所需要的素质，直接降低了考核指标的有效性。

2. 考核指标体系缺乏科学性和针对性

公务员绩效考核的基本功能就是一种具有特定内涵的价值评判系统，它要求必须建立一套合理科学的衡量标准，这些标准就构成了考核指标体系。一般而言，考核指标应力求细致、量化、全面，防止给考核主体留有主观臆断和较大随意解释的空间。而《中华人民共和国公务员法》对公务员考核的"德、能、勤、绩、廉"五个方面只做了原则性的概括，缺乏具体的规定。导致公务员考核指标体系比较原则和模糊，缺乏必要的细化指标设计，在具体操作中难以准确把握，考核容易异化为个人工作总结和对个人工作总结的认可，从而落入"假、大、空"的困境。同时，不同部门、不同层级、不同职业特点的公务员，其工作性质、工作任务、承担的责任也各不相同，对他们的要求自然也应不一样。而现在一些行政部门的考核办法却无视这些区别和差异，考核指标缺乏针对性，千篇一律，使考核难以发挥实质性的作用。

3. 考核评定偏重定性，致使考核结果优劣难分

定性考核是中国人事考核的传统方法，由于它简便易行，又由于政府机关的很多工作很难进行定量分析，所以公务员考核评价选择了以定性为主的考核方法。考核评定过于偏重定性方式，容易导致考核内容界定的笼统和模糊。例如，"工作任务完成的质量"这项指标，如果没有对指标进行量化规定，其考核评价"好、中、差"就难以区别。定性考核难以明确区分绩效的高低，从而影响了考核的公正性。

4. 考核过程中的主观误差影响了考核的客观公正

公务员绩效考核过程中，考核的实施者，即考核者的作用也很重要。但现行的公务员考核制度中为考核者预留了过大的自由裁量和随意解释考核指标的空间，而另一方面又缺

少对评估者进行必要考核培训与教育的环节,再加上考核者专业化程度不高,造成考核标准客观,而考核结果主观,考核者自身感情因素在其中起到了很大的作用。很明显的表现就是考核者容易受光环效应、从众效应、分布效应、溢出效应、个人偏见等评估错误的影响,从而降低了考核的客观公正。

5. 绩效考核过程中存在着严重的平衡倾向

现行公务员考核评价机制,追求平衡成为决定考核结果的重要因素,考核平衡成为多数机关的现实选择。具体表现为:一是按内设机构平衡,不少机关一般都按内设机构人员数分配"优秀"比例。二是按职务级别平衡,国家部委是把司局级和处级以下人员的"优秀"指标分开,在地方也大体如此[①]。同时,有的公务员德才表现和工作实绩欠佳,但是由于所属领导基于"平衡照顾"的思想,考核结果也进入了"称职"的档次。这种奖惩不分的现象难以达到奖优罚劣的效果,从而降低了公务员勤奋努力工作的积极性,久而久之还可能使公务员的考核产生形式主义的弊端,从而影响了考核的激励效果。

6. 缺少评估会见环节,影响了考核信息的反馈与沟通

从现行的《中华人民共和国公务员法》中可以看出,考核的程序中缺少考核者与被考核者进行交流沟通的机制和环节。由于没有建立完善的考核反馈体系,考核者在做结论时就很难换位思考,从被考核者的角度来考虑问题,做出客观的考核结果,而考核者与被考核者就缺少一个互相交流的环节,被考核者不能清楚认识自己存在的问题和不足,以及自己在以后的工作中应该在哪些方面做出改进,这就不利于公务员个人和组织绩效的提升。

(二)国家机关绩效考核管理改革与完善的思路

1. 建立科学的考核指标体系

首先,细化规范考核指标。根据《中华人民共和国公务员法》,公务员考核内容分为德、能、勤、绩、廉五个方面,这种内容划分比较宽泛,在考核实践中不容易准确把握。所以,在实施公务员考核过程中,绩效考核指标的选取应以公务员的岗位职责为依据,在德、能、勤、绩、廉五个一级指标的基础上,进一步细分到二级指标、三级指标甚至更多级指标,同时考核指标应体现不同岗位、不同职级的公务员要求的差异。例如,"能"主要指公务员的业务能力和素质,可以细分为业务执行能力、表达能力、专业知识能力等二级指标,再依此设计出三级指标,同时为了区分指标的重点可以引入权重,如表16.3所示。

表16.3 公务员绩效考核指标设计

一级指标	权重	二级指标	权重	三级指标	权重
能	0.2	业务能力		业务具体操作能力	0.4
				组织能力	0.1
				协调能力	0.1
				沟通能力	0.2
				合作能力	0.2

---

① 刘彦,孟祥科:《完善我国公务员绩效考核评价体系的思考》,载《中共合肥市委党校学报》,2007年第4期,第28页。

续表

一级指标	权重	二级指标	权重	三级指标	权重
能	0.2	表达能力		口语表达能力	0.4
				书面表达能力	0.3
				图表绘制表达能力	0.3
		专业知识能力		专业级别、所获证书等	

资料来源：李丽琴，马磊著，《公务员绩效考核操作层面的改进对策》，载《人才资源开发》，2007年第9期，第10页

其次，实现定量分析和定性分析相结合。定量化的指标比较明确，便于比较，客观性强，更有说服力，所以应该在设计考核指标体系时尽量注重以标准化的量化指标。同时又要警惕定量分析极端化的倾向，一味追求与经济相关的量化指标，而忽视了民生指标，避免"GDP崇拜"的再次出现。公务员工作性质的多元化和复杂化的特点，公务员的工作目标和结果往往难以量化，难以找到定量的测评指标，这就导致公务员考核不能脱离定性的考核指标。在实践中，应力求做到定量分析与定性分析相结合，避免二者过度极端化的倾向。

最后，力求考核指标体系更具有针对性。不同部门、不同层级、不同职业特点的公务员，依据不同的职位说明书制定相应的考核指标。体现考核的针对性，避免"一刀切"考核现象的出现。这就要求职位说明书必须对某个具体职位上的任务、责任和职责，以及完成该职位职责所需要的知识、技能、能力和资格条件做出详细的说明。依此观之，还需要不断推进公务员职位分类制度的发展和完善。

2. 完善科学评价方法，健全民主评议机制

现行公务员考核评价方法，其具体操作主要是分层次进行个人总结述职、民意测验、考核小组评议、领导最后审定。但从完善考核评价方法考虑，对不同层次和不同职务的公务员考核评价可采取不同方法，以使述职考核评价法、测评考核评价法、专家考核评价法、考试考核评价法等多种考核方法得到灵活的运用。

在这个基础上，更加重视民主评议机制的完善。政府的公共性质及其承担的社会责任决定了其绩效考核不能仅由自身来进行，社会的反馈和政府工作的社会效果都需要来自政府外部的考核主体的参与。这便要求考核主体不仅包括公务员的自我评估、上级领导的评估、同事的评估，还应当引进政府管理和服务的对象即社会公众的评价，逐步实现官方考核与民间评价并重的考核制度。尤其是对于那些与公众接触较为密切的服务性的基层部门的公务员进行考核时，公众的评价更应占相当的比例。

3. 适当增设考核评价结果的等次

根据《中华人民共和国公务员法》，公务员定期考核的结果分为优秀、称职、基本称职和不称职四个等次。考核评价结果的等次过少，可能造成考核操作简单化倾向，使考核结果趋向扁平化，这样就不能客观准确地反映公务员绩效考核结果的实际分布状况，也就降低了绩效考核的激励作用。发达国家公务员考核评价结果的等次划分，一般为5~7个等次。例如，英国在实施公务员绩效评估的过程中规定了五个评估档次，即A档为工作出色，B档为工作较出色，C档为适应本工作，D档为基本适应工作，E档为工作不令人

满意。日本公务员的考核结果也是五等，分为卓越、优秀、良好、较差、低劣五个等级[①]。鉴于此可以适当增加公务员的考核等次。例如，可将考核等次设定为"特别优秀、优秀、良好、一般、较差"五档，确定每个档次的基本标准，并赋予不同等次公务员不同的奖惩措施，形成更强的竞争和激励机制。

4. 增加评估会见环节，使考核信息得到及时有效地反馈

评估会见环节的设置，主要是为考核主客体之间构筑一个信息交流的平台，考核主体能够知道被考核者的想法与要求，被考核者也能清楚自己存在的缺陷与不足，以求积极的改正和不断的进步。并在评估会见的过程中，引入目标管理方法，使考核者传达对未来发展的希冀和规划，也使被考核者明确下一步工作的目标和方向。从而，使考核双方能够更好的合作，也使公务员绩效考核制度充分发挥它的激励作用。

5. 重视考核的教育培训和绩效文化建设

以往考核过程的过于简单，使得考核培训环节受到忽视，对于考核的目标、考核的作用和意义的认识还存在偏差，公务员队伍和社会公众对于公务员绩效考核制度的认同和理解还是远远不够的，这在一定程度上也是公务员绩效考核往往被置于形式主义尴尬境地的重要原因。因此，在致力于考核体系和机制的建设过程中，更不能忽视对人的考核观念的更新、考核能力的提高和"以人为本"的绩效文化的建设。通过教育培训和绩效文化的建设，提升考核能力，增大公务员队伍对考核的认同感，在行政部门内形成追求优异绩效的核心价值观，以实现绩效考核的初衷。

三、事业单位人力资源绩效考核管理的改革与完善

（一）事业单位人力资源绩效考核管理现存的主要问题

1. 对绩效考核的目的认识不够

我国很多的事业单位将考核的目的定位为仅是确定加薪、职位升降等利益分配的依据和工具。虽然这会对职工产生一定的激励作用，但势必使得考核在职工心目中形成一种消极的印象，这本身就是对考核狭隘的和歪曲的理解。同时还会产生一些负面的影响。例如，为了加薪和晋升，把主要精力用在讨好上级等关系的经营上，而忽视了对自己本职工作的关注。这在一定程度上是由事业单位对绩效考核的目的不明确所导致的。根据现代管理思想，绩效考核的首要目的是对管理过程的一种控制，其核心的管理目标是通过了解和考核职工的绩效以及组织的绩效，并通过结果的反馈实现职工绩效的提升和事业单位管理的改善。

2. 绩效考核方法简单

事业单位绩效考核往往只在年终进行一次考核，考核也无非是写工作总结或述职报告，然后由考核者进行评定。而把考核评定等次按照一定的比例硬性分配给各个部门，从而使考核的激励作用受到了削弱。同时，这种只重结果、不重过程的考核方法，忽视了对职工在工作过程中出现的问题和不符合组织目标的行为的及时纠正。

---

① 李丽琴，马磊：《公务员绩效考核操作层面的改进对策》，载《人才资源开发》，2007年第9期，第11页。

3. 绩效考核流于形式

正是对于事业单位绩效考核的扭曲认识和简单化处理，使得绩效考核的作用仅仅停留在表面，无法真正发挥其效力，难以逾越形式主义的困境。而流于形式的绩效考核又反过来影响了事业单位人员对它的认识和评价，造成了"干与不干一个样、干多干少一个样、干好干坏一个样"的消极情绪，从而降低了工作人员的热情和整个组织的绩效。

（二）事业单位人力资源绩效考核管理改革与完善的思路

1. 转变观念，提高对绩效考核工作的重视程度

我国事业单位的人力资源管理，在理念上还远没有实现从传统人事管理向现代人力资源管理，从以事为中心向以人为本的转变。因此，首要的就是转变观念，通过绩效考核培训，使事业单位的考核人员明确绩效考核的真正目的和重要意义，公正客观地对待绩效考核工作。同时事业单位的被考核人员也要提高对绩效考核的认识程度，增强对绩效考核的认同和支持，努力提高工作效率，从而提升整个组织的工作绩效。

2. 建立科学的绩效考核体系

应在区别不同种类的事业单位，区别同一单位不同部门的特殊工作性质的基础上，相应地制定科学的、合理的、操作性强的考核指标体系。采取切实可行的考核方法，努力做到考核中领导与群众相结合，平时考核与定期考核相结合，定性考核与定量考核相结合。

3. 完善配套的激励机制

科学的绩效考核离不开与之配套的激励机制。绩效考核脱离了奖惩，就缺少了激励；而没有相应的激励机制，再有效的绩效考核也仅仅是纸上谈兵，毫无意义。完善与绩效考核相对应的激励机制，关键是建立配套的工资福利、职务升降等奖惩制度。使得事业单位人员的工作能够在客观公正评价的基础上得到相应的物质和精神的激励，从而促使员工保持积极地工作热情，促进组织目标的顺利实现。

四、国有企业人力资源绩效考核管理的改革与完善

（一）国有企业人力资源绩效考核管理现存的主要问题

上文对国家机关和事业单位绩效考核存在问题的分析，也同样适用于国有企业。现阶段我国国有企业人力资源绩效考核存在的主要问题包括以下内容。

1. 国有资产管理体制不完善

传统的国有资产管理体制存在着制度性障碍，其突出表现是政府的社会公共管理职能与国有资产出资人职能没有完全分开，国有资产出资人职责由多个部门分别行使。这就导致了国有资产出资人不到位，以及政府对企业进行行政干预、政企不分两方面问题的出现，同时也制约了国有企业建立现代企业制度，并进而影响到国有企业的人力资源绩效考核制度的健全与完善。

2. 绩效考核体系不健全

考核内容不够全面，存在着明显的以偏概全的倾向，无法对被考核者进行全面合理的

评价。考核指标比较宽泛，在现实中难以进行有效操作。考核方法单一，定性考核与定量考核还没有合理运用。在制度建构上也缺乏应有的反馈、监督等制度。考核结果的应用难以到位，这导致绩效考核的激励功能的弱化。加之一些国有企业领导对绩效考核工作认识上的偏差，对绩效考核的重视不够，使得建立完善的绩效考核体系缺少了自上而下的推动力。

（二）国有企业人力资源绩效考核管理改革与完善的思路

1. 健全与完善国有资产管理体制

《企业国有资产监督管理暂行条例》明确了国有企业管理体制的基本框架和企业国有资产监督管理的基本制度。《企业国有资产监督管理暂行条例》第13条第4款定，"依照法定程序对所出资企业的企业负责人进行任免、考核，并根据考核结果对其进行奖惩"是国资委的主要职责之一。对企业经营管理人员绩效考核主体的明确对国企绩效考核制度的完善有着积极的意义，但新的国有资产管理体制依然存在着一定的问题。按照《企业国有资产监督管理暂行条例》的规定，国资委仍可行使部分属于行政机关的管理权，这样国资委就扮演了既是规则的制定者，又是规则的执行者，既是出资人，又是投资企业的监管人的双重角色。这种管理体制并未从根本上摆脱长期以来形成的政企不分的局面，也不能从根本上解决国企绩效评估现存的主要问题，所以必须进一步健全完善国有资产管理体制，才能建立起对国企行之有效的绩效管理机制。

2. 完善考核内容与方法，建立科学合理的绩效考核体系

2003年11月25日，国务院国资委公布了《中央企业负责人经营业绩考核暂行办法》（2004年1月1日起施行），对由国资委履行出资人职责的国有及国有控股企业的经营管理人员在经营业绩方面的考核内容进行了具体的规定，这对于我国的国有企业人力资源绩效考核工作有着重要的指导作用。但在某些方面《中央企业负责人经营业绩考核暂行办法》还存在着不足，如对绩效考核所适用的对象范围划定得还不够科学；绩效考核的内容及考核要素的设定还欠规范；考核的方法也比较单一；考核的如何对国有企业负责人履行公共职能的状况进行考核，也缺乏相应的规定；考核的反馈制度和监督制度还有待建立；等等。只有通过对原《中央企业负责人经营业绩考核暂行办法》做适当的修订和补充，出台更切合实际、更科学的法规规定，才能使国企的绩效考核制度全面真正完善起来。

下篇
公共部门人力资源开发

第十七章

公共部门人力资源能力素养评估

【案例导读】 公务员应对突发事件的能力缺陷

第一节 人力资源能力素养评估的理论基础与概述

一、人力资源能力素养评估的内涵

理解人力资源能力素养评估的内涵，必须从"能力""素养"等基本概念入手。

"能力"是人力资源能力素养评估概念的核心。对能力有不同的定义，如能力"通常指完成一定活动的本领。包括完成一定活动的具体方式，以及顺利完成一定活动所必需的心理特征……各种活动所需要的心理特征在各人身上的发展程度和结合方式是不同的，因而能力特征也是人各不同的。能力是在人的生理素质的基础上，经过教育培养，并在实践活动中吸取人民群众的智慧和经验而形成和发展起来的"[1]。再如，能力是指"直接影响活动效率，使活动得以顺利完成的心理特征。能力和活动相联系，从事任何活动都必须具有相应的能力，人的能力也只有在相应的活动中才能表现出来……能力是在人的生理素质的基础上，经过教育、培养和社会实践逐步形成和发展的。由于人们的遗传素质、环境影响、教育条件和实践活动的不同，人们的能力就表现出明显的个别差异"[2]。在这里我们认为，能力是指以人的生理素质为基础，在后天教育与实践中逐步形成的完成特定活动的心理与行为特征。

素养指"经常修习涵养"，《汉书·李寻传》中说："马不伏历（枥），不可以趋道；士不素养，不可以重国。"[3]素质等概念侧重于先天条件，素养强调的则是后天努力。

---

[1] 《辞海》，上海辞书出版社，1980年，第479页。
[2] 《中国劳动人事百科全书》，经济日报出版社，1989年，第1280页。
[3] 《辞海》，上海辞书出版社，1980年，第1222页。

人力资源能力素养指的是，在一定范围内，能够作为生产性要素投入社会经济活动的特定的个体或群体的，能够产生绩效的知识、技术技巧、态度和行为及心理特征等的状况。人力资源能力素养评估则是指对上述状况的判断与评价。人力资源能力素养评估的核心与落脚点是对人力资源能力的提升，也就是人力资源能力建设。

这里有必要作一简要回顾。尽管学术界在以往的研究中对人力资源能力问题也有所涉及，但"人力资源能力建设"这个词汇真正进入公众和学术界的视线，则是以2001年5月15至16日在北京举行的"亚太经合组织（APEC）人力资源能力建设高峰会议"为标志。江泽民同志在5月15日会议的开幕式上作了题为"加强人力资源能力建设共促亚太地区发展繁荣"的讲话，他在讲话中指出："……当今世界，人才和人的能力建设，在综合国力竞争中越来越具有决定性的意义……开发人力资源，加强人力资源能力建设，已成为关系当今各国发展的重大问题。""加强人力资源开发，加强人力资源能力建设，从来没有像今天这样重要、这样紧迫。"他还在讲话中就亚太经合组织的人力资源能力建设问题提出了五点主张：①树立发展新理念，加强人力资源能力建设；②构筑终身教育体系，创建学习型社会；③普及信息网络，优化学习提高手段；④弘扬创新精神，培养青年人才；⑤坚持互利互惠，加强交流合作。这次会议最终形成了《亚太经合组织（APEC）人力资源能力建设北京倡议》这样一个指导性文件。

二、人力资源能力素养评估的方法

目前对人力资源能力素养评估方法的研究仍处于起步阶段，研究成果较少，且不成熟。下面对现有的一些研究成果进行简单的介绍。

（一）人力资源能力建设定则与方程

这种方法是中国科学院可持续发展研究组提出的。1995年，由中国学者牵头与美国耶鲁大学合作，在联合国开发计划署（The United Nations Development Programme，UNDP）委托下，提出了人力资源能力建设基本定则（参见UNDP《1995人类发展报告》中文版）。中国科学院可持续发展研究组在其基础上进一步发展了人力资源能力建设方程，其研究成果在2002年公布，主要收集在《2002中国可持续发展战略报告》及一些相关论文中。

中国科学院的研究认为，人力资源能力建设的本质功能是通过对于物质、能量和信息的结构增效、替代增效、转化增效和产出增效，去"有效地克服传统生产力要素投入的边际效益递减规律、有效地提高国家创新能力、有效地增强国际竞争能力"。

一个人的能力是体能、技能和智能三者的高度统一。人的"体能"是指人的生理上和心理上的健全程度，包括自然能力、生理能力，是一种简单能力、初级能力；人的"技能"是指人的基本技术与掌握生产流程合理规则的熟练程度，包括训练能力、技巧能力、重复能力，是一种中级能力；人的"智能"是指人在各种领域中创造性开发及其创造性含量的程度，包括学习能力、联想能力、创造能力，是一种高级能力。

在现代社会中，体能、技能、智能三者存在一个简化的定量规则。

对于体能、技能与智能的获得，需要社会支付之比分别为 1∶3∶9。这表示当保持一个人健全体魄所要支付的社会费用为 1 时，支付其同时获得技能的费用为 3，支付其同时获得智能的费用为 9，即社会支付成本（相对于体能、技能、智能）为一列等比级数 1∶3∶9。

从另外一个角度看，人的体能、技能和智能为社会所创造的财富与价值则为 1∶10∶100。它说明一个仅具有体能的人，他能创造的财富大约仅能维持他本人的生存，而同时具有技能的人则可创造出 10 倍于仅具有体能的人；具有智能的人又能创造出 10 倍于具有技能的人（即 100 倍于只具有体能的人所创造的财富），三种能力对社会的贡献即社会获得收获（相对于体能、技能、智能）为另一等比级数 1∶10∶100。

由此可见，人力资源能力建设就是指通过塑造、改善、培育、拓展人力资源发挥作用的环境和空间，不断提高其对社会的贡献能力[①]。

如果以第一产业从业人口作为仅具有"体能"的人，以第二产业从业人口作为具有一定"技能"的人，而以科学家工程师人数作为具有"智能"的人，那么按照上述简单的规则，可以提出人力资源能力建设方程为

人力资源能力系数=（第一产业人数×1+第二产业人数×10+科学家工程师×100）/全社会总人口[②]

人力资源能力系数取值范围在 1～100，基本分类如表 17.1 所示。

表 17.1　人力资源能力水平分级

人力资源能力系数	国家或地区的人力资源能力水平
小于 5	很弱
5～10	较弱
10～15	中等
15～20	较强
20～30	很强
大于 30	极强

中国科学院可持续发展研究组在提出人力资源能力建设定则和方程后，计算出了 20 世纪 90 年代部分年份中国的人力资源能力系数和 1999 年中国各地区的人力资源能力系数，如表 17.2 和表 17.3 所示。

表 17.2　20 世纪 90 年代部分年份中国人力资源能力的变化

年份	人力资源能力系数
1990	6.11
1994	6.30

---

① 值得注意的是，中国科学院可持续发展研究组并未说明这样的结论是如何得出的，未给出所依据的资料、数据来源及论证过程。

② 这里的问题除了方程中每一项的具体含义外，就是文盲人数、第二产业人数和科学家工程师人数同社会总人口之间的关系。

续表

年份	人力资源能力系数
1995	6.37
1996	6.67
1997	6.88
1998	6.89
1999	6.98

表 17.3　中国各地区 1999 年人力资源能力系数

地区	人力资源能力系数	地区	人力资源能力系数
全国	6.98	河南	5.81
北京	12.39	湖北	5.09
天津	11.19	湖南	5.45
河北	6.83	广东	11.15
山西	4.94	广西	4.38
内蒙古	4.59	海南	5.01
辽宁	9.03	重庆	4.68
吉林	7.76	四川	4.76
黑龙江	6.79	贵州	3.34
上海	11.45	云南	3.94
江苏	10.87	西藏	2.42
浙江	10.33	陕西	6.22
安徽	7.29	甘肃	4.39
福建	5.61	青海	3.33
江西	5.38	宁夏	3.61
山东	6.99	新疆	4.08

对各地区的人力资源能力系数进行分级，如表 17.4 所示。

表 17.4　中国各地区 1999 年人力资源能力分级

等级分类	地区
人力资源能力系数高于 10（中等）	北京、上海、天津、广东、江苏、浙江
人力资源能力系数高于 6（较弱）	辽宁、吉林、安徽、山东、河北、黑龙江、陕西
人力资源能力系数高于 5（较弱）	河南、福建、湖南、江西、湖北、海南
人力资源能力系数高于 4（很弱）	山西、四川、重庆、内蒙古、甘肃、广西、新疆
人力资源能力系数高于 2（很弱）	云南、宁夏、贵州、青海、西藏

在中国科学院的研究结果中，还对人力资源能力同其他一些社会发展指标之间的关系

进行了简单的分析，主要有：人力资源能力建设水平与社会财富积累之间的关系、人力资源能力系数与发展质量之间的关系、人力资源能力系数与社会发展水平的关系、人力资源能力系数与区域管理水平的关系及人力资源能力系数与可持续发展能力总水平的关系。实证分析的结果是，人力资源能力同其他社会发展指标之间大都存在着线性或非线性的正比关系，人力资源能力的培育和提高对整个社会经济的可持续发展起一种基础性的支撑作用，是社会发展的基本动力与归宿，有助于改善管理水平，优化资源配置，提高全要素生产率，促进经济增长，加快社会财富积累，并且有助于提升一个国家或地区的综合竞争力，加快文明进程[①]。

（二）其他评估方法

目前只有中国科学院的人力资源能力建设方程可以直接用于人力资源能力素养评估。可以间接地用于人力资源能力素养评估的，主要是国内外学者研究的一些人力资源价值评估的方法，如经济价值法、商誉评价法、工资报酬折现法、随机报酬价值法、人力资源加工成本法和完全价值测定法等[②]。尽管这些方法的直接目的是计算人力资源价值，用于人力资源量化管理及会计核算等，但由于其计算出的人力资源价值可以作为理解人力资源能力素养的一个角度，所以可以间接地用于人力资源能力素养评估。这些方法大都包含比较复杂的变量与数学模型，且主要用于企业内部人力资源价值的评估，故这里不作介绍。

第二节 我国公共部门人力资源能力素养实证分析

一、我国人力资源能力建设的现状

公共部门人力资源能力素养是以整个国家的人力资源能力建设状况为基础的，因此有必要对我国当前的人力资源能力建设状况有清醒的认识。

（一）我国人力资源能力建设所取得的主要成就

1. 人口增长方式发生显著变化

1978 年以来，伴随着计划生育政策的推行，以及教育和医疗卫生事业的发展，我国人口总量增长历经几次高水平波动之后，基本实现了从"高出生率、低死亡率、高自然增长率"向"低出生率、低死亡率、低自然增长率"的转变，如图 17.1 所示。

2. 教育事业蓬勃发展，国民素质大幅度提升

截止到 2013 年，全国各级各类学校在校生总规模为 2.57 亿人，教育人口比重占 18.8%；学龄儿童净入学率达到 99.7%，初中入学率达到 98.3%，初中升高级中学的比率达到

---

① 中国科学院可持续发展研究组：《2002 中国可持续发展战略报告》，科学出版社，2002 年，第 93~101 页；陈劭锋等：《人力资源能力建设与可持续》，载《上海经济研究》，2002 年第 6 期，第 3~8 页。
② 王波，姚树荣：《人力资源价值评估方法探析》，载《重庆工商大学学报（西部经济论坛）》，2003 年第 1 期，第 61~64 页。

91.2%，高中升学率达到 87.6%，如图 17.2 所示。

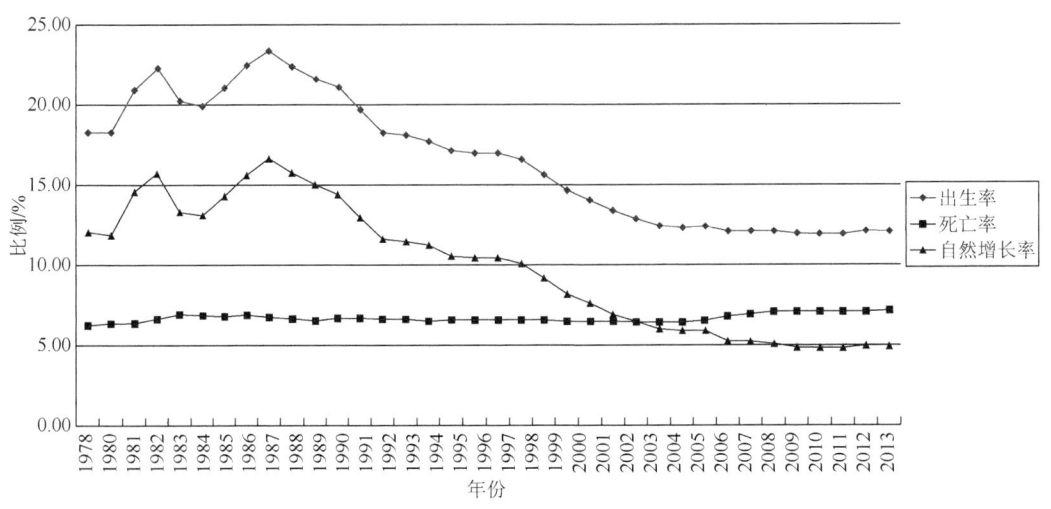

图 17.1　1978～2013 年人口出生率、死亡率和自然增长率

资料来源：《中国统计年鉴 2014》

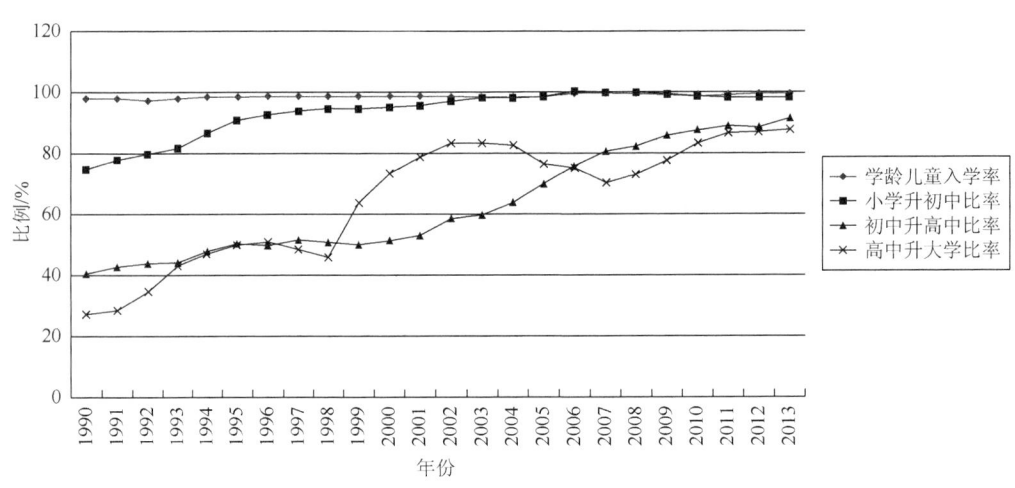

图 17.2　1990～2013 年各级学校入学率

资料来源：《中国统计年鉴 2014》

1990～2010 年的 20 年间，在主要劳动年龄人口总量规模不断增长的同时，劳动者的整体受教育水平也逐步提升。根据第四、五、六次人口普查资料数据推算，1990～2010 年的 20 年间，在业人口的人均受教育年限由 1990 年的 6.8 年增加为 2000 年的 8.0 年，2010 年进一步提升至 9.1 年；我国在业人口中具有大专及以上文化程度的人力资源总量和比例明显提高，由 2000 年的 3343 万人增加为 2010 年的 7555 万人，占在业人口比例由 4.7% 提高为 10.1%；具有高中文化程度的在业人口数和比例也有所增长，由 9067 万人增加为 10 424 万人，占在业人口总量的比例由 12.7% 增加为 13.9%；初中及以下文化程度在业人口数，由 58 856 万人减少为 57 171 万人，占在业人口总量的比例由 82.6% 下降至 76.1%，

低文化程度占在业总人口的比例减少了 6.5%[①]。

据 2000 年和 2011 年全国人口普查数据显示,每 10 万人中具有大学文化程度的由 3611 人上升为 8930 人,15 岁及以上文盲人口从 8507 万人降至 5465 多万人,文盲率从 6.72% 下降到 4.08%,人均受教育年限从 7.87 年逐步提高到 8.94 年。

3. 人力资源配置结构逐渐优化,从业人员以第三产业为主

随着工业社会向后工业化社会的转变,人力资源就业结构变化的基本趋势是:第一、第二产业从业人员总量和比例逐渐下降,第三产业从业人员总量和比例不断提高。2009～2013 年,我国从业人员三个产业构成比例由 44.8∶23.8∶31.4 转变为 31.4∶30.1∶38.5。如图 17.3 所示。

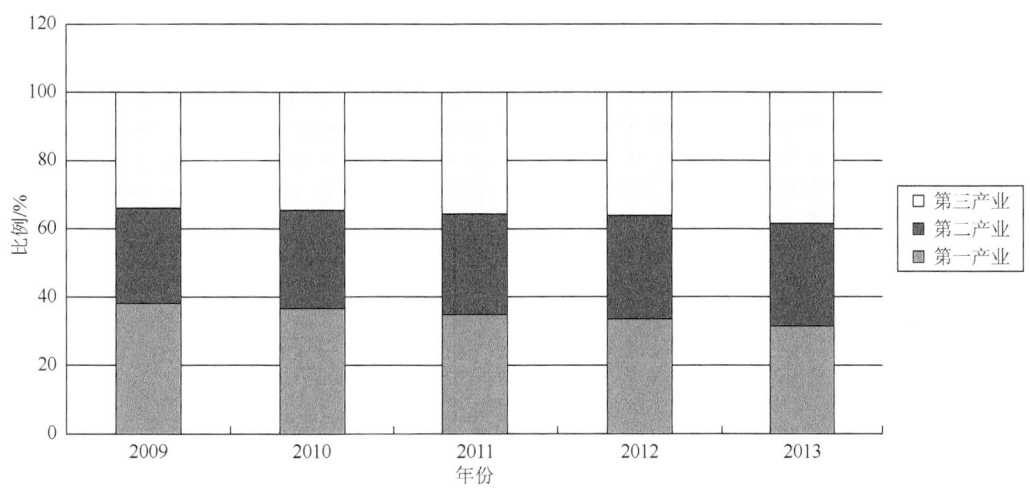

图 17.3　2009～2013 年从业人员产业构成情况变化

资料来源:《中国统计年鉴 2014》

(二) 现阶段我国人力资源能力建设存在的主要问题

尽管几十年来我国的人力资源能力建设取得了显著的成就,但是面对中国庞大的人口基数,要想由人力资源大国转变成人力资本强国却并非朝夕之功。尤其是在和其他发达国家的比较中,更加重了这份急迫感。在总结成绩的同时,更不能忽略问题的严重和差距的存在。

1. 我国人力资源丰富,但整体质量较低

据瑞士国际管理发展学院(Institute for Management Development,IMD)的研究报告,2000 年作为反映人力资源的可得性和质量等方面的竞争实力的国民素质国际竞争力,中国在所考察的包括新加坡、韩国等新兴工业化国家和地区,捷克、波兰、匈牙利等其他转型国家在内的 47 个国家和地区中仅位居第 29 位[②]。据《2002 中国可持续发展战略报告》

---

① 徐坚成,张爽:《我国在业人口受教育程度变动情况及未来展望》,上海市公共行政与人力资源研究所,2013 年,第 231 页。

② 中国人民大学竞争力与评价研究中心研究组:《中国国际竞争发展报告(2001)——21 世纪发展主题研究》,中国人民大学出版社,2001 年,第 151 页。

显示,与发达国家人力资源能力系数35~45的得分相比,中国只得7分,相差甚远。在劳动力素质与结构方面,发达国家的技术工人构成为高级技工占35%以上,中级工占50%,初级工占15%。而中国的情况则是,高级工仅占4%,中级工占36%,初级工占60%[①]。

2. 人力资源能力建设的投资不足

我国教育事业的投入主要是靠政府的支撑,在社会多元化供给发展程度还比较低的状况下,政府成为我国人力资源能力建设投入的垄断供给方。正所谓"十年树木,百年树人",教育本身的特性决定了必须要有持续的高投入才能见得成效,而相对那些短期紧迫见效迅速的项目,政府的投资一般倾向于后者,这就导致我国人力资源能力建设的长期投入严重不足。我国教育总支出占国民生产总值的比重一直较低,一般在4%左右徘徊,低于世界平均6.1%的水平,甚至有时低于发展中国家4.2%的平均水平。

3. 人才流失严重

我国还处于社会主义的初级阶段,受多方面因素的影响,人才流失的现象在一段时期内还比较严重。再加上国外较高的待遇和先进的研究环境等优厚条件的诱惑,致使大量优秀人才外流。

二、我国公共部门人力资源能力素养的现状分析

公共部门人力资源是社会整体人力资源的重要组成部分。由于公共部门掌握着公共资源和公共权力,具有公共职能,要处理日益多样复杂的公共事务,所以同一般意义上的人力资源相比,公共部门人力资源有其特殊性。因此,正确认识我国公共部门人力资源能力素养的现状,尤其是认识到人力资源在能力素养方面所存在的欠缺,才能有针对性地进行人力资源能力建设,提升公共部门人力资源能力素养的整体水平。

(一) 国家机关人力资源能力素养现状的简要分析

党的十八届三中全会提出,全面深化改革的总目标是完善和发展中国特色社会主义制度,推进国家治理体系和治理能力现代化。治理体系和治理能力现代化既是全面深化改革的目标,又是改革成功与否的重要条件。治理能力现代化,对开展治理活动、行使治理权力的国家公务员特别是新进入国家机关的公务员能力素养提出了新的要求,主要包括强烈的主体服务意识、坚定的政务执行能力、突出的资源整合能力、出色的改革创新能力和娴熟的现代工作设备的运用能力[②]。但反观现实,公务员的能力素质和治理能力现代化的要求还有一定的差距,具体表现在以下几个方面[③]。

1. 服务意识需大力增强

无论是强烈的精英意识、不合理的公务员职业认识,还是不求有功、但求无过的心态,都容易使公务员降低服务质量。特别是许多新进入机关的公务员为了得到上级领导的认

---

① 关培兰、周新军:《浅析我国人力资源能力建设的问题及其对策》,载《特区经济》,2007年第5期,第223页。
② 武晓平:《治理能力现代化背景下新进公务员素质探析》,载《云南行政学院学报》,2014年第4期,第165页。
③ 武晓平:《治理能力现代化背景下新进公务员素质探析》,载《云南行政学院学报》,2014年第4期,第166、167页。

可，为了自己的前途，一切办事都遵循唯上原则，办领导交办的事，做领导喜欢的事，而群众的事情则能拖则拖，办事效率低下。

2. 协调能力需大力提升

现代治理能力要求公务员能有效协调社会各阶层、各组织、团体、个体之间的利益，还要能有效协调与上级、下级、同事、其他部门之间的关系。但由于过分注重协调与上级关系的思维容易使新进公务员工作重心转移、价值取向改变、生活方向迷失。被动协调与同事、其他部门关系。许多新进入机关的公务员仅满足于做好自己分内的事，对于其他工作则抱着"事不关己，高高挂起"的态度，不会主动与其他同事、其他部门协调，不会积极协助其他人、其他部门完成工作，只是在迫不得已的情况下才会被动地找其他人、其他部门商量。

3. 改革精神需大力塑造

许多社会个体选择公务员作为自己的职业，主要出于公务员的工作环境舒适、工作稳定的考虑。通过一项针对大学生报考公务员的动机调查显示，有67.26%的受访者认为"公务员具有良好的养老、医疗等保障条件，福利好，公务员有利于子女的教育和未来发展"，正是出于这些因素的考虑，他们才选择了公务员的职业。而另一项调查研究也表明，社会个体报考公务员最看重的是"工作和收入稳定""福利及保障好"，其次是"社会地位高"（26.83%）和"掌握一定的权力"（23.04%）。这些入职心态表明许多新进入机关的公务员喜欢追求稳定、追求舒适、追求轻松，缺乏创造、缺乏创新、缺乏拼搏。

4. 学历优势有待转化

随着国家公务员考试对学历要求的提升，新进入机关的公务员的学历也有明显的提升。但学历的优势并不一定代表能胜任工作，相反部分新进入机关的公务员在工作中表现出人际关系不良、沟通协调能力差、综合分析能力弱、创新能力不足、职业倦怠感强等。这些公务员亟待把高学历的优势有效转化为高素质的职业综合能力。

5. 入职动机有待端正

关于公务员的入职动机，我国许多学者做了调查研究，重庆大学的李志通过对574名报考公务员大学生入职动机的问卷调查表明，前五位依次分别为追求工作待遇、缓解就业压力、追求社会地位、追求社会期望、追求权利资源。这就表明一些公务员只是看重公务员职业岗位所享有的待遇，而不是看重公务员职业岗位所应履行的职责与义务。

6. 应急能力有待锻炼

一些公务员平时不注意学习应急预案，或学习流于形式，对事件的苗头不能敏锐观察，快速反应能力欠缺，遇事逃避或不能勇于面对，应对措施失当、处置方法手段简单。这些会导致应急事件不能在第一时间得到有效处理，会导致事件的影响越迅速扩大，从而会影响政府的公信力，影响社会的和谐稳定。

（二）事业单位人力资源能力素养现状的简要分析

我国的事业单位涵盖了科技、教育、文化、体育、卫生等诸多领域，因此在其人力资源构成中，专业技术人员的比例相对较高，通过一个例子可以清楚地看到这一点。根据对成都市新都区 18 所公立医疗机构卫生人力资源状况的一项调查，截止到 2007 年 6 月 30 日，成都市新都区公立医疗机构共有工作人员 2123 人。具体的学历机构和职称结构分别如表 17.5 和表 17.6 所示。

表 17.5　成都市新都区公立医疗机构卫生人力资源学历构成　　　　单位：人

项目	研究生	大学本科	大学专科	中专	高中及以下
管理人员	3（2.2%）	22（16.2%）	66（48.5%）	32（23.5%）	13（9.6%）
卫生专业技术人员	5（0.3%）	258（16%）	676（41.9%）	530（32.8%）	146（9%）
其他专业技术人员	0（0）	6（10%）	31（51.7%）	15（25%）	8（13.3%）
工勤人员	0（0）	2（0.6%）	60（19.2%）	61（19.6%）	189（60.6%）
合计	8（0.4%）	288（13.6%）	833（39.2%）	638（30.1%）	356（16.7%）

表 17.6　成都市新都区公立医疗机构卫生人力资源职称构成　　　　单位：人

项目	正高级	副高级	中级	初级	无职称
管理人员	0（0）	17（12.5%）	49（36%）	50（36.8%）	20（14.7%）
卫生专业技术人员	6（0.4%）	81（5%）	360（22.3%）	983（60.8%）	185（11.5%）
其他专业技术人员	0（0）	0（0）	9（15%）	46（76.7%）	5（8.3%）
工勤人员	0（0）	0（0）	0（0）	0（0）	312（100%）
合计	6（0.3%）	98（4.6%）	418（19.7%）	1079（50.8%）	522（24.6%）

资料来源：谭天林等著，《成都市新都区公立医疗机构卫生人力资源现状调查》，载《西南军医》，2007 年第 9 卷第 6 期，第 111 页

从表 17.5 和表 17.6 中可以看出，尽管在卫生事业单位内部，这样的学历层次和专业职称层次还比较低，但作为事业单位，同其他公共部门相比，其人力资源的智能结构仍然是很高的。随着我国干部人事制度改革的推行，规范聘用制度、岗位管理制度、收入分配制度，高素质的专业技术人才队伍必将逐步形成，而事业单位的人力资源能力素养必将得到进一步的提升。

（三）国有企业人力资源能力素养现状的简要分析

现阶段，国有企业的人力资源的能力素养普遍还比较低，究其原因主要有以下几个方面：一是国有企业的档案管理制度、人事管理制度等严重束缚了劳动力的合理流动，无法实现人力资源的优化配置；二是企业内部人才结构不尽合理，人力资源产权制度没有真正建立起来，加之很多国企业人力资源管理的激励机制不健全，使国企员工的积极性受到挫伤；三是国有企业现有人才的流失，尤其是向外资、中外合资企业的流失的现象也比较严重，这给人力资源能力素养的提升造成了负面影响；四是国有企业人力资源能力素养的提升与国有企业的人事制度改革的核心问题，即企业领导人员管理体制的改革息息相关，只有突破了这个瓶颈问题，使国有企业的整体经营管理状况实现根本性的好转，才能带动国有企业人力资源能力素养的整体提升。

第十八章

公共部门人力资源的培训

【案例导读】 上课 30 天学费 19.8 万元　仍有干部参加高价培训班

第一节　公共部门人力资源培训的理论基础与概述

一、公共部门人力资源培训的理论基础

（一）马克思主义有关培训的理论阐述

1. 马克思、恩格斯关于人的自由、全面发展的观点

马克思、恩格斯始终关注人的自由和全面发展，并把实现每个人的自由全面发展作为共产党人为之奋斗的未来社会的崇高理想。他们指出，在资本主义制度下，阶级的剥削和压迫使少数人得到了自由和发展的垄断权，而多数人不得不为满足最为迫切的生存需要而斗争，失去了自由和发展的可能性。然而，在社会两极分化的条件下，少数人的自由和发展也是片面的、畸形的。随之他们宣告，"不可避免的共产主义革命……是个人自由和发展共同条件"①。在《共产党宣言》中，马克思、恩格斯第一次向全世界宣告了共产主义的伟人理想，"代替那存在着阶级和阶级对立的资产阶级旧社会的，将是这样一个联合体，在那里，每个人的自由发展是一切人的自由发展的条件"②。之后，在《资本论》中，马克思又明确指出，共产主义社会是一个"以每个人的全面而自由的发展为基本原则的社会形式"③。马克思、恩格斯不仅论述了人的自由全面发展只有在消灭剥削制度以后才有可能，而且提出了未来社会实现人的自由全面发展的途径和方法。在《共产党宣言》中马克思、恩格斯就指出"把教育和物质生产结合起来"②。在《资本论》中马克思指出，"未来

---

① 《马克思恩格斯全集》（第3卷），人民出版社，1960年，第516页。
② 《马克思恩格斯全集》（第1卷），人民出版社，1960年，第273页。
③ 《马克思恩格斯全集》（第23卷），人民出版社，1960年，第649页。

教育对所有已满一定年龄的儿童来说，就是生产劳动同智育和体育相结合，它不仅是提高社会生产的一种方法，而且是造就全面发展的人的唯一方法"①。马克思、恩格斯关于人的全面发展的学说为中国共产党在革命时期和社会主义建设时期人才培养工作提供了宝贵的理论基础。

2. 毛泽东关于培养"德才兼备"的干部的论述

毛泽东在长期领导中国革命和建设的过程中，始终重视干部的培养。他在灵活地运用马克思主义的观点、总结中华民族造就人才的历史经验的基础上，将干部的培养标准科学地概括为"德才兼备"。1938年，毛泽东在党的六届六中全会上，第一次使用"德才兼备"的概念，并把德、才的具体内容概括为："共产党的干部政策，应是以能否坚决地执行党的路线，服从党的纪律，和群众有密切的联系，有独立的工作能力，积极肯干，不谋私利为标准。"②新中国成立前夕，毛泽东依据全党工作重心的转移，向全党和全军发出了变军队为工作队的伟大指示，他认为，"党和军队的工作重心必须放在城市，必须用极大的努力去学会管理城市和建设城市"③。"如果我们生产工作上无知，不能很快地学会生产工作，不能使生产事业尽可能迅速地恢复和发展，获得确实的成绩，首先使工人生活有所改善，并使一般人的生活有所改善，那我们就不能维持政权，我们就会站不住脚，我们就会失败。"④为了培养一支能适应社会主义建设事业需要的干部队伍，以毛泽东为核心的党中央及时做出了大量培养、训练工业战线干部的决定，并选派一批有培养前途的干部到国外留学，学习工业和经济管理。正是在毛泽东这一思想的指导下，我们党培养了一大批德才兼备的干部，为社会主义建设事业的开展提供了人力支持。

3. 邓小平关于干部队伍建设的"四化"方针

邓小平科学地总结了我党以往在干部培养问题上的经验和教训，并针对改革开放和现代化建设的新形势，创造性地提出了干部队伍建设的"革命化、年轻化、知识化、专业化"的方针。邓小平在1980年中央工作会议上指出，"要在坚持社会主义道路的前提下，使我们的干部队伍年轻化、知识化、专业化，并且要逐步制定完善的干部制度来加以保证"⑤。中共十二大把干部队伍建设要实现"四化"写进了党章，"四化"方针自此成为新时期党的干部队伍建设的指导方针。对于"四化"之间的关系，邓小平认为，"提出年轻化、知识化、专业化这三个条件，当然首先是要革命化，所以说要以坚持社会主义道路为前提"⑤。在干部的培养途径方面，邓小平历来强调学校教育和实践锻炼相结合。早在1954年，他就提出，"办好学校，培养干部，才是最基本的建设"⑥。在学校中主要是学习理论，学习科学技术，学习管理，学习法律知识，但"根本地是要学习马列主义、毛泽东思想，要努力把马克思主义的普遍原则同我国实现四个现代化的具体实

---

① 《马克思恩格斯全集》（第2卷），人民出版社，1960年，第530页。
② 《毛泽东选集》（第2卷），人民出版社，1977年，第527页。
③ 《毛泽东选集》（第4卷），人民出版社，1977年，第1427页。
④ 《毛泽东选集》（第4卷），人民出版社，1977年，第1428页。
⑤ 《邓小平文选》（第2卷），人民出版社，1993年，第361页。
⑥ 《邓小平文选》（第1卷），人民出版社，1993年，第209页。

践结合起来"①。他还说,"干部要有深入群众、熟悉专业、积累经验和经受考验锻炼的过程"①。按照他的指示,1983年,中央组织部发出了《关于从中央、国家机关中选派部分年轻干部到基层或地方锻炼的通知》,决定有计划地选调部分文化程度较高的年轻干部到基层进行重点培养锻炼。另外,邓小平同志还把培训看成是一种智力投资,并提倡将其制度化。"大家常说要增加智力投资,有计划地对大批干部、工人进行正规教育,提高他们的政治水平、文化水平、技术水平、经营管理水平,就是一种能够收到很好效果的智力投资。要使全体干部、工人充分理解这种培训的重大意义,逐步把这种培训变为适用于全体干部和工人的经常制度。"①

4. 江泽民、胡锦涛关于干部学习和培训的论述

党的第三代和第四代领导集体继承了我党重视干部教育培训的传统,相继提出了"建设高素质的干部队伍""人才强国战略""党管人才""人才资源是第一资源""尊重劳动、尊重知识、尊重人才、尊重创造"等干部教育培训的重要理论和原则,并结合改革开放和社会主义现代化建设的实际,从党的事业兴旺发达、社会主义中国繁荣富强和中华民族伟大复兴的战略高度,对干部教育培训工作做出了一系列地重要部署。进入21世纪,江泽民同志进一步强调,现在进入了"终生学习"的时代,全党同志要"学习学习再学习","教育是人力资源能力建设的基础,学习是提高人的能力的基本途径",要"构筑终身教育体系,创建学习型社会"。在2007年召开的中国共产党第十七次全国代表大会上,胡锦涛又再一次强调了大规模培训干部、提高干部素质的重要性。党中央关于干部教育培训的一系列部署为我国公共部门人力资源培训工作的顺利开展提供了理论支持和制度保障。

5. 习近平关于推进干部教育培训改革创新的论述

2010年9月27日在中国浦东干部学院座谈会上习近平同志关于干部教育培训工作发表了重要讲话。他指出,"推进干部教育培训改革创新,要在搞好分类培训和按需培训上下工夫。不同类别、不同层次、不同年龄、不同经历的干部,需要解决的问题不可能完全相同,因此干部教育培训不能'一锅煮',必须区分对象,针对干部全面成长的个性化、差异化需求分层分类地组织培训,也就是说要按需培训。现在有些同志认为,按需培训就是按照干部的兴趣爱好开展培训,这是不全面的。按需培训的'需',首先是国家需求、组织需求、岗位需求,就是党的事业发展需要什么就培训什么,干部履职尽责需要什么就培训什么……推进干部教育培训改革创新,还要在创新培训方式方法上下工夫。坚持教无定法、贵在得法,针对不同对象、不同专题和不同内容,采取灵活有效的培训方式和手段,因人施教,因材施教,增强培训的互动性、实践性和实效性。在改进课堂讲授的同时,可采取现场教学、行为体验等方法和挂职培训、社会调研等方式,切实增强教育培训的吸引力和感染力……推进干部教育培训改革创新,还要注意处理好组织调训与自主选学的关系。组织调训是干部参加培训的主要方式,自主选学是对组织调训的必要补充"②。

同时习近平同志还突出强调了干部教育培训考核评估的重要性,他说"加强和改进干部教育培训的考核评估,也是干部教育培训改革创新需要进一步解决好的问题。考核评估

---

① 《邓小平文选》(第2卷),人民出版社,1993年,第324页。
② 习近平于2010年9月27日在中国浦东干部学院座谈会上的讲话。

是激发干部学习内生动力和培训机构办学活力的有效手段。要按照党的十七届四中全会把理论素养、学习能力作为选拔任用领导干部重要依据的要求,加强对干部学习培训情况的考核评价,研究建立干部教育培训与干部培养使用密切结合的机制和办法。要研究制定教学质量评估办法和指标体系,定期开展评估工作,推动各类培训机构和有关单位不断提高培训质量"[1]。

上述马克思主义有关干部培训的理论观点,是指导和完善我国公共部门人力资源培训的指针,也是解决我国公共部门人力资源培训现存突出问题的钥匙,更是提升我国公共部门人力资源素养的理论遵循。

(二)西方培训理论的发展

培训理论最初起源于心理学和科学管理领域,早期的培训理论侧重于研究采取何种培训方式才能有效地提高生产效率的问题。

20世纪60年代学者开始将培训作为一个系统,其研究内容涉及从培训的模式、培训的方法到培训计划的制订、培训结果的评估等各个方面。1961年麦格希与塞耶合作出版了《企业与工业中的培训》,提出了把组织分析、任务分析和人员分析三种方法用于企业选拔合格人员、编制培训计划、设计培训方法的基本主张。到了20世纪七八十年代,戈德斯坦先后出版了《培训:计划发展与评估》(1974年)、《组织中的培训:需要评估、发展与评价》(1986年)和《组织中的培训与发展》(1989年)三部关于培训的著作,对培训的需要评估、模式选择、方法技术、系统与外界的沟通、发展与应用环节作了系统的理论阐述。他的观点对各国的培训活动产生了深远的影响,为全球普遍应用的系统培训模式提供了强有力的理论支持。

随着科技革命的飞跃发展和全球性变革浪潮的加剧,培训理论取得了突破性的进步,其中最具代表性的是弗农·汉弗莱的"集体培训"理论。1990年弗农·汉弗莱发表了《全组织的培训》一文,提出了从整个组织发展的角度去考虑的"集体培训"理论。他认为一个组织应从整个组织去考虑培训计划,尤其是对那些复杂的组织而言,集体培训学习的过程就是改变组织行为方式的过程。集体培训与个人培训的区别在于,其首先对组织进行分析,然后再进行个人分析,这样先从总体上考虑培训,目的是使个人培训最终为组织目标服务,提高组织的绩效和竞争能力。

继这种"集体培训"理念提出之后,培训理论,特别是各种突破传统的全新的培训理念迅速发展,并引起理论界和管理者前所未有的兴趣和重视。而美国学者彼得·圣吉关于"学习型组织"的培训新理念是其中的集大成者。他在《第五项修炼——学习型组织的艺术与实践》一书中,明确提出构建"学习型组织"的全新理念。这就升华了学习、培训在组织中的地位,从而使培训由被动地应对组织的发展变为主动地为组织提供核心竞争力,使整个培训模式融入新的理念和内涵,将培训活动从生产经营领域的一个辅助环节上升和拓展到组织机构工作运行的全过程,体现了培训对于现代组织的意义和作用。由此,培训成为包括公共部门在内的所有组织研究和关注的重要课题。

---

[1] 习近平于2010年9月27日在中国浦东干部学院座谈会上的讲话。

西方国家上述培训理论的发展,对完善我国公共部门人力资源的培训制度大有裨益,值得我们在实践中加以借鉴。

二、我国公共部门人力资源的培训的内涵和意义

(一) 公共部门人力资源培训的内涵

我国公共部门人力资源的培训是指公共部门根据国家经济和社会发展的需要,根据公共部门实际工作的需要以及公共部门人力资源自身发展的需要,对公共部门人力资源进行的有计划、有组织的培养、教育和训练的活动。接受培训,既是公共部门人力资源享有的一项基本权利,也是公共部门人力资源必须履行的一项义务。

为了明确公共部门人力资源培训的内涵,有必要将培训与常规教育加以区分。培训与常规教育的区别主要有以下几点。

第一,从培训的性质看,公共部门人力资源的培训属于成人教育和职业教育的范畴,是一种继续教育。对于公共部门人力资源而言,培训是终身地和不断进行的过程,是一个接受再教育的过程。它伴随着公共部门人力资源职业生涯的始终,成为常规教育的发展和延续。而学校常规教育则是第一教育过程,其主要任务是学习一般的知识和技能。

第二,从培训的目的看,公共部门人力资源的培训是以任职人员为主要对象、以工作为中心的定向培训。其目的是使受训者掌握履行岗位职责所必须具备的知识、能力和技巧,从而使之提高工作效率和工作水平,改进工作方式。而学校常规教育则是以一般人为对象,以传授知识为中心,目的在于提高一般人都应具备的基本综合素质。

第三,从培训的内容看,公共部门人力资源的培训是多元化培训和针对性培训的统一。公共部门人力资源的培训是一种多学科、多层次的教育训练活动,它包含的内容极其丰富,几乎涵盖所有文化、管理和科学知识。同时,公共部门人力资源的培训又具有很强的针对性和实用性。在职业培训中,在向受训者传授专业知识和特殊技能时,既要考虑社会和经济发展的需要,要以部门的工作需要为着眼点,还要考虑接受培训者自身职业发展的特点等等。而学校常规教育则是新生一代未来进入社会生活所进行的基本素质上的准备,它从德、智、体、美、能几个方面入手,对受教育者进行全面的、综合的、通用的教育,以使人获得全面发展。

第四,从培训的形式看,公共部门人力资源的培训不像常规教育那样整齐划一,它可以根据需要和具体条件采取灵活多样的培训形式。培训的时间可长可短,既可以进行定期培训,也可以进行不定期培训;既可以采取脱产培训,也可以进行在职培训;既可以进行部内培训和部际培训,也可以在部外采取委托培训的方式。在培训的方法上,既可以进行课堂讲授,也可以采取研讨、实地考察和实际操作等方法,伸缩性较强。

(二) 公共部门人力资源培训的意义

一个国家和民族的昌盛,国民素质起着决定性的作用,而国家公共部门人力资源是一国国民的重要组成部分,是国家公共部门构成的主体,是国家公共权力和公共职责的履行

者。他们的素质在很大程度上引领着国民素质的发展方向。因此，加强公共部门人力资源的培训，对于一个国家走向繁荣和富强具有重要的战略意义。

1. 加强公共部门人力资源培训是适应国内外形势发展的迫切需要

从国际形势来看，世界多极化趋势不可逆转，经济全球化进程加快，科技进步日新月异，包括经济实力、科技实力、国防实力和民族凝聚力在内的综合国力的竞争日趋激烈。当今和未来世界的竞争，从根本上说是人才的竞争。中国社会主义事业的巩固和发展，中国要在未来激烈的国际竞争中处于优势地位，必须拥有一支政治上坚定、有全局观念、勇于开拓创新、善于把握机遇、能够稳妥处理国内事务和驾驭社会主义市场经济、善于应对和处理各种复杂局面及问题的公共部门人力资源队伍。

从国内形势来看，我国的社会主义现代化建设将进入一个新的发展时期。在全面实现工业化和城镇化的进程中，我国又面临着信息化的挑战。在胜利完成第二步战略目标的基础上，我们又开始实行第三步战略目标，向着全面建成小康社会的目标迈进。要完成这些艰巨而复杂的任务就要求国家公共部门人力资源具备较高的素养。同时，落实"十三五"规划和十八大精神，推进经济结构的战略性调整，实施科教兴国战略和可持续发展战略，建立比较完善的社会主义市场经济体制，应对加入WTO后的机遇和挑战，处理好改革、发展、稳定的关系等，也对公共部门人力资源队伍的素质提出了更高的要求。而公共部门人力资源素质的提高归根结底只有通过搞好培训才能实现。

2. 加强公共部门人力资源培训是实施人才资源开发战略的必然要求

当前，许多国家特别是发达国家，纷纷提出有利于自己发展的人才资源开发战略。美国为了维护世界唯一超级大国的霸权地位，抢占科技发展的制高点，在抓紧争夺国外高科技人才的同时，也制订了"培训21世纪美国人"计划，加大了教育培训经费的投入，加快了对国内人才的培训步伐。日本提出了"培养世界通用的21世纪日本人"的目标，制定了强化人才培训的一系列措施。这种时代发展的大趋势和人才竞争的新格局，既为我们加快发展提供了机遇，也使我们面临着更加严峻的挑战。我国是世界上最大的发展中国家，人口众多，具有巨大的人力资源优势。但由于我国经济文化还比较落后，目前仍处于社会主义初级阶段，国民受教育程度还比较低，我国人力资源的潜在优势还没有转变为现实的人才优势。所以我们必须抓紧培养出数以亿计的高素质的劳动者、数以千万计的具有创新精神和创新能力的专门人才才能适应当今世界人才竞争的需要。这就要求我们牢固树立起尊重知识、尊重人才的观念，树立人才是最宝贵的资源的观念，在加快发展教育事业，采取多种措施吸引国外高层次人才的同时，加大公共部门人力资源培训的力度，努力把人力资源的潜在优势转化为现实的人才优势、国力优势和竞争优势。

3. 加强公共部门人力资源培训是全面建成小康社会、构建社会主义和谐社会的人才保证

就我国公共部门人力资源的现状来看，总体素质是好的，是称职的。他们一般都经过党的长期培养教育和实践锻炼，具备较高的思想政治觉悟、理论文化水平和较丰富的实践工作经验。但是公共部门人力资源队伍中的一些人在理论素养和知识水平、思想境界和精神状态、工作作风和工作方法等方面还不适应甚至很不适应新形势新任务的要求。当今世界正在发生巨大变化、当代中国正处于伟大的变革之中。公共部门人力资源在国

家和社会中居于重要的位置，肩负着改革、发展、稳定的重大历史使命，我们只有以建立、健全和完善中国公共部门人力资源培训体系为目标，以改革创新为动力，以提高培训质量为主线，不断提升公共部门人力资源培训工作的科学化、信息化水平，全面落实大规模培训干部、大幅度提高干部素质战略任务，努力培养造就一支政治坚定、业务精湛、作风过硬、人民满意的国家公共部门人力资源队伍，才能为全面建设小康社会、构建社会主义和谐社会提供思想政治保证、人才保证和智力支持。

第二节 我国公共部门人力资源培训的实践运作

一、国家机关人力资源培训的实践运作

《中华人民共和国公务员法》将各级党的机关、人大机关、政协机关、民主党派机关、法院和检察院中的工作人员也纳入到了公务员管理的范围。因此，本章所说的国家机关人力资源培训与我们常说的公务员培训在内容上是一致的。

（一）国家机关人力资源培训的法律法规依据

1. 《中华人民共和国宪法》

《中华人民共和国宪法》对培训做出的规定是宏观的、原则性的和普适性的。《中华人民共和国宪法》第19条规定，"国家发展各种教育设施，对工人、农民、国家工作人员和其他劳动者进行政治、文化、科学、技术、业务的教育"，第27条规定，"一切国家机关实行精简原则，实行工作人员的培训和考核制度"。

2. 《中华人民共和国公务员法》

2006年1月1日起正式实施的《中华人民共和国公务员法》对公务员培训的基本原则、种类、培训机构和培训结果的运用做出了专章规定，明确了"参加培训"[1]是公务员应享有的权利，"行政机关根据工作职责的要求和提高素质的需要，对公务员进行分级分类培训。国家建立专门的公务员培训机构。机关根据需要也可以委托其他培训机构承担公务员培训任务"[2]。

3. 《公务员培训规定（试行）》

《公务员培训规定（试行）》是为推进公务员培训工作科学化、制度化、规范化，建设高素质的公务员队伍而对公务员培训提出的具体要求。其中关于公务员培训的对象、分类、方式、保障、登记等方面都做出了较为细致的规定。

4. 《干部教育培训工作条例》

2015年10月中共中央印发了《干部教育培训工作条例》，这对贯彻落实党的十八大和十八届三中、四中全会精神，贯彻落实习近平总书记系列重要讲话精神，培养造就信念坚定、为民服务、勤政务实、敢于担当、清正廉洁的好干部，推动学习型、服务型、创新

---

[1] 《中华人民共和国公务员法》第13条。
[2] 《中华人民共和国公务员法》第60条。

型马克思主义执政党建设和学习型社会建设，推进国家治理体系和治理能力现代化，具有十分重要的意义。

5. 《2010—2020 年干部教育培训改革纲要》

《2010—2020 年干部教育培训改革纲要》根据党的十七大和十七届四中全会精神，对 2010—2020 年干部教育培训改革做出全面部署，是深化干部教育培训改革的重要指导性文件。它的颁布实施，对于进一步增强干部教育培训的针对性实效性、切实提高干部教育培训科学化水平、扎实推进马克思主义学习型政党建设、更好地服务科学发展和干部成长，具有十分重要的意义。

6. 《2011—2015 年行政机关公务员培训纲要》

为了深入贯彻落实科学发展观，不断提升公务员培训工作的科学化、信息化水平，全面落实大规模培训干部、大幅度提高干部素质的战略任务，人力资源和社会保障部、国家公务员局于 2011 年制定了《2011—2015 年行政机关公务员培训纲要》，确立了未来五年公务员培训工作的目标，突出强调了公务员思想政治理论水平、推动科学发展、促进社会和谐能力提升的重要性。

（二）国家机关人力资源的培训种类

国家机关的人力资源培训可以分为初任培训、任职培训、专门业务培训和在职培训四种类型。

1. 初任培训

初任培训是对新录用但尚未正式任职的公务员所进行的培训，其目的是着力提高新录用公务员适应职位要求、胜任本职工作的能力。《公务员培训规定（试行）》中明确指出，初任培训应当在试用期内完成，时间不少于 12 天。培训内容主要包括政治理论、依法行政、公务员法和公务员行为规范、机关工作方式方法等基本知识和技能，重点提高新录用公务员适应机关工作的能力。

2. 任职培训

任职培训是对准备晋升一定领导职务的在职公务员或有希望晋升更高职务的公务员所进行的培训。培训的内容根据公务员拟晋升的领导职务或职位所必须具备水平与能力来确定。通过培训重点提高担任领导职务公务员的政治鉴别力和拒腐防变的能力，总揽全局和战略思维的能力，领导经济、社会发展工作和运用社会主义市场经济规律的能力，科学决策和依法行政的能力，以及统筹协调和处理复杂问题的能力。《公务员培训规定（试行）》第 13 条规定，担任县处级副职以上领导职务的公务员任职培训时间原则上不少于 30 天，担任乡科级领导职务的公务员任职培训时间原则上不少于 15 天。

3. 专门业务培训

专门业务培训是指国家机关为公务员从事专项工作而提供所需知识和技能的培训。专项工作是指因国家和政府某些工作的需要，从政府机关临时抽调公务员进行的工作，如人口普查、执法检查、经济普查等。专门业务培训也就是指围绕从事上述专项工作所需的知识、技能、工作方法等的培训活动。培训内容完全取决于专项工作的需要，目的是使受培训的公务员具备拟从事的专门业务工作所需的知识、能力和工作方法，保证公务员能够胜任专项工作的需要。未经专门业务培训或者培训不合格者，不得参加专门业务工作。

4. 在职培训

在职培训是指国家机关有计划地对在职公务员进行的以增新、补充、拓宽相关知识及提高工作能力为目的的培训，是我国公务员培训中最常规的一种，其对象包括全体在职公务员，以脱产培训为主。培训的内容根据各公务员不同的职位要求来确定，强调与工作实际相结合，达到更新公务员的知识结构、使其掌握新的知识和技能，以适应形势发展的新要求，提高工作效率和质量。

（三）国家机关人力资源的培训机构

随着公共部门人力资源培训事业的发展，我国公务员的教育培训体系也逐渐形成。目前的公务员培训机构主要包括以下几类。

1. 各级行政学院

成立国家和地方行政学院对国家公务员进行培训已成为各国促进培训事业发展的普遍共识，行政学院已成为国家公务员培训的主要基地。

在我国，国家行政学院的职责主要是：承担高级和中级公务人员以及国务院部门初级公务员的各种类型的培训；围绕政府工作的需要，开展对策性研究，为政府提供咨询；参与制定有关培训的方针政策；对地方行政学院进行业务指导；开展对外交流与国际合作等。

我国的地方行政学院包括省级地方行政学院和地市级行政学院，是我国培训地方公务员的重要机构。主要承担地方中、初级公务员的培训工作、组织实施同级政府人事部门有关公务员培训的计划、负责公务员培训的管理事项等职责。各地区的地方行政学院有独立办院、与管理干部学院联合办院和与各地方党校联合办院等多种形式。

另外，我国还在1988年成立了中国高级公务员培训中心，它是原国家人事部直属的培训实体和研究咨询机构。主要负责中央国家机关和省、自治区、直辖市从事人事管理工作的中高级公务员的初任培训和任职培训的教学组织工作等。1998年8月，高级公务员培训中心注册建立了中国国家培训网，依托现代信息技术对公务员、专业技术人员及企事业管理人员进行继续教育。

2. 各职能部门的培训教育机构

经各级政府人事管理部门认定，各级政府的职能部门可以根据本地区、本部门的中心工作和公务人员队伍建设的实际情况，建立起培训本部门、本行业人员的培训机构。近年来，我国各级政府职能部门建立了一些管理干部学院，其中部分学院已具备了一定的规模，配备了一定的教学设备和师资力量。

3. 高等院校

高等院校丰厚的知识资源，包括完备的教学设备和雄厚的师资力量使其在公务员的培训中扮演着日益重要的角色。

4. 各级党校系统

各级党校教育是我国中高级公务员培训的重要渠道。《中共中央关于面向 21 世纪加强和改进党校工作的决定》指出，"科教兴国"的"教"包括党校教育，"党校教育事业，是整个有中国特色社会主义教育事业的重要组成部分"，"是全国各级党政领导干部培训轮训的主渠道"，"党校在用集中培训、轮训方式提高领导干部素质方面，具有不可替代的重要作用"。

5. 公务员特色实践教育基地

根据《2011—2015 年行政机关公务员培训纲要》要求，国家公务员局在"十二五"时期要确定 10 个特色实践教育基地。实践教育基地具有特色鲜明的实践教育主题，并根据需要开发和编制符合本实践教育基地特色的培训课程，组织实施特色培训项目，具有承接培训的教学基础设施和围绕本实践教育基地特色主题开展培训的专（兼）职师资队伍。现已确定福建古田、江西瑞金、贵州遵义、云南保山、山东农业工程学院、黑龙江大庆干部管理学院、河南郑州行政学院、装甲兵工程学院等公务员特色实践教育基地。2015 年国家公务员局还出台了《国家公务员特色实践教育基地管理暂行办法》，对国家公务员特色实践教育基地在申报条件、运行管理上进行规范。

（四）国家机关人力资源的培训内容

根据培训内容的不同，公务员的培训可分为综合性培训和专业性培训两类。

1. 综合性培训

综合性培训一般包括政治理论培训、法律法规和政策培训、公共管理知识培训、职业道德和行为规范培训及行政能力培训等。

2. 专业性培训

专业性培训的目的在于提高公务员的专业知识素养和专业技能，从而提高工作效率。此类培训强调针对性和实用性，强调对不同类别的公务员，给以不同的培训。

二、事业单位人力资源培训的实践运作

我国《事业单位人事管理条例》第 23 条规定，事业单位应当根据不同岗位的要求，编制工作人员培训计划，对工作人员进行分级分类培训。工作人员应当按照所在单位的要求，参加岗前培训、在岗培训、转岗培训和为完成特定任务的专项培训。

事业单位作为一个具有中国特色的法人社会组织，对其进行的改革是我国继企业改革后的又一项重要的社会组织改革。鉴于事业单位的种类繁多、功能各异，国家的改革一般是按照事业单位的不同功能，区别不同类别，采取不同的方式和措施进行的。这种区分也反映在了事业单位人力资源的培训工作中。

第一种改革方式是，将事业单位承担的行政管理职能转归行政单位，将部分从事行政决策和管理的事业单位划入行政机关。那么，这类事业单位中人力资源的培训将融入公务员的培训之中，按照公务员的培训方式展开。

第二种改革方式是，将那些从事生产经营活动，具备市场化条件的营利性事业单位改

为企业。那么，这类事业单位的人力资源培训将转变为企业化的培训制度。

其余的事业单位，又可以分为行政支持类事业单位和公益性事业单位两种。

行政支持类的事业单位是依据国家法律法规的规定，受政府委托承担具体行政行为或为政府行政行为提供保障服务的单位，一般没有经济收益，如资格质量认证机构、政策研究机构等。这类单位只允许政府举办，经费来源完全靠财政拨款，有执法收费的单位要严格执行"收支两条线"。其人力资源的培训参照国家公务员的培训制度。

公益性事业单位是指为社会提供公益产品，涉及公众基本利益和政府基本职能，为社会公众提供普遍服务的单位，如科学研究、教育、非营利性医疗卫生等。对这类事业单位的培训工作尚未形成整体的规范，一般都是由各单位按照本单位的实际需要而进行的。以教育性事业单位中高校为例，邓小平同志曾经指出，"要研究如何提高教师的水平……要敢于教，还要善于教。要做到这一点，就要加强师资培训工作"[1]。《中国教育与发展纲要》中也指出，"要制订教师培训计划，促进教师特别是中青年教师不断进修提高"。

我国高等院校的师资培训可以分为两类，一是职前培训。职前培训是针对新任教师而言的，一般是由政府中的教育厅组织，目的是使新任教师了解其工作性质、特点，并初步具备作为高校教师的能力和素质，取得在高等学校任教的资格。培训的内容包括高等教育学、教育心理学、高等教育职业技术规范、教师职业道德、外语及普通话培训等。二是在职培训。在职培训是针对已任职教师而言的，它主要由高校的师资办公室组织，通过使教师了解和掌握与本专业有关的新理论、新技术、新方法和新信息，提高其从事教学和科研工作的能力。

三、国有企业人力资源培训的实践运作

（一）国有企业人力资源培训的法律依据

我国国有企业人力资源培训工作主要是依据《中华人民共和国宪法》《中华人民共和国劳动法》《国有企业建立现代企业制度和加强管理基本规范》《企业职工培训规定》等法律法规进行的。

《中华人民共和国宪法》对所有劳动者的培训作出了原则性的规定，"国家对工人、农民、国家工作人员和其他劳动者进行政治、文化、科学、技术、业务的教育"，"对就业前的公民进行必要的劳动就业训练"[2]。

《中华人民共和国劳动法》规定了现阶段我国劳动管理过程中开发劳动者职业技能的有关措施，明确了国家、各级人民政府、用人单位、社会团体及个人对发展职业培训事业的责任，以及通过职业培训的实施所要达到的目的。

（二）国有企业人力资源的培训种类

国有企业的人力资源培训主要有职前培训、在职培训和脱产培训三种。

---

[1]《邓小平文选》（第2卷），人民出版社，1993年，第54页。
[2]《中华人民共和国宪法》第19条、第42条。

1. 职前培训

职前培训即企业员工上岗前接受的培训。其目的是通过培训使他们了解企业的历史、现状、未来的发展计划，他们的工作环境、单位的规章制度、企业的组织文化、绩效评估制度和奖惩制度等，使他们迅速熟悉环境，从而为企业提供一支专业知识、业务能力与工作态度均符合企业要求的员工队伍。

2. 在职培训

在职培训是在企业员工不离开工作岗位的情况下进行的培训。这种培训旨在使员工获得完成其工作所必需的知识、技能和方法。它既可以提高员工的文化知识，也可以提高员工在实际工作岗位上的操作能力。它将培训与实际工作紧密结合，保证了培训的有效性和针对性，并可以节省培训费用，因而成为企业培训员工最常采用的一种形式。

3. 脱产培训

脱产培训是指因企业业务发展或员工工作变更、职位提升等原因要求员工暂时脱离岗位或部分时间脱离岗位参加的培训。

（三）国有企业人力资源的培训机构

1. 企业管理培训中心和经济管理干部学院

各级企业管理培训中心和经济管理干部学院是对国有企业管理人员进行培训的主要机构，它们承担着对企业经营管理人员进行岗位培训和工商管理培训的任务。

2. 高等院校

经过认定的高等院校承担着对国有企业经营管理人员进行工商管理培训的任务，并同国家经贸委一起积极组织开展企业经营管理人员双学位的教育工作。另外，许多企业还采取委托高等院校或联合办学等形式开展对企业其他员工的培训工作。

3. 国家行政学院

国家行政学院承担着国有大型企业高级管理人员的培训任务，中国高级公务员培训中心则负责对大型企业从事人力资源管理的中、高级管理人员进行知识更新培训。

4. 企业内部的培训机构

企业还常常通过自己设立的员工培训机构，如职工大学、教育培训中心等对员工进行培训。企业员工培训机构是企业发展的重要组成部分，是企业对其员工进行自主培训、培育企业文化、加强企业管理的重要载体。

第三节 公共部门人力资源培训的改革与完善

一、公共部门人力资源培训现存的主要问题

（一）有关培训的法律规定过于笼统

我国关于公共部门人力资源培训的立法主要体现在《中华人民共和国公务员法》《公务员培训规定（试行）》和一些部门规章中，它们对公共部门人力资源培训的基本原则、

种类、培训科目、施教机构和培训管理做出了原则性的规定。但是有关公共部门人力资源培训实施过程中的所有细节问题却没有明确的法律规定予以说明。

(二) 培训的手段相对落后

现在，我国各地的公共部门人力资源培训仍大多采用"填鸭式"的讲授方式，而不是根据公共部门人力资源不同的职位和学历，采取诸如"启发式""研讨式""角色模拟"等现代化的教育方式和手段，培训缺乏灵活性和多样性。同时，也很少采用电化教学等先进手段，帮助公共部门人力资源理解和消化所学的知识。

(三) 培训的内容不够科学

目前，培训还存在着目标不明晰、内容不统一的现象。培训内容缺乏长远的规划和科学的设置，往往上面需要什么，下面就培训什么；有什么教师就上什么课；准备了什么就讲什么，随意性很大。加之培训者与培训对象之间缺乏沟通，对培训需求调研不广泛、不深入、不及时，造成培训内容严重滞后，公共部门人力资源培训缺乏特色。

二、改革和完善公共部门人力资源培训的思路

针对上述存在的问题，我们应该从以下几个方面改革与完善公共部门的人力资源培训工作。

(一) 培训的法制化、规范化

作为一种人力资源开发的手段，公共部门人力资源培训不仅需要一个有效的培训管理和培训教育体系作为其保证，而且要获得公共部门及其成员的认同，形成培训的保障支持系统。在一个民主国家，对一项制度最好的保障方式就是进行立法。许多发达国家都十分重视公共部门人力资源培训工作的法制化。例如，1958年美国国会通过《雇员培训法》，把文官培训列入法定范围。我们应积极借鉴国外在培训立法上的经验，并在已有法规的基础上，研究制定国家公共部门人力资源各种类型培训的管理办法，建立培训施教机构资格认定和培训质量评估等制度，使公共部门人力资源的培训工作各个环节都能做到依法进行。

(二) 培训手段的现代化

随着科学技术突飞猛进的发展和人们对公共部门人力资源培训的效果、效率、规范化标准和质量越来越高的需求，已经有越来越多的现代科技手段被运用到培训过程之中，如电子声像视听技术、计算机技术、互联网技术等，它们在现代公共部门人力资源培训中发挥着越来越重要的作用。如今，世界上很多国家已在不同程度上将信息技术运用到公共部门人力资源的培训当中，并逐步建立了以多媒体技术为基础的高技术远程学

习系统。我国国家高级公务员培训中心于 1998 年注册的中国培训网也是利用现代技术进行的初步尝试。今后，我们应该继续推进公共部门人力资源培训的信息化建设，建立远程培训网络，开发高质量的影、音、图、文数字化培训软件和网络课程，充分利用现代化的培训设施和手段，开辟个性化的、互动的、经济实用的培训途径，不断提高培训的吸引力。

（三）培训机构的多元化、市场化

由于历史和体制的原因，目前公务员、企业经营管理人员和专业技术人员的培训，基本都是由各级党校、行政学院或政府部门所属的培训中心承担。然而随着国家公共部门人力资源数量的增加和国家公共管理职能的发展变化，以及科学技术知识更新速度的加快，仅靠原有的国家正规培训机构已无法满足日益增多的培训工作的要求。所以，高等院校和社会团体越来越多地参与到公职人的培训当中，与原有的国家正规的培训机构共同构成了公共部门人力资源的培训网络。在法国，公共部门人力资源的培训是政府行为，政府对培训工作统一规划、统一管理。但由于培训任务重、工作量大，政府也常常引入市场机制，引导社会培训机构参与公共部门人力资源的培训。例如，法国南部的普罗旺斯-阿尔卑斯-蓝色海岸大区议会政府，1997 年培训了 500 名公务员，其中 30%是由马赛地方公务员管理中心培训的，其余 70%均由社会其他培训机构招标完成。这就在各种培训机构中引入了竞争机制，降低了培训的成本，提高了整体的培训能力和培训质量。此外，原有的国家正规的培训机构还正在逐步走向市场，参与到市场机制的运作中，这既减轻了国家的财政负担，也使此类机构由单纯的公共部门人力资源培训机构发展到面向社会的培训机构。较为典型的是英国的文官学院。英国文官学院以公共培训为主，同时为一些个人和私人机构提供服务。它奉行"顾客至上"的准则，为顾客提供专家咨询，同时设置了 500 个以上的课程题目供顾客选择，如若顾客没有发现符合自己需要的课程，学院则可以根据需要为顾客制定专门的培训开发项目，形成了顾客驱动、定制服务的模式。

我国的公共部门人力资源培训机构应适应多元化和市场化这两种趋势，积极学习和借鉴国外的成功经验，探索适合我国的提高公共部门人力资源培训质量和培训机构办学水平、优化整合各种教育培训资源的有效途径。在这方面，北京、上海、浙江等省（直辖市）行政学院采取的公开招标、服务外包、合同管理等作法，值得学习和借鉴。

（四）培训内容的科学化

培训内容是由培训目标决定、为培训目标服务的。这一总的原则决定了培训内容中既要有基本的政策理论，又要有相应的专业知识，而且要适应各方面的情况，不断更新和完善。这种适应主要表现在以下三个方面。

一是要根据公共部门人力资源的培训需求确定培训内容。西方国家的政府和企业在开展培训工作中，非常尊重个人的发展意愿和需求。以法国为例，各政府部门在公务员培训方面，每年都要向下属机构发放培训需求调查表，各个单位和每个公务员都可以阐述各自的培训需求，通过对公务员培训需求的层层汇总，进行综合分析，结合年度培训预算来制定第二年的培训目录。这样，就将培训与公务员的需求统一了起来。

二是适应社会进步和经济发展的需要。当今世界，科学技术发达、传媒手段先进、信息覆盖面广、知识更新加快。特别是我国社会主义市场经济体制的建立，极大地推动了社会经济的发展，生存环境的改善，促使人们的视野不断开阔，观念不断更新。公共部门人力资源培训工作要提高质量，就必须尽快适应这个变化，不断地将党和政府工作的新思路、新任务，管理科学最新的研究成果，行政改革、国企改革中出现的新变化、新趋势等问题充实到培训的内容中。只有这样，才能使公共部门人力资源通过培训得到新的提高，使培训工作保持旺盛的生命力。

三是适应开放搞活，扩大国际交流的需要。对外开放是我国的基本国策，经过多年的实践，已经取得了丰硕的成果和丰富的经验。进入21世纪，我国成功地加入了WTO，这使得我们的经济管理、行政管理工作只局限于国内已远远不够，必须迈出国门，学习他人，全方位地参与国际竞争与合作，按国际惯例和规则处理涉外事务。这就对国家公共部门人力资源提出了更高的要求。要适应这一要求，公共部门人力资源的培训内容必须向这方面靠拢，增加外语、外经、外贸、国际金融、国际政治，以及主要国家和地区的社会、历史、文化、民俗与国际通行的现代化的办公手段等方面的知识和技能。只有经过这样高质量的培训，公共部门人力资源才有能力在国际交流中促成合作、增进友谊，维护国家的政治和经济利益。

（五）培训途径的国际化

从20世纪中叶以来，科学技术的发展使全世界在时间和空间上的距离缩短，现代化的交通和电信技术使全球化的进程加快，这也促进了公共部门人力资源培训领域的国际交流与合作，使公共部门人力资源的培训途径日益国际化。首先，从培训内容上看，许多国家的培训教育机构增加了国际关系课程和时事专题课，甚至专门为外国公共部门人力资源设置某些培训项目。其次，从培训方式上看，跨国、越洋的远程教学日益增多，许多国家都将出国培训作为培养优秀公共部门人力资源的重要手段。此外，从培训机构上看，国际培训机构逐渐增多，如亚洲东部地区公共行政组织在韩国设立的管理发展中心、在日本自治大学设立的地方政府中心，均是专门培训亚太地区各国公务员的机构。

我们应该积极利用这些已经形成的国际培训资源，一方面，精心选拔并组织好优秀公共部门人力资源的出国培训；另一方面，适时地引进国外先进的培训软件和培训方式，聘请国外的培训专家来华开展现场咨询或举办学术报告会、研讨会等，提高公共部门人力资源对先进管理知识的掌握和应用的能力。

（六）在职培训与学位教育的结合

将在职培训与学位教育相结合，不仅可以使公共部门人力资源通过培训提高自身的素质和能力水平，改善公共部门人力资源队伍的学历结构和知识结构，也可以在一定程度上解决以往培训评估中缺少客观性和规范性标准的问题。从目前世界各国的情况来看，最适于公共部门人力资源的学位教育是公共管理硕士学位（MPA）和工商管理硕士学位（MBA）。

我国于21世纪初引进了MPA教育，并第一批在24所高等院校进行了试点。目前我们应在开办MPA单位的审核与评估、MPA课程标准的统一、MPA教材的配套与规范及师资队伍培养等方面加强建设，使MPA教育能培养出一批高素质、复合型的行政管理人才。对MBA教育，我们要积极推行培训机构资格认证制度和培训从业人员资格认证制度，改变MBA教育过去的教学形式单一、教学内容杂而不精的问题，使其真正成为一种有学习参照价值、有启发意义的教育培训。

第十九章

公共部门人力资源教育

【案例导读】 宁夏干部教育培训网络学院满足个性化选学需求

第一节 公共部门人力资源教育的理论基础与概述

一、公共部门人力资源教育的理论基础

(一)马克思主义关于教育方面的主要理论观点

1. 马克思、恩格斯关于人的全面发展的学说

全面发展是人类千百年来的美好理想。从古希腊起就有人在探讨这一问题。近代以来,实现人的全面发展成为人们关注的中心,正如黑格尔所言:"社会和国家的目的在于使人类的潜能以及一切个人的能力在一切方面和一切方向都可以得到发展和表现。"[①]在汲取前人卓越思想的基础上,马克思、恩格斯在《德意志意识形态》《共产党宣言》《1857—1858年经济学手稿》《资本论》等著作中深刻论述了人的全面发展学说。

马克思主义关于人的全面发展学说内容十分丰富,其基本涵义是人的体力、智力能充分自由地发展运用,以适应不同生产劳动和社会实践的需求,同时人的道德品质和美的情操高度发展;这诸方面的发展,在一个人的身上是充分、自由、和谐、统一的。马克思主义认为,人的发展是人的最根本的东西的发展。人的最根本的东西,在马克思看来,就是人的本质。马克思在《共产党宣言》中把人的发展概括为"每个人的自由发展是一切人自由发展的条件"。实际上所谓人的全面发展,就是人的社会关系的发展,就是人的社会交往的普遍性和人对社会关系的控制程度的发展。在人与自然、社会的统一上表现为在社会实践基础上人的自然素质、社会素质和心理素质的发展,就是在人的各种素质综合作用的

---

① 黑格尔:《美学》(中译本)(第1卷),商务印书馆,1979年,第59页。

基础上人的个性的发展。人的全面发展并不是指单个人的发展，而是指全社会的每一个人的全面发展。人的发展不仅应当是全面的，而且应当是自由的，马克思称之为"每个人的全面而自由的发展"或"自由的全面发展"。人的"自由发展"是指人作为主体的自觉、自愿、自主的发展，是为了自身人格完善和促进社会进步而发展，是把人作为目的而发展。

人的全面发展实现的主要途径在于教育。马克思指出："生产劳动同智育和体育相结合，它不仅是提高社会生产的一种方法，而且是造就全面发展的人的唯一方法。"① "教育会产生劳动能力。"② 教育与劳动相互促进作用，是理论与实践结合的必由之路，也是全面实现脑力劳动与体力劳动的内在有机联系的基本途径，因此成为贯穿于培养全面发展的人的全过程的指导思想。正如马克思所言："教育就会使他们摆脱现代这种分工为每个人造成的片面性。"③

2. 毛泽东、邓小平、江泽民、胡锦涛、习近平同志关于教育方面的论述

中国共产党继承并发展了马克思关于人的全面发展的学说。毛泽东很早就指出："古称三达德，智、仁与勇并举。今之教育学者以为可配德、智、体之三育。"④ 其后，根据马克思主义关于政治经济与教育关系的原理和人的全面发展的学说，紧密结合中国社会主义革命和建设的实践，毛泽东进一步提出并阐述了党的教育方针："我们的教育方针，应该使受教育者在德育、智育、体育几方面都得到发展，成为有社会主义觉悟的有文化的劳动者。"⑤

改革开放时期，邓小平针对世界发展趋势，进一步提出："教育要面向现代化，面向世界，面向未来。"⑥

其后，江泽民同志更明确阐述了"终身学习是当今社会发展的必然趋势"⑦的观点，并在《庆祝中国共产党成立八十周年大会上的讲话》中强调指出："我们建设有中国特色的社会主义的各项事业，我们进行的一切工作，既要着眼于人民现实的物质文化生活需要，同时又要着眼于促进人民素质的提高，也就是要努力促进人的全面发展。"在中国共产党十六大政治报告中，进一步阐述了人的全面发展观。这不仅继承了马克思主义关于人的全面发展的思想，而且提出了促进人的全面发展的有效措施。报告指出，"我们要在发展社会主义物质文明和精神文明的基础上，不断推进人的全面发展"。"全民族的思想道德素质、科学文化素质和健康素质明显提高，形成比较完善的现代国民教育体系、科技和文化创新体系、全民健身和医疗卫生体系。人民享有接受良好教育的机会，基本普及高中阶段教育，消除文盲。形成全民学习、终身学习的学习型社会，促进人的全面发展。"⑧

胡锦涛同志对加强教育促进人的全面发展给予了更多的关注。中共十七大政治报告中明确提出了"优先发展教育，建设人力资源强国"的目标。报告中深刻论述了优先发展

---

① 马克思：《资本论》（第1卷），人民出版社，1975年，570页。
② 《马克思恩格斯全集》（第26卷），人民出版社，1976年，210页。
③ 《马克思恩格斯全集》（第4卷），人民出版社，1961年，370页。
④ 《毛泽东早期文稿》，湖南出版社，1990年，第59页。
⑤ 毛泽东：《关于正确处理人民内部矛盾的问题》。
⑥ 《邓小平文选》（第3卷），人民出版社，1993年，第35页。
⑦ 全国教育工作会议（1999年6月15~20日），中国共产党新闻网。
⑧ 江泽民：《全面建设小康社会，开创中国特色社会主义事业新局面——在中国共产党第十六次全国代表大会上的报告》。

教育的理论观点和方针政策。报告指出:"教育是民族振兴的基石,教育公平是社会公平的重要基础。要全面贯彻党的教育方针,坚持育人为本、德育为先,实施素质教育,提高教育现代化水平,培养德智体美全面发展的社会主义建设者和接班人,办好人民满意的教育。"①

以习近平为总书记的新一届党中央在组建伊始就在与中外记者的见面会上庄严宣布,"我们的人民热爱生活,期盼有更好的教育、更稳定的工作、更满意的收入、更可靠的社会保障、更高水平的医疗卫生服务、更舒适的居住条件、更优美的环境,期盼着孩子们能成长得更好、工作得更好、生活得更好。人民对美好生活的向往,就是我们的奋斗目标"。在2013年3月17日第十二届全国人大第一次会议闭幕会上,习近平总书记在当选国家主席后的讲话中,再次高举党的十八大报告思想火炬,郑重承诺"我们要随时随刻倾听人民呼声、回应人民期待,保证人民平等参与、平等发展权利,维护社会公平正义,在学有所教、老有所得、病有所医、老有所养、住有所居上持续取得新进展,不断实现好、维护好、发展好最广大人民根本利益,使发展成果更多更公平惠及全体人民,在经济社会不断发展的基础上,朝着共同富裕方向稳步前进"。2013年4月,习近平同志在给清华大学的贺信中指出:"教育决定着人类的今天,也决定着人类的未来。人类社会需要通过教育不断培养社会需要的人才,需要通过教育来传授已知、更新旧知、开掘新知、探索未知,从而使人们能够更好认识世界和改造世界、更好创造人类的美好未来。"2013年9月25日,习近平总书记在联合国"教育第一"全球倡议行动一周年纪念活动上发表视频贺词,又进一步指出,"中国将坚定实施科教兴国战略,始终把教育摆在优先发展的战略位置,不断扩大投入,努力发展全民教育、终身教育,建设学习型社会,努力让每个孩子享有受教育的机会,努力让13亿人民享有更好更公平的教育,获得发展自身、奉献社会、造福人民的能力。中国将加强同世界各国的教育交流,扩大教育对外开放,积极支持发展中国家教育事业发展,同各国人民一道努力,推动人类迈向更加美好的明天"。

上述马克思主义有关教育方面的观点,是发展我国公共部门人力资源教育的指导思想和工作指针。

(二)西方学者关于教育方面的主要理论观点

1. 古典经济学家的观点

西方经济学从研究人力资源之初就提出了人力资源与教育之间的关联问题。亚当·斯密在其《国富论》中指出:"在社会的固定资本中,可提供收入或利润的项目,除了物质资本外,还包括社会上一切人民学得的有用才能。学习一种才能需受教育,需进学校,需作学徒,这种才能的学习所费不少,这种费去的资本好像已经实现,并且固定在他的人格之上,这对于他个人,固然是财产的一部分,对于他所属于的社会亦然"。②这里,亚当·斯密把教育支出看成和物质资本投资一样,也是可以赚取利润的投资。据此,亚当·斯密建议由国家"推动、鼓励,甚至强制全体国民接受最基本的教育"。②

---

① 胡锦涛:《高举中国特色社会主义伟大旗帜为夺取全面建设小康社会新胜利而奋斗》,人民出版社,2007年,第37页。
② 廖泉文:《人力资源发展系统》,山东人民出版社,2000年,第72页。

德国学者李斯特考察了教育在经济发展中的作用后指出,人类的物质资本是由物质财富的积累形成的,"精神资本"则来自智力方面成果的积累,"各国现在的状况是在我们以前许多世纪的一切发现、发明、改进和努力等等积累的结果,这些就是现代人类社会的精神资本"[1]。这里的"精神资本"在某种程度上接近于我们使用的"人力资源"概念。

马歇尔也充分认识到人力资源的重要性,指出,"所有的投资中,最有价值的是对人本身的投资"[2]。

2. 舒尔茨的人力资本理论

传统的经济理论认为经济增长必须依赖于物质资本和劳动数量的增加,舒尔茨认为人的知识、能力、健康等人力资本的提高对经济增长的贡献,要比物质资本和劳动力数量的增加重要得多。人力是社会进步的决定性因素。"如果根据一种把人力资本数量和质量表示的人力资本、物力资本都包括进去的全面的资本概念去考虑问题,并认为所有资本都是由投资的方式产生的,那么这种想法既颇有裨益又妥帖正当。长期以来,人们就抱有一种顽固的偏见,认为资本只包括物质设施、建筑物、器材和物资库存等等。这种偏见在很大程度上成为政府贬低人力资本投资抬高物力资本投资的固执态度的原因……这种反常的投资减少了生产和福利的潜力。"[3]但人力的取得不是无代价的,需要消耗资本投资,只有通过一定方式的投资,掌握了知识和技能的人力资源才是一切生产资料中最重要的资源,对人的投资带来的收益率超过了对一切其他形态的资本的投资收益率。而人力资源投资中最重要的当然是教育投资[4]。

3. 贝克尔的人力资源理论

贝克尔对人力资源理论的贡献突出表现在对人力资源的微观经济分析上。其《人力资本》一书被誉为"经济思想中人力资本投资革命"的起点。贝克尔强调了正规教育和职业培训的支出所形成的人力资本。他认为投资活动大体上可以分为两种,一种是主要影响未来福利的投资,另一种是主要影响现在福利的投资。同时他还认为高等教育既可以影响消费又影响货币收入,而在职培训主要影响货币收入。贝克尔对人力资本的形成、正规学校教育和在职培训的支出和收入、年龄-收入曲线等问题进行了分析,强调了教育和培训的重要作用。

4. 丹尼森的人力资本分析理论

丹尼森是一位人力资本经济分析专家。他通过精密的分解计算论证出1929~1957年的美国经济增长中,有23%的份额要单独归因于美国的教育的发展。其理论导致世界各国普遍增加教育经费。

5. 德鲁克的教育思想

管理学大师德鲁克认为,现代社会各个领域的深刻变化,使每个人都会意识到一种不能与时代发展同步甚至落后于时代步伐的危机。而另一项相关性研究结果显示,越是那些已经受过高等教育和已经取得巨大成就的人士,这种危机感就越是强烈。而社会对继续教

---

[1] 李斯特:《政治经济学的国民体系》,商务印书馆,1967年,第124页。
[2] 马歇尔:《经济学原理》(上册),商务印书馆,1965年,第125页。
[3] 舒尔茨:《论人力资本投资》,商务印书馆,1990年,第152页。
[4] 舒尔茨:《论人力资本投资》,商务印书馆,1990年,第154~169页。

育的需求也正源于此。在现代社会里,任何人都不能忽视继续教育的存在价值,他们必须通过不断再学习来更新自己的知识结构以提高自己的社会竞争力,德鲁克形象地称之为"重新洗脑"。

二、公共部门人力资源教育的概念与性质

(一) 公共部门人力资源教育的概念

教育不仅使人具有各种现实规定的实然性,而且还赋予人所独有的应然性。教育是人获得全面自由发展的目的和手段之和。在此意义上,人力资源的发展与教育之间具有本质的内在联系。教育既要使人是其所是,又要使人是其所不是,这种"不是",对于既定、已是来说是"无",是"否定",也正是这种"无"和"否定"在与"有"和"肯定"的矛盾之中,孕育出人的发展的无限生机[①]。正是基于这种理解,才能把公共部门人力资源开发中的"教育"与"培训"加以区别。就广义教育概念而言,教育包括培训,培训是一种后继教育、职业教育。但就狭义而言,二者又有所区别。正如克林格勒与纳尔班迪所指出:二者最主要的区别在于时间的连续性。培训是为现职的责任和义务而提供的学习;而教育训练更多的是未来导向性的[②]。教育本身构成公共部门人力资源开发中的一个范畴,是培训的上位概念,本身蕴涵着价值取向,教育既是手段也是目的;而培训只是教育的一个下位概念,一般只作为与价值取向无关的手段。就区分形式而言,教育一般在公共部门组织体的外部运作,而培训一般在公共部门组织体内部进行。但应该注意的是,教育、培训与发展之间具有内在的辩证关系,因为教育也日益考虑到人们的工作和职业需要,教育融入工作培训之中;培训是学习知识、技能的手段,也是发展的一部分;发展既考虑长期,也考虑短期;教育、培训、发展同为公共部门人力资源职业生涯发展及终身学习的方式及手段。

综上所述,在公共部门这个具体语境中,公共部门人力资源教育是指为充分、科学、合理、高效地发挥公共部门人力资源在行使国家权力、管理国家和社会公共事务或管理、经营国家所有资产的过程中的作用,而在公共部门组织体外部进行的以人的全面自由发展为核心,在知识、思维、精神、身体、道德、审美等方面对人的启发、培养、塑造、充实、提高等诸项活动。

(二) 公共部门人力资源教育的性质

公共部门人力资源教育相对于其他教育领域,如普通教育或私人领域人力资源教育,在具备教育的普遍性之外还有一些己身的特性。

1. 政治性

公共部门人力资源教育的对象是或将是掌握国家公共权力、履行社会公共事务的公共部门人力资源,因此这种教育要突出政治。要求加强政治鉴别能力,掌握马列主义的科学

---

① 鲁洁:《超越与创新》,人民教育出版社,2001年,第137页。
② 罗纳德·克林格勒,约翰·纳尔班迪:《公共部门人力资源管理:系统与战略》(中译本),中国人民大学出版社,2001年,第366页。

体系，增强分清理论是非、政治是非的能力。同时具有解放思想、实事求是的改革意识，科学管理和依法行政的能力，牢固树立正确的世界观、价值观和人生观，廉政勤政。

2. 战略性

教育发展与人力资源开发程度决定着一个国家的发展水平，是经济和社会进一步发展的最主要动因。中国要实现对发达国家的经济追赶、全面建成小康社会，就要站在国家发展和民族振兴的战略高度，深刻理解和认识发展教育和开发人力资源的重要意义，将全面开发人力资源作为全面建设小康社会的第一目标，对教育与人力资源开发进行长周期的战略筹划，坚持几十年甚至上百年教育与人力资源开发的优先方针，一心一意、全力以赴地做好人力资源的利用与开发。而在这其中，公共部门的人力资源由于其特殊地位而具有重要地位。教育要为政府和社会提供数量充足、质量优秀的公共部门人力资源，公共部门人力资源教育的优劣，在很大程度上决定着国家前途和命运。

3. 社会性

公共部门人力资源教育的目标之一，是通过教育手段，提高公共部门人力资源的整体素质，进而更有效地发挥其在社会公共领域中的积极作用，增强服务意识，提高行政效率和管理水平，这也是经济发展和社会进步的重要标志。

4. 系统性

系统论的观点在社会科学的研究中具有重要地位。现代国家管理与社会公共事务是一个复杂系统，公共部门人力资源教育是其中的一个分系统，它与预测、培训、规划、选拔、配置、使用、管理等共同作用，产生整体效应。

5. 动态性

公共部门人力资源教育是一种主体活动的动态过程。它必须根据经济发展目标和社会变化的程度和节奏来不断调整教育的目标、内容、手段和途径。而且还应该根据公共部门人力资源不同的结构层次及个体性差异，有针对性地采取不同的教育方略。

6. 终身性

"终身学习是当今社会发展的必然趋势。一次性的学校教育，已经不能满足人们不断更新知识的需要。我们要逐步建立和完善有利于终身学习的教育制度。学校要进一步向社会开放，发挥学历教育、非学历教育、继续教育、职业技术培训教育等多种功能。"[①]公共部门人力资源的教育因其为纷纭复杂公共事务服务的特性，而不单纯是个人的志趣和偏好，所以比其他领域的教育更内在地要求和符合终身性。

第二节 我国公共部门人力资源教育的实践运作

一、公共部门人力资源教育的法律法规依据

（一）宪法

宪法是国家的根本大法，它确立了包括我国教育制度（公共部门人力资源教育自然也

---

① 江泽民在第三次全国教育工作会议上的讲话。

在其中)在内的一切国家基本制度,因而宪法是教育法规的最高表现形式,也是我国规划教育法规体系、确定教育法规内容的最主要依据。例如,《中华人民共和国宪法》第19条第1款规定:国家发展社会主义的教育事业,提高全国人民的科学文化水平。再如,《中华人民共和国宪法》第46条第1款规定:中华人民共和国公民有受教育的权利和义务。

(二)教育基本法

教育基本法是以宪法中有关教育的条文为直接依据,由国家最高权力机关制定并颁布实施的国家主要法律,对国家举办和管理教育事业起总纲的作用,有教育宪法之称,在教育法规中具有仅次于国家宪法的效力。我国的教育基本法为《中华人民共和国教育法》。

(三)单行教育法

单行教育法主要是指依据宪法或国家教育基本法,由国家权力机关制定并公布实施的各项有关教育某一方面的法律,如《中华人民共和国义务教育法》《中华人民共和国职业教育法》《中华人民共和国高等教育法》《中华人民共和国民办教育促进法》等。

(四)教育行政法规

我国教育行政法规文件的名称通常有条例、规定、暂行规定、意见等,如《社会力量办学条例》《教育部关于加强教育法制建设的意见》。

(五)地方教育法规

地方教育法规的文件名称通常有条例、规则、细则、实施办法等。地方教育法规制定后须报全国人大备案,其内容不得与国家教育法和教育行政法规相抵触。

除上述法律法规之外,党和政府还制定了一系列具有操作性的政策、文件来保障公共部门人力资源教育的发展,如1999年5月国务院学位委员会第十七次会议通过公共管理硕士专业学位设置方案,对培养高层次的公共部门人力资源创造了良好的制度环境。2010年7月,国家发布《国家中长期教育改革和发展规划纲要(2010—2020年)》,明确了未来10年我国教育改革与发展的战略目标,到2020年,基本实现教育现代化,基本形成学习型社会,进入人力资源强国行列。

2010年8月,中共中央办公厅印发了《2010—2020年干部教育培训改革纲要》,对中国未来10年的干部教育培训工作进行战略部署,强调"干部教育培训是建设高素质干部队伍的先导性、基础性、战略性工程,是加强党的执政能力建设和先进性建设的重要途径,是推动科学发展、促进社会和谐的重要保证,在建设和发展中国特色社会主义事业中具有不可替代的地位和作用"。2011年5月,人力资源和社会保障部颁布了《2011—2015年行政机关公务员培训纲要》,指出行政机关公务员培训将以需求为导向,服务大局,强化针对性;突出能力,确保质量,增强实效性;重点加强对基层公务员培训力度,促进不同地域、不同部门、不同培训类别和不同层级公务员培训全面均衡发展。到2015年，全国新录用公务员全员参加初任培训，任职培训制度基本落实，乡镇、街道和公共服务部门基层公务员培训一遍，全国公务员培训管理者培训一遍。为落实行政机关公务员培训纲要，国家公务员局制定了《公务员职业道德培训大纲》，将公务员职业道德培训列入公务员初任、任职和在职培训的必修内容，作为每个培训班次的重要内容。"十二五"时期，将全体行政机关公务员和参照公务员法管理单位工作人员轮训一遍，培训时间不少于6学时。同时，建立培训长效机制，将公务员职业道德培训作为长期培训内容。

二、公共部门人力资源教育的具体运作

经过60余年的发展，我国多层次、多类别、多形式的教育结构体系已经基本形成。我国教育体系多样化格局包括全日制、电大、夜大、函大、自学考试、资格考试等多种教育形式，课堂教学、函授教学、广播电视教育和新兴的多媒体网络教育等多种教育方式。其中每一种形式或方式都涉及公共部门人力资源的教育。

（一）普通教育

因为公共部门人力资源的教育研究横跨行政管理与教育学两个学科，所以从教育学的视角来看，公共部门人力资源的教育是国家整个教育系统的一个子系统，与其他系统之间存在着相互整合的关系。一切教育系统，包括各种教育机制、专业都为公共部门人力资源教育提供储备和服务。这也是由公共领域的综合性和复杂性所决定的。普通教育是公共部门人力资源教育的大众教育形式和基础。

（二）专业教育

任何普遍性都代替不了特殊性，所以从公共部门人力资源管理与开发的角度看，需要大量的专业人才，才能适应国家和社会对公共管理和政策分析的需求。主要包括本科相关专业设置、研究生相关专业设置及专业的党政管理干部学校。

20世纪80年代中期，我国恢复了行政学（公共管理学）的研究与教学。国家学位委员会组织修订的研究生专业目录中，新增列管理学门类，设立公共管理一级学科（行政管理为其二级学科），又批准设立了一批公共管理学科特别是行政管理专业的硕士点。尤为重要的是，我国还参照国际惯例，设立了与MBA、法学专业硕士三足鼎立的专业学位——MPA。

（三）培训教育

如前所言，广义的教育包括公共部门自身的培训。我国公共部门因其培训对象与目的的不同，包括初任培训、任职培训、专业培训、知识更新培训等多种方式。

普通教育机制和专业教育机制及多种形式的培训方式共同构成了我国公共部门人力资源教育的多元体系。

第三节 我国公共部门人力资源教育的改革与完善

一、国家机关与事业单位人力资源教育的改革与完善

（一）国家机关与事业单位人力资源教育现存的主要问题

1. 人口素质低，制约了国家机关与事业单位人力资源教育的发展

据第六次人口普查数据，到 2010 年，我国青壮年（15~50 岁）文盲人口已从 2000 年的 2055 万人减少到 852 万人，减少了 1203 万人。青壮年文盲率从 2000 年的 2.80%降至 1.08%，下降了 1.72 个百分点。2010 年，我国 15 岁及以上人口的人均受教育年限（15 岁及以上人口平均在学校接受教育的年数）已达 9.05 年，比 2000 年的 7.85 年提高了 1.20 年。这些数据表明我国人口平均受教育水平已经完成了从初中程度迈入高中程度的转变，人口的文化素质有了相当大的提高。尽管我国人口受教育的平均水平与过去相比已有大幅度提高，但与发达国家之间仍存在较大差距。2010 年美国 25 岁及以上人口的人均受教育年限为 12.4 年（相当于大学一年级水平），日本为 11.6 年（相当于高中三年级水平），分别比我国高 3.8 年和 3 年。这种差距意味着我国总体受教育水平仍落后于发达国家，教育发展的任务仍十分艰巨。

2000~2010 年我国具有大专及以上受教育程度人口继续保持快速增长态势，10 年年均增长率高达 9.63%，较大地改变了我国人口文化素质的结构和水平。虽然我国高等教育的发展在近几十年来获得了长足的进步，但大专及以上受教育程度人口所占比重与发达国家相比依然偏低。2010 年我国 25~64 岁劳动年龄人口中，具有大专及以上受教育程度人口仅为 9.7%，远远低于发达国家。以经济合作与发展组织（Organization for Economic Co-operation Development，OECD）国家为例，2009 年 OECD 国家 25~64 岁人口中接受高等教育人口所占比重为 30.0%，相当于我国的 3 倍多。IMD 的 2002 年世界竞争力年度报告分析指出，中国国民素质竞争力基本结构中的"金融教育充分性""工程师适应性""信息技术技工适应性"三项都居于世界后列。从培养拔尖创新人才的需求看，我国研究生教育比重太小，仍不能满足经济社会发展和人民群众的需求。2001 年在校研究生仅占高校在校生总数的 3.23%。71 所教育部直属高校在校研究生与本专科学生的比例仅为 1∶4.84。而国际上一些著名高校研究生与本专科在校生人数的比例一般为 1∶1 或 1∶2，与之相比，我国研究生教育发展还存在巨大缺口。这也是我们不能提供大量高级公共管理人才的原因之一。

2. 教育投入严重不足

公共教育支出占 GDP/GNP 的比重是最常使用的衡量公共教育支出总量的一个指标，它是指地方、地区及中央政府在教育上的经常性支出和资本性支出（不包括家庭教育支出）占 GDP/GNP 的比重。联合国教科文组织和 OECD 国际组织，一般采用"公共教育支出"一词定义各级政府机构用于教育的支出，其中，不直接与教育有关的支出（如文化、体育、青年活动等）原则上不包括在内，政府其他部门或同等机构，如卫生和农业部门用于教育的支出则包括在内。我国教育经费投入不足问题一直十分突出。1993 年中共中央、国务

院颁布的《中国教育改革和发展纲要》提出了"财政性教育经费占国民生产总值的比重，在本世纪末达到4%"的战略发展目标。在这一政策目标的指导下，国家通过一系列政策措施的实施持续增加财政性教育投入，财政性教育支出占GDP的比重从1993年的2.51%增加到2002年的3.41%，呈现逐年增长的趋势，并最终在2012年，实现了财政性教育经费支出占国内生产总值比重达4%的目标。

但与发达国家相比，我国公共财政对教育的投入仍显不足。据IMD2002年世界竞争力年鉴评价，我国公共教育支出占GDP的份额很低，在49个参评国家和地区中处于第47位。据教育部及OECD、UNDP等机构的相关教育财政统计数据分析表明，OECD国家在1998年就达到了5.8%的平均水平，韩国、美国、加拿大等国家超过了6%、甚至达到7%；1998年巴西、马来西亚、泰国等发展中国家也达到了4.63%、4.49%、4.27%。素有亚洲四小龙之称的新加坡之所以得到迅速发展，也是由于其制定了向教育倾斜的公共财政投入的政策。近几十年新加坡的公共教育支出在政府财政支出中仅次于国防，并以每年30%左右的速度递增。1960~1990年的30年中，新加坡GNP增长12.9倍，而其公共教育投资增长15.7倍，超过GNP增长2.8个百分点。正是由于新加坡实行了充分保证教育发展的公共财政投入政策，才促使新加坡人力资本积累的快速增长，并直接促进了劳动生产率增长，以及经济的高速稳定发展。而我们国家公共财政对教育的投入相对滞后，不仅影响着国家整体的人力资源水平，也导致国家机关与事业单位人力资源教育的发展缺乏支持和动力。

3. 我国普及九年义务教育政策缺乏公益性、强制性和统一均衡性

当今所有发达国家的经验证明，现代工业化和城镇化的实现，公共部门人力资源教育水平的提升，其基础条件之一就是政府实施强有力的普及义务教育的政策，在全体国民中迅速普及义务教育。哈佛大学波特教授在其名著《国家竞争优势》一书中，统计了第二次世界大战后全球十大经济强国的教育状况。这10个国家一个共同特点是：政府在教育政策制定方面，始终把普及义务教育，尤其是农村的普及义务教育置于基础地位。当今国与国之间的强弱贫富差距，穷源溯流都是从普及义务教育，特别是农村的普及义务教育肇始的。

这里我们不妨把近代以来中国和日本政府所实施的普及义务教育的政策作一比较。众所周知，近代中日两国都属于封闭落后的农业文化，当西方殖民者入侵时，两国都无抵抗的力量，而且日本当时还远不如中国。然而明治政府在统一国家后，何以仅用23年就在甲午战争中打败了中国，后又在1937年卢沟桥事变后占领了中国大片领土，使中国几乎沦落到亡国的命运？第二次世界大战失败后，日本曾遭受到极为沉重的打击，但何以又在第二次世界大战结束后用不到10年时间，成为世界经济大国，并建立起现代的工业文明。其基础原因就是日本比中国早一个世纪在农村普及了义务教育。而这一结局的出现，恰恰是由两国政府在实施义务教育政策方面的差距所造成的。

由此可见，普及义务教育是提高全体国民，也是提高国家公共部门人力资源教育水平的基础。而普及义务教育的基础是否广泛牢靠，又直接取决于政府是否实施了切实可行的普及义务教育的对策。

同发达国家相比，我国的普及义务教育政策一直处于缺失状态。因为自近代以来我国

饱受帝国主义列强的入侵和军阀连年混战之苦,虽然民国政府曾依据宪法和法律的有关条文实施了一系列对策,但普及义务教育的成果并不显著。

中华苏维埃政权也曾在老解放区推行义务教育的普及工作。1931年颁布的《中华苏维埃共和国宪法大纲》明确规定了实施完全免费的普及教育。但由于受国内战争环境的影响,普及义务教育也没能取得突破性的进展。到新中国成立的1949年,学龄儿童入学率仅为20%,文盲人口比率竟多达80%以上。

新中国成立以后各届政府采取了一系列对策来普及义务教育,并取得了显著成效,但也还存在一些问题。1954年宪法和1978年宪法都没有明确规定普及义务教育的条款,而且国家推行的是以普及小学教育代替义务教育的政策。1982年通过的宪法第一次以国家根本大法的形式对普及义务教育做出了规定,"中华人民共和国公民有受教育的权利和义务""国家举办各种学校,普及初等义务教育"。国家确定"有步骤地实行九年义务教育"的政策,是在1985年《中共中央关于体制改革的决定》中明确提出来的,并于1986年正式颁布《中华人民共和国义务教育法》。此后中央人民政府相关部委颁布了一系列的行政法规和规章,并据此制定实施了普及九年义务教育的各项具体政策。地方各级人大和政府也根据本地的实际制定了相关的义务教育的地方法规、规章和相关政策。此后我国的普及义务教育有了长足的发展。据《2013年全国教育事业发展情况》数据显示,2013年,全国共有普通小学为21.4万所,在校生为9360.5万人,共有初中阶段(初中阶段含普通初中和职业初中,下同)学校为5.3万所,在校生为4440.1万人,小学学龄儿童净入学率达99.71%,初中阶段毛入学率达104.1%。

尽管就我国普及义务教育取得了很大进展,但就目前的现状来看,还属世界落后国家之列。而这种落后局面长期难得改变,根源在于政府普及义务教育政策上的缺失。应该说这种政策的缺失,是长期累积的结果,所以政府必须采取更强有力的对策,以完全实现普及九年义务教育的目标。

4. 高等教育政策的缺失

改革开放以来,政府所推行的高等教育方面的政策有力地促进了全国高等教育事业的发展。自2000年以来,我国实施的大力发展高等教育的政策取得了明显效果。2000年高等教育毛入学率达到12.5%,在校生有1230万人。而到了2005年毛入学率即增至21%,在校生2300万人。但是从人力资源能力建设的角度分析,现行高等教育政策也存在一些缺失,主要反映在下述几个方面。

一是高等教育对学生能力培养方面的政策缺失。我国的高等教育究竟培养什么样的人,教育方针虽然规定得很明确,但是在政策方面并没能提供有效的支持。

首先是高等教育是培养自立自主的人,还是依附于他人的人。一般美国人高中毕业后,家长会鼓励学生离开家庭经济独立。学生如果学习成绩好或有特殊才艺,可以向学校、各大企业、非营利事业机构、基金会、教会、社团及各类组织机构,申请奖学金贷款读书。学生学习成绩不好,则可以向联邦政府申请无息或低息贷款,如果贷款金额不够,则学生会以半工兼职方式完成学业,如在学校、快餐店、家教、洗车、送报等,一直到学生毕业才开始偿还学费贷款,无论贷多少,每个月只要还50美元即可。美国的教育与社会制度,使学生在18岁之后,便可以完全"人格独立"及经济自主,同时也降低了国家对学生财政方面的负担。

其他发达国家也非常注重培养青年人的自立精神。生于忧患，死于安乐，确有其道理。中国清朝的败落、不堪一击，首先是从八旗子弟的养尊处优开始的。现在我国高等教育对学生的培养缺乏对学生自立自主精神的培养。从政策上没有提供让学生在经济上自立、在人格上自主的环境。因而，绝大多数学生在经济上必须依赖家庭，这也是导致许多贫困家庭子女丧失平等受高等教育权利的另一个重要原因。

二是高等教育的重点是培养人的记忆力还是培养人的创造力。按中国过去的传统所谓第一流的思想家，大多是那些耗费毕生精力在记诵四书五经与创作诗词歌赋上的人；中国的学堂不教亚里士多德的三段论证及十大范畴，不教逻辑学、形而上学、分析法、归纳法，也不教科学方法、数理逻辑等。中国近代的大思想家朱熹，主要搞注疏考证及诗文信札。这种学习和教育的传统，对现在中国的教育影响至深，加之受国家用人政策方面的影响，中学阶段的教育基本是以培养记忆力为主的应试教育，在此基础上的高等教育在教学内容、教学方法和考试方面，依然存在不重视培养学生的分析、创造、独立思考、独立研究的能力。学生普遍不善于使用图书馆的图书资源及工具书作研究，也不善于写专业的学术论文。

最后是高等教育是注重学生道德素养方面培养还是单纯的知识传授。学校教育不仅是向学生传播知识，更重要的是通过传播人类先进知识达到塑造学生道德情操和思想品德的目的。人们之所以把教师称为塑造人类灵魂的工程师道理就在于此。可见高等教育只有使培养出来的学生既具有良好的知识素养，又具备高尚的道德情操才算成功。高等教育的教学绝不是单纯的知识传授，而是把知识的传授同陶冶学生的情操、提高学生的道德素养有机地结合在一起。正如培根所说：历史使人明智，诗歌使人灵秀，数学使人周密，伦理学使人庄重，逻辑学使人善辩，凡有所学皆成性格。这就是说，教师所讲授的知识如果不能对学生的人格和道德素养的提高产生作用，这样的教育就有失偏颇。

三是高等教育在人才培养结构方面的政策缺失。长期以来，我国高等教育在人才培养方面所实施的政策基本上倾向于精英人才的培养。人们非常看重学历学位，将其视为教育崇高的图腾，把取得高学历学位者视为社会少数精英的代表，教育权力的体现。至于所培养的人是否与国家经济发展对口，并不十分考究。甚至通过政策严格的限制学历学位的数量及各层次学历学位获得者所享有的特殊待遇。实施这些政策的结果是把青年人引导到争做精英人才的道路上来。这就是中学生千军万马过独木桥，即把考入重点大学视为自己求学最高追求的根源所在。

发达国家的高等教育则不是这样。例如，美国大学教育采取宽进严出的政策，入学容易毕业难。美国十大名校中，有80%以上的大学生，平均读5年才能取得学士学位。而中国大学是严进宽出，学位越高越是如此，美国人将学位教育（美国只有学位教育，没有学历与学位的区分）视为国家经济发展与建设的资源与方法。因而，美国是根据市场的需求培养各种类型的人，而不仅是培养所谓精英人才。高等教育在人才培养结构方面的政策缺失，是导致近年来一些大学毕业生毕业即失业的基本原因。

四是高等教育在管理方面政策的缺失。现行我国高等教育管理政策存在的突出问题是教育管理高度行政化。无论是办学的大政方针，还是高等教育的管理，基本由政府包办。学校设置的机关也分成党和行政两套人马，这直接造成高校行政人员队伍庞大，而且由于这些行政人员完全按照政府公务员的管理方式施管，又导致官本位思想在行政人员中广泛存在。国家机关中存在的问题，如机构臃肿、人浮于事、推诿扯皮、办事拖拉等现象在学校行政人员中也同样存在。学校教职员工比例失调，一般说来，学校教师和研究人员在学校仅占1/3的比例，行政人员的数量几乎同教师和科研人员的数量相等。所以要提高高等教育的质量，政府在高等教育管理方面一定要制定和不断完善符合高等教育自身规律的政策，在管理中确实做到以学生为本、以教师为本。

5. 缺乏高层次人才

我国8亿多庞大的从业人员中，高层次人才稀缺。据第六次人口普查数据显示，每10万人中具有大学文化程度的人口为8930人；具有高中文化程度的人口为14 032人；具有初中文化程度的人口为38 788人；具有小学文化程度的人口为26 779人。其中，劳动力人口的受教育程度分别为：初中及以下受教育程度的劳动力为79.4%，高中程度为13.4%，高等教育程度仅为7.2%。而据《2009年教育概览：OECD指标》[①]中的数据显示，在高中段教育，OECD国家的平均完成率从1995年的77%上升到2007年的82%，提高了5个百分点，其中日本、韩国、德国的高中段完成率较高，2000年以来，均保持在90%以上，德国的高中段完成率甚至达到100%，美国的高中段完成率则低于OECD国家平均水平，但几年来的完成率也呈现上升趋势，2007年达到78%，比1995年（69%）提高了近10个百分点，增长速度相对较较快。在大学段教育，1995~2007年，各国的平均大学入学率增长了近20个百分点；39%的年轻人完成了大学学业。表19.1所列数据为2005~2007年日本、韩国、美国、法国的高等教育毛入学率，数据表明这些国家都已进入高等教育普及化阶段。

表19.1　2005~2007年高等教育毛入学率统计　　　　单位：%

国家	2005年	2006年	2007年
日本	55	57	58
韩国	91	93	95
美国	82	82	82
法国	53	56	56

资料来源：Education at a Glance 2009：OECD Indicators

相比较而言，我国目前劳动力的教育结构尚不足以应对知识密集型的高科技产业和公共管理事业的需要。

（二）国家机关与事业单位人力资源教育面临的挑战

上述教育方面存在的突出问题直接导致我国各类行业及职业从业人员、管理人员、专

---

① Education at a Glance 2009：OECD Indicators，http://www.oecd.org/document.

业技术队伍整体文化程度普遍不高。

据第六次人口普查数据，2010 年，国家机关及其工作机构负责人和新闻出版文化工作人员、教学人员、事业单位负责人、金融业务人员、中国共产党负责人的平均受教育年限为 14.87 年、14.85 年、14.32 年、14.12 年、14.03 年，其中，科学研究人员中超过 1/4 的人员仅具有初中及以下文化程度，只有 16%具有研究生学历；工程技术人员中拥有研究生学历者仅为 4%，具有大专及以上文化程度的比例从 2000 年的 48%缓慢提升至 2010 年的 50%，仅提高 2 个百分点，各级机关与企事业单位负责人初中及以下、高中、大专及以上文化程度各占 1/3，见表 19.2。这显然与人们对国家机关与事业单位的职业期许有较大差距，我国现代化建设中对干部队伍知识化、专业化的目标要求相差甚远。国家公共部门人力资源中缺少一大批既懂专业又懂得现代管理知识的"通才"。即使是那些已经拥有高学历的公务员，他们也大多只受过单一的专业教育，现代管理知识，特别是市场经济所需的财税、金融、法律知识以及宏观决策能力普遍薄弱。

表 19.2　2010 年我国部分职业人员文化层次分布　　　　　　单位：%

职业	初中及以下学历	高中学历	大专及以上
机关与企事业单位负责人	32.12	32.95	34.93
企业负责人	39.5	27.2	32.8
科学研究人员	25.5	14.5	60.0
工程技术人员	27.4	22.0	50.6

资料来源：全国第六次人口普查数据

这种状况使国家机关与事业单位人力资源教育面临着严峻的挑战。

一是知识经济时代对公共部门人力资源教育的挑战。当今人类社会步入了知识经济时代，知识经济是建立在知识和信息的生产、分配与使用基础上的经济形态。知识经济概念自上世纪末被提出以来，已成为全球理论界关注的焦点，也引起了我国理论界和政府的高度重视。在公共部门，缺乏具有现代职业伦理和现代公共管理知识的人力资源。如何快速培养和吸引大批高素质创新人才，塑造掌握现代公共管理知识的人才，给我国教育发展与人力资源开发提出了严峻的挑战。

世界银行对 100 多个国家经济增长和发展实绩作了系统研究后，提出了"以知识促发展"的新发展战略，强调知识在经济增长和发展中越来越显著地发挥着主导性作用。与发达国家相比，我国的知识发展水平依然较低，能否抓住知识革命带来的机遇，迅速提高我国人力资源开发水平，已成为我国能否落实新的发展战略的关键所在。

二是经济全球化对公共部门人力资源教育的挑战。当前，世界经济一体化的进程以前所未有的速度发展。尤其是我国加入 WTO 之后，人力资源与教育都处于全球性的竞争之中。在加入 WTO 之后，我国将承担开放教育市场的义务。国内非义务教育将面临国际教育市场的激烈竞争。我国的进一步开放，使国外教育机构普遍看好我国广阔的教育市场，其中的优质教育资源将直接挑战我国现行的公共部门人力资源教育制度。此外，发达国家还将利用网络优势，在我国教育市场上提供教育产品与培训服务，与我国国内培训市场形成强劲的竞争态势，冲击我国现行的公共部门人力资源教育体系、体制，甚至影响到国内公共部门职业教育和培训的师资、管理队伍的稳定，使传统计划模式下的公共职业教育培训在新形势下承受新的更大的压力。

三是实施可持续发展战略对公共部门人力资源教育的挑战。我国是人口众多的发展中国家，面临着不可回避的产业结构调整、城镇化等重大战略性发展问题，而要实现这些现代化进程中的重大目标，就必须拥有大量的合格人才，否则，这些重大战略性举措就不可能有效落实，全面建成小康社会的宏伟目标也就不可能如期实现。全面提高国民素质急迫要求加快教育发展与人力资源开发。经济转型和产业结构升级要求人力资源开发做出回应。在现代化建设进程中，信息、农业、金融、财会、外贸、法律和现代管理等领域都急切需要高素质的专业人才，在公共管理部门更是需要高层次的跨领域、跨行业、跨学科复合型人才。可持续发展给教育与人力资源开发提出了新要求。

（三）国家机关与事业单位人力资源教育改革与完善的思路

从我国国情和当今世界的发展趋势来看，我国公共部门人力资源的教育现状远不能适应时代的要求，因此需要在实践基础上的观念的变革和制度的创新。

1. 观念变革

（1）树立以人为本的教育观念。1996年年初，以欧盟主席雅克·德洛尔任主席、各国专家组成的"国际21世纪教育委员会"，在向联合国教科文组织提交的研究报告《教育——财富蕴藏在其中》中明确指出21世纪是强调"把人作为发展中心的世纪"[①]。人力资源的竞争将决定未来各国的发展与国际地位，这已是各国的共识。经验证明教育发展与人力资源开发程度决定着一个国家的发展水平，是经济和社会进一步发展的最主要动因。中国要实现对发达国家的经济追赶、全面建设小康社会，就要站在国家发展和实现中华民族伟大复兴的中国梦的战略高度，深刻理解和认识发展教育和开发人力资源的重要意义，将全面开发人力资源作为全面建成小康社会的第一目标，对教育与人力资源开发进行长周期的战略筹划。

（2）树立以素质教育为中心的观念。在公共部门人力资源教育中还必须注意以素质教育为中心。"素质是在人的先天生理基础上、经过后天教育和社会环境的影响，由知识内化而形成的相对稳定的心理品质。"[②]我国21世纪的公共部门人力资源教育以素质教育为其理念，是由公共事业的崇高性和公共教育的基础性所决定的。它是公共部门专门人才完成公共事务的需要。公共事务工作以维护公共利益、促进国家政治经济发展为己任，需要一个高素质的职业群体。只有把素质教育观念贯穿于公共部门人力资源教育的始终，才能造就出献身于公共事业的高素质职业群体。

（3）确立终身教育的发展观念。我国现阶段教育的发展水平不高，仍然处于不均衡、不全面的发展阶段，与发达国家教育发展与人力资源开发水平存在相当的差距；教育和培训体系比较僵化，教育供给的数量、质量尚不能满足人民群众日益增长的、多样化的、高层次的教育需求，不能满足全面建成小康社会的需求。

---

① 张卫峰，潘晨光，刘霞辉，钱伟：《国内外专业人才资源开发政策比较研究》，社会科学文献出版社，2009年，第13页。
② 周远清：《素质、素质教育、文化素质教育》，载《中国大学教育》，2000年第3期，第23页。

知识经济社会来临、科学技术的迅猛发展对个人学习和学习环境都提出了要求，要求当代人具有学会学习的能力，即终身学习的能力；欧洲终身学习促进会提出"终身学习是21世纪的生存概念"。OECD 提出的"学习—工作—再学习—再工作"的回归式学习方式将会成为理想的学习模式，提倡由个人对自身的"教育期""劳动期""隐退期"自主地进行自由组合，形成新的自由循环的生活周期。目前，经济合作与发展组织国家 25～64 岁公民接受继续教育的比例已经达到了 30%以上，终身学习已成为一种普遍的行动。中国的发展需要用终身学习理念构建现代国民教育体系。

为了优化教育结构，合理配置教育资源，提高人才培养质量，增强教育的整体供给能力，培养数以亿计的高素质劳动者、数以千万计的专门人才和一大批拔尖创新人才，实现国家发展的战略目标，必须加速构建现代国民教育体系和终身教育体系，形成世界上最大的学习型社会，使中国成为人人学习、终身学习、灵活学习的学习之邦。

（4）树立以学习者为主体的教育观念。依托信息技术建立起来的互联网络为代表的新技术为学习化社会和教育社会化提供了物质技术条件。网络信息技术发展深刻改变着社会生活、工作、思维和交往的方式，使我们步入了知识经济时代。对传统教育体系制度产生根本性的影响。21 世纪，世界各国尤其是发达国家，加快了信息化进程，这也包括教育信息化。计算机网络教育同传统的单媒体电化教育、广播电视教育和函授教育相比，最大的特点是知识传授者与学习者实现交互式的交流过程。发达国家将教育信息化作为 21 世纪增强国际竞争力的重要发展战略目标。同样，在公共部门人力资源教育中也必须顺应时代潮流，广泛建立于现代科学技术之上，树立以学习者为主体的教育观念。

2. 制度创新

任何观念的变革都必将引起制度层面的创新。创新的动因来源于对效率和利益的向往，而这种可预期的利益在其原有的制度框架内无法实现时，就要进行制度创新。

（1）公共部门人力资源教育管理创新。政府应建立居于核心地位的人力资源与教育统筹机构，使政府对开发人力资源与发展教育的第一责任落到实处。实行以省级为主的统筹管理体制。正确处理中央与地方的关系是实现良好公共治理至关重要的环节。在教育与人力资源开发上，可实行中央宏观调控，以省级政府为主的统筹管理体制，由省级政府根据本省发展情况，确定适合省情的发展目标、发展策略及措施和途径，实行事权与财权相统一。实现"政校分开"，政府成为秩序的提供者和行为的监管者。

（2）面向公共部门人力资源教育的各种办学制度也要创新。其目的在于增强学校自我约束、自我完善、自我发展的能力，使学校面向社会和市场依法自主办学，主动满足社会经济发展和人民群众对教育的需求。制定 WTO 框架下的中外合作办学的法律法规体系，建立完善的现代学校制度。严格区分不同类型的学校，实行学校的分类管理。使公共部门人力资源的教育在学校体系中得到加强和突出。必要时可设立从中央到地方的专门学校或专业。

创新要求大力发展 MPA 教育。MPA 学位是建立在公共管理及政府研究领域（学科）基础上的硕士研究生教育项目，它的英语名称是 "Master of Public Administration" "Master of Public Affairs" "Master of Public Policy" 等。MPA 项目专门为公共组织尤其是政府机构培养公共服务的高级人才，与 MBA 为私人部门尤其是公司企业培养企业管理人才相对应。MPA 专业学位研究生教育是一种通才教育（generalist education），它的目标是培养在公共组织特别是政府机构从事公共事务管理或公共服务的管理者、领导者和政策分析人才以及（高级）职员。MPA 研究生教育项目要为学生提供这一职业所需的知识和技能。我国旨在培养高级公共事务和行政管理人员的 MPA 教育将呈现三种发展模式：稳步发展当前非全日制模式、尽快试办 EMPA 模式、积极准备全日制 MPA 模式，同时，其课程和学分也将做出相应调整。

（3）公共部门人力资源教育的法律与社会保障创新。新中国成立以来，我国陆续颁布了一系列教育方面的法律法规，人们的公民意识、法律意识、权利意识普遍增强，并开始用法律来维护自己的受教育权利。近几年来，许多公民开始通过诉讼途径来维护自己在教育方面的合法权益，学校教育机构也从过去计划经济体制的束缚下解脱出来，开始获得一种确定的法律地位，依法办学渐成风气。教育活动逐渐走上依法治教的轨道。司法介入使教育法的实施日益深入。在很长时期内，由于教育法缺乏可诉性，法律的实体性规定实际上无法通过诉讼渠道获得解决，从而构成对现行教育法制的挑战。2001 年 8 月 13 日，最高人民法院对公民受教育权利受到侵害而产生纠纷的法律适用做出司法批复，这表明公民所享有的受教育权利可以通过诉讼程序获得保障。这一批复是教育法司法化的重大突破。由此可见，面对急剧的社会转型，特别是市场机制逐步介入教育领域，健全法律法规保障体系在当今显得尤为迫切。

二、国有企业人力资源教育的改革与完善

（一）国有企业人力资源教育现存的主要问题

现阶段国有企业人力资源教育存在的问题突出表现在职业教育方面。

1. 政府的财政投入政策严重不足

很长一段时间我国企业职工每年人均培训费仅为 60 元人民币，全国的职工教育培训经费支出总计也只有 90 亿元人民币。而发达国家用于职业教育的投资数额巨大。例如，美国每年的职工教育培训投资高达 2100 亿美元。世界 100 强企业用于员工教育培训的经费每年以 25% 的速度在增长，与他们相比，差距悬殊。1997 年我国预算内职业教育经费占总经费的 11.7%，但到 2002 年非但没能增加，相反还下降到 6.35%。实际在国际上，发达国家职业教育投入的经费要远远高出普通教育，据测算，职业教育所需经费一般应是普通高中所需经费的三倍左右。而我国却相反，2003 年普通高中生均预算内公用经费为 264.83 元，职业高中却只有 239.23 元[①]。

2. 政府职业教育管理的政策缺失

政府职业教育管理的政策缺乏统一性。这导致职业教育的管理体制出现问题。现行国有企业教育培训管理体制在某些方面还不能适应市场的需求，而且，烦琐的行政管理模式，对企业教育部门的管理部门过多，机构重复设置，阻碍了职工教育培训工作的开展；教育部门有一套职业教育体系，劳动和社会保障部门又自成一套技校体系。就业资格认证政策也比较混乱，财会、法律、卫生、劳动等各部门各自认证，各搞一套，缺乏统一性和规范性。

---

① 计科宪：《职业教育期待新突破》，载《现代教育报》，2005 年第 8 期，第 14 页。

3. 企业教育培训制度的滞后

就企业的教育培训制度而言，远不适应国有企业建立现代企业制度的需求。国有企业教育培训内容与实际脱节，未能向信息产业、基因技术、生物技术等高科技产业倾斜；企业教育形式单一，责权不明，专业设置老化，教学手段千篇一律；教育培训工作不问需求、不挑对象、不计成本，缺少挑战意识，甚至一些单位的教育培训机构形同虚设，只是为了应付上头检查或是为了安排富余人员，没能把企业职工教育培训当成一项重大的事业来发展。这就导致了企业一方面缺乏急需的高素质劳动者，同时一批批经过被动培训的职工又回到原来的岗位，从事同样的工作，拿同样的报酬，这种恶性循环严重阻碍了企业的发展。

（二）国有企业人力资源教育改革与完善的思路

1. 加大职业教育的财政投入

职业教育的财政投入政策，包括两个方面：一是对职业学校的财政投入。从目前来看，各级政府的财政已加大了对职业教育的投入，从2006年起，政府提高了城市教育附加用于职业教育的比例，建立职业教育贫困家庭学生助学制度，中央政府投入100亿元支持职业教育基础能力建设。但仅此还不够，政府还应实施有效的财政政策，继续支持职业教育的发展。这些政策应包括对职业教育逐步增加财政投入政策、企业合理分担职业教育办学经费的相关政策、对职业教育采取税收优惠的政策等。二是对成人培训的财政投入。放眼世界，大凡发达国家都十分重视对成人职业教育的财政投入。在美国，90%的公司有正式的培训预算，美国企业和其他机构每年花费的培训费用大约为550亿美元，摩托罗拉公司每年用于员工培训及其研究所的经费开支高达10亿美元，施乐公司每年的培训开支也超过了3亿美元。通用电器公司每年的教育培训投资超过9亿美元，甚至还投入8000万美元建造了一个具有世界先进水平的培训中心，且配备有制作教育培训节目的电视工作室。我国也应实施对成人职业教育固定的财政投入政策。

2. 促进职业教育发展

在实现工业化和城镇化的整个过程中，我国亟须的是技能型人才，而职业教育就应以培养技能型人才为其宗旨。但现行的有关职业教育的政策没能充分体现这一宗旨，却把学历教育放在突出位置。尤其近些年社会上形成的重学历轻技术的风气，更是把青年引向了报考普通高校的道路上去。从而导致数量原本不足的职业学校的进一步萎缩，许多职校因生源匮乏而门庭冷落。因而，我国目前职业教育的发展状况，远不能满足技能型人才培养的需要。所以政府要抓住这一关键问题，实行有效的政策，大力发展各类职业学校。当前我国国有企业中，高级管理人才在一定程度上正趋于饱和，而高级技术工人则供不应求，导致高素质技术工人缺乏。这既有社会观念方面的原因，也有制度层面的制约因素。企业轻视对工人的技术教育培训，也是导致技术工人的短缺的另一个重要原因。很多企业宁肯花上万元甚至几十万元的高薪去聘请工程师，也不愿花几百元去培训一名技工。重学历轻技术的风气使职业技术教育出现萎缩。现在许多职校门庭冷落，无法适应社会经济发展的需求，这就为我国国有企业的人力资源教育提出了新的课题。

在产业结构提升过程中，以服务业为主的第三产业所占的比重越来越大。一方面，社会劳动分工发生变化，白领阶层中专业技术人员在社会中的地位和作用越来越重要，规模迅速扩大，并从白领阶层分化出来，成为一个独立阶层即灰领阶层（专业技术阶层）[①]。另一方面，随着社会分工的细化，原来制造业中的许多年轻的蓝领工人脱离出来，经过专门的培训后进入服务业中，从事具有专门技能的服务业，构成了"灰领"的另一部分。"知识经济"社会，是以知识产业为核心的社会，而知识产业以各种尖端技术产业、信息产业、文化产业以及高技能服务业（专业知识提供型的服务产业）为代表，21世纪"灰领"将成为"知识经济"社会的主力军。因此，加强对以高级技术工人为代表的"灰领"阶层的教育是我国国有企业人力资源教育的一个发展趋势。

《国家教育事业发展"十二五"规划纲要》中对建立现代职业教育体系、扩大应用型复合型技能型人才培养规模、大力发展中等职业教育等提出了新的目标。

完善职业教育体系结构，加快形成服务需求、开放融合、有机衔接、多元立交，具有中国特色、世界水准的现代职业教育体系框架，系统培养初级、中级和高级技术技能人才。

加强职业教育内部的有机衔接。实行学校职业教育、企业职业教育和社会化职业教育并举，学历职业教育与非学历职业教育并重，全日制职业教育与非全日制职业教育共同发展，促进职业教育办学类型和学习形式的多样化。

促进职业教育与经济社会发展有机结合。着力推进政府主导、行业指导、企业参与的办学机制建设，落实各方主体责任；大力推行校企合作、工学结合、顶岗实习的人才培养模式，创新职业教育人才培养体制；完善政产学研的协作对话机制，推进行业企业全过程参与职业教育；积极探索多元主体合作共赢的集团化办学机制。

加强职业教育与普通教育、继续教育的相互沟通。建立"学分银行"，完善学分互认、累积制度，探索同一层次普通学校和职业学校之间的课程互设、学分互认、学生互转的机制，推动应用型本科课程进入职业院校。

为实现上述职业教育的发展目标，政府必须制定行之有效的政策，并逐步形成完善的职业教育的政策体系以加快我国技能型人才培养的步伐。

3. 加强职业教育管理

根据目前职业教育管理方面存在的突出问题，政府应采取有效对策，以逐步形成政府主导、行业企业与学校紧密合作的职业教育管理的新格局。现在亟待实施的对策包括：一是建立完善职业教育工作联席会议制度，以协调处理好各部门之间、学校与企业之间的关系；二是实施切实可行的鼓励政策，鼓励企业和行业支持或参与职业教育，如为职业院校学生提供更多的实习岗位、鼓励行业企业参与职业教育办学和技能型人才的培养；三是完善职业资格证书制度；四是加强师资队伍建设，如支持职业院校面向社会聘用工程技术人员、高技能人才担任专业课教师或实习指导教师，加强"双师型"教师队伍建设，支持师资培训工作，建立教师社会实践制度等。

4. 完善现代企业教育培训制度

现代企业教育培训制度是以人才培养的市场为导向、以个体化的终身教育为理念、以

[①] 灰领（gray collar）一词，源自美国，当时指负责维修电器、上下水道、机械的技术工人，他们多穿灰色的制服工作，因而得名。"灰领"不同于"白领""蓝领"，它是一个独立的阶层，是指既能动脑又能动手，既掌握一定现代科学知识又有较高操作技能的复合型职业技能人才。

满足企业和企业员工身心全面健康发展为目标的企业教育制度。

毫无疑问，建立现代企业教育制度是国有企业教育抓住机遇、迎接挑战的根本出路。现代企业教育制度是指依法自主办学的实体能够依托企业、服务企业、辐射社会并且具有机制灵活、功能完备、管理科学等特点的企业教育制度。依托企业即指企业教育的发生、发展都受制于企业的发展。在现阶段我们不能将企业教育完全推向市场，既不能把企业教育"企业化"，成为脱离企业"母体"、自负盈亏的办学主体，更不能将企业教育"产业化"，成为谋求物质利益最大化的纯粹的经济行为。服务企业即指企业教育的宗旨是全心全意为企业发展培养规格齐全、质量上乘的各类建设人才。企业教育行为的起点和归宿是企业的发展，企业教育必须与企业发展贴紧、贴近、贴实，企业教育也只有在服务企业的过程中才能得到发展壮大。辐射社会即指企业教育作为社会大系统的一个组成成员，不能自我封闭，游离于社会环境之外，而应与社会的发展协调一致，树立回报社会、关注社会、为社会经济发展提供力所能及帮助的崇高意识。这样企业教育的发展才能得到广泛的社会支持。机制灵活是指企业教育要建立较为完善的有效激励和制约机制，高效运行的企业教育机构，能对影响企业教育发展的内外因素做出敏锐反应的决策体制，适应社会经济波动发展的收缩自如的应变预警防护体系。机制灵活也是指在企业教育的运转中做到"刚性"制度与"柔性"操作的完美统一。功能完备是指企业教育能够为企业发展培养人才提供模式多样、特色鲜明的教育途径；管理科学是指企业教育活动的实施以现代企业教育管理的科学理论为指导，深刻认识企业教育的本质属性。深入探索企业教育的规律，围绕稳步提高企业教育质量和效益这个核心，周密规划、设计涉及企业教育的各个环节，积极开发针对性强、表现形式多样、类型广泛的课程体系，研制能够极大提高企业教育教学效率的现代化教学手段，制订企业教育行为有效规范的质量监控和评估方案，使企业教育永葆青春与活力。其中特别重要的是加强企业培训教师队伍建设。在企业内部，应建立内部培训教师师资网络。首先对所有授课的人员进行教师资格认定，持证上岗。同时建立内部培训管理员网络，每月对教育培训工作进行考评，并与部门负责人及培训管理员工资挂钩，通过激励调动培训网络的灵活性和能动性。在企业外部，企业应逐步建立起随时可调用的师资队伍。与国内外大专院校、咨询机构及国际知名企业的专家教授建立起外部培训网络，利用国际知名企业丰富的案例进行内部员工培训。同时注意协助办好各类职业学校。总之，现代企业教育制度是以人才培养的市场为导向、以个体化的终身教育为理念、以满足企业和企业员工身心全面健康发展为目标的企业教育制度。

参 考 文 献

◆ 马克思主义著作

《马克思恩格斯全集》(第1卷)，人民出版社，1956年，1960年，1972年
《马克思恩格斯全集》(第2卷)，人民出版社，1960年
《马克思恩格斯全集》(第3卷)，人民出版社，1960年
《马克思恩格斯全集》(第4卷)，人民出版社，1961年
《马克思恩格斯全集》(第5卷)，人民出版社，1958年
《马克思恩格斯全集》(第19卷)，人民出版社，1963年
《马克思恩格斯全集》(第23卷)，人民出版社，1960年，1972年，1976年
《马克思恩格斯全集》(第26卷)，人民出版社，1976年
《马克思恩格斯全集》(第44卷)，人民出版社，2001年
《马克思恩格斯全集》(第46卷)，人民出版社，1961年
《马克思恩格斯全集》(第47卷)，人民出版社，1979年
《马克思恩格斯选集》(第1卷)，人民出版社，1960年，1972年，1995年
《马克思恩格斯选集》(第2卷)，人民出版社，1957年，1960年，1995年
《马克思恩格斯选集》(第3卷)，人民出版社，1960年，1972年，1995年
《马克思恩格斯选集》(第4卷)，人民出版社，1972年
马克思：《资本论》(第1卷)，人民出版社，1975年，1977年
马克思：《资本论》(第3卷)，人民出版社，1975年，1977年
《列宁全集》(第17卷)，人民出版社，1959年
《列宁选集》(第4卷)，人民出版社，1972年
列宁：《列宁论文学与艺术》，人民文学出版社，1960年
《毛泽东选集》(第1卷)，人民出版社，1977年，1991年
《毛泽东选集》(第2卷)，人民出版社，1977年，1991年
《毛泽东选集》(第3卷)，人民出版社，1977年，1991年
《毛泽东选集》(第4卷)，人民出版社，1977年
《毛泽东选集》(第5卷)，人民出版社，1977年
《毛泽东著作选读》(下册)，人民出版社，1986年
《毛泽东早期文稿》，湖南出版社，1990年
《毛泽东文集》(第1卷)，人民出版社，1993年
《毛泽东文集》(第7卷)，人民出版社，1999年
《邓小平文选》(第1卷)，人民出版社，1993年
《邓小平文选》(第2卷)，人民出版社，1983年，1993年，1994年，1997年
《邓小平文选》(第3卷)，人民出版社，1993年，1997年
《江泽民文选》(第1卷)，人民出版社，2006年
江泽民文选(第3卷)，人民出版社，2006年
《毛泽东邓小平江泽民论工人阶级和工会工作》，中央文献出版社，2002年

《习近平谈治国理政》，人民出版社，2014年

◆ 相关法律、法规、政策等

《中华人民共和国宪法》
《中华人民共和国公务员法》
《中华人民共和国劳动法》
《中华人民共和国劳动合同法》
《中华人民共和国社会保险法》
《中华人民共和国就业促进法》
《中华人民共和国劳动争议调解仲裁法》
《党政领导干部选拔任用工作条例》
《地方各级人民政府机构设置和编制管理条例》
《干部教育培训工作条例（试行）》
《行政机关公务员处分条例》
《劳动保障监察条例》
《中国工会章程》
《党政领导干部职务任期暂行规定》
《党政领导干部交流工作规定》
《党政领导干部任职回避暂行规定》
《公开选拔党政领导干部工作暂行规定》
《公开选拔领导干部工作暂行规定》
《党政机关竞争上岗工作暂行规定》
《党政领导干部辞职暂行规定》
《关于党员领导干部述职述廉的暂行规定》
《人事工作督查暂行规定》
《公务员录用规定（试行）》
《公务员考核规定（试行）》
《公务员奖励规定（试行）》
《公务员调任规定（试行）》
《国家公务员通用能力标准框架（试行）》
《关于进一步加强人才工作的决定》
《深化干部人事制度改革纲要》
《关于加强人事统计工作的意见》
《国家机关、事业单位工资基金管理暂行办法》
《机关、事业单位增人计划卡暂行管理办法》
《人事统计工作管理暂行办法（试行）》
《机构编制监督检查工作暂行规定》
《事业单位人事管理条例》

◆ **国外著作**

德斯勒 G. 1999. 人力资源管理. 刘昕译. 北京：中国人民大学出版社

杰克逊 S E，舒勒 R S. 2005. 人力资源管理：从战略合作的角度（第八版）. 范海滨译. 北京：清华大学出版社

克雷曼 L S. 1999. 人力资源管理——获取竞争优势的工具. 吴培冠译. 北京：机械工业出版社

克林格勒 D E，纳尔班迪 J. 2001. 公共部门人力资源管理：系统与战略（第四版）. 孙柏瑛，潘妍，游祥斌译. 北京：中国人民大学出版社

拉齐尔 E P. 2000. 人事管理经济学. 上海：上海三联书店

罗宾斯 S P. 1997. 管理学. 李原，等译. 北京：中国人民大学出版社

罗宾斯 S P. 2002. 管人的真理. 慕云五，尚玉钒译. 北京：中信出版社

罗森布鲁姆 D H，克拉夫丘克 R S. 2002. 公共行政学：管理、政治和法律的途径（第五版）. 北京：中国人民大学出版社

马尔托奇奥 J J. 2004. 战略薪酬：人力资源管理方法. 周眉译. 北京：社会科学出版社

麦格雷戈 D. 2008. 企业的人性面. 韩卉译. 北京：中国人民大学出版社

梅奥 G E. 2013. 工业文明的社会问题. 张爱民，唐晓华译. 北京：北京理工大学出版社

蒙迪 R W，诺埃 R M. 1998. 人力资源管理（第六版）. 谢晓非，等译. 北京：经济科学出版社

圣吉 P M. 2009. 第五项修炼——学习型组织的艺术与实践. 张成林译. 北京：中信出版社

斯密 A. 1972. 国民财富的性质和原因的研究. 郭大力，王亚南译. 北京：商务印书馆

沃克 J W. 2001. 人力资源管理译丛：人力资源战略. 北京：中国人民大学出版社

谢夫利兹 J M，罗森布卢姆 D H. 1997. 政府人事管理. 彭和平，等译. 北京：中共中央党校出版社

休斯 O E. 2000. 公共管理导论. 张成福，等译. 北京：中国人民大学出版社

佐藤达夫. 1995. 国家公务员制度. 方振邦，等译. 北京：中国人事出版社

Pynes J E. 2002. 公共和非营利性组织的人力资源管理. 王孙禺，孙飞译. 北京：清华大学出版社

◆ **国内著作**

边慧敏. 2009. 公共部门人力资源开发及管理. 北京：清华大学出版社

陈天祥. 2011. 公共部门人力资源管理及案例教程（修订版）. 北京：中国人民大学出版社

陈振明. 1999. 公共管理学. 北京：中国人民大学出版社

方振邦. 2014. 公共部门人力资源管理. 北京：中国人民大学出版社

胡果文. 1989. 中外人事制度比较研究 上海：上海社会科学出版社

黄达强. 1990. 各国公务员制度比较研究. 北京：中国人民大学出版社

姜守明，耿亮. 2002. 西方社会保障制度概论. 北京：科学出版社

李德志. 2001. 人事行政学. 北京：高等教育出版社

李盛平. 1989. 各国公务员制度. 北京：光明日报出版社

李文良. 2003. 公共部门与人力资源管理. 长春：吉林人民出版社

李中和. 1997. 中国公务员制度概论. 武汉：武汉大学出版社

廖洪元. 1995. 人力资源管理理论与实务. 成都：电子科技大学出版社

刘邦成，胡近. 2009. 公共部门人力资源开发与管理. 上海：上海交通大学出版社

刘俊生. 2001. 公共人事管理比较分析. 北京：人民出版社

陆国泰. 2002. 中国公共人事管理. 北京：中共中央党校出版社
罗瑾琏. 2000. 企业绩效的人力资源整合. 上海：同济大学出版社
苏廷林. 1993. 当代国家公务员制度的发展趋势. 北京：中国人事出版社
孙柏瑛，祁光华. 1999. 公共部门人力资源管理. 北京：中国人民大学出版社
孙柏瑛. 2013. 公共部门人力资源管理（第四版）. 北京：中国人民大学出版社
孙健敏. 2003. 组织与人力资源管理. 北京：华夏出版社
孙学玉. 1998. 公共行政学论稿. 北京：人民出版社
孙泽厚，罗帆. 2007. 人力资源管理理论与实务. 武汉：武汉理工大学出版社
谭健. 1989. 西方公务员制度. 北京：北京出版社
田培炎. 1993. 公务员制度的理论与实践. 北京：中国社会科学出版社
吴冬梅，白玉苓. 2008. 人力资源管理案例分析. 北京：机械工业出版社
萧鸣政. 1997. 现代人事考核技术及其应用. 北京：中国人民大学出版社
肖鸣政. 2003. 人员素质测评. 北京：高等教育出版社
徐颂陶，徐理明. 1996.中国现代人事管理. 北京：中国人事出版社
余兴安. 2002. 公共部门人力资源管理. 北京：中国国际广播出版社
曾繁正. 1998. 人事行政管理学. 北京：红旗出版社
张德. 2001. 人力资源开发与管理（第二版）. 北京：清华大学出版社
张金鉴. 1979. 人事行政学. 台北：三民书局
赵其文. 1984. 中国现行人事制度. 台北：五南图书出版公司
赵秋成，杨秀凌，曹静. 2014. 公共部门人力资源管理. 北京：清华大学出版社
赵曙明. 2001. 人力资源管理研究. 北京：中国人民大学出版社
朱庆芳. 1994. 国家公务员考核实务. 北京：经济日报出版社